U0531389

硝烟下的博弈

工业革命与中西方战争

杨光 著

团结出版社

© 团结出版社，2024 年

图书在版编目（ＣＩＰ）数据

硝烟下的博弈：工业革命与中西方战争 / 杨光著 . --
北京：团结出版社, 2024.11. -- ISBN 978-7-5234
-1062-2

Ⅰ . F456.19; K248.405; K253.07

中国国家版本馆 CIP 数据核字第 2024NL9083 号

责任编辑：尹　欣
封面设计：谭　浩

出　　版：团结出版社
　　　　　（北京市东城区东皇城根南街 84 号 邮编：100006）
电　　话：（010）65228880　65244790（出版社）
　　　　　（010）65238766　85113874　65133603（发行部）
　　　　　（010）65133603（邮购）
网　　址：http://www.tjpress.com
E-mail：zb65244790@vip.163.com
经　　销：全国新华书店
印　　装：三河市东方印刷有限公司

开　　本：170mm×240mm　16 开
印　　张：24.5　　　　　　　　字　　数：340 千字
版　　次：2024 年 11 月第 1 版　印　　次：2024 年 11 月第 1 次印刷

书　　号：978-7-5234-1062-2
定　　价：78.00 元
　　　　　（版权所属，盗版必究）

献给我的女儿杨沐溪

目 录

001- 开场白
002- 为什么选这两场战争呢?
002- 再次反驳西方中心主义
004- 向各位前辈致敬

第一章·收复台湾

002- 发现敌人
003- 反清基地
005- 决意攻台
007- 大军出征
009- 入鹿耳门
011- 登陆
012- 荷兰东印度公司与福摩萨
015- 第一战
016- 劝降
018- 上尉拔鬼仔VS宣毅前镇陈泽
019- 滑膛枪与排枪轮射术
021- 郭怀一起义
023- 愤怒地出征

024-	北线尾一决雌雄
029-	大员湾再分高下
034-	福摩萨评议会的决定
036-	普罗民遮城堡的困境
038-	告别
039-	白旗
041-	谈判
045-	投降条件
047-	普罗民遮城堡投降啦
052-	暂时的平静
054-	臼炮与开花弹
056-	5·25大炮战
062-	炮战结果
064-	开国立家
065-	救星玛利亚号
067-	艰难对峙
068-	救援来啦
069-	国姓爷的恐慌
071-	揆一的希望与失望
074-	卡乌登岸
075-	荷兰人疯了，要主动出击
077-	9·16大海战
085-	国姓爷反击
086-	乌特勒支堡攻防战
088-	北线尾堡垒

089-	荷兰人的新希望
091-	出使or出逃?
092-	汉斯·罗迪斯
093-	总攻的准备
096-	最后的总攻
098-	增援乌特勒支堡
099-	乌特勒支堡的陷落
102-	集体决定：投降
103-	收复台湾
107-	清荷联合
109-	播迁台湾
111-	再复台湾
114-	深思
115-	章尾小结

117- 第二章·鸦片战争

118-	禁烟与对华关系选择题
119-	走向战争
120-	九龙之战
124-	穿鼻之战
133-	备战!
138-	侵华大军到来啦!
140-	第一次定海之战
153-	通信好难呀

155-	《巴麦尊子爵致中国皇帝钦命大臣函》
159-	广东谈判：琦善VS义律
160-	虎门大战——沙角、大角炮台之战
165-	复仇女神号与晏臣湾海战
172-	不可能成功的谈判
174-	虎门大战——横档之战
182-	珠江内河之战
189-	广州剿英指挥总部
192-	向英舰出击
198-	广州保卫战
205-	奕山的谎言与义律的北上
210-	璞鼎查的北上与颜伯焘的布防
213-	厦门之战
218-	裕谦的备战
221-	第二次定海之战
226-	誓师镇海
230-	镇海之战
237-	朕要反击了
240-	奕经出征
247-	浙东大反攻——宁波
249-	浙东大反攻——镇海、定海
250-	英军反攻
251-	战略调整
253-	乍浦之战
258-	战备吴淞

263-	吴淞之战
271-	深入长江
273-	糟糕的城防
275-	作战计划
276-	血战镇江——有惊无险的登陆
277-	血战镇江——城外之战
278-	血战镇江——城北之战
282-	血战镇江——主攻方向
285-	血战镇江——陷落
288-	屈辱的和平
289-	深思

291- 第三章·工业革命和中西方军事大分流

292-	中国VS荷兰——单兵武器
296-	中国VS荷兰——大炮
301-	中国VS荷兰——防御工事
305-	中国VS荷兰——战舰
308-	中国VS荷兰——部队训练和单兵素质
310-	中国VS荷兰——将领谋略
311-	中国VS荷兰——兵力
312-	中国VS荷兰——国姓爷何以取胜
315-	工业革命对军事实力的影响
315-	中国VS英国——单兵武器
319-	中国VS英国——火炮

320-	中、英火炮概况
321-	中、英火炮材质对比
324-	中、英火炮制造技术对比
329-	中、英火炮质量对比
330-	中、英炮弹和火药技术对比
334-	中、英火炮射速对比
337-	中、英火炮射程对比
338-	中、英火炮射击精度对比
343-	中国VS英国——防御工事
348-	中国VS英国——战舰
356-	中国VS英国——将领谋略与部队训练
360-	中国VS英国——兵力
361-	中国VS英国——英军何以取胜
363-	工业革命：中西方军事大分流的分水岭
372-	我们的结论
375-	后　记

开场白

中国有着悠久的历史和灿烂的文化，其中战争与冲突也是贯穿于几千年文明史，本书打算谈一谈中国历史上的战争。喜欢军事史的朋友们一定对长平之战的流血成川耳熟能详，对赤壁之战的火烧舰船津津乐道，对淝水之战的风声鹤唳如数家珍，笔者只能自愧不如。因此，本书要讲的是两场较为晚近的战争：郑成功收复台湾之战和鸦片战争。这两场战争看似风马牛不相及，也确实没有什么联系，它们一个发生于17世纪60年代，一个发生于19世纪40年代，但对手却都是当时欧洲第一强国，不过一场胜利、一场失败。这引起了笔者的兴趣，想弄清楚到底为什么会一胜一负。

笔者认为正是18世纪六七十年代的工业革命造成了中欧之间军事实力的倒转，工业革命深刻地影响了人类的武器生产和战争方式。工业革命前，中国可以战胜处于殖民扩张上升期的欧洲第一强国荷兰，但工业革命之后，中国就只能惨败于"日不落帝国"——英国了。本书就是要通过细致深入地分析这两场战争，来说明正是工业革命造成了中西方军事实力的大分流。

为什么选这两场战争呢？

首先，我们的目的是说明工业革命的成果对中西方军事实力的影响，所以我选择了一场在工业革命爆发前的中荷台湾之战（1661—1662），一场在工业革命爆发后的中英鸦片战争（1839—1842）。通过对比这两场战争，我们可以清晰地发现工业革命对中国和欧洲军事实力的影响了。

其次，在17世纪的欧洲，荷兰是第一强国，人称"海上马车夫"，到了19世纪，英国成为欧洲第一强国，号称"日不落帝国"。我们选择的这两场战争都是中国对阵当时欧洲第一强国之战，既能表现出欧洲最高的军事水准，也能看出工业革命赋予欧洲首个工业化国家的巨大力量。

最后，也是一个最无奈的原因，就是中西方之间的直接战争实在不多，尤其是工业革命之前，由于中西方地理位置相隔较远、利益冲突较少，之间的战争比起欧洲内部和亚洲内部的战争少得多，留给我们选择的余地也不多。也就是中荷台湾之战、中俄雅克萨之战，还有晚明在南中国海与葡萄牙、荷兰的零星的海上战斗。这其中也只有中荷台湾之战体现了17世纪中欧最高的军事技术水平，同时这也是一场真正的战争，而非战斗。

再次反驳西方中心主义

笔者一贯反对西方中心主义（又称"西方中心论""欧洲中心主义"或"欧洲中心论"），也曾出版过两本书从经济史角度反驳了传统的西方中心主义观点[①]。在本书中，我们仍要顺带反对一下这个"敌人"——西方中心主义，只不过这次是它在军事史领域的变体——"军事革命论"。1955年，英国史学家迈克

---

① 这两本拙作分别是《说不明道不清：你不了解的开放发达之明清两朝》，2018年1月由中国电影出版社出版；《说不明道不清：明清中西发展大分流之谜》，2022年4月由海天出版社出版。

尔·罗伯茨教授在一次题为"1560年至1660年的军事革命"的演讲中首次提出"军事革命论"这个概念。从那时起，在该理论的影响下，军事史领域的研究硕果累累、名家辈出[①]，扩展了学术研究的思路与范围，但该理论有着明显的西方中心论偏见。

军事革命论的主要论点是，近代早期（1500年）以来，反复爆发的欧洲大国之间的战争推动了西欧军事革命、民族国家创建，此种情形随后赋予欧洲国家以竞争优势，令其可用于主宰非西方政治体。15世纪末至16世纪初，随着哥伦布、达·伽马的远航，欧洲逐步建立了对全球的殖民统治。欧洲人之所以能完成殖民征服和统治，其重要原因之一就是欧洲人具备其他非欧民族均不具备的军事优势，而这种军事优势正是由于近代早期（16世纪至18世纪）欧洲国家之间战争频发，从而促进了欧洲国家军事技术和组织训练形式的大创新：欧洲人拥有杀伤力更强的火药枪炮、舷侧装有巨炮的风帆远洋战舰、可使攻城者四面受袭的文艺复兴式城堡、训练有素纪律严明的职业化常备军、火枪兵轮射战术，以及在财力和行政方面可以支撑以上全部优势的国家。这一系列的创新被称为"军事革命"。借此革命，欧洲人的军事实力大增，远超亚洲、非洲和美洲各民族，所以欧洲人才能建立起对全球的殖民统治。军事革命论与政治、经济、思想等其他领域的西方中心主义观点一样，将欧洲的历史经验奉为正统，片面夸大甚至神化16世纪至18世纪欧洲的军事优势，将其解释为完成殖民征服和实现殖民统治的原因，而且

---

① 军事革命论杰出学者及其著作有：杰弗里·帕克（Geoffrey Paxkex），代表作《军事革命：军事创新与西方的兴起1500—1800》（*THE MILITARY REVOLUTION: Military Innovation and the Rise of the West 1500–1800*，Cambridge University Press，1996）；威廉·麦克尼尔（William H. McNeil），代表作《竞逐富强：公元1000年以来的技术、军事与社会》（倪大昕、杨润殷译，上海辞书出版社，2013年）；保罗·肯尼迪（Paul Kennedy），代表作《大国的兴衰：1500—2000年的经济变迁与军事冲突》（陈景彪等译，国际文化出版社，2006年）；杰里米·布莱克（Jeremy Black），代表作《军事革命？1550—1800年的军事变革与欧洲社会》（李海峰、梁本彬译，北京大学出版社，2019年）；布莱恩·唐宁（Brian Downning），代表作《军事革命与政治变革：近代早期欧洲的民主与专制之起源》（赵信敏译，复旦大学出版社，2015年）；克利福德·罗杰斯（Clifford J. Rogexs），主编《军事革命之争：近代早期欧洲军事变革读本》（*The Military Revolution Debate: Readings on the Military Transformation of Early Modern Europe*，Boulder CO: Westview Press，1995）等。

想当然地认为世界其他地区保守落后，把工业革命后欧洲的优势地位错误地前置于16世纪至18世纪。

我们认为16世纪至18世纪欧洲在军事实力方面并没有大幅度超越世界其他国家（特别是中国），即便个别方面存在一些领先，但优势并不大，可以很容易地被追赶，亚洲社会和中国社会并非故步自封、停滞不前，而是在吸收外来军事技术方面积极作为。同经济领域一样，当时在军事技术和组织训练方面中国社会实际上和欧洲沿着类似的道路发展，世界上最早的火药武器和轮射技术都是在中国出现的，明清的中国官员和将军们都积极引进、改造先进的欧洲火器——佛郎机炮、火绳枪和红夷大炮，并迅速将其用于实战。这一时期，中西方之间爆发了三场战争：1521年的中葡屯门海战、1661年的中荷台湾之战、1685年的中俄雅克萨之战，获胜者均是中国。这一史实再次打脸西方中心主义！

本书选取中荷台湾之战详细分析工业革命前中国与欧洲军事实力孰优孰劣，向读者全面展示这场战争的详细进程，以及明末清初的中国与当时欧洲第一强国荷兰之间的军事技术、作战方式等历史细节，相信大家自可做出正确的判断。

只有到了工业革命爆发之后的19世纪，英国的军事实力才开始全面赶超中国。此时清军在组织训练、将领谋略和单兵素质等方面大大退步，鸦片战争中英国以近代化的工业力量对抗中国早期工业化社会，取胜是意料之中的。

以上史实说明工业革命（而非16世纪至18世纪）才是中欧军事实力大分流的标志。

向各位前辈致敬

笔者要感谢并致敬那些为本书提供灵感来源的史学前辈与大咖。他们是：美国历史学家欧阳泰（Tonio Andrade）、美国历史学家威廉·麦克尼尔（William H. McNeill）、英国历史学家安德鲁·兰伯特（Andrew Lambert）、英国生物学兼历史学家安德里安·马歇尔（Adrian. G. Marshall）、英国汉学家蓝诗玲（Julia Lovell）；中国台湾历史学家江树生、程绍刚、黄一农；中国大陆历史学家姚薇元、环境工程专家刘鸿亮、近代史专家茅海建和张建雄、军事技术史专家王兆春……

本书汲取了各位学者的研究成果，也参考了《热兰遮城日志》《梅氏日记》《被忽视的福摩萨》《荷兰人在福尔摩沙》《爪哇、福摩萨、前印度及锡兰旅行记》《延平王户官杨英从征实录》《靖海志》《赐姓始末》《海上见闻录》《演炮图说辑要》《郑成功收复台湾史料选编》《郑成功档案史料选辑》《鸦片战争档案史料（1-6）》《英国档案有关鸦片战争资料选译》《鸦片战争史料选译》《鸦片战争末期英军在长江下游的侵略罪行》等中外原始资料，笔者希望能将学界最新的史学研究成果以通俗的文字呈现在各位读者面前，同时也希望能与大家交流探讨，以达到好好学习、天天向上之目的。

第一章 · 收复台湾

发现敌人

时间：1661年（南明永历十五年、顺治十八年）4月30日

地点：台湾岛西南端大员湾热兰遮（Zeelandia）城堡①，荷兰东印度公司在台湾的殖民总部

这天清晨6点半大员湾平静无风，海面上有一层浓重的雾气。晨雾像挂在空中的千万条待染的白纱，缓缓地摆动着，遮挡了朝阳的光芒，海面上能见度很差。在热兰遮城堡上的一名荷兰东印度公司的瞭望员在雾气弥漫的海面上巡察，突然模糊地望见有大批船只出现。他揉了揉眼睛，确定不是自己眼花，他指着西北船来的方向，向上级大喊道："国姓爷②来了，海面上中国帆船的桅杆多得像森林里的树木！"

17世纪的荷兰东印度公司虽然号称建立了横跨印度洋至南中国海的殖民大帝国，但他们在亚洲只是占领了一些沿海据点。在台湾，他们只是在西南部大员湾建立了热兰遮城、普罗民遮城，以及东北部的鸡笼（今基隆市旧称）、淡水还分别建有小型据点。台岛广大内陆地区各本地居民村社，只有零星的荷兰牧师、政务员和教师。

热兰遮城是荷兰东印度公司在台湾总部所在地，由热兰遮城堡与热兰遮城镇（中国史料称"台湾街"）组成，两者相距几百米，步行五分钟，它们位于大员湾中一个叫作大员的沙洲（中国史料称之为"鲲身"）之上；普罗民遮城由普罗民遮城堡与赤崁城（中国史料称"赤崁街"）组成，它位于大员湾岸边的台湾本岛上。

---

① 大员湾现今已不复存在，从台湾岛而来的冲击土已将其填平。热兰遮城在今台南市。

② 国姓爷（Koxinga）即郑成功，当时中外人士如此称呼郑成功。

大员湾又称"台江内海",由东侧的台湾本岛与西侧的三座沙洲环绕而成。如果国姓爷的部队想登陆台湾本岛进入大员湾有两条水道,由北向南分别是"鹿耳门水道"和"主水道"。哪条水道更好呢?

"主水道"之所以称为主水道,就是因为它水深道宽,适合大小船只通过。热兰遮城堡就在主水道南边的大员沙洲上,其上的火炮控制着这条水道,没有热兰遮城堡的同意,船只想要顺利通过此处,无异于异想天开。

现在国姓爷就只剩下鹿耳门水道这一个选择了,但该条水道不仅水浅不适合大船通过,且航道非常曲折,水下遍布沙洲,这些沙洲经常因台风改变位置,不熟悉此条航道的人很难安全通过。鹿耳门水道南边的沙洲名叫"北线尾",本来此处也有一座荷兰人的海堡(名叫北线尾海堡)守卫着,但1656年一场骇人的风暴将其彻底摧毁。因此鹿耳门水道虽水势险恶、进出不易,但对国姓爷大军来说却是门户洞开,无人把守。

于是,国姓爷选择从鹿耳门水道进入大员湾登陆台湾岛。

反清基地

想必读者们对国姓爷郑森都很熟悉了,因蒙明隆武皇帝赐国姓"朱",赐名"成功",故改名"朱成功",世称"国姓爷",后人多以"郑成功"称之。他的父亲郑芝龙亦官亦商,开创了中国的东印度公司——郑氏海商集团,国姓爷继承了父亲的基业,继续坚持东南海上贸易的同时,也挑起了反清复明的大旗。在郑芝龙投降清朝后,他仍然坚持东南抗清斗争。1659年,国姓爷第二次北伐,大军连克瓜洲、镇江,包围南京,东南震动。后因中了清军缓兵之计,意外遭其突袭,致使郑军大败,损兵折将,全军退回厦门。至此,国姓爷的根据地只限金门、厦门等东南沿海一隅，这些弹丸之地不足以安顿军民和眷属，为了反清复明的大业，另寻巩固的根据地已迫在眉睫。

国姓爷决定收复台湾，并将此地作为反清基地与一个人的献计是分不开的，这个人就是何斌。何斌，有史料称其何廷斌，他家自父辈起，就跨台湾海峡，在福建、台湾之间做生意，与郑芝龙集团和盘踞台湾的荷兰东印度公司均有贸易往来，与郑氏集团关系尤近。清初文人江日升所撰《台湾外纪》认为何斌家族属于郑芝龙集团。1647年何斌父亲举家迁往台湾，不久之后过世，何斌继承了家业，并最迟于1650年成为荷兰东印度公司的通事（即翻译员）。与此同时，何斌很快也成了在台湾的汉人长老，与荷兰殖民当局沟通协调在台中国人事宜，充当了汉人在台领导者的角色。

后来，何斌的生意越做越大，与荷兰东印度公司也产生了矛盾，欠了很多荷兰人和在台汉人巨款，并且他还秘密与国姓爷联络，在台湾为国姓爷向中国商船收税。1659年荷兰人发现何斌此一行径，决定撤销其一切职务，并处以罚款。处罚虽是象征性的，但对何斌的打击却是毁灭性的，让他立刻从通事、汉人长老的显赫位置上一落千丈，彻底丧失了信用和收入来源。台湾岛上再不会有人借新债给他，而老债主们更是群起逼债，致使他完全破产。此时的何斌在台湾已无立锥之地，逃往大陆投奔国姓爷成了他唯一的出路。当然，投奔新主人手中自然要有见面礼，而这个见面礼正是"台湾海图"。据荷兰东印度公司官方史料《热兰遮城日志》所载，早在1654年何斌就曾派人在台湾东北部淡水附近的鸡笼秘密探测水道。又据江日升《台湾外纪》载，何斌于1657年派人测量过从鹿耳门进大员湾到赤崁城的水路，寻得一条涨潮时可从鹿耳门直达赤崁城的深达4尺（约1.33米）有余的航道。

1659年10月，国姓爷南京之战失利后回到厦门，正想着另找反清基地，恰好此时何斌携"台湾海图"来投，他向国姓爷详细讲明了台湾的情况："台湾沃野千里，实霸王之区。若得此地，可以雄其国，使人耕种，可以足其食。上至鸡笼、淡水，硝磺有焉。且横绝大海，肆通外国。置船兴贩，桅舵铜铁，不忧乏用。移诸镇兵士眷口其间，十年生聚，十年教养，而国可富，兵可强；进攻退守，真足与中国抗衡也！"①而且在台的中国人和当地居民深受红毛番②的压迫，只要大军登陆，必然四处响应，况且岛上红毛番不过千人，台湾可谓唾手可得呀！从这天起，收复台湾岛的念头就一直萦绕在国姓爷的心头，他只是在等待一个时机。

决意攻台

1661年正月，国姓爷南征班师回到厦门，召集诸位将领开会商议下一步策略。

"上天尚无意平息天下大乱。去年虽暂时击败清朝，但伪朝③未必肯马上停战。我军南征北战，眷属未免劳顿。前年何斌向本藩④进献台湾海图。他说台湾田园万顷、沃野千里，军饷税收不下数十万，舰船兵器所需物资无一不有，还有大量汉人移民。只可惜为红毛番所占，但岛上红毛番不过千人，攻台可谓易如反掌。攻取台湾后，我们可以将它作为基地，安顿家眷，招募训练士兵，然后东征西讨，光复大明，无后顾之忧也！"这场会议一开始就奠定了收复台湾的基调。

将领们都深知国姓爷的脾气，也知道激怒他绝对没有好果子吃，大家心中虽然不同意攻台的策略，但大多都沉默不语。

---

① 江日升：《台湾外纪》第15卷。
② 当时中国人称荷兰人为"红毛番""红毛""红夷"等，因为时人认为荷兰人头发眉毛都是红色的。
③ 指清朝。
④ 南明永历帝于1655年敕封郑成功"延平王"的爵位。明代藩王一般自称"本藩"。

这时，宣毅后镇吴豪①起身拱手，进言道："台湾以前是个荒岛，老太师②曾驻留台湾。今为红毛番所占，属下曾到过台湾，发现红毛已建城两座，一座在赤崁，一座在鲲身③，城堡紧邻海面，城上设有炮台，又在水道沉船数只，用以阻塞水道防止大船通过。凡外洋来船想登陆台湾，必须从炮台前通过，否则必然触船沉没，此种设计周密且坚固，何况红毛已经经营台湾二十余载。不是属下不用命，奈何炮台厉害、水路险恶，纵有奇谋，无处可用，虽欲奋勇，无处可施。况台湾蛮荒之地，风水不好，水土多病。若藩主④贸然攻取台湾，恐怕是徒费其力。"

吴豪一番肺腑之言可谓语惊四座，会场立即鸦雀无声，大家都将目光投向国姓爷，预料他下一步将大发雷霆。但国姓爷却没有发火，而是拿出何斌所献海图，指示诸将有一条鹿耳门水道可过大船，直达台湾本岛的赤崁城，而且该水道没有荷兰人的炮台封锁。

但此时仍然无人发声支持国姓爷的攻台计划，会场上静得怕人。

正在这一尴尬时刻，协理五军戎政杨朝栋起身发言支持攻台计划，畅言收复台湾不但可以解决眼下困局，而且可图长远，将来光复中原，全凭台湾基地。

国姓爷见有人附和他的战略计划，立即拍板定案，下令全军，各镇准备船只军器，择日出发收复台湾。

此次会议上的表现奠定了吴豪与杨朝栋今后的命运：到达台湾后，吴豪因私藏战利品触犯军纪被杀，看似与此无关，但当时大军乏粮、困顿难耐，犯军纪者何止吴豪一人？而杨朝栋则晋升为台湾承天府首任府尹。由此我们可知，向领导进言献计一定要注意方式方法。

---

① 宣毅后镇是郑成功军队中的官职名称。"镇"是一个军事单位，类似今日军中的"师"。吴豪是该镇的统领。
② 即郑成功的父亲郑芝龙。
③ 当时的中国人称热兰遮城所在的大员沙洲为鲲身。
④ 属下对郑成功敬称"藩主"。

大军出征

1661年（南明永历十五年、顺治十八年）3月，国姓爷在安排妥当金、厦等地防务后，命马信、周全斌、何义、陈蟒、杨祖、萧拱辰、黄昭、陈泽、吴豪、张志、林福、杨英、杨朝栋等各路将领官员率大军约20000人分乘战舰400余艘集结到金门岛南岸的料罗湾。此地正是1633年郑芝龙击败荷兰东印度公司驻台湾长官汉斯·普特曼斯（Hans Putmans）的那片海湾。在岸边，停靠着大量舰船，每日都有大批军用和民用（包括犁和农具）物资被搬运上船。

国姓爷的士兵们议论纷纷，大家都猜想着这次必定不会像往常那样沿海出征，而是跨海远征。在17世纪，跨越风暴不断的台湾海峡是件非常危险的事情，因此有些士兵开始出逃，他们认为在没有当地领航员带队的情况下，贸然进军台湾实在是太不明智了。国姓爷派人将逃跑的士兵抓了回来，并且公开让何斌登船作为向导，以安军心。

国姓爷亲自拜祭江河，祈求上天赐福。4月9日，国姓爷抵达金门岛料罗湾，等候顺风发船。4月22日中午，天气良好，顺风顺水，大军出发。起初航程相当顺利，第二天就抵达了澎湖列岛中的一座岛屿，在此休息了四天等候起风。4月26日，国姓爷的舰队开到澎湖列岛的柑橘屿（今东吉屿、西吉屿）时忽遇狂风，不得不掉头返回几天前停驻的那座小岛。

这时，国姓爷万分焦急，因为何斌告诉他，从金门到台湾只需几天，而且台湾米粮充足，所以官兵携带的口粮并不多，只够几天食用。现在遇到逆风，大军迟迟不能前行，国姓爷只得下令就地征粮，但所征军粮不够大军一餐之用。

海上狂风暴雨，官兵腹中饥饿。摆在国姓爷面前的有三条路可走：第一，冒险出海向台湾进发；第二，等风暴停息后，再向台湾进发；第三，返回金门。当然第三种选择是不可能的，第二种选择看似十分明智，但狂风暴雨毫无停止的迹象,上万官兵困守孤岛,一旦断粮日久,必将引发兵变!

国姓爷远眺台湾方向的海面,乌云笼罩着天空,眼前一片昏暗,只在闪电时才划出一线亮光,随后便是隆隆的雷声,那雷声好像从头顶滚过,然后重重地一响炸了开来。大海像被激怒的巨人,不停地咆哮,海水像沸腾般不住地翻滚,海面上狂风暴雨好似乾坤颠倒。国姓爷反复权衡利弊,终于痛下决心,冒险出海。"来人呀!传本藩命令,三月三十日(公历4月29日)晚不论风暴是否停息,都要开驾台湾!"

4月29日当晚暴风骤雨仍不停地吹打海面。军中官员有人下跪请求国姓爷一定要等风雨平息后再出发,否则有全军覆没的危险。国姓爷向众军官训话:"想当年,汉光武帝为复兴汉室,被敌人王朗追杀,滹沱河挡住了去路,但他仍然凭借大汉必兴的坚定信念,奋勇向前。上天骤然刮起了刺骨的寒风,河水迅速结冰,等大队人马来到河边,河水已坚冰可渡,此天意也!如今众将士为光复大明,奔赴海疆。若天意助我收复台湾,今晚开驾后必会风平浪静。不然,官兵岂可坐困孤岛受饿等死乎?"

当晚一更(19点至21点),全军登船,冒着狂风巨浪和滂沱大雨,舰队驶离了停泊的小岛,正式出航。大船颠簸不已,巨浪不停地打过船舷,巨大的船只仿佛汹涌大海上的一叶扁舟。国姓爷及官兵们都经历了人生中最危险的一次航行,他们虽个个都是身经百战的战士和饱经风雨的水手,但这次跨海远征的旅程惊险万分,似乎全军真的就要葬身鱼腹。

到了三更天(23点至凌晨1点),突然间云收雨散,天气转晴,舰船可以顺风驾驶。此一转变在随军户官杨英的《从征实录》中有明确记载,可信度较高,也许真的是上天暗中护佑大军顺利跨过海峡,收复台湾。很快,杨英又记载了一段天意默助的奇迹,这就是舰队顺利通过鹿耳门。

入鹿耳门

1661年4月30日（阴历四月初一）清晨6点半，国姓爷的庞大舰队终于来到了大员湾鹿耳门水道外西北方向约1荷里（约5.5千米）处。国姓爷从何斌处得到的海图和情报显示鹿耳门水道深4尺（约1.33米）有余，这样的水深只能通过中小型船只，远洋大船则无法通过，如果大军在鹿耳门外换乘小船进入大员湾，再行登岛，那势必耽误宝贵时间。兵贵神速、"半渡而击"的道理，熟读兵书的国姓爷岂能不知？出征台湾前出现官兵叛逃，部分原因也是有人认为鹿耳门水道太浅，远洋大船难以通过，登陆面临苦战，势必伤亡惨重。从金门到台湾这一路，大军历经艰险，士气不可能不受影响，官兵私下均表示出征兆头不好，登陆必有大战，队伍中弥漫着畏战情绪。如果不提升将士们的士气，恐怕真的会对战局不利。

国姓爷下令全体官兵集合列队，摆设香案，穿戴整齐，下跪乞求上苍："成功受先帝眷顾恩重，委以征伐；奈寸土未得，孤岛危居。今而移师东征，假此块地，暂借安身，俾得重整甲兵，恢复中兴。果若天命有在，而成功妄想，即时发起狂风怒涛，全军覆没；苟将来尚有一线之脉，望皇天垂怜，列祖默佑，助我潮水，俾鹢首所向，可直入无碍，庶三军从容登岸。"

祝祷完毕，国姓爷命人于船头用长竹竿探水深浅，士卒探水后回报道："是藩主弘福，水比往日加涨。"

"加涨有多少？"国姓爷大声问道。

"加涨有丈余！"

"好！"国姓爷闻言大喜，大声下令："传本藩命令，所有船只从鹿耳门进入大员湾！"

上午10点左右，一艘小型领港船在前，何斌坐于船头，按海图指导士卒探水迂回前行，大型远洋帆船一艘接一艘地转舵扬帆跟随领港船，从鹿耳门鱼贯而入，来到大员湾内。船队向东径直驶往台湾本岛普罗民遮城北侧的禾寮港，将热兰遮城抛在身后。

众官兵见舰队来到鹿耳门水道前，水势突涨，远洋大船如此顺利地就进入了大员湾，全体官兵顿时欢呼起来，士气大振，以为国姓爷祝祷确实得到上苍庇佑，登陆之战必然顺利取胜。不怪官兵迷信，就连杨英也在《从征实录》中写道："先时此港顿浅，大船俱无出入；是日水涨数尺，我舟极大者亦无□□，□□（亦天）意默助也。"

不过，我们现在看来，恐怕并非天意默助，而是国姓爷利用天时刻意安排。舰队抵达鹿耳门外的时间是公历4月30日，阴历四月初一。在亚洲南中国海一带，季风非常准时，每年11月左右开始吹北风，直到第二年4月末5月初开始改吹南风。国姓爷突袭台湾，当然知道荷兰人肯定会向在印尼巴达维亚公司的亚洲总部求援，如果是在吹南风的日子发动进攻，荷兰人很难派船南下巴达维亚。当时的船只没有发动机只能靠划桨或风帆才能行驶，远洋大船划桨自然不可能，只能靠风帆，因此必须等待顺风方可出发，逆风行船非常困难，且容易发生海难。国姓爷选择4月30日进攻台湾是南风刚刚开始的日子，在台湾的荷兰人要等上半年，直到11月北风吹起时才能驾船通知巴达维亚，然后还要再等半年北风过去，下一次南风开始，才能从巴达维亚得到回音和援助，因此，在台荷兰人至少要坚持一年才会有人援助。

除此之外，阴历四月初一正是涨潮的日子。一天前，国姓爷在澎湖不顾风暴急于启航，目的除了怕久困孤岛、军粮不济外，更重要的一个原因就是要赶上初一的大潮，借有利天时，顺利通过平日水浅的鹿耳门。这个初一又恰逢南风刚刚开始，真可谓千载难逢。同时，他又演出大摆香案、祈求上苍的戏给全军看，更是为了战前提振士气，一扫众官兵的畏战情绪。看来，国姓爷不仅懂得天时，也很懂人心。

登陆

舰队进入大员湾后,迅速在两三个地方登陆。随军户官杨英告诉我们,国姓爷的主力部队在台湾本岛普罗民遮城北侧的禾寮港登陆,留下一支分遣部队守北线尾沙洲。不过,根据当时在普罗民遮城的荷兰土地测量员菲利普·梅(Philippus Daniel Meij van Meijensteen,中文史学界一般称"梅氏")的日记(简称《梅氏日记》)记载,国姓爷主力部队在普罗民遮城北侧约1.5千米处柴头港的砖窑旁登陆。禾寮港与柴头港都在普罗民遮城的东北方向,相距不远,也许是因为国姓爷的主力人马过多,所以选择两处相距不远的港口分别登陆。除登陆部队外,国姓爷的战舰也控制了从热兰遮城到普罗民遮城之间的大员湾。

不管大军从几个地方登陆,进军都十分顺利。在台湾的几千名中国人推着手推车和其他搬运工具出来迎接,帮助中国士兵登陆。当天下午1点左右,梅氏在普罗民遮城向西北方向眺望,看到国姓爷的大军已经在一条小溪旁搭起了上千顶白色的帐篷。

此时,在热兰遮城的荷兰人只有不到1200人,普罗民遮城还有几百人,共计1500人左右。这些人不全是武装士兵,还有官员、商人、水手、牧师、政务人员等非武装人员。面对国姓爷如此强大的兵力,荷兰东印度公司只能眼睁睁地看着他们登陆,不能做出任何抵抗。

可能很多读者都认为此时的台湾是荷兰的殖民地,实际上它是荷兰东印度公司的殖民地。这个荷兰东印度公司是个什么公司呢?

荷兰东印度公司与福摩萨

15世纪末16世纪初，随着达·伽马开辟绕非洲直达东方的航线，葡萄牙逐渐控制了从西欧到印度的海上航线，垄断东方贸易达一个世纪，获利不菲。其他欧洲国家当然不甘心，开始了对东方贸易海上通道的争夺，荷兰也不例外。

1595年至1602年短短七年的时间里，荷兰人建立了14家东方贸易公司，这些公司在资本市场上吸收资本投资，然后雇用船员和船队前往印度洋收购胡椒等香料，如果能安全返航，则可获得十分可观的利润。在这七年中，荷兰的各家贸易公司共计派出65艘远洋船只前往东方，50艘安全返航，超过了葡萄牙人派遣的46艘，大有取代葡萄牙东方贸易垄断权之势。但这些公司彼此竞争，造成在东方收购货物的价格不断被抬高，而返航售价严重降低；同时也引起英国人的垂涎，英国人开始登上竞争东方贸易利润的舞台。荷兰多家贸易公司分散经营的情况如果继续下去，所有公司都将濒临破产。倘若公司全面倒闭，那么荷兰历经千辛万苦而建立的东方航线将有被英国夺取的风险。

在这一局面之下，荷兰人决定整合众多贸易公司。经过艰苦谈判，协调各方利益，1602年3月20日荷兰议会终于颁布联合东印度公司（Vereenig de Oostindische Compagnie，荷兰语缩写VOC）成立特许状，荷兰东印度公司正式成立。它被荷兰议会授予从荷兰共和国到南非好望角以东，以及经由南美麦哲伦海峡的为期二十一年的航运贸易垄断经营权。这是一家股份制公司，持续经营了两百年之久，它在资本市场上吸收私人投资，但被授权以荷兰议会的名义建造防御工事、任命长官、为士兵安排住处，以及同亚洲强国签署协议。因此，我们可以说，荷兰东印度公司是一家属于私人投资者的代表国家的股份制贸易公司。正是在这一制度的安排下，17世纪是成就了荷兰及荷兰东印度公司的黄金时代。

1619年荷兰东印度公司在爪哇的巴达维亚（今印尼雅加达）建立公司的亚洲

总部。自此荷兰人以巴达维亚为大本营，向南中国海一带渗透。

明天启二年（1622），荷兰东印度公司率领舰队来华，进犯澎湖。在金门、厦门附近海域与大明海军展开两次海战，均失利。因武力未能奏效，荷兰派人谒见福建巡抚商周祚，请准允开市通商，遭断然拒绝，并令其迅速撤回。荷兰人只得撤回澎湖固守，并修筑城堡。

天启三年（1623），荷兰人到厦门请求当地中国官员准予通商。明朝地方官员设酒款待，但不许通商。

天启四年（1624），新上任的福建巡抚南居益对荷兰改采强硬政策，派兵包围了荷兰在澎湖修建中的城堡及其驻地，在大海商李旦和郑芝龙的调解下，荷兰人拆除了城堡，放弃了澎湖，退走台湾南部的大员湾。

荷兰人称台湾岛为福摩萨（Formosa，来自葡萄牙语或拉丁语，意为"美丽"，也被写作"福尔摩沙"）。大航海时代后，葡萄牙人在全球开辟新航线，全球许多地方都以福摩萨命名，这个名字遍布欧洲、非洲、南北美洲、亚洲和大洋洲。不过以大写字母开头的Formosa专指台湾。

初到台湾的荷兰人，先在北线尾沙洲建立商馆（后于1625年迁移到台湾本岛的赤崁城），并在大员岛竹砦旧址修建了一座简易城堡。由于当时缺乏砖石，仅以木板及沙土为原料进行修筑，最初命名为奥伦治（Orange）城堡，1627年改名为热兰遮城堡。

崇祯五年（1632），荷兰人又修筑四角附城，最终形成两城相套的样式。我们可以从下图看到热兰遮城的全景。

到1661年，国姓爷大军收复台湾前夕，据荷兰东印度公司末代台湾长官弗雷德里克·揆一（Frederick Coyett）的回忆录《被忽视的福摩萨》记载，热兰遮城堡是"一座用砖砌成的方方形城堡，建造精巧，有几处城墙厚达6英尺（约1.82米），侧翼厚4英尺（约1.22米），四周围以围墙，约3英尺（约0.9米）高，18英尺（约5.48米）厚，各墙角处填以砂砾。"

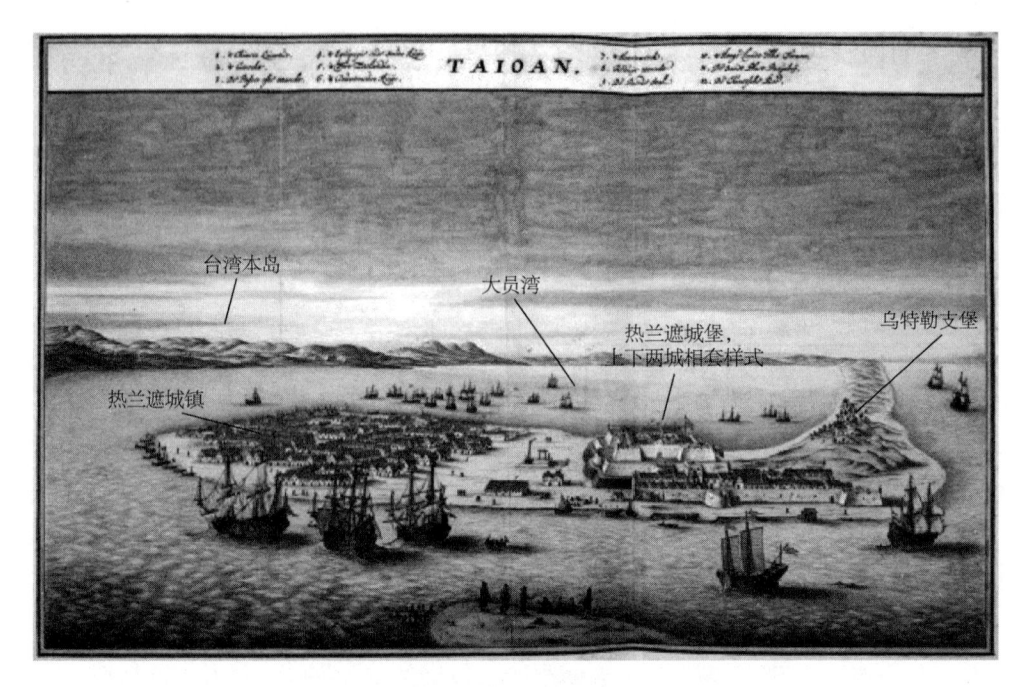

大员湾与热兰遮城鸟瞰图

之后，在城堡以西的一座小山丘上修建了乌特勒支堡（Utrecht），此碉堡地势较高，可俯瞰全城，且可将全城纳入火炮的射程范围之内。如果发生战事，将成为双方的必争之地。

1652年，荷兰人在赤崁城旁建造了普罗民遮城堡，城堡本体长96英尺（约29.26米）、宽72英尺（约21.95米）。

此外，荷兰人还在北线尾沙洲上修建过一座海堡，但1656年一场巨大的风暴将其摧毁。因此，国姓爷大军需要攻克的城堡只有热兰遮城堡和普罗民遮城堡。

荷兰东印度公司在台湾设立的最高官职名为"长官"，先后有12人担此职务。末代长官名叫弗雷德里克·揆一，正是他指挥荷兰人顽抗国姓爷的大军。

第一战

1661年4月30日上午,揆一见大批舰队来到鹿耳门外的海面,立即意识到这是国姓爷的军队要来攻取台湾。因为荷兰东印度公司与国姓爷的关系一直时好时坏,从1650年开始,不断有传言说国姓爷将要攻打台湾,特别是1660年3月以后,此种流言越传越多。揆一也向荷兰东印度公司的亚洲总部报告过多次。此刻,国姓爷的大军终于出现在眼前,他立即下令在台的全体荷兰人做好战斗准备,住在热兰遮城镇中的荷兰人一律撤到热兰遮城堡中来。

国姓爷的部队绕过装备相对精良的热兰遮城堡,直达台湾本岛登陆,揆一明白这是国姓爷避实击虚的策略。占领了装备较差的普罗民遮城就意味着占领了台湾本岛,国姓爷就可以在台湾收税屯田,建立抗清基地。而孤悬岛外沙洲的热兰遮城,虽然难以攻克,但缺水乏粮,内无战力、外无援兵,必定坚持不了多久。为了避免普罗民遮城落入国姓爷之手,加上普罗民遮城的地方官猫难实叮[①](Jacobus Valentijn)来信求援,揆一下令荷军上尉黎英三(Joan van Aeldorp)带领宝贵的200名士兵,赶在国姓爷大军尚未全部登陆前,迅速搭乘领港船前往增援普罗民遮城。

下午4点左右,黎英三上尉率领200名士兵登船前往普罗民遮城。下午5点左右,领港船抵达距普罗民遮城沿岸约100米的海面,由于领港船体积较大,第一波增援的大约60名荷军改乘舢板登陆。

在他们登陆前,已经有约1000名中国士兵从北边登陆地点前往普罗民遮城,他们举着飞扬的旌旗,铁甲披挂、头戴钢盔,只露出两只眼睛,钢盔上有铁质尖头,肉搏时可以刺伤敌人。中国士兵手持斩马刀、弓箭,铠甲在阳光照耀下闪闪

---

① 书中提到的荷兰人译名基本采用中国史料中的翻译。17世纪中国人的翻译习惯与今天不同,很多译名会让现在的读者感觉很奇怪。

发光。这支先遣部队似乎并未配备火器,他们在普罗民遮城堡开炮攻击后,停在了城堡附近的山丘后,以躲避炮火。

这时,来自热兰遮城的第一波援军60人正在登陆。国姓爷大军同荷军的第一次直接交火正式展开。此次交火并不十分激烈,因为在中、荷双方的史料中都是语焉不详。中国士兵在普罗民遮城堡和海上荷兰领港船两个方向的炮火和步枪打击下,迅速分散开来。第一波60名增援士兵登陆后,以最快的速度冲进了普罗民遮城堡。中国先遣部队担心荷方领港船还会有第二波登陆,便立即通知后续大部队,向海上荷兰领港船开炮。

一颗炮弹从黎英三身旁飞过,虚惊一场的他立即下令:"掉转船头,这里的滩头已被国姓爷的部队控制,我们不可能全体登陆了,马上返回热兰遮城堡!"

于是,这次增援就此结束了。但在陆地上,中国先遣部队的士兵持续放箭射击城堡上的荷兰守军,荷兰守军也开枪还击。受伤倒地的中国士兵被同伴拖走,但有一名中国士兵身中几枪,受伤倒卧在城堡前,仍不肯投降,张弓射向城堡之上的荷兰士兵。这名英勇的士兵想必射箭技术相当熟练,他大概射了十几、二十箭,荷方人员也未能将其击毙。直到城堡上一名荷兰的非洲青年(有可能是黑奴)用箭射中他的屁股,他才放弃进攻,手脚并用地爬离阵前。守城的猫难实叮见到此一英勇士兵,不禁感叹道:"如果每位中国士兵都如此,我们必将面临一场恶战。"

劝降

1661年5月1日,热兰遮城堡中的揆一收到了国姓爷送来的一封信和一道告示。我们从《热兰遮城日志》中可以看到信和告示的全文,两者内容类似,都是解释收复台湾的理由，并劝告荷兰人早日投降。信中提道：

澎湖列岛距漳州诸岛不远，因此隶属漳州；同样，台湾因靠近澎湖列岛，所以台湾也应在中国政府的统治之下；因而，也应该明白，这两个滨海之地（指澎湖列岛和台湾）的居民都是中国人，他们是自古就已据有此地……那时家父一官①出于友谊，指这块地给他们（指荷兰人），但只是借用而已……

但是现在，我率领强大的军队来到此地，不仅要改善这块土地，也要在这块土地上建造几个城市，开创繁衍一个庞大的人群社会。阁下也当知道得很清楚，还要继续占据别人的土地（那个原本属于我们的祖先，因而现在属于我的土地）是不妥当的……

因此，如果你们及早来向我弯腰低头，用商谈的方式，和气地将你们的城堡移交给我，我不但会把你们的地位升高，使妇女儿童都保全生命，还将允许你们仍旧保有所有的物品，也将允许你们按照自己的意愿居住在我的辖区内。

相反，如果你们拒绝听从我的话，要反抗我，向我表示敌意，那就要仔细想想，将没有人逃得了命，会全部被杀……

同时，普罗民遮城堡的猫难实叮也收到了相同内容的来信，还接到被国姓爷释放的10名俘虏。

揆一和猫难实叮虽然收到了内容相同的劝降信，但做出的反应却大不相同。猫难实叮显然要温和得多，他释放了2名中国俘虏，并带一封回信给国姓爷，说自己只是普罗民遮城堡和赤崁城的地方官，献城投降之事只能同热兰遮城堡的长官揆一协商。这可倒好，他把一切责任都推给了揆一。

---

① 郑成功的父亲郑芝龙小名一官，西方史料一般称其为Nicolas Iquan，即尼古拉·一官。

揆一接信后,他不能将责任推给旁人,只能召集评议会来商量如何应对。评议会商量来、商量去,认为现在绝不是谈论投降的时候,但再派人增援普罗民遮城堡也不现实,毕竟国姓爷大军已经在台湾本岛登陆,且几乎包围了普罗民遮城堡,因此评议会决定从其他地方打开突破口。

荷兰人发现,在4月30日登陆当天,国姓爷就派人率兵登陆热兰遮城堡对岸的北线尾沙洲。北线尾是扼守大员湾的战略要地,它地处进入大员湾的两条水道(鹿耳门水道与主水道)之间,一旦国姓爷拿下普罗民遮城堡,热兰遮城堡必然被孤立,要控制进出热兰遮城堡的水上通路,就必须控制北线尾沙洲。因此,北线尾肯定是两军的必争之地。然而目前北线尾沙洲上的中国军队人数不多,荷兰人自认为还能再战,将他们赶走。评议会原本还是打算派黎英三率兵前往,但揆一认定昨天黎英三增援普罗民遮城之战,实在过于懦弱胆小,敌人没发几炮,他就放弃了登陆。于是揆一决定派遣拔鬼仔(Thomas Pedel)上尉带领240名[①]精锐火枪兵前往北线尾沙洲,妄图一举消灭中国军队。

上尉拔鬼仔VS宣毅前镇陈泽

拔鬼仔虽然是荷兰人,但他在台湾这块殖民地上已经摸爬滚打了二十年,虽然只是个军阶不高的上尉,但已经是荷兰东印度公司在台湾殖民地的最高军衔了。所以,说拔鬼仔是荷兰东印度公司在台湾的第一战将也不为过。他有着丰富的作战经验,对台湾当地的情况也了如指掌,对大员湾的天气和地形再熟悉不过,他还拥有最高军阶,在荷兰军中算是位高权重、百战不殆。按理说,派遣拔

---

① 揆一所著《被忽视的福摩萨》记载是240名火枪兵,而荷兰东印度公司官方的《热兰遮城日志》中记录是200名火枪兵。

鬼仔上尉出战，应该十拿九稳。但他的对手是国姓爷手下的一员大将——宣毅前镇陈泽。陈泽有着十五年的抗清经验，但他从未到过台湾，对台湾的地形、风土不甚了解。

拔鬼仔上尉手下的滑膛枪枪手，拥有当时世界上最先进的步兵装备——火绳滑膛枪，还经过了最现代化的作战训练，在战场上纪律严明、整齐划一，熟练使用排枪轮射术。但就是这样一支有着丰富经验的指挥官、先进精良的滑膛枪、严格艰苦训练的精锐部队，竟然惨败于刚刚抵台、立脚未稳的中国军队。这一史实真是打脸西方中心论呀！

滑膛枪与排枪轮射术

按照西方中心主义的军事革命论观点，17世纪的荷兰东印度公司在全球大肆扩张，其主要军事优势在于火枪及其轮射技术。

枪是中国发明的。它的始祖出现于11世纪宋金之间的战争。枪管最早是用竹子或纸做的，后来演变为金属。1326年欧洲第一次出现枪这种武器。枪自诞生之日起，就在中国和欧洲的各自内战中发挥着越来越重要的作用，枪的自身设计也随战争需要不断改进。到了17世纪，中欧双方使用的枪支叫作"滑膛枪"（Musket），该种枪支称霸枪械世界达两百年之久。

滑膛枪是枪管内没有膛线的枪支总称。在17世纪的战争中多使用火绳滑膛枪，以火绳作为点燃火药的工具。当时荷兰人使用的火绳滑膛枪具备铁质枪管、木质枪托，有效射程近100米，能将铅弹射入身穿重甲的敌方士兵身体，威力十分了得，滑膛枪的出现使刀剑、弓箭等传统武器逐渐退出实战。欧洲战场已是滑膛枪兵、长矛兵的天下，长矛兵是用来保护滑膛枪兵的。因为滑膛枪有一个致命的弱点，就是射速太慢，最熟练的滑膛枪枪手每分钟最多也就能发射一两发子弹。其原因是滑膛枪每次只能装填一发子弹，且装填过程十分复杂。作战时，枪手需要先将定量的火药装入枪口，然后再装入球形子弹，用推杆压实，最后才能瞄准射击。

火绳滑膛枪的枪身上有一个金属弯钩，弯钩的一端固定在枪身上，并可绕轴旋转，另一端夹持一段燃烧的火绳。士兵开枪时，用手扣动扳机，带动夹持火绳的弯钩往枪身上方连通枪管的火药口里推压，使火绳点燃火药，火药在枪管内有限的空间中燃烧爆炸，进而将枪膛内装填的弹丸发射出去。

滑膛枪的装填时间至少需要一分钟，我们可以想象一下，在炮火连天的战场上，滑膛枪的射程只有100米，当射完第一颗子弹后，需要用时一分钟才能装填发射第二颗子弹，在这宝贵的一分钟内，距离只有100米的对方骑兵甚至步兵足以冲杀过来，对毫无防御能力的滑膛枪枪手大开杀戒。

荷兰人为了弥补滑膛枪这一致命不足，他们借鉴古罗马军队的训练方法，在欧洲开创了军队日常操练及排枪轮射技术。发明此技术的不是别人，正是荷兰著名的军事改革家和将领拿骚的莫里斯（Maurice of Nassau，1567—1625），即奥兰治亲王。他于1585年起担任尼德兰联省共和国执政官，其间对荷兰军队进行大刀阔斧的改革，并取得了一系列辉煌的战绩，使荷兰军队成为当时欧洲第一劲旅。

莫里斯在古罗马军队训练方法的基础上，发展出一套系统的操练方式。他要求枪手练习火绳滑膛枪的装弹和射击动作。以往的欧洲军队当然也训练新兵如何操作武器，但新兵一旦学会了如何使用武器，训练就结束了。而莫里斯的不同之处在于，他的训练是持续不断的、系统性的。他编写训练手册，将火绳滑膛枪十分复杂的装填和射击动作分解为42个单一连续动作，并给每个动作起好名字和发令词。当听到军官喊出某个动作的发令词时，全体士兵必须在规定的极短时间内完成该动作。这样每个士兵所做的动作耗时相同、节奏一致，既提高了装弹和射击速度，又为整齐划一的轮射做好了准备。

当士兵们经过训练，使得每个动作都能同时完成以后，就可以实施轮射术了。排枪轮射术说起来很简单：就是让枪手站成几排，第一排先开枪，开枪后第一排的枪手从站在他们身后的两列士兵之间走到最后，重新装填子弹；同时，第二排枪手进行射击；第二排士兵退到最后的时候，第三排射击，如此循环往复。如果经过严格训练，并且有足够的排数，那么当第一排枪手重新装填完毕，其他各排也都已经完成射击并退回就位时，第一排枪手就能立即开始第二次射击。这样轮射的滑膛枪枪手就可以形成持续火力，面对凶恶的敌人时就不会出现致命一分钟。大家也许觉得这个操作很容易，但在炮火纷飞的战场上，实施排枪轮射术的滑膛枪枪手要有足够强的心理素质，在集体中彼此托付生命，身旁有战友倒下时，也要坚守位置，一旦有枪手因恐惧而逃离战场，整个队形就散了，必定落于失败境地。

一支训练有素的滑膛枪部队能像演员般演出精心排练过的军事"芭蕾舞"，连续快速地进行一连串齐射，使敌方士兵还没从第一次射击火力中反应过来，就遭遇了第二次齐射的打击。只有通过反复、艰苦的训练，使每个动作都达到肌肉记忆，才能把出现事故的可能性降到最低。荷兰军队的滑膛枪枪手正是完美利用了排枪轮射术才能在欧洲战争中取得一系列胜利，才能在殖民扩张中击败数量多于自身几倍的当地军队。

军事革命论认为，在殖民扩张中欧洲人拥有的火枪和排枪轮射术是在军事上战胜非欧民族的关键优势。这当然不无道理，荷兰人在台湾就发挥过此一战术的威力。

郭怀一起义

1652年，在荷兰东印度公司殖民统治下的台湾爆发过一次汉人起义，其领导者叫郭怀一。他召集5000余名遭受荷兰人压迫的汉人，这占当时在台全体汉人数量的四分之一。他们大喊着"杀尽荷兰狗！"的口号攻入了赤崁城，抓住了几个倒霉的荷兰人，割掉他们的鼻子、耳朵，并将人头插在高举的竹竿上。

荷兰人为了镇压起义，联合台湾当地居民，还派出了120名滑膛枪枪手。面对5000余名起义的汉人，枪手们沉着列队，点燃火绳，在军官的指挥下，动作整齐划一。

"第一排瞄准！"随着军官一声令下，第一排枪手举起滑膛枪瞄准起义的汉人。

起义民众的手中多是冷兵器，甚至是镰刀，但他们不乏勇气，向荷兰士兵发起冲锋。

荷兰军官见冲杀过来的汉人进入滑膛枪的射程，大声下令："开枪！"

第一排士兵迅速准确地射出一颗颗子弹。

起义民众顿时倒下几个人，但起义领导者中有人见过荷兰士兵装填滑膛枪，耗时很久，他大喊："别怕！继续冲锋！红毛火枪装弹了，咱们有时间冲过去！"

出乎起义领导者意料的是，第一排枪手虽然需要装填子弹，但第二排士兵迅速补上射击，第二排打完后，第三排继续射击，形成一阵弹雨，起义民众倒下一片。当第四排举枪刚要射击时，人数众多的起义者四散奔逃，荷兰士兵乘胜追击，500名起义者在当天被杀，随后又有4000名汉人丧命。而这120名滑膛枪枪手无一人伤亡。郭怀一本人被与荷兰联盟的民众杀死，头颅被挂在热兰遮城堡之上。

这次战役，凸显了排枪轮射术的厉害。从此以后，荷兰人就认为中国人不堪一击，都是些文弱怯懦、不能打仗之辈。据荷兰人统计，25名中国士兵在一起也抵不上1名荷兰士兵。虽然揆一、拔鬼仔等荷兰高层也时常听说国姓爷的军队抗击满洲军队的英勇事迹，但这并没有改变他们对中国士兵的偏见。骄兵必败的道理要在拔鬼仔上尉身上重演了。

愤怒地出征

1661年5月1日，大员湾天气良好，刮着东北风。

一大清早，几名仆人带着拔鬼仔的儿子来找拔鬼仔。原来前几天他的儿子和1名荷兰牧师的儿子在几名成年荷兰男性的带领下去乡下游玩，不料遭遇了国姓爷大军登陆。今天早上，在匆忙返回热兰遮城堡的路上，一行人被一队中国骑兵拦住去路。成年荷兰男性中有三人挺身而出，与中国骑兵动手，被众多中国骑兵用斩马刀几乎剁成肉酱。拔鬼仔的儿子在混战中也被斩马刀砍中，右手几乎被砍断。拔鬼仔见状大怒，立即去见揆一要求出战，给儿子报仇。

中、荷双方在史料中都对此战有过记载。例如，杨英的《从征实录》、荷兰东印度公司的官方史料《热兰遮城日志》、揆一的回忆录《被忽视的福摩萨》，但详略不一，细节也不尽相同，不知道哪个更准确。不过幸运的是，我们有当时参战的荷方士兵阿布列特·赫波特（Albrecht Herport）所写的回忆录《爪哇、福摩萨、前印度及锡兰旅行记》。赫波特是瑞士人，画家兼雇佣兵，1660年随荷兰东印度公司的舰队抵达台湾，他以士兵的身份经历了整场战争，直至1662年荷兰人投降离开。他亲历了北线尾的战斗，相信他的记录是比较真实的。

拔鬼仔上尉被愤怒冲昏了头脑，他来到揆一面前，大喊："长官，要让中国人尝尝我们子弹的厉害！"

揆一本来想拦住拔鬼仔让他冷静下来，但一来评议会已经决定派兵出战，二来现在中国军队在北线尾沙洲立足未稳，也许一支精锐的滑膛枪兵能将他们驱逐出去，于是揆一批准拔鬼仔立即率兵出发。出发前，揆一告诉拔鬼仔："敌人人多势众，你要小心，发挥排枪轮射的优势，驱逐敌人，但更要保护好我们自己的士兵，热兰遮城堡上发炮2声，就是我要你们撤回的信号，如果听到，就一定要撤回城堡。"

"好的，长官，我知道了。"拔鬼仔上尉不耐烦地答道，转身就去兵营击鼓点兵去了。

北线尾一决雌雄

5月1日上午11点，拔鬼仔上尉点齐240名滑膛枪枪手离开热兰遮城堡，来到大员沙洲的最北端，分乘几艘舢板和1艘单桅帆船，向北驶往北线尾沙洲登岸。

北线尾沙洲是一个"L"形的小岛，拔鬼仔上尉率兵在小岛的最南端登陆，而陈泽带领的中国军队已在北端驻扎，在双方之间的沙洲土地上有很多沙丘，还有一些低矮的灌木和野生的菠萝树。这些沙丘和茂盛的植物，为陈泽的伏兵提供了绝佳的掩护。

登陆后，随着拔鬼仔上尉一声令下，训练有素的荷军以12人为一排，二十排很快列队完毕。远远望去，沙洲北面的中国军队看上去至少数千人。拔鬼仔上尉站在士兵们面前，他看到有些士兵面有惧色，于是决定要做一次激动人心的战前动员。

"英勇的士兵们，在我们面前也许有数千中国人，他们装备精良……"拔鬼仔上尉扫视着每名士兵的脸庞，想看看有没有胆小鬼，他确实发现不少士兵面露惧色，"但是，我想告诉大家，中国人都是娘娘腔，他们受不了火药的烟味和枪炮的响声，只要大家按照平时训练的方式，瞄准开火，打中他们中的几个人，这些貌似厉害的中国士兵就会吓得丢盔卸甲，四散奔逃，全军瓦解。"

"你们中的一些老兵，应该镇压过十年前中国人的叛乱，当时参加叛乱的中国人比今天的敌人多多了。记得那年的老兵也是像你们一样英勇的枪手，不过当时我们只有120人，只有今天人数的一半，我们熟练地运用排枪轮射术，两三排开枪后，数千中国人被打得屁滚尿流，哭爹喊娘。今天，我会带领大家痛击中国人，胜利必定属于我们！"

"上尉说得没错，胜利必定属于我们！"士兵们的士气被拔鬼仔的乐观态度鼓舞了，大家欢腾起来，脸上恐惧的神色一扫而光。

"好，士兵们，我们现在下跪祈祷！"拔鬼仔上尉率先跪下，开始带领大家祷告。

简短的祷告过后，拔鬼仔上尉命令全体人员装填步枪，点燃火绳，击响战鼓，列队前进。荷军就这样士气高昂地杀向中国军队。

他们经过北线尾沙洲上的沙丘、菠萝树丛，一步步沿着沙洲的走向向西面进发。这时候，送他们到北线尾沙洲的那几艘船一直在岸边跟随着他们。当荷军走出树丛时，一片开阔平坦的空地呈现在士兵们面前。这片空地上没有任何障碍物，拔鬼仔上尉认为这是一处能发挥滑膛枪威力的好地方，暗自在心中感谢上帝的眷顾。他命令士兵们就地散开，整理好队形。

此时，热兰遮城堡上突然传来2声炮响，是揆一要求拔鬼仔撤军的信号。

"上尉，长官命令我们撤回城堡去。"拔鬼仔上尉身边的一名中士提醒他。

拔鬼仔上尉轻蔑地瞄了他一眼，愤怒地说道："中士，我们现在在战场上，前面就是该死的中国人，身后是我们士气高昂、求战心切的英勇士兵，没有人能让我们撤退！"

"加快前进速度！"拔鬼仔上尉在听到撤军的炮声后，不但没有撤退，反而下令加速与敌军接触。

在荷兰人做战争准备时，宣毅前镇陈泽也没闲着。他率军登陆后，在北线尾沙洲西南角找到一片开阔的平原，认为此地适合作为战场，他立即下令在此连夜赶修一道高约1.2米横亘沙洲的矮墙，作为野战中的掩体工事。现在，陈泽将军命令炮手在这道矮墙上布置50门小炮，同时步兵在这道高度及胸的矮墙后面全副武装列队等候，打算以逸待劳，全歼荷军。

随着荷军的推进，在北线尾沙洲的西南角，他们终于看清了中国军队的阵地。只见阵地上旌旗飘扬，中国士兵手持斩马刀、长矛和弓箭，头上戴着闪亮光滑的头盔，身披由一片片小铁片连接而成的鱼鳞战甲。军官在士兵身旁骑马举剑指挥。

这时，一直跟随荷军的领港船和舢板率先向中国阵地开炮。陈泽命令矮墙上已架设好的小炮转向荷军船只还击。许多中国士兵受伤倒下，但有更多的士兵补充上来。如果发现有逃兵，骑马的军官将其立即就地斩杀。

拔鬼仔上尉见荷军已经前进至滑膛枪射程范围之内，命令击鼓，遂全军停止前进。他拔出指挥刀，利用中国小炮转向荷兰船只的空当时机，大声下令："第一排瞄准，开火！"

第一排的12名士兵同时扣动扳机，12颗子弹同时飞出枪口，向中方阵地飞去。有几名中国士兵应声倒地。未等后面的中国士兵上前补位，荷军的第二排子弹已经抵达，马上第三排子弹也射向中方阵地。

当然，陈泽并非等闲之辈。在荷兰人开第一枪之际，他就下令在后排的全体弓箭手反击敌人。弓箭手们斜向天空大约45度角张满弓，待宣毅前镇陈泽一声令下，箭如骤雨般向荷军阵地倾泻。据生还的荷军赫波特回忆，当时太阳被无数中国箭羽遮蔽，天空似乎都昏暗起来。随着箭雨从天而降，许多荷军枪手中箭倒地。双方均有伤亡，但死伤人数都不多。

荷军以少击多，靠的就是平时的艰苦训练，战时才可严格遵守纪律，保持作战队形，维持排枪轮射术，形成强大的弹雨。这类似现代机关枪不断地向敌人开火，首先打垮敌人的心理防线，使士兵不听指挥，四散奔逃。但拔鬼仔上尉这次面对的敌人并未像他所说的那样不堪一击，中国士兵也不是一闻见火药的气味、一听到枪响就溃败下去。当然荷军也没有因为有人中箭死伤而队形大乱。此时双方正是相持对阵、未决胜负的时刻，但毕竟还是陈泽棋高一着，胜利的天平立即倒向中国一方。

当荷军第四排士兵正准备射击时，突然间，喊杀声从荷军背后响起，一支中国军队从荷军后方发起了冲锋。与此同时，前面的中国士兵也越过矮墙，向荷军冲杀过来。拔鬼仔上尉见状顿时大惊，他怎么也想不到，中国人是如何跑到自己背后的。而此刻的荷军枪手，虽训练有素，但也紧张起来，阵脚大乱。拔鬼仔上尉不愧是经验丰富，尚能沉着指挥。他下令，最后一排士兵向后转，瞄准后方的中国士兵射击。但最后一排士兵是刚刚射击完毕从前方退到最后一排的，正利用射击前的四五十秒的间隙装填弹药。谁知就在这短短的几十秒内，骑马的中国官兵已经冲到荷兰枪手身边，举起斩马刀，大开杀戒。一旦近战，荷军的滑膛枪则毫无优势可言，荷军的阵线彻底崩溃了。正面冲杀的中国士兵也已经来到荷军面前，一阵排枪后，荷军再没有枪声响起。拔鬼仔上尉本人也受伤倒地，但他不顾疼痛，艰难地站了起来。

"不要慌！不要慌！镇定！听我指挥！撤退……"拔鬼仔上尉边大喊，边举刀指挥士兵撤退。但已经没有士兵再听他的命令了，在前后夹击之下，荷军的心理防线已经全部瓦解，队形已被击散，士兵们夺路而逃，很多人未开一枪，甚至有的士兵丢下火枪，跳入海中，游向水上的船只。

也许大家与拔鬼仔一样纳闷，宣毅前镇陈泽是如何把部队部署到荷军身后，实施前后夹击的呢？拔鬼仔上尉可能到死也没弄清楚这个问题。其实就在双方开战前，有3艘中国舰船从停泊在鹿耳门附近的舰队中脱离，沿着北线尾沙洲南下，在沙丘和菠萝树丛的掩护下，在拔鬼仔上尉率领的荷军视线之外神不知鬼不觉地绕到其身后实施登陆。从《热兰遮城日志》上看，热兰遮城堡上的荷兰人居高临下发现了这3艘中国舰船，开始他们只是怀疑这3艘舰船要为中国军队提供火力支援，谨慎的揆一下令发炮2声，要求拔鬼仔撤军。没想到，拔鬼仔上尉在怒火或是求胜之心的控制下，丧失了理智，不听命令，硬要继续进攻。更没想到的是，这3艘中国舰船提供的不是火力支援，而是比之更甚的登陆部队。

拔鬼仔上尉挥舞着指挥刀，看着四散逃跑的士兵，意识到大势已去，没等他进一步发号施令，一把斩马刀正中他的肩头，这次他伤得比其儿子还要严重，拔鬼仔上尉倒地后再也没有站起来。

士兵们看到上尉已死，更加混乱，个个抱头鼠窜，落荒而逃。中国士兵则左砍右杀，犹如虎入羊群一般。发射完毕的火枪，在荷军手中最多也就是一根棍子。在混战中，荷军根本没有时间重新装填弹药，没有学过少林棍术的他们被斩马刀杀得哭爹喊娘，死伤惨重。

兵败如山倒的荷军纷纷游向岸边的接应船只。由于慌乱，太多的人登上同一艘船，导致这艘船被掀翻了，很多不会游泳的人被淹死，一部分会游泳的士兵奋力游向几千米外的热兰遮城堡。据生还者回忆，有人在水中游了九个小时才被热兰遮城堡中的荷军救起，可见这部分荷军的体力还是很强的。

在这场战斗中，240名欧洲顶级的滑膛枪枪手只有80余人逃回了热兰遮城堡，拔鬼仔上尉连同160名士兵永远陈尸北线尾沙洲了。

中方的伤亡肯定大于荷军，但国姓爷大军有着巨大的兵力优势，此一伤亡对国姓爷、陈泽和杨英来说，根本不算什么。杨英在《从征实录》中对此役一笔带过，可见中方丝毫未将此一情况放在心上。

初三日，宣毅前镇□官兵扎营北线尾。夷长揆一见我北线尾官兵未备，遣战将拔鬼仔率鸟铳兵数百，前来冲□（杀），被宣毅前镇督率向敌，一鼓而歼；夷将拔鬼仔战死阵中，余夷被杀殆尽。

这场在国姓爷看来无足轻重的战斗胜利，对于揆一和荷兰人来说简直就是一场灾难性的失败，一直到荷兰人投降撤离台湾，其名震天下的滑膛枪枪手再也不敢主动正面进攻了。

大员湾再分高下

就在拔鬼仔上尉与宣毅前镇陈泽在北线尾沙洲上进行陆战的同时，中、荷双方在大员湾的海面上也展开了一场厮杀，中国学界习惯称大员湾为台江内海，所以此次海战又称作台江海战。

17世纪的荷兰人在全球大肆扩张领土：占领非洲南端的好望角，在印度沿海建立据点，占领马六甲、锡兰、印尼、台湾。除此之外，他们还在美洲建立了一块殖民地，名叫新阿姆斯特丹（New Amsterdam），后被英国人占领，改名新约克（即纽约，New York）；在大洋洲，荷兰人还"发现"了澳大利亚和新西兰。荷兰人的这些海外扩张靠的是什么呢？当然就是海军！1650年，荷兰是欧洲公认的海战专家，他们拥有强大的海上经济实力，又有与西班牙长期作战的经验，其海军实力非同寻常。但在台江海战中，荷兰人仍败于国姓爷之手。此次海战，国姓爷舰队的指挥官还是那位打败拔鬼仔上尉的宣毅前镇陈泽。

1661年5月1日，在那次决定派遣拔鬼仔上尉出征北线尾的评议会会议上，荷兰人还作出了另一个决定：命令海军舰船赫克特号、斯·格拉弗兰号、玛利亚号出动攻击在鹿耳门水道附近的中国舰队，夺取或摧毁它们。

在这3艘荷兰舰船中，赫克特号属于大型战舰，装载30余门火炮；斯·格拉弗兰号是中型战舰，装载20门火炮；小型舰船玛利亚号只装载了十几门火炮。除此之外，还有1艘荷兰小型舰船白鹭号参加了本次海战。

与之对阵的国姓爷的军队有大约60艘战舰，但每艘中国舰船似乎只配备了2门大炮。

5月1日上午，晴空万里，天气非常理想。双方舰船在大员湾内交火。荷方大型战舰赫克特号在最前方，率先与中国船只接触，最先开火。赫克特号充分利用自身优势，压制中国舰船，加之荷兰水手高超的驾船技术，使得荷兰战舰的侧舷炮能发挥巨大威力。

17世纪欧洲战舰的火炮都安装在船身两侧,这样可以大大提高战舰的载炮量,赫克特号、斯·格拉弗兰号和玛利亚号也不例外。它们只有在侧面面向敌船时,才能用大炮攻击敌人。因此,水手的驾船技术就至关重要,他们要随时调整船只方位,使船身侧对敌人,才能发挥火炮的威力。同时,天气状况也很重要,如果海面风平浪静,全靠风力开动的帆船的话,即便水手的驾船技术再高超,也是巧妇难为无米之炊,不可能调整船只方位。

台江海战刚开始,中国军队试图引诱荷兰舰船至浅水区,但荷军没有上当。这时,海面刮起了一股柔风,足以让赫克特号这样的大型战舰在大员湾内随意调整方位,以保持最佳战斗状态。船上的炮手不停地向中国舰船开炮,当然中国战舰也迅速还击,双方展开了激烈的火炮对射。顿时炮声四起,水柱冲天。荷兰战舰炮多弹重,且射击准确,赫克特号集中射击几艘靠近的中国舰船,侧舷火炮同时开火,每侧大约15门炮同时怒吼着向中国舰船击出炮弹,炮弹很快射穿中国舰船的船体,击中桅杆,击伤船员。几轮射击后,有一两艘中国舰船沉没,剩余的中国舰船与其保持一定距离,不敢接近。

正在此时,海上风力突然大减,特别是像大员湾这样被陆地包围的海域上风力变得很小,荷兰舰船体积庞大、笨重,很难移动或调整姿态。在这种情况下,中方利用自身船体较小、易于操纵的优势,采用多船围一船的包围战术,派遣五六艘最勇敢的舰船像敢死队那样从各个方向向赫克特号摇橹围攻。由于风小,外加沿岸水域暗礁较多,赫克特号不能灵活调整方位。无奈,船上的炮手们只能移动大炮,从前后左右开炮,硝烟顿时在船上弥漫开来。当时的黑火药点燃后,会产生大量的白烟,如果大炮从炮口伸出船体外开火,硝烟会散到海面上,但现在赫克特号为了对付从四面八方包围过来的中国舰船,部分火炮被搬离炮口,甚至还在船舱内开火,造成船内硝烟浓重,能见度很低。据赫克特号上唯一生还的荷兰水兵回忆,在双方激烈交战中,一些荷兰炮手推着大炮来到炮手舱,他们推开窗户，打算向外射击一艘几乎要贴上来的中国舰船。随着大炮开火，火星四溅，不小心点燃了船上的火药，也许是炮手舱紧挨着火药室的缘故，赫克特号迅即发生了巨大的爆炸，连热兰遮城堡上的玻璃窗都在震动。硝烟过后，赫克特号随同它近旁的几艘中国舰船都灰飞烟灭了，船上的大炮、武器及士兵也都葬身鱼腹。

荷兰赫克特号战舰模型（中国海坛海防博物馆藏）

剩余的3艘荷兰舰船看到赫克特号沉没，更加谨慎小心了，他们趁着风起迅速离开大员湾，驶往深海。荷兰舰船体积大、吃水深，在浅水的大员湾内容易触礁，但深海处风浪大，可以发挥操作优势，在开阔的海面上也更容易逃出中国舰船的包围圈。

中国舰船以为3艘荷兰舰船要逃跑，于是纷纷驶向深海追击。到了深海后，荷兰舰船掉转船头，迎击追赶的中国舰船。中国舰船难以迅速停下，于是斯·格拉弗兰号、玛利亚号驶入中国舰船编队，2艘荷兰舰船利用侧舷炮全力开火，中国舰船纷纷中弹，损失惨重。由于中国舰船的火炮基本安置在船首，荷兰舰船在中国船队中穿行时，船首的火炮很难击中荷兰舰船，但荷兰舰船的侧舷炮可以密集地开火轰击中国舰船。中国舰船的船身、甲板被迅速击穿,有的桅杆还被击倒,船上人员血肉横飞,汹涌的海水很快就灌入船体。

斯·格拉弗兰号、玛利亚号在首轮射击完毕后,再次掉头穿行于中国舰队之中,重新开火。就这样,它们在中国舰队中来回穿行了两三次,使中国舰船及人员损失惨重,很多船只沉没。

中国舰船还想采用击沉赫克特号那样的包围战术,但由于在深海,荷兰舰船机动灵活,外加火力强劲,包围战术难以实施。于是,中国军队决定采取接舷登船战术。

2艘大型的中国舰船为了避开荷兰舰船的侧舷炮,紧紧跟在斯·格拉弗兰号和白鹭号船尾,在这2艘中国舰船身后,都跟着五六艘中国舰船,形成了由舰船连接而成的船桥。中国船长们指挥船上士兵通过船桥企图跳上斯·格拉弗兰号和白鹭号。

斯·格拉弗兰号和白鹭号上的荷兰水手和炮手将大炮移出炮口,在前甲板和船舱中重新架好大炮,向船尾开火,还向中国舰船投掷手榴弹。

无数跳舷登船的中国士兵受伤落水,但有几名英勇且非常幸运的中国士兵成功跳上了斯·格拉弗兰号。他们迅速拔刀与荷兰水手展开砍杀战,还有1名中国士兵拿刀向斯·格拉弗兰号上的船索砍去。他希望砍断船索,破坏斯·格拉弗兰号的风帆,使其瘫痪,方便更多的中国士兵跳舷登船。但由于成功登船的中国士兵人数太少,终于寡不敌众,被荷军全部消灭了。

就在中国士兵实施强行接舷登船战术的同时,中国又派出火船向荷兰舰船发动了三四次进攻。由于深海处风浪大,荷兰舰船操纵灵活;但中国火船燃烧后,火焰很快会吞噬船帆,驾驶人员要在火势变大前跳海逃生,因此火船往往不能跟上荷兰舰船迅速而灵活的行驶轨迹,攻击效果大受影响。但有一艘火船上的中国士兵抛出铁链,成功钩住了斯·格拉弗兰号船首的斜桅,火势马上就蔓延到斯·格拉弗兰号上来了。船舱下方的三条大梁和上方的两条大梁起火燃烧,火焰蔓延到舱内。

斯·格拉弗兰号船长立即下令灭火，训练有素的荷兰水手们迅速扑灭了火焰，还砍断了铁链，使斯·格拉弗兰号脱离了中国火船。

经过几小时的激战，双方都筋疲力尽，脱离了战场：荷方舰船退到深水区，中国舰船则停泊在岸边。本次海战，荷兰舰船被击沉1艘（赫克特号）、击伤2艘（斯·格拉弗兰号、白鹭号），据荷兰东印度公司亚洲总部官方编写的《巴达维亚城日志》记载：斯·格拉弗兰号在此次海战中受损非常严重，船后部已完全敞开；中国则损失了更多的舰船，伤亡达千人。虽然荷兰东印度公司的损失看似不大，但由于其船只很少，实际上已经丧失了制海权。国姓爷的海军控制了大员湾一带的海域，对在台荷兰人形成了封锁之势。

中国史料对此次海战大多语焉不详，江日升的《台湾外纪》也是只字未提，国姓爷储贤馆幕僚阮旻锡所著的《海上见闻录》只短短记载一句话"时夷人尚有甲板船在港，令陈泽、陈广等攻之，沉其一只，焚其一只，走回一只"。杨英的《从征实录》也有类似的记录。如此看来，赫克特号好像不是因炮手失误引发了爆炸，而是被中国舰船击沉的。无论赫克特号因何沉没，这一大型战舰的覆没和台江海战的失败，都大大削弱了荷兰在台势力，荷兰东印度公司在台湾的日子越来越难过了。

通过北线尾陆战与台江海战，国姓爷不但控制了大员湾一带的制海权，还从陆地上控制了北线尾沙洲。在北线尾和大员湾两处激烈战斗之际，国姓爷的大军继续从普罗民遮城堡北边的禾寮港等处不断地登陆台湾本岛，很快大军就包围了普罗民遮城堡。这样，国姓爷实际上已将荷兰东印度公司在台湾的两座最重要的据点——热兰遮城堡与普罗民遮城堡分割开来，为最终收复台湾奠定了基础。

福摩萨评议会的决定

对于荷兰东印度公司来说，1661年4月30日、5月1日是他们殖民台湾以来最黑暗的日子，两场陆战（击败黎英三与拔鬼仔）和一场海战（台江海战）接连失利，机动兵力几乎丧失殆尽。

面对军事失败与国姓爷的劝降信，揆一只得再次召集评议会商讨大计。

"鉴于目前的形势，我恳请各位尊贵的先生认真考虑一下我们现在的处境，负责任地发表各自的观点，以利于我们从目前的险境中解脱出来。"揆一首先发言，"我想请大家讨论一下我们是否应该增援普罗民遮城堡，现在普罗民遮城堡已经被国姓爷大军包围……"

未等揆一说完，评议会议员大卫·哈瑟韦尔（David Harthouwer）就着急地大声说道："敬爱的长官阁下，到现在您还在考虑增援普罗民遮城堡吗？您没看到我们今天的损失吗？现在增援普罗民遮城堡无异于送我们宝贵的士兵上刑场！"

"没错，我同意哈瑟韦尔先生的观点。"评议会议员托马斯·凡·伊伯伦（Thomas van Iperen）较为平静地说道，"国姓爷率领大军可能要超过20000人，上百艘中国舰船神奇般地通过鹿耳门水道，四个小时内就完成了登陆，包围了普罗民遮城堡，在陆地上和海上都击败了我们。令我不敢相信的是，身经百战的拔鬼仔上尉竟命丧北线尾。现在我们在上帝的帮助下，能保住热兰遮城堡和热兰遮城镇就很不错了，根本不可能调兵去援助普罗民遮城堡。"

"即便我们出兵去增援普罗民遮城堡，我们能派出多少士兵？100人？200人？在热兰遮城堡里，我们只有500名士兵，可敌人有20000人，他们的士兵配备火枪、斩马刀、弓箭和其他各种武器，还身穿鱼鳞战甲，头戴铁盔。"议员兼军需官康纳利斯·罗森·文克尔（Cornelis Rose Winckel）分析道，"而我们连一艘运兵的小船都很难寻觅,难道我们不该担心驾船的中国船夫会背叛我们吗?况且,目前热兰遮城镇市区内一片混乱,人们忙着搬运金银细软,城镇完全暴露于敌人舰船的炮火之下,敌人也可以随时登陆入侵。天黑以后,我们这五百兵力就显得更加薄弱,实在是无力增援他处。"

其他议员也都赞成不增援普罗民遮城堡,此事就这样定下来了。

"好。现在我们来讨论第二件事。"揆一挥舞着国姓爷送来的劝降信,"我相信大家都看过这封信了吧!国姓爷要求我们投降,献出两座城堡,否则他会把我们都杀掉。这又该如何答复呢?"

"我想先提醒各位尊贵的先生,公司曾强烈训令我们去寻求本殖民地的福利,现在保卫福利又是多么重要;如果投降,公司就几乎不可能再回到这个岛屿,而一切宗教活动也会随之结束。"揆一继续发言,"当然,我也知道面对敌人海陆优势兵力,我们要继续保卫热兰遮城堡与普罗民遮城堡有多么困难;我们刚刚损失了拔鬼仔上尉及其率领的160名滑膛枪枪手,还损失了赫克特号战舰,其他船只也都有不同程度的损坏,我们与普罗民遮城堡的海路联系被国姓爷完全切断了,我们甚至不能派人送信到普罗民遮城堡了。虽然困难摆在面前,我们断不可贸然投降,即便我们被可恶的国姓爷封锁,我们仍可派船偷偷将妇孺送到日本的荷兰商馆,请大家放心。"

"目前,我们还有坚固的热兰遮城堡,还有大炮和士兵,无论如何我们不能拱手让出城堡。"伊伯伦议员说道,"但我们可以与国姓爷商谈普罗民遮、淡水和鸡笼的问题,在谈判过程中,我们要求双方休战,维持现状。"

议员果麦斯巴赫(Gommersbach)建议道:"先生们,我们应坚决要求保留热兰遮城堡炮台及其通往航道的入口,最多把普罗民遮城堡和赤崁城让与敌人,如果此一提议遭国姓爷拒绝,我们就抵抗到底。"

但罗森·文克尔想保住两座城堡,他说道:"我们应与敌人达成协议,我们只要求完全保有这两座城堡,而让敌人不受阻碍地进入福摩萨全岛的其余部分,如果国姓爷不同意，则应坚守到底。"

哈瑟韦尔提出了上下两策："长官阁下，各位先生，我提议上下两策。上策是，我们向国姓爷支付一大笔赔款，要他离开福摩萨，退还被占领的土地，并允许我们的船只自由通航；如果上策被他拒绝，我们就提出下策，把国姓爷已经占领的福摩萨本岛让给他，但他必须允许我们自由地集中到热兰遮城来。"

揆一轻蔑地哼了一声，似乎是对哈瑟韦尔打断他的报复："亲爱的哈瑟韦尔先生，国姓爷组织如此规模庞大的军队横渡海峡来到此地，岂是我们花钱就能打发了的？他势必要占领福摩萨，作为他抵抗鞑靼人①的基地，鞑靼人在中国大陆已经把国姓爷逼得走投无路了。"

哈瑟韦尔还想说些什么，但被揆一阻止："好了，现在我们决定不接受国姓爷的劝降信，但我们现在需要时间，重整部队、修理舰船，所以我决定派使节去与国姓爷谈判，以争取时间。如果国姓爷拒绝我们的提议，我们将给予最坚决的抵抗，然后听凭上帝的安排，我们竭诚恳求上帝垂怜保佑。"

就这样，荷兰东印度公司福摩萨评议会最终决定回绝国姓爷的劝降信，并派遣使节与国姓爷展开谈判。

普罗民遮城堡的困境

在揆一等人忧心忡忡地商讨对策之际，普罗民遮城堡内的荷兰人更是提心吊胆，他们只有140名士兵、2500发子弹、4桶半火药，米粮也所剩无几，国姓爷大军来得实在太快，他们没有时间将城堡外的存粮移入城内。

---

① 荷兰人称清朝时期的满洲人为"鞑靼人"。

5月1日，猫难实叮在巡视城堡，突然有人向他报告："报告地方官，我们发现南边的中国军营中有一顶黑色帐篷，非常豪华。我们怀疑国姓爷就在此帐之中。"

"是吗？"猫难实叮非常感兴趣，"在哪里，指给我看。"

"您看。"士兵指向南边一顶蓝顶黑色帐篷。

猫难实叮向南望去，在国姓爷大军的军帐中，这顶黑色帐篷果然是最大、最豪华的，他问道："此顶黑色帐篷是否在我军大炮射程之内？"

"在棱堡大炮射程内，我们能打中它。"

"好，通知棱堡炮手，给我瞄准开炮，即便不是国姓爷的帐篷，也必定是中国军队某个高级将领的。"

棱堡炮手接到命令后，随即点火开炮，南边的黑色大帐被一发炮弹击中，1名中国官员受伤断了一条腿。随即此大帐搬移到普罗民遮城堡火炮射程之外。至于此顶黑色大帐是否就是国姓爷的帐篷，没有史料能证明，笔者自然是不得而知，就留给大家去遐想吧。

别看普罗民遮城堡大炮击中了中国军营的大帐，但这小小的胜利并未给荷兰人带来喜悦，因为他们在普罗民遮城堡上看到，在大员湾的激烈海战中，赫克特号战舰沉没了。猫难实叮和其他荷兰人都意识到，如果大员湾的制海权落入国姓爷之手，他们必定会与热兰遮城堡失去联系，陷入孤立无援的境地。

就在这重围中，普罗民遮城堡内发生了最可怕的事情——缺水缺粮。据《梅氏日记》载："5月1日城内水井突然干涸，完全汲不到水了。猫难实叮派人到城堡外挖井，井里挖出的水也都是泥浆，无法饮用。"荷兰人私下都在抱怨难以忍受饥饿和口渴，有人盗窃了厨房刚刚煮好的两锅米饭，说明在荷兰人心中已经非常担心缺粮缺水的问题了。

除了缺水缺粮，普罗民遮城堡内的垃圾也无法外运，造成城堡内垃圾遍地、臭气熏天，士兵们只能用手捂住口鼻，在垃圾堆中行走。

5月2日，中国军队已经占领了赤崁城，并将其作为临时大本营。同时，他们开始修建针对普罗民遮城堡的围城工事,中国士兵将装满沙土的竹篮作为防御工事,类似现代城市防御战中使用的沙袋。这种装满沙土的竹篮在中国的史料中称为"蘧蒢"(qú chú),在荷兰史料中被称为"堡篮"。他们打算在普罗民遮城堡的四周用大量的沙篮建造一道连绵不断的墙,将普罗民遮城堡团团围住,在城外形成防弹堡垒。当然也要留出一些出口,用于放置大炮、云梯等攻城武器。

告别

1661年5月3日,早晨天气良好,有微风从东南方吹来。热兰遮城堡内,正在举行一场告别仪式。评议会议员伊伯伦和检察长勒奥纳·迪·勒奥纳杜斯(Leonard de Leonardus)被选为使节,准备前往国姓爷大营展开谈判。

"亲爱的先生们,我预祝你们一切顺利。"揆一前来送行。

"感谢长官,但愿上帝让一切顺利。"二位使节似乎对谈判前景并不乐观。

这时全体议员都已到达送行,二位使节在议员们面前庄严宣誓,他们此行必将忠诚于公司利益,遇事将妥善商量、相互协助,不在国姓爷面前表现出分歧。

揆一命人给二位使节及在场的各位议员倒满酒,他举起酒杯,最后嘱咐道:"你们见到国姓爷后,既要有礼,也要大胆。要问他为什么不顾多年贸易往来的情分,突然率领大军侵台。"

"好的,长官,我们会尽力搞清楚。"

"如果形势有利,你们可以与国姓爷展开谈判,但我们的底线是中国人必须保证我们占有大员沙洲及其上的热兰遮城,并允许我们在大员自由通航。如果国姓爷不能答应我们的这条底线,我们要为保卫热兰遮城堡而流尽最后一滴血。"揆一越说越激动,他稍微平复了一下情绪,接着说道,"任何情况下,都不能在语言和行动中流露出一点儿畏怯的样子。"

"万一国姓爷不肯答应我们的条件，坚持要求两座城堡完全投降怎么办？"议员伊伯伦问道。

揆一想了想，回答道："那你们就立即返回，不再提出其他任何建议。在离开前，还要满怀信心地告诉中国人，我方有足够的人力和资源，足以击退任何进犯者，荷兰东印度公司将竭尽全力对突然的入侵进行报复！"

检察长勒奥纳杜斯眼神坚定地说道："好！此行至少要让国姓爷知道我们坚守热兰遮城的决心！"

"愿万能的上帝保佑谈判顺利！我们举杯！"揆一高举酒杯，一饮而尽。

二位使节喝完酒，向大家告辞后，转身离开。

突然，揆一又想起来一件事："对了，如果你们能见到猫难实叮，请告诉他，倘若国姓爷大军攻打普罗民遮城，他们有权在公平合理的情况下，让出普罗民遮城堡及周围的乡村，守城军队必须要撤到我们这里来。当然只有在情势完全绝望时，才能投降。"

跟随使节一起前往的有1名翻译威廉·佩德尔（Willem Pedel），他是拔鬼仔上尉的儿子，还有1名助理、1名医生和4名卫兵。

随即，二位使节和随从们搭上一艘船，举着白旗，离开大员沙洲，驶往台湾本岛的赤崁城。

白旗

"报告地方官阁下，有一艘插着白旗的小船从热兰遮城堡驶往我们这里来了！"普罗民遮城堡上的瞭望员向猫难实叮报告。

猫难实叮立即带领手下登城观看，他马上就明白了，这是揆一派来的谈判人员，他对土地测量员梅氏说："你现在带上一面白旗，出城去会会热兰遮城堡来的谈判人员，看看能否从他们那里获得揆一长官的指示。"

于是，梅氏举着一面白旗，出城去见谈判人员。

使节和随从的船刚一靠岸，就有一队中国骑兵围了上来。

"我们代表尊贵的荷兰东印度公司台湾长官和评议会来到此地，希望面见国姓爷殿下！"翻译威廉·佩德尔大声向中国骑兵喊道。

中国骑兵队长见状，告诉他们："好吧，跟我们走！"

二位使节见梅氏从普罗民遮城堡中举着白旗过来，知道普罗民遮城堡肯定有事想沟通，就让威廉·佩德尔转告中国骑兵队长，稍等一下，容许他们与梅氏说几句话。

议员伊伯伦将北线尾陆战和台江海战的过程简要地向梅氏讲述了一遍，然后告诉梅氏："长官和评议会授权地方官猫难实叮阁下自行决定与中国人决战或谈判，在形势无望的情况下，可以让出普罗民遮城堡及周围的乡村，但守城军队必须要撤到大员，以加强热兰遮城的防御力量。"

梅氏答道："我明白了，议员阁下。我会转告地方官阁下。但现在普罗民遮城堡里缺水、缺弹药，情况十分紧急，急需物资补给。"

"那我们也没有办法，热兰遮城里的物资也非常紧缺，还不知道国姓爷围城将持续多久……"议员伊伯伦话未说完，就被中国骑兵队长打断："你们打算谈多久，我们没有时间等你们！"

就这样，谈判人员匆匆告别梅氏，前往赤崁城见国姓爷去了。有个中国骑兵一把抢过梅氏手中的白旗，疾驰而去。留下梅氏一个人呆呆地站在原地，目送谈判人员及中国骑兵离去。

谈判人员在中国骑兵的带领下，来到赤崁城的中国军营，由1名中国军官带到一顶大帐中等待国姓爷的接见。

在等待期间，中国人为了向荷兰谈判人员展示庞大的军容，特意安排装备精良的几队士兵从大帐前反复列队经过，荷兰人发现了几次通过大帐前的部队存在相同的面孔，不禁相视一笑，明白这只不过是一种炫耀兵力的策略。但他们也估算出包围普罗民遮城堡的中国士兵大概有11000人，远远超过荷兰东印度公司在台兵力。

谈判

不久，国姓爷下令召见荷兰人，荷兰谈判人员被带到一个四面敞开的蓝色帐幕中。

只见国姓爷坐在一张方桌后面的太师椅上，手下的军官和官员们环立左右。荷兰人发现何斌也在中方人员中站立。

全体随行人员在使节伊伯伦和勒奥纳杜斯的带领下，向国姓爷行脱帽鞠躬礼，并呈上了授权文件，证明自己有权代表荷兰东印度公司来谈判。然后依照中方指示在国姓爷桌前红地毯上坐了下来。

国姓爷与使节们通过翻译开始交谈，中方的翻译是何斌，荷方的翻译是威廉·佩德尔。

"你们为何来此？"国姓爷首先开口问道。

"威望卓著的殿下，巴达维亚荷兰东印度公司总督和总评议会任命的福摩萨长官弗雷德里克·揆一以荷兰东印度公司董事会的名义，特派我等向殿下敬致友好之意，问候殿下身体健康，祝贺殿下诸事顺利，唯望不损害长官所服务的公司利益。"伊伯伦起身回答国姓爷。

国姓爷眯着眼睛，一动不动，没有任何反应。伊伯伦见状，接着说道："长官本来衷心希望能在其他地方，在另外的场合，在不同的状况下，出于其他动机来迎接殿下。但现在殿下既然乐意率领全部兵力如此突然地在我方海岸出现和登陆，恶意地向本公司进攻，命令本公司离开福摩萨，并献出所有城堡，长官和评议会认为有必要派遣我二人到此，对殿下如下行动表示极端的骇异：即事先没有任何警告或宣战，也没有提出任何合理的抗议，至少长官和评议会不知道，竟向此处荷兰东印度公司进攻，并索取所有城堡和全部土地……"

伊伯伦越说越激动，老成持重的勒奥纳杜斯怕他激怒国姓爷，站起身一把抓住伊伯伦挥舞的左手，打断了他的发言。勒奥纳杜斯语气略委婉地接着说："这些行动完全出乎长官意料之外，因为长官认为殿下必然尊重尊大人①的意志，以睦邻友好的态度对待本公司。尊大人在此时，常对本公司的无数宽厚行为表示感激，并愿真诚友好，即使对长官本人也是感念不止的。"

勒奥纳杜斯搬出郑芝龙来压国姓爷，但国姓爷仍然没有反应，只是默默地听着何斌的低声翻译。

勒奥纳杜斯继续说道："长官阁下一向信赖殿下与本公司的友谊，深信即使对本公司有何不满，殿下亦必事先发出通知，申明理由，提出要求，而不至立即诉诸武力。不想，殿下不愿如此，竟突然对本公司采取敌对态度。长官几经考虑，也未发现有任何足以引起殿下不满的理由，因此，认为有义务通过我等要求殿下对昨天送交长官之信，给予清楚的说明。因为缺乏优良可靠的翻译，长官不能明确该信的真正含义，所以需要派我等前来，从殿下本人处获得了解。

"我等恳求殿下告诉我们对本公司不满的理由和动机，以及要求满足的事项，以便经过研究后，可以达成协议，使双方旧日友谊得以迅速恢复。"勒奥纳杜斯示意全体荷兰人起立，语气诚恳地请求道："因此，恳求殿下赐予明确答复，以便回报长官。"

---

① 尊大人指郑成功的父亲郑芝龙。

国姓爷听完何斌的翻译，开口说道："荷兰东印度公司对我的友好，我看与你们对其他东方国家一样，你们认为有利可图时，便可以继续谈友谊；而一旦能够从其他方面获得更大利益的时候，这种友谊便马上会被抛弃，甚至在必要时，不惜加害于人。

"我本来没有义务说明率军来此的理由，但正像你们知道的，我也从不隐瞒，占领台湾可作为我抵抗满洲人入侵的基地，而且台湾一向属于中国，在中国人不需要时，可以允许荷兰人暂时借住；现在中国人需要这块土地，来自远方的荷兰客人自应把它物归原主，这是理所应当的。"国姓爷的语调不温不火。

"尽管中国人屡次受到荷兰人的虐待，但大军来此并非同贵公司作战，本藩允许你们用自己的船只装载动产和货物，拆毁城堡，把武器及其他物资全部运回巴达维亚，但这一切必须立即进行。如果这样，即便你们在海上、陆地上不断攻击我的船只和士兵，但本藩同贵公司的友谊仍可维持下去。"国姓爷直接挑明了自己的要求，"如果你们继续执迷不悟，霸占台湾，本藩只好动用一切力量来夺取台湾，全部费用由贵公司承担！"

听完翻译，伊伯伦好像想说些什么，但未等他开口，国姓爷继续说道："你们荷兰人是何等的自负而愚蠢，辜负了本藩给予你们的怜悯和宽大。本藩知道在你们的城堡里有一小撮人狂妄地反抗我军，难道你们还不能从连番的失败中获取教训吗？"

国姓爷起身，态度强硬地大声喊道："你们以为你们的远洋战舰能创造奇迹，前天的海战，你们亲眼看到了吧，我的舰队焚毁了一艘你们的战舰，其余各舰四散奔逃，才免于同样的厄运。在陆地上，你们也看到了拔鬼仔上尉率领的鸟铳兵在本藩大军前多么的不堪一击，你们的鸟铳兵一见我军士兵便弃甲丢枪，难道这些还不足以证明你们无力抵抗本藩的大军吗？

"如果你们仍旧不可理喻、违抗命令，如果你们继续一意孤行、自取灭亡，本藩现在就可以在你们的面前下令，攻取你方城堡。"国姓爷指着普罗民遮城堡的方向,"我军会向它发起进攻,并很快占领城堡,并将其夷为平地。我军一动便可天翻地覆;我军所向无敌,攻无不取,战无不胜。你们荷兰人要听从我的警告,立即从台湾撤离!"

"尊贵的殿下,福摩萨岛不属于中国,而是属于荷兰东印度公司。敝公司曾与中国高级官员订立过一个正式契约,规定荷兰人离开澎湖列岛,占有福摩萨。对此尊大人也知情,因此殿下没有权利也没有理由占领福摩萨。"伊伯伦态度也很强硬,"我们代表荷兰东印度公司向殿下提出强烈抗议,殿下的入侵完全是非法的。但敝公司愿意与殿下谈判,直至达成贵我双方均满意的协议……"

国姓爷暴怒,打断伊伯伦,大声喊道:"本藩从未听说过贵公司与父亲大人签订过什么契约,荷兰人必须离开城堡,放弃台湾。如果你们照做,本藩可以让你们保留自己的财产,帮你们偿清债务,还可以授予荷兰东印度公司永远不可能给你们的崇高权势。如果你们想回巴达维亚,本藩可以派船送你们回去。不过,要是以武力攻下这两座城堡,本藩将会杀尽你们所有人,首先从你们俩开始,而且要让你们死得非常痛苦!

"来人呀,传本藩命令,立刻攻打普罗民遮城堡!"国姓爷愤怒地看着荷兰使节,"本藩要让你们亲眼看着大军如何杀死所有荷兰人!"

"殿下请息怒,请息怒。我们无权投降,至少等我们回报长官再说。"荷兰使节异口同声,"我们明天会回来向殿下报告长官的决定。"

国姓爷愤怒稍息,坐下来说道:"本藩可以给你们一个晚上的时间考虑,但你们明天不必回来。如果揆一愿意投降,明早你们就在热兰遮城堡上挂上白旗。如果明早旗杆上仍然飘扬着荷兰旗帜,本藩就会下令进攻,先是普罗民遮城堡,然后是热兰遮城堡。"

说完,国姓爷起身示意荷兰谈判人员可以走了。使节及随从行礼告别,并向国姓爷提出最后的抗议:"敝公司将采取一切手段进行自卫,由于殿下执意占领全岛,我们回去后,热兰遮城堡上绝不会挂起白旗,长官会像战士一样英勇抵抗。我们并不缺乏战士和物资，如果形势需要，将会勇往直前，抵抗到底！"说罢，一行人转身离开国姓爷大帐。

荷兰东印度公司与国姓爷唯一一次谈判就这样结束了。

投降条件

荷兰谈判人员由一队中国骑兵跟随前往海边乘船，这次他们被允许去普罗民遮城堡会见猫难实叮。

猫难实叮、梅氏、普罗民遮城堡的掌旗官和1名秘书一起参与了会见。二位使节首先向猫难实叮等人简要介绍了刚才与国姓爷谈判的过程，告诉猫难实叮等人国姓爷威胁他们，一旦武力攻取城堡，会屠杀所有荷兰人。

猫难实叮等人大为震惊，忙问使节此行是否打探了国姓爷的兵力情况。勒奥纳杜斯略带沉重地回答道："我们离开敌军大营前，被带往一座小山山顶，鸟瞰全军。国姓爷大军至少11000人，我们还看到至少有7门大炮已经架好对准了普罗民遮城堡，其中有2门发射18磅炮弹的重炮。"

猫难实叮一脸愁容："我们这里是缺水少粮。昨天有几个奴隶外逃投靠敌人，想必国姓爷现在已经知道我方的困境，今天已经派人阻止我方人员出城取水，过不了几天我们就都会渴死。"

"你们弹药储备如何？"勒奥纳杜斯问道。

"说来惭愧，我们子弹和火药储量也不多，最多只够抵挡一次攻城。"猫难实叮实话实说，"我们很想知道，如果中国人进攻，热兰遮城堡能给我们提供什么帮助吗？"

伊伯伦苦笑道："我尊敬的地方官阁下，据我们所知，长官已经决定誓死保卫热兰遮城堡了，我们也需要大量的弹药补给，实在是无力再帮助你们了。况且，从热兰遮城堡到这里的水陆交通已被中国人切断，即便我们想帮助你们，也是有心无力。"

面对这一困境，普罗民遮城堡内的荷兰高层人员就是否投降展开讨论。大多数人认为荷方只能保住城堡一两天，最多三天，只能抵挡一两次攻城，如果中国人奋勇攻城，无论如何也会在四天内被迫投降。所以大家决定与中国人谈判，如果提出的条件获得国姓爷的认可，就献城投降。

二位使节答应将向揆一汇报此事。临走时，猫难实叮嘱咐道："一定要想办法告诉我们，长官是否允许我们投降。"

勒奥纳杜斯点头道："如果我们不能派人来通知地方官阁下，我们将在明早7点，于热兰遮的上层城堡发炮2响，炮响之后把城堡旗帜升降3次，如果地方官阁下看见这个信号，就代表长官同意你们投降了。不过，我尊敬的地方官阁下，你们与狡猾的国姓爷谈判中，一定要坚持一条原则，就是要让普罗民遮城堡的荷兰人都撤退到热兰遮城去，以加强我们的力量。"

"那当然，这一点我们一定会坚持到底！"猫难实叮坚定地答道。

送走使节一行人后，猫难实叮拟了五条投降条件。

第一，地方官猫难实叮和他的妻子与儿子们，以及所有属于他们的男奴、女奴、奴隶的儿女们，他们的枪支武器、书籍、笔记本、公文纸张、箱子、柜子，以及他们在城堡里所有的其他物品，都是从容携带，用公司的船或为此而借给我们的他的船，自由地载往大员，在热兰遮城堡前面登陆上岸。

第二，同样，所有军官、文官、公司职员及自由民，无论是何国籍，都得以和他们的妻子与儿女们，以及属于他们的男奴、女奴、奴隶的儿女们，他们自己的枪支武器、箱子、柜子，以及他们所有的其他物品，如上所述，用公司的船或为此而借给我们的他的船，自由地载往热兰遮城堡，在那里登陆上岸。

第三，所有跟我们在这座城堡里的士兵，无论是何国籍，都要遵照我们的军仪，每个人都全副武装，步枪装弹上膛，点燃引线，飞扬旗帜，携带他们所有物品，击鼓出城，用公司的船或为此而借给我们的他的船，自由地载往热兰遮城堡，在那里登陆上岸。

第四，在这城堡里的所有公司的奴隶及其他人的奴隶，以及所有其他跟我们在这座城堡里的人，无论是何国籍，都无例外地要与我们一起自由前往热兰遮城堡。

第五，地方官那时将把城堡及城堡里所有的大炮和战争用具，所有的火药、铅和刀剑，所有的米、肉与其他食物都交给他（指郑成功）。

以上五条其实说的都是一件事，即让普罗民遮城堡中的所有荷兰人及其奴隶带着全部武器和物资撤退到热兰遮城，将空空如也的普罗民遮城堡让与国姓爷。

5月3日一整夜，国姓爷的围城部队一直都在普罗民遮城堡外修筑攻城工事，并且拆除了城堡外围庭院的篱笆，这样攻城的通路上就没有任何障碍物了。

普罗民遮城堡投降啦

1661年5月4日一大早，揆一便召集评议会讨论是否允许普罗民遮城堡投降，最终大家同意投降。但揆一觉得应该派人去通知猫难实叮，而不是发出同意投降的信号（发炮2响，城堡旗帜升降3次）。他想最终确定一下普罗民遮城堡的情况是真的无法抵挡敌人的进攻，还是贪生怕死不愿抵抗。

于是，揆一写了一封信送给猫难实叮，信中他指出猫难实叮需要自行判断情势是否已经无法挽回，只有在确实无法挽回的情况下才可以向中国人投降，并交出城堡。他还告诉猫难实叮,热兰遮城堡要坚守到最后。

这封信被交给了4名水手,他们登上了一艘挂着白旗的小船驶往赤崁城。4名水手刚一登岸,立即就被中国士兵控制住,并送往国姓爷大营。

既然已经允许投降,为什么揆一没有发出约定好的投降信号,而是派人送信去通知呢?也许是他想逃避责任,留下文字记录,只有在情势确实无法挽回才能投降,而是否无法挽回却只能由猫难实叮自己判定。这样一来,既满足了猫难实叮投降的请求,又把决定投降的责任推给了下属猫难实叮。

当然,猫难实叮也不是傻子,他召集普罗民遮城堡的高级人员开会,会上大家都同意投降,也同意猫难实叮草拟的谈判条款。这样的集体决定就掩盖了个人责任。

这天中午,中国士兵在城外已经做好了一切攻城准备。人上马,刀出鞘,战鼓敲,喊杀声四起,一支大军向普罗民遮城墙开拔。

一位惊慌的值勤军官跑来通知猫难实叮等人:"地方官阁下,中国人开始进攻了!"

猫难实叮登城观看后,立即下令城堡上挂起白旗,并派梅氏与另一位土地测量员赫尔曼·韦尔比斯特(Herman Verbiest)举着白旗带着拟好的投降条件出城与中国人谈判。

梅氏与韦尔比斯特出城后,见到中国大军已到城下,他们举着白旗走入中国阵营。

很快,他们被一位中国军官带进赤崁城。迎接他们的是何斌,何斌从很远就伸出手来,与梅氏和韦尔比斯特握手。

"欢迎、欢迎。"何斌与梅氏边握手,边笑着说道,"国姓爷说了,他可以向你们保证绝对不会伤害你们。他非常想见你们,一会儿觐见国姓爷,只需按荷兰习惯行礼即可,无需行中国的大礼。"

梅氏将谈判条款交予何斌,在何斌的带领下,二位荷兰土地测量员走向国姓爷大帐。

大帐前伫立着600名至800名全副武装的亲兵卫队，两边各列三行，他们带着很多旗帜，武器用黑色绸缎套着，绸缎上用各种颜色的丝线精致地绣着狮头和龙头。他们的头盔上都有一束红毛，跟所有士兵一样，约有1尺（约30厘米）长，替代羽毛高立在头盔上。他们的斩马刀闪亮如银，看起来相当古典，好像古罗马人的样子。梅氏与韦尔比斯特必须从亲兵卫队中间穿过。穿行途中，韦尔比斯特手中的白旗被一名卫兵夺过去，梅氏则被带到国姓爷的大帐中去。

国姓爷坐在大帐正中央的一张桌子后面，桌面上铺着很贵重的桌巾，他身穿一件未漂白的麻纱长袍，头戴一顶褐色尖角帽，式样像便帽，帽檐约有一个拇指宽，上头饰有一个小金片，在那小金片上挂着一根白色羽毛。他后面站着2个穿黑绸长袍的英俊少年，每人都手拿一面很大的镀金扇，扇子高八九英尺（240厘米至270厘米）、宽3英尺（约90厘米）。在他两旁站着五六个主要的官员，一律穿黑色衣服。

梅氏在日记中，留下了对国姓爷的印象：国姓爷年约40岁（实际上当年国姓爷37岁），皮肤略白，面貌端正，眼睛又大又黑，那双眼睛很少有静止的时候，不断地闪视。他的嘴巴常常张开，嘴里有四五颗很长、磨得圆圆、间隔大大的牙齿。他的胡子不多，长及胸部。国姓爷说话的声音非常严厉，咆哮又激昂，说话时动作古怪，好像要飞起来似的。中等身材，有一条腿略为笨重，右手拇指戴着一个大的骨制扳指，用以拉弓。

梅氏进入大帐后，按荷兰礼节向国姓爷行鞠躬礼，但有2个人要求梅氏跪下行礼，并上前按住梅氏的肩膀，他被迫跪在红毯上，向国姓爷行礼。

何斌将梅氏携带的投降条款交予国姓爷，国姓爷读完后，对何斌等在场的手下人员大声吃喝，由于没有翻译，梅氏一头雾水，不知所云。

最后，何斌用荷兰语向梅氏说道："你们非常幸运，本来藩主已经下令攻城了，一旦武力攻取，你们一个也别想活。不过，现在藩主同意了你们的投降条款，甚至连你们的土地、物品和房子都可立刻像以前那样居住使用，所有债权也都得以保留。但只拒绝你们一件事，就是不许前往大员。"

国姓爷当然明白，如果让普罗民遮城堡的荷兰人投降后前往大员，就等于是放走敌人，增强热兰遮城的抵抗力量。如果能够继续围困投降的荷兰人，那么投降条款中那些让荷兰人保留财产等规定就都是空谈，人、财、物都在国姓爷手中，岂不是想怎么处理就怎么处理。

梅氏自然也明白其中的道理，不离开中国人的包围圈，一切保证都是无效的，国姓爷可以随时取消。因此他非常勇敢地直接对国姓爷说："如果不允许我们前往大员，那就看不出殿下能保证所有的许诺，也就无法订立投降条款了。"

"你们为什么这么想去大员呢？"国姓爷问道。

"我们是公司的职员，是荷兰人，而且我们当中很多人的父母在大员，或是有子女、妻子或丈夫在大员，也有姐妹、兄弟或其他亲属在大员，我们不想跟亲人分开。"梅氏不甘示弱。

国姓爷最后决定："等到北季风再吹来，本藩会用船送你们去巴达维亚，或是把你们送上从日本来的荷兰商船，或是任何你们想去的地方，但大员除外。本藩绝对不能接受你们去大员！"

梅氏不敢继续坚持，只得推脱自己没有权力修改投降条款，需要回去请示猫难实叮。

国姓爷派杨朝栋跟随梅氏一起回到普罗民遮城堡，与猫难实叮谈判。大家也许还记得杨朝栋，他就是在1661年正月国姓爷攻台准备会议上，坚定支持攻台行动的那位官员。一个月后，他将被国姓爷任命为台湾承天府府尹。

杨朝栋带领翻译吴迈、李仲与梅氏等人离开国姓爷大帐，前往普罗民遮城堡。当他们来到赤崁城市政府时，杨朝栋拒绝再往前走，他担心荷兰人会做困兽之斗，抓他当人质。

梅氏回禀猫难实叮此事后，猫难实叮派梅氏与1名秘书前往赤崁城做人质，这样杨朝栋才肯来到普罗民遮城门前的木栅栏外,他二人通过翻译隔着木栅栏商谈投降条款。

最终二人决定将原条款中前往大员的规定修改为前往马尼拉,同时荷兰人同意在和约签订后两天内交出普罗民遮城堡。

杨朝栋回报后,国姓爷又派杨朝栋和另一位官员回到普罗民遮城堡,留下杨朝栋作为人质,让另一位官员陪同猫难实叮去见国姓爷。

经过考虑,猫难实叮带了几名护卫去到国姓爷大营。他具体和国姓爷谈了什么,最终和约的具体条款是什么,我们没有相关资料,可能永远也搞不清楚了。但根据《梅氏日记》的记载,猫难实叮离开不久,他就在几名中国高官的陪同下回来了,跟随他们的是一支中国乐队,吹拉弹唱,好不热闹。还有几个中国人抬着一顶轿辇,上面撑着一顶橘色丝质华盖,里面抬着一件用各色丝线绣制的红绸官袍、一条滚金蓝色丝质腰带、一双用黑绒和金漆扮饰的官靴,其他的靴子是用蓝绸扮饰的,还有一顶跟戴在国姓爷头上一模一样的帽子和一根白色羽毛。这显然是谈判成功后,国姓爷赐给猫难实叮的华盖与官袍。

回到城堡后,猫难实叮告诉梅氏等人:"与国姓爷的谈判很顺利,已经达成和约,我们将很快被送往马尼拉或除大员以外我们想去的任何地方。赶快收拾东西,我们最晚后天就要撤出城堡。"

"那我们住在哪里?"有人问道。

"我们搬到赤崁城里住。"猫难实叮答道。

"赤崁城?那里可被中国人包围了,安全吗?国姓爷能履行和约吗?"

猫难实叮很有信心地答道:"我对国姓爷诚实履约毫不怀疑。你们也看到了国姓爷赠送了礼物,我一再婉拒,但他坚持要我收下。"

下午5点,普罗民遮城堡上升起了中国旗帜。从中午猫难实叮派梅氏与韦尔比斯特举白旗出城谈判,到现在普罗民遮城堡投降,仅仅用时五个小时。

从此,普罗民遮城堡的荷兰人开始了战俘生活。根据《梅氏日记》记载,

5月4日这天共有约270名荷兰人向国姓爷投降，根据阮旻锡所著的《海上见闻录》记载"赤崁城夷长猫难实叮……遂率夷人三百余名出降"。虽然猫难实叮对国姓爷诚实履约信心满满，但到了1662年2月揆一投降时，这些人中只有大约20人还活着（幸运的是，梅氏是其中之一，否则他的日记很难留存下来，我们也就不可能详细地了解这段史实了）。对于这些战俘来说，等待他们的将是艰难困苦的九个月时间。

不过，对于国姓爷来说，这是一次巨大的胜利。他于1661年4月30日率军抵达台湾，仅仅五天后，他就占领了台湾岛的经济核心区，拥有了大员湾旁大量肥沃的良田。

普罗民遮城堡投降后，国姓爷的下一个目标自然就是热兰遮城了。

暂时的平静

普罗民遮城堡到手后，国姓爷信心大增，开始一连串的文攻武吓，一方面多次命降将猫难实叮写劝降书给揆一，另一方面加强围攻热兰遮城堡的战备。5月5日、6日中国士兵分兵两路由提督亲军骁骑镇马信指挥，接连在大员沙洲登陆：第一路3000余人，在沙洲南边登陆，将前进指挥所设在沙洲中部的凤梨园和一座羊厩附近，该处通过狭路可以蹚水直接步行到台湾本岛；第二路则在热兰遮城镇东部登陆，此登陆地点正好位于热兰遮城堡的火炮射程之外。这样国姓爷的部队就从南边、东边包围了热兰遮城堡，而城堡的西部和北部都是大海。

这两天荷兰人也没闲着，主要是搬运热兰遮城镇中的贵重物资，他们疯狂地将物资运往城堡内。由于城镇没有任何防御设施，一旦中国军队发动进攻，城镇几乎会立即陷落，物资也会尽数落入国姓爷之手。

5月6日早晨，国姓爷也派出一支搬运队到热兰遮城镇中抢运物资，揆一见状派热兰遮城堡的掌旗官亚当·海明格（Adam Heymingh）率150名火枪手出城阻止，实在不行就烧毁房屋和物资，以防落入中国人之手。

出城后，海明格发现阻止中国人抢运物资是不可能的，于是决定放火烧毁城镇。荷兰火枪手们从城镇西边的房屋开始点火烧城。前几排房屋迅速被火焰吞没，正当荷兰火枪手东进想继续点火时，一阵箭雨从天而降，顿时几名荷兰火枪手中箭倒地，其他人则隐蔽起来。

原来中国弓箭手发现了荷兰人派兵放火烧城，遂前进至弓箭射程之内，连续放箭。用一阵阵箭雨压制荷兰火枪手，使其没有时间列队组成排枪轮射的作战阵型。

荷兰火枪手们躲在建筑物后面，被中国弓箭手压制得不能动弹。

"开枪，小伙子们，瞄准开枪！"海明格在一座房屋后面下令道。

于是，荷兰人开始还击，有几名暴露在外的中国士兵倒下了，但零星的火枪显然没有已组成阵型的中国弓箭威力大。揆一在《被忽视的福摩萨》中承认"弓箭手是国姓爷最精锐的部队，作战大多依靠他们，他们在远距离内也能巧妙地使用弓箭，其娴熟的程度使我方火枪手黯然失色"。此时，正是荷兰火枪手黯然失色之时，在城楼上，揆一对此一览无余。

"炮手们瞄准中国弓箭手，送他们下地狱！"揆一下令道，"派100名火枪手按战斗队形出城解救掌旗官！"

由于此时热兰遮城镇中尚无中国大炮，中国弓箭手无法获得炮火支援，在新出城的荷兰火枪手排枪轮射战术下，弓箭手死伤惨重，只得暂时撤往城镇东部。荷兰士兵趁此机会也放弃了烧城计划，尽数撤回城堡。

此次巷战算是打了个平手，但双方对战果的宣称相差极大：荷兰士兵称阵亡1人，受伤10人，中国士兵受伤170人，死亡也不少；而国姓爷则宣称杀伤50名荷兰火枪手，己方无一人伤亡。

荷兰士兵撤回城堡，住在热兰遮城镇的荷兰人也都搬往城堡，等于将热兰遮城镇拱手让与中国人。

从这天起至5月25日，中、荷双方没有发生大规模的冲突，只有一些零星的火炮对射，算是一段平静期。利用这段时间，中国军队抓紧时间在城堡东面的热兰遮城镇、南边的凤梨园、羊厩以及北面隔海相望的北线尾沙洲上布置沙篮、修建炮台、安放大炮，做进一步的战斗准备。最终有76门中国大炮对准了热兰遮城堡。

此外，国姓爷还派兵到台湾各地村社，很多当地居民都归顺了国姓爷。还有将近100名散落在各村社的荷兰传教士、政务员、教师被中国军队俘虏。

与此同时，国姓爷也展开了心理战。他善待荷兰战俘，多次让猫难实叮写信劝降揆一，派普罗民遮城堡地方法庭的秘书送信，该秘书不自觉地将投降后的"美好"生活传递给了热兰遮城堡里的荷兰人：猫难实叮受到国姓爷和官员们极大的尊崇，被加赠100袋米、10罐烈酒和10只猪等。

揆一当然没有接受国姓爷的劝降，而是在做着各种准备，其中一项就是拿出一种新式武器——臼炮与开花弹。

臼炮与开花弹

臼炮是一种炮身短（炮口直径与炮管长度之比通常在1∶12至1∶13以下）、射角大、初速低、高弧线弹道的滑膛火炮，发射时炮口与水平夹角往往超过60度，使炮弹飞离炮口后，呈抛物线弹道，能够飞越较高的城墙工事，用于杀伤城墙、工事后方人员。其射程近、威力大，又因炮身短粗，外形类似中国的石臼，因此被称为"臼炮"。

荷兰人此时使用的臼炮还有一个特点：他们使用的是开花炮弹，也称爆炸弹、榴弹。此炮弹中空，一半放火药，一半放尖利的碎铁屑等物，外置引信，外观类似带有引信的保龄球。开炮时，需要二次点火：第一次点燃较长的炮弹引信，第二次点燃臼炮引信。开花弹被推出炮口后，沿抛物线弹道落于敌方阵地后，炮弹引信燃烧完毕，炮弹在敌方人群中爆炸，杀伤大量敌方人员。

普通实心炮弹不能爆炸，一般用于轰击敌方城墙工事，将石质砖墙击碎，再由步兵或骑兵杀入城墙。攻击敌方人员时，只能杀伤被炮弹直接击中的人员，其他人员即便距离炮弹很近也能安然无恙。

17世纪60年代，开花炮弹算是一种新式武器。国姓爷麾下大军可谓身经百战，但对此种新式炮弹却一无所知。

《热兰遮城日志》1661年5月24日记载：

有一个（中国）官员，在那市镇（指热兰遮城镇）里，看到一颗我们发射的榴弹掉下来，他想用他的手去拿起那颗榴弹（因为他不认识这种炮弹），那时，那颗炮弹在他的耳朵旁边爆炸，炸掉他一段手臂，他的胸部和脸部也全被炸伤。

我们在荷军赫波特的回忆录《爪哇、福摩萨、前印度及锡兰旅行记》中也看到类似记录：

（1661年）5月29日，我们搬来了臼炮，装上榴弹和石子轰击敌军阵地。第一颗榴弹恰好落在大街上（此处应指被中国军队占领的热兰遮城镇的大街），敌人围拢来看，不知是什么东西，想用水浇熄它。引火线一烧完，榴弹就爆炸了。他们死伤了很多人。

这些史料说明，在战争初期中国军人并未见过开花炮弹。不过随着战争的推进，中国人也在逐步学习这种新式炮弹的制造和使用方法。

《热兰遮城日志》1661年7月4日记载中国人开始研究这种炮弹：

我们也发射四颗榴弹，其中只有中间那两颗榴弹爆炸，其他两颗没有爆炸，可能是引信熄火或引信掉落了，没有发生效用，其中一颗榴弹被一个中国人（一定是他把那颗榴弹挖出来的）在宽街滚往北边去，可能是要拿去给他们的指挥官看的。

到了9月4日，中国军队已经开始试射开花炮弹了，虽然这次试射没有成功。他们（指中国士兵）把一颗没有爆炸的榴弹清空，重新装入火药，予以点燃，因此爆破了一门小炮。

在围城期间，国姓爷还专门派间谍混入热兰遮城堡，盗取臼炮和开花炮弹的技术秘密。

5·25大炮战

5月6日以后，荷军弃守热兰遮城镇，原来镇上的荷兰居民带着奴隶、家当纷纷搬入热兰遮城堡。城堡内部的人员密度暴增，房屋迅速紧张起来。

长官官邸也住满了各式人员，揆一则从中搬出，搬入上层一位官员樊·韦弗伦（Van Waveren）的房屋里。这间房子住满了人，包括揆一及其家人，韦弗伦及其家人，一位军官、揆一秘书以及几名尊贵的妇女及她们的孩子。

5月24日夜间，揆一一直忙于公务，很晚才躺下休息。天亮前两小时左右，热兰遮城堡东面突然大炮齐鸣、火光四射，炮弹集中射向韦弗伦的房屋，显然这次的目标就是揆一。

经过半个多月的劝降和等待，国姓爷的耐心已被耗尽，终于决定要发动总攻了，具体指挥官正是提督亲军骁骑镇马信。

马信决定从城堡的东面和南面发动进攻。他将28门大炮安置在热兰遮城镇的大街上，准备用这些重炮轰开热兰遮城堡的城墙，再由在南面等待的约6000人的攻城部队冲入城堡，结束整场战役。

为什么马信要把28门大炮安置在城镇中，可能是他已获得情报，揆一搬入了城堡上层韦弗伦的房屋，该房间紧邻城堡的东墙，从东面城镇上射击能达到最佳效果。

5月24日深夜，中国炮手做好了最后的准备，只待一声令下即可开炮。马信将28门大炮分为几组，第一组最先开炮，然后第二组、第三组……当最后一组射击完毕后，第一组已经装弹完毕可以再次射击了，这样就能使炮弹不间断地打击城堡，让荷兰人没有喘息的机会。

5月25日凌晨3点，刚刚睡下没多久的揆一便被一阵阵炮声惊醒，在韦弗伦房屋中的其他人也被惊醒，大家立刻陷入恐慌之中。

中国炮火的精准度和密集度深深震撼了荷兰人。

"大家快找隐蔽！"住在房屋里的那名军官大喊道，"韦弗伦夫人赶快离开窗子！"

话音未落，一颗炮弹击碎玻璃窗飞进屋内。

大家都躲在桌子底下或者趴在地上。

"长官阁下，我们必须离开这间屋子！"揆一秘书向揆一大喊道。

揆一大声回答道："没错，大家听我命令，俯身向门口移动！"

屋内的荷兰人在地上匍匐向门口爬去，心中都在暗暗向上帝祈祷。

这时，炮弹还是不停地落在房屋外墙和屋顶上。每次炮弹的打击都能敲碎一大片墙砖或瓦片，整个房间都不停地震动。

屋内墙皮大片大片脱落，空中弥漫着墙皮的碎屑以及家具、窗户的木屑。一阵风吹来，点燃的蜡烛熄灭了。揆一等人在一片漆黑中爬行着，唯一的亮光就是中国军队发射大炮时的火舌。

突然间，屋顶被炮弹掀翻，上层阁楼轰然坍塌下来，一位女士正爬到门口，在时有时无的炮火火光中，她看到揆一被压在下面。

当这名女士爬到屋外时，看到有几名评议会议员和军官带着士兵正在走廊中营救从屋中跑出来的人。

"我看到长官阁下……长官阁下……"这名女士被炮火吓得几乎说不出话来。

"长官阁下怎么了？"评议会议员燕·奥特根斯（Joan Oetgens）问道。

"长官丧生了！就在那间屋子里。"女士用手指着屋门的方向。

"长官丧生了？！"奥特根斯简直不敢相信自己的耳朵，机械地重复着，"长官丧生了？！"

长官丧生了！这条消息迅速在上层城堡的荷兰人中传开。

士兵和炮手听说后，呆在原地不知所措。军官们也不知道下一步该怎么办，他们最终决定要确认揆一是否真的丧生了，活要见人，死要见尸。

几名军官冒着炮火回到韦弗伦房屋的门口，探着身子往里看，屋内一片狼藉。他们蹲下清理碎砖块，想挖出揆一。

不久，他们就发现了揆一。不过揆一还活着，军官们将他挖出后把他带到安全地带，揆一大口大口地呼吸着。

"大家都以为您出事了。"一位军官说道。

揆一灰头土脸地站起身，看了看韦弗伦的房屋，整个屋顶和东侧墙壁已经完全坍塌，中国军队还在不停地轰击这间房屋。

"我们为什么不还击？"揆一大声喊道。

周围的军官关切地望着揆一,说道:"大家都在担心长官阁下的安危。"

揆一掸掸身上的尘土,下令道:"跟我上棱堡!"

揆一等人来到热兰遮城堡东侧最高的一座棱堡上,他们借着火光探身观察中国军队的炮兵阵地:一道沙篮堆叠成的掩体从北到南横亘在热兰遮城堡与城镇之间,掩体上留有20多个缺口,每个缺口上都有一门指向城堡的大炮。其中有很多重炮,可以发射18磅甚至24磅重的炮弹。

此时,揆一睡觉的房屋已中弹50发,中国炮火已经将它完全摧毁。现在,中国炮兵们的打击重点开始移向城堡的齿墙①,显然是打算摧毁齿墙,让荷兰炮手无处可藏,无法安全地操作大炮。

通过观察,揆一发现中国炮兵阵地存在重大缺陷:掩体不能保护从上方来的炮弹进攻,而且中国炮手们随意走出掩体,好像认为敌人根本不可能还击。他决定利用城堡及各处棱堡居高临下的优势,给中国人一次漂亮的还击!

"炮手们不要惊慌,听我的命令!"揆一大声命令道。他一方面制止士兵们的焦虑情绪,另一方面下令重新布置大炮的位置,使炮火形成交叉火力网。同时,揆一还命令炮手在装填炮弹时,放入步枪子弹、大铁钉等物,意图形成散弹,杀伤中国炮兵。

当然揆一这样指挥有方,全是根据他自己回忆录的记载。不过笔者认为天亮前,没有大型探照灯,揆一能从城堡上看到远处的中国炮兵阵地,估计他得有猫头鹰的眼睛。

待一切准备完毕,揆一下令从上下左右同时向没有遮掩的中国炮手们开火,炮击效果果然很好,第一波进攻就使中国士兵死伤遍地,再也不敢轻率地离开掩体了。

双方开始了火炮对射。每门大炮都吐着火舌,将炮弹和己方的愤怒送向敌

---

① 齿墙是城堡上锯齿状的城墙,守城官兵可以掩蔽在其后方。

人。中方的炮弹击碎了热兰遮城堡东侧的几段胸墙,城墙也被打出60多厘米深的窟窿。

中国的炮兵阵地是野战阵地,沙篮提供的保护有限,炮手伤亡惨重,以至于很多大炮都没人操作。前敌指挥官礼武镇林福心中甚是着急,向传令兵大喊道:"快回去通知马信将军,告诉他我们需要援兵!"

林福知道这已经是第三个传令兵了,前两个都死在了路上,不知道这次能否成功。他见很多炮手伤亡倒地,很多大炮的炮手不足,还有一些炮被击毁,于是下令重组还能上阵的炮手,为每门尚可使用的大炮配足人手。

调整完毕后,中国炮手们重新开始疏通炮管、装填火药、填塞洞口、装填炮弹、插入引线,仔细瞄准,点燃引线,后退避开。一排接一排,中国大炮再次开火。

当然,荷兰的炮火还是非常猛烈。很多门中国大炮被打翻在地,炮车被打坏,林福知道己方大炮数量少于荷方,又处于不利位置,炮手数量还不足,很多能用的火炮无人操作,现在尚在战斗的炮手们也都面有惧色,如果士气再低落的话,此战必败,战败则必被国姓爷斩首。

为了鼓舞士气,林福冒险站到沙篮之上,背向热兰遮城堡,面向全体尚在战斗的中国炮兵,大声喊话:"弟兄们,红毛夷也就这点儿本事了,刚才已派出传令兵了,马将军的援兵马上就到,加快速度,给我把城堡轰平,我们……"

话未讲完,一发荷军炮弹正中林福挥舞的左臂,顿时血肉横飞,左臂不见踪影,林福从沙篮上摔下,人事不省。众军士围拢上来,赶快为他就地包扎止血。

这次,传令兵成功地将信息传达给了马信,马信马上下令预备队上前,接替死伤的炮兵。

预备队士兵们冒着敌方炮火,从后方发起冲锋。英勇的中国炮手们奋不顾身地冲向炮兵阵地,身边不断有炮弹掉落,各种铁屑、铁钉如雨滴般飞向炮手,不断有人受伤倒地。但预备队士兵还是成功地来到炮兵阵地,中国大炮再次全员开火。

就这样，炮战大约持续了两个小时，直至天亮炮声才逐渐平息下来。在城堡南面等待的中国攻城部队在整个炮战期间始终按兵不动，一是由于东面的中国炮兵未能将城堡的城墙击毁，攻城部队无法出击；二是由于城堡上的荷兰火炮多次向南发炮，攻城部队为避免无谓死伤，只得隐蔽在沙篮掩体后。

双方炮声平息下来后，揆一等荷兰高层人员来到城堡上视察炮战成果。中国炮兵阵地看上去一片狼藉，尸体、旗帜、武器被丢弃得到处都是，还有一些大炮翻倒在地，炮车被打坏了……中国炮兵们已经退回热兰遮城镇了，阵地上空无一人。

"我看，国姓爷这个海盗应该知道我们大炮的厉害了。"揆一得意扬扬地说道，"现在我们应该乘胜追击，夺取敌人的大炮。"

"长官阁下，出城夺炮太危险了，大炮这么重，我们拖拽速度势必很慢，在拖拽的过程中如果中国军队突然出击，我们损失必定很大。"普罗民遮城前任地方官克里斯汀·汉斯·沃尔夫（Christiaen Hanss Wolff）说道。

揆一点点头，说道："那我们也要做点儿什么，至少出城钉死敌人的炮门（即引信口），防止他们再次轰击我们。"

"好，如果长官阁下同意，我愿意带人出城完成任务。"沃尔夫上前请战。

揆一见状，有些感动地说道："非常好，你带50人出城，钉死敌人的炮门，完成任务后，每人奖励200里尔（Realen）银币。不过，此次出城要多加小心，尽量破坏敌方大炮，但不要逞能，还是以我敲钟为号，听见钟声一定要回来，千万别重蹈拔鬼仔上尉的覆辙！"

沃尔夫点头答应，带兵出城去了。

此时，中国炮兵都撤到了热兰遮城镇第一排房子里休整，他们根本没有想到荷兰士兵会出城。

沃尔夫带兵未遇任何抵抗就来到了中国炮兵阵地，荷兰士兵麻利地爬上大炮，将木栓用铁锤钉进大炮的炮门。这样一来，大炮无法点火，也就废了。要想重新使用，必须将木栓从炮门中取出，但要花费一番工夫。

这时，隐蔽在热兰遮城镇第一排房子后面的中国弓箭手开始向出城的荷兰士兵密集射箭，射伤几名荷兰士兵后，沃尔夫听见热兰遮城堡的钟声，立即率兵退回城堡。

此后，揆一又两次派兵出城破坏中国大炮。第三次出城的荷兰士兵除了用木栓钉死炮门外，还用强腐蚀性的液体损坏炮身。据荷方的记载，5月25日白天共计破坏了26门中国大炮。

炮战结果

在"5·25大炮战"中，中、荷双方炮兵都表现出了相当良好的作战素质，双方都发射了大约800发炮弹。据《热兰遮城日志》的记载，双方大炮的威力和发射速度相差不多，"我们（指荷兰炮手）发射得跟敌人（指中国炮手）一样猛烈又快速"。热兰遮城堡的城墙上最终留下了250余个炮弹打出的窟窿，几段胸墙被打碎，城堡上层几间房屋被击毁。

由于有城墙的保护，外加中国炮火是仰攻，在炮战中荷方只有4人被打死，几人受伤。炮战后，三次出城破坏中方的大炮，又造成6名荷兰士兵死亡，20余人受伤。

中国士兵的损失远大于荷兰。揆一的回忆录《被忽视的福摩萨》中提到"敌人足足死了1000人，伤者无数"；《热兰遮城日志》中虽然没有点明中国士兵的伤亡人数，但也提到过"有死尸堆起来放在那里""很多敌人的死尸放在那些街道上和这城堡前面的广场上"。

这次炮战实际上是国姓爷进攻热兰遮城堡的前奏，他本打算用放置在城堡东侧热兰遮城镇中的大炮密集轰击城墙，城墙轰塌后再由城堡南部的攻城部队冲入，占领城堡，结束战斗。但这次国姓爷的大军竟然在小小的热兰遮城堡下进攻失利。

在中国大陆，国姓爷的军队面对过无数城墙。攻台前，在1659年国姓爷第二次北伐中曾攻克了瓜洲、镇江，包围了南京城。瓜洲、镇江、南京等地的城墙厚度大于当时欧洲城墙的厚度，更大于热兰遮城堡城墙的厚度，南京城墙厚达9米至16.7米，热兰遮城堡的城墙厚度只有不到2米。因此，在国姓爷及其手下身经百战的士兵们看来，热兰遮城堡简直就是弱不禁风，一阵炮轰城墙必定塌陷。

但热兰遮城堡防御体系的强大远超国姓爷的想象。热兰遮城堡是一座典型的文艺复兴城堡，这种形式的城堡是16世纪意大利人为了应对火炮攻城这种新型战争模式而发明的，后来逐步推广开来。

文艺复兴城堡最明显的特征就是在城墙四角处修建棱堡，棱堡凸出于城墙之外，为守城方提供了更多的火力点，各棱堡之间还可以相互支援。攻城方无论进攻城堡的任何一面，都会暴露在至少2个棱堡面之下，守城方的交叉火力能对攻城方进行多重打击，而且攻城方也不可能找到防守火力的死角，不能安全地架设云梯。

这次炮战，中国炮兵阵地就暴露在热兰遮城堡的多重火力打击之下，揆一才能从各个方向炮轰中国阵地。即使身经百战的国姓爷在对付文艺复兴城堡时也明显经验不足。针对热兰遮城堡的第一次大规模攻击，中国未能获胜。

杨英在《从征实录》中仍是漫不经心、极其简单地记述了本次炮战。

（四月）二十四日①，藩以台湾孤城无援，攻打未免杀伤，围困俟其自降。随将各镇分派汛地屯垦。派提督马信督辖兵扎台湾街守困之。礼武镇林福被红夷铳伤，拨协将洪羽管□礼武镇。

1661年的夏天，中、荷双方再没有发生过激烈的战斗，战争进入相互对峙状态。此时，国姓爷为了解决军粮问题，下令将大军分派至台湾各地屯垦，只留提督亲军骁骑镇马信的部队负责围困热兰遮城堡。

开国立家

战事进入平静期，中、荷双方都处于缺粮状态。荷兰人被围困在热兰遮城堡内，城内存粮不多，每人每日的口粮实行配给制，日子非常难过。

中国军队的日子也不好过，国姓爷轻信何斌所言：台湾田园万顷，沃野千里，军饷税收不下数十万，舰船兵器所需物资无一不有。所以中国军队只携带了很少的粮食和补给品，增援部队从大陆抵达台湾，同样没带多少粮食。

国姓爷命何斌和杨英彻查台湾到底存粮多少，最终发现台湾现存粮食只够大军支撑两个月。鉴于此，国姓爷决定趁着播种时节尚未过去，马上下令部队到台湾岛各地屯垦，解决军粮问题。

国姓爷驻扎在普罗民遮城，将其改名为"东都明京"。他在台湾设一府二县，府称"承天府"，下辖两个县：天兴县和万年县。战前决策会上，唯一支持国姓爷攻占台湾的杨朝栋被任命为承天府府尹，庄文烈、祝敬分任以上两县的知县。

---

① 杨英此处记载四月二十四日换算成公历是5月22日，应是杨英记载有误。

1661年6月,国姓爷颁布谕令,通告天下:

东都明京,开国立家,可为万世不拔基业。本藩以手辟草昧,与尔文武各官,及各镇大小将领、官兵家眷,□(聿)来胥宇,总必创建田宅等□(项),以遗子孙。但一劳永逸,当以己力京营,不准混侵土民及百姓现耕物业。

救星玛利亚号

不知大家是否还记得1661年5月1日的大员湾海战(即台江海战)。当时,荷兰东印度公司的旗舰赫克特号沉没,玛利亚号、斯·格拉弗兰号驶向深海。脱离中国船只后,改向南边的锚地,在航行中它们一直在等待来自热兰遮城堡的命令。

直到5月5日,2艘荷兰舰船终于认识到凭借自己的力量绝对不可能战胜兵力如此强大的敌人,而且还发现通往热兰遮城堡的水上通路都被中国舰队封锁,短期内他们不可能得到揆一和评议会的命令了。

为了确定下一步的方针,玛利亚号船长康涅利斯·古拉茨·彭尼斯(Cornelis Claes Bennis)来到了斯·格拉弗兰号上,与船长安德利斯(Andries)进行了磋商。

"我们应该怎么办?我们与长官和热兰遮城堡完全失去了联系。"彭尼斯船长一脸愁容。

"我们现在的处境极其困难,真是束手无策呀!"安德利斯船长两手一摊。

彭尼斯船长站起身来,说道:"也许我们应该离开福摩萨岛,去通知巴达维亚……"

话音未落,安德利斯船长便打断了他:"去巴达维亚?!你疯了吧?现在是5

月,南季风期,我们怎么可能南下巴达维亚呢?"

彭尼斯船长争辩道:"我们沿着吕宋岛的海岸,利用陆上的风,不是不可能抵达巴达维亚!"

"你说的这条航线以前根本没有人走过,斯·格拉弗兰号在一条没有探索过的近岸航道上行驶太危险了,肯定会触礁沉没的……"安德利斯船长显然不同意冒险去巴达维亚求援。

"但我们待在这里只能等死,只有设法抵达巴达维亚,我们才能搬来援军!"彭尼斯船长坚持要逆风南下。

"那是死路一条!"

"那你说我们应该怎么办?在这里等死?"

安德利斯船长的情绪非常激动:"现在是南季风期,巴达维亚将会有很多商船北上福摩萨或日本,我们在此等待它们。实在不行,我们可以去日本的荷兰商馆求援。"

"你说的商船和商馆能帮我们打败国姓爷吗?"彭尼斯船长大吼道,"我们装备精良的海陆军都败于这该死的国姓爷,你觉得几艘商船能把中国人怎么样?"

"我看你还是控制一下自己的情绪吧,如果玛利亚号想逆风南下,我不会阻止的,但我们不会犯这种愚蠢的错误!"不等彭尼斯船长回话,安德利斯船长便怒气冲冲地离开了会议室。

彭尼斯船长见状,起身离开了斯·格拉弗兰号,回到了玛利亚号上。经反复协商,彭尼斯船长和手下高级船员决定冒险南下,向巴达维亚求援。

玛利亚号于1661年5月5日开船南下,先是沿着吕宋岛西岸航行,接着通过婆罗洲岛西侧,借用陆地及海洋的风力,历尽千辛万苦,终于在6月24日抵达荷兰东印度公司亚洲总部的所在地巴达维亚。

艰难对峙

此时,热兰遮城堡中的荷兰人可谓望眼欲穿,揆一每天派人在城堡高处瞭望南方,一直在焦急地等待巴达维亚的援军。原来就在5月5日玛利亚号决定单独离开台湾南下巴达维亚之后不久,斯·格拉弗兰号船长安德利斯派人乘小艇将此消息通报给了揆一。揆一闻讯后,自然是大喜过望,但他不能确定玛利亚号能否成功抵达巴达维亚,所以他每天派人南眺,盼望着巴达维亚的救援舰队的到来。随着时间的推移,城堡内部的食物、弹药等物资日渐匮乏,荷兰人的生活越来越困难,人均分配的食物、酒逐渐减少,卫生条件也是让人越来越难以忍受,病患人数不断增多。揆一和高层官员都担心在如此艰苦的环境下,荷兰士兵还能坚持多久,是否会发生大规模叛逃甚至兵变,玛利亚号逆风南下报信,巴达维亚救援舰队到来的希望是目前唯一能维系普通荷兰士兵履行职责的动力。

国姓爷总体上不太相信荷兰船只能逆风航行这么远的距离,去巴达维亚求援。他将主要精力放在大军屯垦征粮上了。与荷兰军队相比,国姓爷大军缺粮情况有过之而无不及,种植的番薯几个月后才能成熟,而士兵们现在每人每月只能分配到大约13.6千克的大米,这些大米还要分给家属。除此之外,肉类和蔬菜几乎没有。

在台湾全岛屯垦过程中,由于国姓爷明令士兵"不准混侵土民及百姓现耕物业",军队与本地居民的关系大体上是非常融洽的,但也发生过冲突。陈泽的部队曾与台湾中北部的大肚王阿狗德让的部队交战,且一度失利,损失1500人左右。

总之,整个1661年夏季中、荷双方官兵都在对峙中艰难度日,这段时期战争相对平静,双方只有零星冲突,最终打破这一对峙的是来自巴达维亚的救援舰队。

救援来啦

玛利亚号向荷兰东印度公司亚洲总部报告国姓爷大军攻台的情况后,荷印总督和总评议会不禁大惊失色、后悔莫及。为什么呢?原来他们于6月7日任命总督府财政法律检察官赫曼·克伦克(Herman Klenke)接替揆一担任台湾长官。因为荷兰东印度公司上层中有很多揆一的死对头,他们经过多方努力,终于扳倒了揆一。

6月22日,也就是玛利亚号抵达巴达维亚的两天前,新任台湾长官克伦克已经出发前往台湾了。

为了对付上述新局面,总评议会重新召开会议,将之前的决定予以更改,并任命雅各布·卡乌(Jacob Caeuw)为救援舰队司令,召回克伦克,台湾殖民当局的人事不予变动。

1661年7月5日,卡乌率领由12艘战舰、725名士兵组成的救援舰队从巴达维亚出发,前往台湾,以拯救这座荷兰在南中国海最重要的殖民地。

荷印殖民当局与揆一对救援舰队司令卡乌的评价可谓天壤之别。在一封落款时间为1661年7月29日的荷兰东印度公司巴达维亚总部向荷兰总部的官方报告书信中,荷印殖民当局评价卡乌"此前曾在荷兰参加过战争,最近一次在孟加锡的征战中重新证明了他的军事才能"。而揆一在《被忽视的福摩萨》中说卡乌"除了在莱登学院做学生时,常常用剑劈刺街上的石块或善良人家的玻璃窗以外,没有别的作战经验"。至于卡乌的军事才能到底如何,让我们拭目以待。

热兰遮城堡已经在中国军队的包围中坚持近四个月了。国姓爷收复了整座台湾岛,但热兰遮城堡如芒在背、如鲠在喉,国姓爷恨不得一口将其吞下,可万万没想到的是,竟然有1艘漏网之船逆风南下去巴达维亚求援。经过一整个夏天的屯垦和艰难的对峙,中国大军等来的不是丰收,而是荷兰人的救援舰队。

8月12日上午10点半左右，北风吹打着城堡。突然间，荷兰瞭望士兵指着远处的北方海面，大喊："18艘荷兰船，我看到海天之际有18艘荷兰船，我们的救援舰队来了！"

值班军官登上瞭望台，见士兵兴高采烈地大喊，又望了望北方海面，海天之际确实有一些疑似船只的小黑点，说道："稳住，我们现在还不能确定那就是救援舰队。"军官拿出望远镜，仔细观察起来。通过望远镜，他确实看到一支舰队从北面驶向台湾，不过并不是18艘船，而是12艘，其中有11艘荷兰船和1艘中式帆船。

很快，救援舰队抵达的消息传遍了热兰遮城堡，整个城堡沸腾起来了。连医院里的病人和受伤士兵都跑出来大声欢呼。揆一也不禁喜形于色，暗自感谢上帝带来了这极大的恩宠与仁慈。

国姓爷的恐慌

巴达维亚救援舰队的到来，给荷兰人带来希望的同时，也给中国人带来了恐慌。因为国姓爷过于迷信风向作用，确信荷兰人不可能逆风南下报信，巴达维亚也就不会知晓台湾战事，再加上大军缺粮，国姓爷命令大部分军队在全岛各地屯垦，留在东都明京尚能作战的士兵只有几百人。

据《梅氏日记》记载，中国官员平日里外出必有华盖遮顶、仆役跟随，而这时他们既无华盖又无仆役，整天丧魂失魄般地在普罗民遮城大街小巷跑来跑去，见状大吃一惊的国姓爷，于8月12日中午请被俘的猫难实叮吃饭。猫难实叮也不傻，他破天荒地接到午宴邀请后，马上明白这是国姓爷有求于自己，需要打探一下这支救援舰队的情报。

猫难实叮、梅氏和几名荷兰随从在几名中国官员的陪同下前往国姓爷的住处，没想到国姓爷亲自到门外迎接他们。进入餐厅后，荷兰人见到了久违的珍馐佳肴，不禁直咽口水。

宾主落座后，双方客套一番，国姓爷示意可以开动了。忍饥挨饿多时的荷兰人这下子可算是开荤了，见到桌上的好酒好肉好菜，几人一顿狼吞虎咽、大快朵颐，吃得猫难实叮直打饱嗝。

国姓爷见荷兰人吃得差不多了，开门见山地问猫难实叮："你认为海上的荷兰舰船是什么船队？是军舰还是商船？贵公司会同时派遣这么多艘船来台湾做生意吗？"

何斌翻译后，猫难实叮回答道："国姓爷殿下，敝公司每年都会派很多船来通商做生意，但从未派遣过数量如此多船只组成的商船队。我认为这肯定不是来做生意的。"

"那它们来此做什么呢？"国姓爷追问道。

猫难实叮知道国姓爷脾气很大，而且一旦发起脾气来，砍头杀人都是分分钟的事，他在思考用合适的词汇来回答国姓爷的问题。

猫难实叮不敢抬头直视国姓爷，他小心翼翼地低头答道："国姓爷殿下，这支舰队来到此地是与敝公司的敌人作战的。"

国姓爷不大相信地摇摇头。

"殿下，我刚才来此之前，仔细观察了一下舰队，旗舰上挂着三面旗帜，分别代表海军司令官、副司令官和海军准将，所以我觉得这是一支作战舰队……"

未等猫难实叮说完，国姓爷起身大声问道："现在是南风季节，揆一不可能把消息传给巴达维亚，巴达维亚又怎么可能得知本藩已率大军到此收复台湾呢？你说他们来此与敌人作战，到底是与谁作战呢？！"

国姓爷直到现在还是认为荷兰人不可能逆风南下求援，他对着猫难实叮大吼："这支舰队的敌人到底是谁？你是不是在成心隐瞒！"

猫难实叮吓得赶紧给国姓爷鞠躬:"尊敬的国姓爷殿下,我没有隐瞒,我实在是不知道,也许他们是去攻打澳门的葡萄牙人。"

荷兰东印度公司确实一直想占领澳门,取葡萄牙人而代之。情急之下,猫难实叮只得胡乱瞎说,勉强对付一通。

荷兰人退出后,在回去的路上,沿途遇到几名惊慌的中国官员,他们向梅氏打听救援舰队的情况,以及增援兵力、登陆时间等情报。猫难实叮、梅氏等人看到守卫部队的备战情况:国姓爷的亲兵卫队人人手持一种具备三根发射管的火枪,士兵们正在将大炮推入炮位,连被俘的黑奴都配备了大刀、步枪等武器。

揆一的希望与失望

在中国人慌忙备战的同时,热兰遮城堡中的荷兰人个个欢欣鼓舞,大家普遍认为玛利亚号逆风南下,救援舰队顺利抵达是上帝决意拯救这块被围殖民地的明证。

8月12日舰队抵达当天,风大浪高,救援舰队船体高大、吃水深,一时难以在恶劣天气下靠岸。于是,揆一派遣1艘小船主动去与舰队联络,这才得知救援舰队的规模及指挥官。

直到第二天(8月13日)早晨,风浪才逐渐小了一些。下午,第一批增援士兵(1名军官带领25名士兵)和补给物资(2000磅火药和一些食物)终于登岸抵达热兰遮城堡。紧接着,又有2艘荷兰小船运送40名士兵试图登陆,遭到2艘中国战舰的进攻,但进攻失败了,其中1艘中国舰船船首被荷兰炮火击中,中国战舰退出战斗,40名荷兰士兵在起伏颠簸的海浪中成功登陆。

8月13日晚间，天气阴沉起来，乌云密布，狂风从西南方吹来，暴雨倾盆而下，大海愤怒地咆哮了起来，海浪像一只只狂躁的大手不停地拍打着热兰遮城堡及其通向大海的唯一一条港道。恶劣的天气实际上阻断了荷兰船只的出入，中国战舰也很难靠前阻拦荷兰补给船只登岸。

困守城堡的荷兰人在高处眺望救援舰队，但看得见够不着，他们心里只能干着急，但除了等待天气好转外，别无他法。

此时，在普罗民遮城中被囚禁的猫难实叮、梅氏等人见到救援舰队到来后中国人惊慌失措，他们希望能与揆一联系，来个里应外合，一举推翻国姓爷的统治。但面对汹涌的海浪，没有远距离通信设备的荷兰"囚犯们"只能冒险派人游泳去热兰遮城堡联系揆一。

有一名被俘的名叫亨德里克·罗伯特逊（Hendrik Robertson）的荷兰军队鼓手自告奋勇地说："我水性很好，可以去大员给长官阁下送信。"

"好，你要告诉长官，看到了我们的救援舰队在上帝的保佑下顺利抵达，中国人都非常害怕，只要长官派五六百人来，就可以打败中国人，他们在此只有不到300人，其余人都分散到福摩萨全岛各地了。"梅氏嘱咐道，"还有，你一定告诉长官，现在可恶的国姓爷正在命令全岛各地的中国军队向普罗民遮城集中，如果七八天内不能派兵进攻普罗民遮城，恐怕分散的中国军队都将返回此地，到时候我们就很难取胜了！"

当天夜里，罗伯特逊脱光衣服，躲开了看守的中国士兵，只身跳入黑漆漆的大海，奋力游向热兰遮城堡。汹涌的海水没能阻挡罗伯特逊，他在第二天天亮时抵达大员沙洲，被荷兰士兵带到热兰遮城堡。

揆一通过罗伯特逊之口了解到普罗民遮城疏于防守，中国人坐立不安，被俘的部分荷兰人在城中还有一定的自由空间，只要集中七八百兵力发动反攻，城中的荷兰人可以配合，地方官猫难实叮和梅氏等人还偷偷藏匿了枪支，一旦派兵进攻，他们可以把荷兰"囚犯"从中国监狱中解救出来，里应外合一举打败国姓爷，夺回普罗民遮城。

"好，太好了！"揆一不禁眉飞色舞起来，紧紧拥抱了罗伯特逊，并重赏了他，"从这些情形看来，显然万能的上帝是要罗伯特逊带给我们好消息，来振作我们的士气，鼓舞我们的精神。上帝甚至已经告知我们打败敌人的方法了，敌人已经逐渐走向衰败，愿万能的上帝使我们的一切蒙福！"

"感谢长官阁下的丰厚奖励。什么时候发兵，我愿意作为第一波反攻部队重回普罗民遮城！"罗伯特逊再次表现出极大的勇气。

"七八百兵力，虽然人数不多，但现在热兰遮城堡中我们的士兵多是营养不良、体弱多病的，真正有战斗力的不足300人呀！"揆一忧心忡忡地说道，"兵力不足猝然发动反攻，恐怕……"

罗伯特逊指着窗外远处海面上的救援舰队，说道："长官阁下，我们有增援了，只要增援部队登岸，我们兵力就充足了，不过一定要快。可恶的国姓爷正在集中福摩萨各地的中国士兵，不出七八天普罗民遮城堡就会有好几千人的中国部队，到时候即便有了增援，我们的反攻也将凶多吉少。战机转瞬即逝，一定要把握住机会呀！"

揆一转身面向窗户，看着波涛汹涌的大海，他心急如焚，好像热锅上的蚂蚁，在屋子里团团转："不知道万能的上帝何时会让风浪平静下来。目前这样的大风大浪，舰队是不可能靠岸的。"

也许是上帝在跟荷兰人开玩笑，随着时间的推移，海上风浪不但没有减弱，反而更加狂暴起来。

就在荷兰人焦急地等待天气好转的时候，中国人也没有闲着。国姓爷一方面派人命台湾各地屯垦的部队迅速向东都明京集合，另一方面下令现有兵力全面构筑野战工事，防止热兰遮城堡内的荷兰人出击。

不久之后发生的两件事，让荷兰人心里彻底没了希望。

第一件事就是8月17日下午，狂风夹杂着暴雨继续吹打海面。热兰遮城堡中被围的荷兰人发现，远处海上的一艘救援船突然发炮一响，很快所有船只都升起风帆，向远方驶去。傍晚5点左右，整支舰队消失在视野中。原来，舰队为了躲避暴风雨，不得不驶向深海的安全水域。

第二件事更令人失望。8月21日早上，荷兰人刚刚结束安息日的礼拜。城堡上瞭望的士兵发现，从热兰遮城镇中正在加筑工事的中国士兵中走出一个人，他手持白旗，来到城堡脚下，插了一根竹竿在地上，竹竿上夹着一封信。此信是来自救援舰队中小平底船厄克号（Urck）的一名副舵手，他悲伤地告诉揆一等人，救援舰队在驶向深海的路上，厄克号漂离了舰队，在狂风暴雨中撞上了一座沙洲，船体搁浅了，正当船员不知所措之时，大批本地居民围拢过来，将42名船员全部俘虏了。

这名舵手和另外4名荷兰俘虏被活着带到东都明京，国姓爷接见了他们。款待后，中国人获得了关于整支救援舰队的重要情报：他们只有700余名增援士兵。国姓爷及高官们此后不再担惊受怕，他们决定集中兵力，将揆一及救援舰队一并消灭。

卡乌登岸

增援舰队消失了半个多月，直到9月7日中午，荷兰人才在北方远处海面再次见到了这支舰队。接下来的几天里，风平浪静，荷兰援军和补给物资终于送上了岸。

9月9日，天气非常好，微风从西南方吹来。下午，舰队司令卡乌的座舰安全进入热兰遮城堡的港道。当晚，卡乌的双脚第一次踏上了台湾这块殖民地的土地。此时，揆一和福摩萨评议会的议员们正率领两排全副武装的士兵列队欢迎。

卡乌司令官与揆一及各位议员逐一握手，并视察了整个城堡，瞭望了热兰遮城镇里敌人正在修筑的工事。

就这样，救援舰队在抵达台湾将近一个月后，才终于进入了热兰遮城堡，城堡中困守了几个月的荷兰人虽然得到了等待已久的食物、弹药等补给，但此时他们已经丧失了发动突袭的机会。国姓爷的海陆大军已经调回东都明京了，并开始做各项战斗的准备工作。玛利亚号冒死逆风南下报信的英勇行为既没有给荷兰人带来庞大的救援部队，也没有带来出其不意、攻其不备的战机。胜利女神在向揆一微微一笑后，最终还是投入了国姓爷的怀抱。

卡乌到来后，热兰遮城堡中出现了一个最令人头疼的问题：一山难容二虎。荷兰人跟世界上任何国家的人一样，2位强势的领导在一座小小的城堡内，彼此看对方都不顺眼。就在这种氛围下，城堡中的荷兰高层制订了一份冒险的进攻计划，妄图一举打破国姓爷的包围。

荷兰人疯了，要主动出击

9月14日，热兰遮城堡召开了一次重要军事会议，揆一、卡乌、各位评议会议员、陆海军军官都参加了。会上决定派遣5艘大型舰船组成偷袭舰队进入大员湾，经水路绕过中国人指向城堡的大炮，从后方轰击热兰遮城镇上的中国炮兵阵地。与此同时，另一支由1艘大型舰船及许多艘单桅帆船、平底船、工作小艇组成的突击舰队，载上700余人的救援部队，去攻打停泊于大员湾内的中国舰队，并且承担从后方登陆热兰遮城镇的任务。在海军出击时，陆军也没闲着，按计划城堡中的全体士兵拿起武器向热兰遮城镇的中国阵地发动全面总攻。

会议结束没多久，卡乌在棱堡上观察敌人，他发现中国军队正在城堡外修筑某种工事，于是下令炮手向敌人开火。刚打了三炮，就有一位传令官跑来，他告诉卡乌："司令官阁下，揆一长官有令，停止射击。"

卡乌随即气冲冲地来到揆一的办公室，问道："为什么不允许我向敌人开炮？"

"因为热兰遮城堡中一枪一炮都必须得到我的允许才能发射。"揆一坐在他的大扶手椅上，懒懒地抬眼看着站在门口的卡乌。

"如果我连下令炮击近在眼前的敌人都不可以，那我来这里干什么？"卡乌气得满脸通红，"我还是回船上算了！"

"请便。"揆一做了一个请的手势。

卡乌简直不敢相信揆一对自己这位"救星舰队"司令竟然如此说话："如果不是我带来了舰队和补给，我看热兰遮城堡早就落入国姓爷之手了！"

"我有着丰富的作战经验，与中国人打交道的经验也比任何一个荷兰人都丰富，所以我们才能坚持到现在。"揆一站起身来，仿佛想以此来证明自己所言非虚。

卡乌嘲讽地哈哈大笑："你有丰富的作战经验？我的长官，你应该看看你的手下，个个面黄肌瘦，60%以上的士兵腿部浮肿，如果没有我的增援，你坚持不了一周！"

揆一见自己被卡乌当面揭短，臊得满脸通红，大喊道："你有什么资格嘲笑我，你唯一的作战经验就是在莱顿求学时，用剑刺穿你情敌的窗户！"

双方不欢而散。大战当前，统帅不和，预示着荷兰人的霉运要来了。

9·16大海战

1661年9月16日，上午10点，一切征战所需准备停当。微风持续从西面吹来，大型战舰停在远处海面，所有小船也都在岸边待命。出征的荷兰官兵在热兰遮城堡北门外的沙滩上列队集合。揆一、评议会全体议员和柯莱福（Kruyff）牧师在给士兵们做战前动员。

柯莱福牧师面对全体官兵，大声祷告："祈求神，天上的君王与我们的战士们同在，帮助你们、祝福你们，使你们击败敌人，荣获胜利，并保护你们，使你们免遭敌人刀剑的伤害，就像当年保护了亚伯拉罕那样。这样使我们在战胜凯旋后可以欢欣赞美神的荣耀，愿万能的神，就像父亲怜悯他的孩子那样怜悯我们！"

柯莱福牧师的祷告振奋人心，直击心灵，荷兰士兵个个士气高涨，振臂高呼："用胜利荣耀神！""上帝保佑荷兰战舰与士兵！""消灭异教徒，保卫大员！"

待士兵们的情绪稍稍平复后，揆一开始训话："士兵们，你们都应该相信神会赐予我们光荣的胜利，你们也应该表现出英勇的军人本色，以无比的勇气攻击敌人。你们要尽量宰杀中国人，绝对不能放过任何一个敌人，所有中国人都必须格杀勿论。我方士兵无论是谁，只要烧毁或破坏1艘大型敌舰的，奖励100里尔银币；破坏1艘中型敌舰，奖励50里尔银币；破坏1艘小型敌船，奖励25里尔银币。"在士兵们欢呼之后，揆一下达了总攻的命令："全军出击！"

此次出战，海军船长卢特·雅各森·贝斯（Ruth Jacobsen Buys）任总指挥，伊斯布兰特·波麦斯特（Ysbrant Bouwmeester）任副指挥。荷兰士兵们在他们的带领下，个个精神饱满，勇气十足地奔向岸边的小船。小船离岸驶向大船，士兵攀上大船后，在水手和士兵的欢呼声中，大船升起船帆。由7艘大型战舰组成的偷袭舰队（原计划是5艘战舰）乘风向东进发，它们的任务是绕过热兰遮城镇，从后方轰击城镇中的中国炮兵阵地，因为中国的大炮炮口都是面向西面的热兰遮城堡的，沙篮工事也都是为了对付热兰遮城堡的大炮，荷兰舰队如果能绕到后方突然发起攻击，就可以直接炮轰无工事保护的中国炮兵阵地，揆一这一招确实很巧妙，充分利用了己方的海上优势。再加上城堡上的荷兰炮火，可以让中国炮兵两面受敌，在惊慌失措中被消灭。不过俗话说"计划赶不上变化"，在本次战役中洋流和风向就是最令人捉摸不定的。

偷袭舰队中的平底船科登霍夫号（Cortenhoef）一"船"当先行驶在最前面，在向东航行绕过热兰遮城镇的路上，行经热兰遮城镇（原荷兰税务所）的后方，立即遭到了中国大炮的轰击，但科登霍夫号冒着炮火继续前进，第一个到达了城镇后方海面。

跟随在科登霍夫号后面的是旗舰柯克肯号（Koukercken）及其他5艘大中型战舰，令荷兰人大为惊讶的是，西风逐渐停下来了，7艘战舰虽然绕到了城镇后方，但没有抵达预定的最佳攻击位置，而是到了一处水深只有12英尺（约3.66米）的海面。更糟糕的是，有一股从南边过来的洋流不停地冲击着舰队，7艘战舰挤成一团，没有形成面对中国阵地的一字长蛇阵。

我们要知道，17世纪的欧洲船上舰炮安装在战舰的两侧。在实战中，只有战舰侧面面向敌方，才能发挥侧舷炮的威力。一支舰队中只有全部战舰摆成一字长蛇阵，各舰首尾相连，侧面面向敌人同时开炮，才能最大限度地发挥侧舷舰炮的威力。当时的海战最怕己方舰船前后相叠，因为这样的阵型在前排的舰船对敌开火时，后排的舰船由于己方前方船只的遮挡，只能瞪眼观战而无法参战。

此时，海面上无风，集结地水深太浅，洋流又很强劲，荷兰战舰挤成一团，后排舰船不能开火，反而会成为中国炮兵的活靶子。

揆一在热兰遮城堡上发现在中国阵地后方已出现了荷兰战舰，他立即下达两项命令：第一，城堡上的炮手开炮轰击，希望与荷兰偷袭中国后方的舰队炮火形成两面夹击之势;第二,载有700余名士兵的突击舰队出发攻击大员湾中的中国舰队。

很快,城镇后方偷袭舰队的前排战舰开始轰击热兰遮城镇的中国炮兵阵地了。如果事情能按揆一的设想发展,中国炮兵阵地必然陷入一片火海,但此时的偷袭舰队未能完全进入预设海面,舰船位于汹涌洋流中的浅水海湾,船身上下颠簸不定,炮口瞄准困难,加之离岸过近,荷兰舰炮的炮弹大多飞越了中国炮兵阵地,飞向了热兰遮城堡!荷兰人两面夹击的计划竟变成了自己人打自己人的闹剧。

"这群笨蛋!炮弹都打到城堡里来了!"揆一见状大声喊道。

但炮弹可不听他的,正不停地向城墙和城内建筑砸过来,每颗铁质弹丸打得石质城堡石屑飞溅,城堡上的士兵们都在大声咒骂。

揆一向身边的军官下令:"派艘小船通知柯克肯号,他们的炮火正在轰击我们!"

"长官,我们这里已经没有船了,所有船只都出港迎敌了。"

"什么?一艘小船都没留吗?"揆一反问道。

"没有,一艘船都没有了!"

揆一愤怒地大喊大叫:"这是怎么安排的?现在我们要下达命令了,没有船,怎么下令?!"

经过考虑,揆一只得下令悬赏12个银圆,选一名擅长游泳的士兵去传达命令。最终有一名勇敢的志愿者承担了这个危险的任务,他拿着揆一的命令,奋勇地跳入大海,在炮火中奋力游向柯克肯号,抵达后,被拉了上去。

"这是长官的手令。"这名荷兰勇士将揆一的命令交给了柯克肯号的一名军官,"长官命令你们……"

话音未落,一颗炮弹不偏不倚地击中了他的双腿。

这名荷兰传令勇士在史料上没有留下名字(至少我查过的史料上没有一处记

录了他的名字），他的双腿被炸断后，是否活了下来也没有记载，但他所传达的命令并未得到贯彻是无疑的。

原来，这支荷兰偷袭舰队停留的海域水深太浅，只有12英尺（约3.66米），舰船上的炮手已经将大炮炮口调到最低了（即便如此，炮弹仍然太高，飞过了中国炮兵阵地，飞向热兰遮城堡）。如果想继续调低炮口，必须让船整体下沉一些，但由于水深太浅，船体已经无法下沉了。

与此同时，在中国炮兵阵地上，数名传令兵正在奔跑着大喊下达上级命令："掉转炮口，瞄准后面的红毛舰船！"

中国炮手们迅速熟练地掉转炮口，并重新瞄准。黑洞洞的炮口突然伸出愤怒的火舌，一波波炮弹向荷兰偷袭舰队飞去。由于海面上风平浪静，荷兰战舰基本无法移动，成了中国炮兵的固定靶子。其中旗舰柯克肯号中弹最多，船体已有多处损伤，船员和炮手在中国炮火的打击下精神高度紧张。尤其是在中下层甲板中，炮手看不到海面，只能通过炮口的射击孔向外瞭望，时不时地有中国炮弹击穿船体飞入火炮船舱，身边的战友被击中倒地，火炮和设备被击碎得比比皆是，在这样一个碎木屑横飞、烟雾弥漫的船舱内，稍有不慎就有可能出现操作失误。

果然，有一位炮手在给大炮装填弹药时忙中出错，导致炸膛，当场炸死9人，炸伤3人。顿时，船舱内一片狼藉和烟雾，船舷被炸出了一个大洞，附近一个炮手见状大喊："船要沉了！船要沉了！"其他炮手和船员不明所以，脱离岗位，往最上层甲板跑去。炸膛事故导致全舰上下士气低落，人人都想着逃生，无心恋战。而此时，柯克肯号的船身已整体倾斜了。

中国炮兵则利用此一有利时机，继续猛烈开火。荷兰偷袭舰队中几乎每艘舰船都中弹负伤了。

17世纪的大炮基本就是一个中空的金属（铁或铜）筒，重达数百乃至数千千克，调整位置、重新瞄准都要经过复杂的操作过程，火炮阵地一旦布置停当，在实战过程中，几乎不可能调整。在"9·16大海战"中，中国炮兵能够迅速掉转炮口重新瞄准身后的敌舰，射击十分准确，充分说明了国姓爷的部队训练有素，也说明当时的中国军事技术，至少是炮兵技术与欧洲最先进水平相比并不落后，以至于《热兰遮城日志》都惊叹"敌人（指中国炮手）能在同一个炮台如此迅速操作他们的大炮，令人惊奇，我方有很多人感到惭愧，特别是对柯克肯号的炮击更是如此"。

傍晚时分，缀饰着彩光的夜幕笼罩下来。在撤退过程中，一股海流将柯克肯号推向了热兰遮城岸边，使其搁浅在一座中国炮台不远处，船上的荷兰水手冒着炮火，费尽九牛二虎之力也无法移动船只。船上的纪律已经荡然无存，水手和炮手们纷纷跳海逃生。船长简·佛罗卓（Jan Flodrop）也弃船登上救生艇，前往热兰遮城堡求援，他希望从城堡得到拖锚以将柯克肯号拖离危险地带。没想到，他刚刚抵达城堡不久，就发现中国士兵向柯克肯号发射一批炮弹，整艘舰船燃起熊熊大火，随即发生了大爆炸。中国人又派出2艘火船，助力大火持续燃烧。柯克肯号已经彻底损坏，残骸搁浅在热兰遮城岸边的浅滩，船上残臂断肢随处可见，还活着的水手大多数烧伤严重，跳海逃生；但有5人可能是因为不会游泳被困在残船上，揆一派小船去营救他们，但在中国炮火的猛烈攻击下，未能成功，5人最终也被中国士兵消灭。荷兰的旗舰柯克肯号及其船员就这样葬身鱼腹了。

在偷袭舰队苦战的同时，荷兰突击舰队的战况也非常不利。揆一在偷袭舰队绕到中国炮兵阵地后方的时候，下令突击舰队载着700余名士兵出击，进攻停泊在大员湾中的中国舰队。出发后不久，海面上的风逐渐停了下来。突击舰队以单桅帆船、平底船、工作小艇等各类中小型船只为主，因此船上的荷兰士兵拿起船桨，划船前进，在海面上划船是相当耗费体力的，精疲力竭的荷兰士兵面对的将是精力充沛的中国士兵，还未开战，优劣已非常明显了。

中国舰队指挥官正是曾击败拔鬼仔上尉的宣毅前镇陈泽将军。战前，他与手下副将林进绅以及水师将领陈继美、朱尧、罗蕴章等人开会商量御敌之策，决定为了避开荷兰大型战舰和热兰遮城堡的火力支援，在海战中要引诱敌方进攻舰船深入水浅的大员湾，使其脱离荷方大炮射程。大员湾遍布中国中小型战舰，可对荷兰战舰实施绞杀。

当荷兰突击舰队逐渐靠近大员湾内停泊的中国舰队时，发现中国舰船纷纷起锚向赤崁城驶去。荷兰船长们判断这是中国战舰逃离战场，下令加紧划桨追击中国舰船，于是荷兰舰队离热兰遮城和大型战舰越来越远。当荷兰突击舰队驶出了热兰遮城和大型战舰的大炮射程时，中国舰船突然掉转船头，向荷兰舰船驶去，同时船上的小型火炮、火枪和弓箭齐刷刷地飞向荷兰战舰。荷兰人这时才明白自己中计了，中方"逃离"战场的真正目的是为了引诱荷兰突击舰队脱离热兰遮城及大型战舰的炮火支援。陈泽将军利用诱敌深入之计，再次陷荷兰舰队于不利境地。

至此，中、荷双方的众多小型舰船开始短兵相接，士兵和水手们将炮弹、石弹、手榴弹、子弹和弓箭倾泻般地射向对方的船只和人员。荷兰海军有一种近距离海战武器：手榴弹和火罐。点燃引信后，荷兰士兵将其迅速抛向中国船只，手榴弹和火罐在人员密集的舰船上爆炸后，给中国士兵造成很大威胁。副将林进绅见状，立即下令，每4名士兵撑起一张席子或帆布，当有荷兰手榴弹或火罐飞向中国船只时，4名士兵用席子或帆布将其接住，然后迅速抛回荷兰船只或者扔向海面。这样，非常容易地就破解了荷兰的海战利器。

当双方舰船更接近时，中、荷士兵纷纷拔出刀剑、长矛和斩马刀，展开了接舷白刃战。副将林进绅身先士卒、一马当先，他率先跳上一艘荷兰舰船，中国士兵紧随其后也跳上敌方舰船，对荷兰人大开杀戒。因划桨而筋疲力尽的荷兰士兵和水手面对蜂拥而至的中国人时，只有招架之功，而无还手之力。

只见中国士兵在荷兰舰船上左突右击，顿时血溅甲板，人头、断臂、手掌、断脚满目可见。喊杀声、兵刃碰撞声、枪炮声、哀号声交织在一起。

副将林进绅手中的斩马刀在肉搏战中大显神威，砍倒不少荷兰士兵和水手。突击舰队的荷兰总指挥卢特·雅各森·贝斯发现林进绅武功高强、作战勇猛，决心击毙他。贝斯召集了5名火枪兵，指着远处作战的林进绅，下令道："此人必是国姓爷手下大将，已杀死我方多人，你们瞄准射击，一定要打死他！"

5名火枪兵举起滑膛枪瞄准林进绅的头部，枪声一响，林进绅应声中弹落入海中。身边一起奋力砍杀的水师将领陈继美见状，立即跳海去救林进绅，他拖着林进绅艰难地爬上一艘离战场稍远一些的舰船，此时的林进绅已经阵亡。

"林将军！林将军！"陈继美抱着林进绅的尸体大喊道，"在下一定为林将军报仇！"

陈继美站起身来，瞪着双眼，额头上暴起道道青筋，他愤怒地盯着渐行渐远的荷军总指挥贝斯及5名火枪兵，指着贝斯下令道："来人呀，给我用连环熕，向那个红毛军官开火！"

"禀大人，铁弹已经打没了，已经派人去取了……"一名军士战战兢兢地说道。

"什么？铁弹没了！"陈继美眼看贝斯就要走了，大喊着下令，"给我装石弹，砸死那个红毛夷！"他下定决心要击杀贝斯，为林进绅报仇。

很快，连环熕开火了，一枚石弹飞向荷兰总指挥贝斯，正中贝斯头部，贝斯被击倒在地，身边的士兵将其抬离战场。但由于距离过远，石弹已是强弩之末，只是砸伤了贝斯，未造成致命伤。

在这场近距离大混战中，大批中国舰船投入海战，荷兰突击舰队逐渐战力不支，每艘舰船都不同程度地受损，船上人员也都有伤亡。海面上到处都是落水的荷兰士兵，他们有的抓着木头等漂浮物，有的干脆就靠体力浮在水面上，在奋力游向热兰遮城堡的过程中，很多荷军被中国士兵用长矛戳死。

傍晚，海面上终于吹起了微风。仍在战斗中的荷兰偷袭舰队和突击舰队的剩余舰船趁此机会脱离战场，驶向安全地带。

在撤退过程中，除旗舰柯克肯号搁浅损坏外，受伤的平底船科登霍夫号也搁浅热兰遮城镇后方的浅滩上，动弹不得。此处离中国阵地很近，过不了多久国姓爷就会派人前来夺得此船。此时，科登霍夫号的船长已经控制不了手下的士兵和水手了，船上秩序荡然无存，士兵和水手们疯狂地抢夺救生小船，有的人干脆跳入海里，游泳逃生。见此情景，船长也加入逃生队伍，离开了搁浅的科登霍夫号。最后，只有1名中尉和6名士兵可能因为不会游泳又没有抢到救生艇而被困在科登霍夫号上。

不久，一艘中国舢板来到科登霍夫号附近。船上的7名荷兰士兵只得藏起来。中国人误以为船上已经没有荷兰士兵了，派了6人登船。7名荷兰士兵见此突然开枪射击，然后跳上中国的舢板，此时舢板上只有1名中国水手，荷兰人终于有了人数优势，他们夺得了这艘中国舢板，拼命划向热兰遮城堡。他们得救了，但科登霍夫号被中国军队俘获。

入夜后，战事逐渐平息下来。据《热兰遮城日志》和《被忽视的福摩萨》的记载：此次海战，荷兰损失了1名船长、1名中尉、1名掌旗官、80名水手和48名士兵。参战士兵赫波特的回忆录说此役荷兰有300人阵亡。受伤人数未见记载，但想必更多。《热兰遮城日志》作者惊叹道："这真的令人痛惜，愿慈悲的神让这是我们如此伤亡的最后一次。"逆风南下巴达维亚的玛利亚号船长彭尼斯也参加了此役，并被国姓爷的部队生擒，最终是死是活没有记载，我们可能永远不得而知了。

荷方多种史料对此役的记载比较详细，而中国史料还是比较简单，杨英在《先王实录》中写道：

八月……甲板船来犯，被藩令宣毅前镇陈泽并戎旗左右协水师陈继美、朱尧、罗蕴章等击败之，夺获甲板二只、小艇三只。宣毅前镇副将林进绅战死。自是甲板永不敢犯。

国姓爷在海战中再次打败了已经获得增援的荷兰守军，荷兰人大为震动，但他们仍然困兽犹斗，据守热兰遮城堡继续负隅顽抗。

国姓爷反击

国姓爷虽然取得了海战胜利，但从1661年4月底登陆台湾至今已有近半年的时间，热兰遮城堡久攻不下，大军缺粮的困境也没有得到缓解，患病士兵和逃兵也越来越多，几乎占了全部兵力的50%。他现在急需一场彻底的胜利赶走荷兰人，如果这样无限期地拖下去，恐怕会造成军心不稳，甚至兵变。

一方面，国姓爷下令将何斌软禁在一间小屋中。因为何斌曾向国姓爷进言，在台的荷兰人如何弱小，如何不堪一击，几天内即可消灭。可现如今，整个攻台军事行动几乎变为一场灾难，国姓爷没有立即处死何斌已经是宽宏大量了。另一方面，国姓爷发动了乌特勒支堡攻击战，这是"5·25大炮战"以来，中国军队的首次主动出击。

乌特勒支堡是位于热兰遮城堡西南方向一座山丘上的碉堡，在此能够俯瞰整个热兰遮城堡，一旦占领了乌特勒支堡这个制高点，国姓爷的炮火就能覆盖热兰遮城堡，逼迫荷兰人彻底投降。

国姓爷亲自和手下军官在热兰遮城镇外围实地踏勘，发现城镇西侧平原上有一座市场，紧挨市场南边有一个废弃的木材堆场，堆场后方有一块空地，架设在这片空地上的大炮可直接轰击乌特勒支堡。由于有木材堆场的遮挡，还可以避开从热兰遮城堡射来的炮弹，此处是炮击乌特勒支堡的绝佳之地。因此，自9月下旬开始，中国士兵就在此地构筑炮台，安放3门大炮。国姓爷还从东都明京调来1000颗炮弹和40桶火药，准备持续轰击乌特勒支堡。打下碉堡后，计划在碉堡所在的山丘上重新修筑炮台，利用有利地形，居高临下炮击热兰遮城堡。

乌特勒支堡攻防战

9月29日一大早，天气良好，秋高气爽，微风从南方吹来。随着中国炮兵指挥官的一声令下，中国大炮对着乌特勒支堡开火了！热兰遮城堡和乌特勒支堡也开始开炮还击。

中国炮兵准备充分、训练有素，发炮速度惊人。很快，乌特勒支堡就被打得招架不住，停止了还击，将近半小时没有发射一发炮弹。热兰遮城堡的炮火由于木材堆场的遮挡，根本打不着中国炮台。

乌特勒支堡有3门大炮，其中2门位于顶部、1门位于碉堡中间位置。顶部的2门大炮被中国炮兵准确的射击所击毁，荷兰炮兵被打死后，没人再敢冒着炮火上碉堡顶端炮台操炮开火。

碉堡中部的1门大炮所在位置的墙壁已被击碎，碉堡内的荷兰炮手直接承受中国炮火的打击。中国炮弹射来时，一片撕裂、撞击、石屑四溅的声音回荡在碉堡内部的炮室中。除此之外，辣眼的火药烟雾久久不散，石屑碎片横飞四散，敌方炮弹在碉堡内部四处弹跳，碎人头骨、断人四肢。1名荷兰炮手被这一景象吓傻了，呆站在原地，身上滴落着战友们的脑浆和鲜血。

揆一在热兰遮城堡上眼看着乌特勒支堡就要被击碎了，心中甚为焦急，他深知仅仅派兵增援碉堡根本起不到什么作用，反而是将有限的兵力送上死路。现在乌特勒支堡急需的是加强防御工事。

"我们需要在碉堡的基部新建防御工事，要留出6门大炮的位置，而且防御墙内部要填满沙土，厚度至少9英尺（约2.74米）！"一位军官向揆一建议道，"如果能做到的话，我保证可以压制国姓爷的火炮。"

"好，就按你说的办。"揆一立即下令从今夜开始派8名木工督导、100名士兵参与施工。

第二天早晨，阳光再次洒在乌特勒支堡上。中国炮手们发现荷兰人正在加固防御工事，于是再次开火轰击。无论荷兰人如何赶工建设，中国的大炮总能以更快的速度将其摧毁。

见此计不成，揆一和军官们商议，决定派遣狙击手直接点射中国炮手，迫使中国人停止炮击。

在乌特勒支堡与中国炮台中间有一座毁于战火的医院，揆一派了50名火枪兵将医院的残垣断壁作为隐蔽地点，进行射击。中国炮台正面用沙篮防护得严严实实，荷兰火枪兵只有通过供炮管伸出的炮洞才能击中中国炮手，虽然他们在阵地战中败于陈泽将军之手，但其射击技术确实名不虚传，子弹精准地飞进不大的炮洞，很多中国炮手中弹身亡或负伤，炮击被迫中止。

无论中国指挥官如何鞭打逼迫，炮手们都不敢再回到炮台。炮击停止了一天，趁此机会，荷兰人抓紧时间加固乌特勒支堡的防御工事。

鉴于此一形势，国姓爷决定发动地雷攻势。他下令士兵们利用夜间荷兰火枪兵回营的时间，在医院的残垣断壁处埋设地雷。中国士兵经过彻夜的挖掘，在火枪兵射击阵地下方埋设了五大包火药，并铺设了一条长长的竹竿引信，在中空的竹竿里填满了火药，直接通往热兰遮城镇。就等第二天早上，荷兰火枪兵们回到狙击阵地时，点燃引信，将火枪兵送上西天。

17世纪没有定时装置，地雷引爆靠的是明火点燃引信，火花顺着引信燃烧直到地雷埋设之处，引爆地雷。但时间很难控制，很多情况下，过早或过晚点燃了引信，当敌方人员未在埋设地雷之处，会影响地雷攻击的杀伤效果。

这次国姓爷安排的地雷攻击，不知道什么原因，引信被过早地点燃了。可能是士兵过于紧张，可能是旁边的火星意外引燃了引信，只有10余名荷兰火枪兵进入狙击阵地时，地雷就过早地爆炸了。如果地雷爆炸时机正好，国姓爷本可以消灭全部火枪兵。

待地雷爆炸的硝烟散去后，中国大炮继续开火。但剩下的火枪兵很快恢复了射击，中国大炮再次哑火。

荷兰人加固乌特勒支堡防御工事的速度惊人，就在地雷攻击的当天晚上，防御工事就建设完毕。厚9英尺（约2.74米）的防御墙果然厉害，国姓爷的炮弹只能陷入一半。这一新的防御工事是一种文艺复兴城堡的样式，它不仅能抵挡中国的炮弹，还能提供多角度的射击孔，可以架设6门大炮进行反击。乌特勒支堡总算是保住了。

这次进攻，国姓爷虽然没有取得胜利，但他找到了一个能够取胜的方法，即先拿下乌特勒支堡，再进攻热兰遮城堡。1662年1月，国姓爷正是按照此一方法取得了最终胜利。当然，这是后话。但我想告诉大家的是，揆一回忆录中记载是荷兰逃兵汉斯·罗迪斯（Hans Radis）将此一取胜方法告知国姓爷，并不属实，因为据《热兰遮城日志》记载，罗迪斯是12月16日投靠国姓爷阵营的，而实际上在他投靠前两个半月的乌特勒支堡攻击战中，国姓爷已有此想法了。

北线尾堡垒

乌特勒支堡攻防战平息后不久，从1661年10月初开始，国姓爷在与热兰遮城堡隔海相望的北线尾沙洲上新建了一座堡垒，并安置了大炮，用以封锁热兰遮城堡北侧船只出入口。虽未完全达到目的，但使荷兰船只进出热兰遮城堡的危险性大大加强，甚至荷兰人去到热兰遮城堡北边的海岸洗衣服、上厕所都会成为国姓爷在北线尾堡垒的活靶子。

一旦有荷兰装卸船只靠近热兰遮城堡北边的入口水道，中国的浅水作战舰船就会出动。它们靠船桨和长橹作为动力，在船头和船舷两侧都安置火炮，见到荷兰装卸船在北边的入口水道行驶或装卸作业时，这些浅水舰船就会围上去。首先用船头火炮轰击，然后用长橹控制船身，将右侧面向敌人，右侧火炮开火，随即转身，将左侧面向敌人，左侧火炮开火的同时装填右侧火炮，如此往复，炮火不停。同时北线尾堡垒的大炮提供炮火支援，压制热兰遮城堡的荷兰炮火，北入口水道几乎被国姓爷封死，热兰遮城堡的补给有彻底中断的危险。

暴跳如雷的荷兰高级军官们在揆一组织的会议上商量如何破解这一致命的封锁，最终大家决定在热兰遮城堡西面100米靠海的位置修建一座新的文艺复兴城堡。城堡两侧各有一个棱堡，堡垒放置6门大炮和几门小炮，墙壁则由厚达10英寸（约22.86厘米）的土墙构成，这样既可抵御国姓爷的炮火，又可以对北入口水道中的中国浅水作战舰船进行攻击。很快，这样一座文艺复兴城堡矗立于海边。

过了几天，在一场实战中，这座城堡发挥了巨大作用，它成功地驱赶了国姓爷的浅水战舰，使得补给装卸船成功抵达热兰遮城堡的入口。第二天，又有一支荷兰船队经过该水道，中国浅水作战舰船甚至都没有出动。虽然北线尾的中国堡垒能够继续发炮，但由于缺少了浅水作战舰船，荷兰人又重新夺回了北入口水道的控制权。

国姓爷发现现有措施很难快速制服荷兰人，大军缺粮仍然十分严重，他便再次派人到厦门基地，要求向台湾运送军粮、重炮、援兵和弹药等补给品。10月中旬，终于有十几、二十艘中国运粮船抵达台湾，国姓爷大军缺粮问题得到一定缓解。

而此时的荷兰人也通过另一种方式获得了一定的慰藉。

荷兰人的新希望

被围困的荷兰人每况愈下，揆一和评议会几乎是黔驴技穷、无计可施，越来越多的士兵偷偷叛逃到国姓爷的阵营。就在这种极端困难的情况下，荷兰人突然间得到了一个天大的好消息，让他们又燃起了新的希望。

11月6日傍晚，有2艘破败的荷兰船只冲过中国的封锁停靠在热兰遮城堡下面的港口。评议会议员兼高级商务员大卫·哈瑟韦尔和几名随从步履蹒跚地爬上石头阶梯，进入城堡。

原来，9月28日揆一派遣哈瑟韦尔带领3艘船只前往台湾北部的淡水和鸡笼，去将那里的荷兰守军及其存粮装备等运到热兰遮城堡。经过艰难的航行，最终只有2艘船只回来了。

因为恶劣的天气和滔天巨浪，哈瑟韦尔并未抵达淡水和鸡笼，但他们误打误撞地抵达了中国大陆福建省的海港城市永宁。哈瑟韦尔派了2名低级官员梅尔基奥·赫特（Melchior Hurt）和雅各布·克雷沃克（Jacob Clewerck）经泉州到福建省会福州，拜见了2位清朝高级官员——靖南王耿继茂和福建总督李率泰。

由于清廷非常希望联合拥有强大海军的荷兰人消灭共同的敌人国姓爷，虽然赫特、克雷沃克的官级很低、衣衫不整，而且还没有携带任何礼物，但最终还是与耿继茂、李率泰达成了初步的联合协议，只是清朝方面要求荷兰派出1位高级官员前来商讨协同进攻的细节问题。

揆一立即召集了福摩萨评议会，热兰遮城堡中的所有荷兰高级官员都参加了。哈瑟韦尔在会上报告了与清朝福建方面协商的结果，并宣读了耿继茂、李率泰致荷兰东印度公司台湾方面的信。

荷兰人兴奋至极，认为这是上帝赐予他们打败国姓爷的机会，而且这还是一个离开被围城堡冠冕堂皇的理由。城堡中的荷兰人开始内斗了，大家都在争取这个出使清朝的机会。

出使or出逃？

经过二十天的你争我夺，11月26日评议会最终确定卡乌作为舰队司令，评议会秘书康斯坦丁·诺贝尔（Constantijn Nobel）作为使节，带着揆一给耿继茂、李率泰的回信和礼物，率领3艘现存最大的舰船和2艘小船，沿着哈瑟韦尔航行的路线前往福州。随行的翻译正是拔鬼仔上尉的儿子威廉·佩德尔。

可能是为了躲避国姓爷的封锁炮火，卡乌的舰队于12月3日晚间出发。不久，海上就刮起了狂风，卡乌旗舰的主帆被吹得破烂不堪。舰队不得不在澎湖列岛的石礁岛抛锚停泊避风。

卡乌舰队5艘船中有3艘被狂风吹离了停泊处，消失在茫茫大海之上。这其中又有2艘船于12月11日回到了热兰遮城堡，但卡乌并不知情。待风暴平静一些后，卡乌下令起锚，但目的地既不是福建永宁，也不是台湾热兰遮城堡，而是巴达维亚。

"什么？我们要回巴达维亚？！"听到卡乌命令的军官简直不敢相信自己的耳朵。

"是的，在这种恶劣天气下，我们不可能平安抵达中国大陆了。"卡乌说道。

"但我们至少要回大员，热兰遮城堡和揆一长官需要我们。"

"所以，我们才要回巴达维亚去请求援军！"卡乌大声喊道。

"可您就是援军，巴达维亚恐怕派不出更多的援军了。如果咱们就这么回去，会被人认为是擅离职守。"

卡乌被激怒了："现在谁是舰队司令？是你还是我？！"

"是您，阁下。"

"好的，那就听我的命令，你不要多管闲事，我自有道理，公司另有密令要我完成任务。"卡乌解释道。

"密令？什么密令？"

卡乌再次咆哮道："我没有义务告诉你公司给我的密令，但你有义务遵守我的命令！"

军官拗不过上司，只得遵令而行。

还剩2艘船的卡乌舰队经暹罗，顺利抵达了巴达维亚。卡乌在指责揆一糟糕的领导力的同时，要求巴达维亚当局派大军援救台湾的殖民地，但一切都太晚了，因为国姓爷马上就要发动最后的总攻了。

最终，卡乌因擅离职守遭到起诉，但由于他在东印度公司上层中人脉极广，法院只判处他少量罚款和停职六个月。

消息传回台湾，在荷兰人中引起了莫大的恐慌。巴达维亚援军没能拯救热兰遮城堡，联合清朝打败国姓爷的希望也彻底落空了。更多的逃兵投奔国姓爷阵营，必死无疑的气氛笼罩着整座城堡。

汉斯·罗迪斯

1661年12月16日傍晚，在热兰遮城堡中酒醉后睡了一下午的日耳曼中士汉斯·罗迪斯揉揉惺忪睡眼，站起身来，推醒睡在身旁的同伴。

"现在饿了吗？"罗迪斯问道。

"嗯，有点儿饿了，咱们还有什么吃的吗？"同伴问道。

"几乎没有了，今晚吃什么呢？"罗迪斯也感觉有点儿饿了。

"我去海边打只海鸟吧。"同伴起身说道。

罗迪斯拿起枪，说道："还是我去吧，你去弄点儿热水，一会儿烫毛。"

"好的，你多打几只，咱们好几个人呢。"同伴提醒道。

罗迪斯拿着枪，头也不回地向外走去，大喊道："好的，知道了。"

他走出城堡，沿着海边，顶着寒风，一路向南。经过乌特勒支堡，又经过曾经隐藏荷兰狙击手的废弃医院，穿过了沙洲中部的凤梨园。此时，他的同伴突然大感不妙，喊道："汉斯说是去打海鸟，但他现在已经南下进了凤梨园了，是不是去投靠可恶的国姓爷了？"

荷兰人马上打开城门，派出骑兵，追击罗迪斯。但为时已晚，罗迪斯已经抵达了有中国岗哨的第二渔场。

汉斯·罗迪斯是一个关键的逃兵，他向国姓爷透露了城堡内士兵精疲力尽、疲劳生病的细节情况，身体健康的士兵不超过400人，热兰遮城堡绝对不可能抵抗住两天以上的大炮猛轰。

其实，国姓爷在9月底的乌特勒支堡攻击战后，就一直在准备对热兰遮城堡发动最后的总攻，而在这一准备工作中，罗迪斯作出了重要的贡献，他帮助国姓爷设计修筑了攻克乌特勒支堡的半月形炮台堡垒。

总攻的准备

虽然具体时间不太清楚，但应该在1661年11月左右，国姓爷突然加快了总攻的准备工作，原因在于有个从大陆来台湾的中国人向国姓爷报告了一个可怕的消息：揆一派人去大陆联络了清朝官员，而且靖南王已经答应派7000人的大军进攻台湾，对国姓爷展开反包围，与揆一里应外合彻底击溃国姓爷的军队，而这7000名清兵已经登船待发了。当然此一情报并非实情，但这大大刺激了国姓爷，他连续两天召开高级军事会议，确定了实施最后总攻的具体方案。

实际上，在高级军事会议召开前，已经有43门或45门①巨炮从大陆运抵赤崁城。之所以称之为巨炮，是因为它们能发射24磅（约10.89千克）或28磅（约12.7千克）的炮弹，还有能发射30磅（约13.61千克）甚至36磅（约16.33千克）炮弹的，每门巨炮备有300发炮弹，火药也准备了多达10万斤！大家要知道，17世纪荷兰东印度公司的战舰一般情况下配备最重的火炮为24磅炮。19世纪40年代鸦片战争期间，英军大炮也多是发射18磅至32磅的炮弹。因此，这些巨炮在当时绝对属于战争利器。国姓爷的父亲郑芝龙在1644年于澳门聘请葡萄牙炮师铸造了这些巨炮，它们的出现预示着热兰遮城堡的末日将近。

除了巨炮外，国姓爷还下令砍伐树木，工人们用以制作炮架，并用铁皮包裹在炮架外侧；木材还被做成了厚厚的防弹板，布置在野外炮兵工事，可以减少荷兰炮弹的杀伤力。

台湾当地的居民送来了一批又一批的竹子，竹子用来制作沙篮和攻城云梯。每个沙篮宽约80厘米、高170厘米，成千上万的沙篮做好后，需要装入沙子，所需沙子之多，以至于热兰遮城镇外的墓园土地都被挖开，尸骨随同沙土一并被装入沙篮之中。当地百姓也被动员起来，各家各户收集铁器，熔铸炮弹。

有了这些巨炮和炮弹，国姓爷可以继续实施先攻乌特勒支堡，再攻热兰遮城堡的计划。本次选取攻击乌特勒支堡的地点还是9月29日攻击战选择的地点，即热兰遮城镇西侧市场南边的废弃木材堆场后的一块空地，这片空地能躲开来自热兰遮城堡的炮弹，因此这里是非常合适的炮兵阵地。

从1662年1月10日开始，国姓爷将原来安置在北线尾沙洲的大炮装船运至大员沙洲，进行重新布置，将炮口对准乌特勒支堡。由于在9月25日的乌特勒支堡攻击中，荷兰人在乌特勒支堡周围修建了一层加固的防御工事，此防御工事就是针对这个位置的中国炮兵阵地的，于是国姓爷再次在此处架设大炮，并未引起揆

---

① 《梅氏日记》记载有43门大炮运抵，而《热兰遮城日志》1662年2月2日记载荷兰投降后，梅氏回忆说当时曾亲见45门大炮抵达大员。

一等高层人士的过多担心，毕竟荷兰人成功抵御了上次在此处发起的炮击。

但让揆一大为恐惧的是，1月21日早上荷兰人发现在离乌特勒支堡约100米的下方沙丘上竖立起了一个由百余个沙篮构成的半月形炮台堡垒工事。据梅氏在战后亲眼观察，该堡垒的防御墙由两层、每层5个至7个沙篮搭建而成（防御墙4.8米至5.1米厚，3.3米至3.6米高）。

"这种堡垒是典型的欧式攻城堡垒，一夜之间中国人怎么可能建造这样的堡垒？"揆一在热兰遮城堡上指着下方的中国堡垒问道。

身边的军官们面面相觑，都无法回答长官的问题。"要不我们派个骑兵出去看看？"一位军官建议道。

"好，派吧。"揆一同意了。

原来，投降的罗迪斯作为工程师，向国姓爷透露了欧洲文艺复兴城堡的秘密，并亲自指导中国工人修建这种攻守两用的半月形堡垒。

与此同时，国姓爷的士兵和工人们在热兰遮城堡和乌特勒支堡周围修建了许多相互连通的野外战壕和沙篮堡垒工事，沙篮工事通常厚5米、高3.5米。这些战壕和工事一步一步地逼近城堡和碉堡，每天清晨荷兰人都能发现中国人的阵地离自己更近了。国姓爷已经将热兰遮城堡和乌特勒支堡围了个水泄不通。

随着战壕和沙篮堡垒的逐步修建，大炮、士兵和攻城云梯都被部署到这些野战工事中，荷兰人在城堡上瞭望，除了北边的水道外，其余均是中国人的工事与炮口。

揆一与手下军官协商后，决定不开炮阻止中国人修建各类野战工事，因为荷兰人被困孤堡，火药炮弹急缺，现在开炮无疑是浪费宝贵的弹药，等到国姓爷真正发起攻势的时候，就无法还击了。他们也不敢派人出城，因为拔鬼仔上尉等几次陆战败绩仍历历在目，而且现在荷方兵力极其有限，出城也是以卵击石。揆一和福摩萨评议会最终决定，利用目前还能使用的北边水道，送城堡内的妇女、儿童和无用的人乘船回巴达维亚，留在城堡里的人加强防御工事，静待国姓爷发动最后总攻。

最后的总攻

1662年1月25日清晨，天气良好，万里无云。阳光洒向在热兰遮城堡执勤的荷兰士兵肩上，为寒冬带来一抹暖意。士兵们突然发现城堡周围各处的中国阵地上挂起了战旗，北边水道里也驶来不少高扬战旗的中国战舰，数百面战旗同时在四周飘扬，场面颇为壮观。吃惊的荷兰士兵个个张大了嘴，一道道白气从口中冒出。

不久，中国的大炮开始了前所未有的猛烈炮击，本次战役到底动用了多少门大炮呢？1661年1月26日福摩萨评议会的会议记录写道："昨天，敌人用28门大炮轰击外堡（指乌特勒支堡）。"1661年1月25日的《热兰遮城日志》也明确提到"（国姓爷）就从这市镇（指热兰遮城镇）用30门大炮快速猛烈地同时向这城堡（指热兰遮城堡），特别是向那乌特勒支堡开始射击"。学界一般根据以上两条史料推断，国姓爷的总攻动用了28门或30门大炮。但我们知道，梅氏声称在1661年年底曾见过43门或45门巨炮运抵赤崁城，而且无论是福摩萨评议会会议纪要还是《热兰遮城日志》的作者，都是从热兰遮城堡的视角观察战场的，他们可能看到东面热兰遮城镇里有28门或30门大炮参与了射击。但除此之外，大员沙洲南边凤梨园的中国工事和北边水道中的中国舰船都还有其他大炮开火。因此，笔者估计至少有40门至50门大炮参与了本次炮击。

不论有多少门大炮参与炮击，国姓爷的火力主要都瞄准了乌特勒支堡。9月25日那次攻击后，荷兰人本已在碉堡周围修建了新的防御工事，但由于本次国姓爷使用了新调来的巨炮，而且在罗迪斯的帮助下新修建的半月形堡垒距乌特勒支堡仅100米，碉堡周围的防御工事这次没能抵挡住30磅甚至36磅巨型炮弹的近距离打击，很快便土崩瓦解。碉堡的石墙直接暴露在国姓爷巨炮的炮口之下。

中国大炮的火舌一刻也没有停歇。如果28门大炮射击乌特勒支堡，按每门30

磅炮弹计算的话，每次齐射就有380千克的铁弹丸砸向碉堡的石墙。顿时石屑横飞，硝烟四起。炮击半小时后，乌特勒支堡顶端四周的齿墙基本被击碎，荷兰炮手已经不可能在碉堡顶端主炮台操炮了，他们纷纷跑下来到碉堡内部躲避炮弹。乌特勒支堡的主炮台就这样哑火了。

当天的《梅氏日记》写道：

他们（指中国人）炮轰得那么猛烈又持续，很快就使碉堡（指乌特勒支堡）白色的石灰脱落，露出整片的红色，碉堡的顶盖掉下来了，墙壁也被打出几个大洞，我们从赤崁看得到这些情形。他们整天不停地炮轰碉堡，碉堡的大部分已完全被打落在地上了。热兰遮城堡虽然仍挂着一面大血红的旗子（表示开战的战旗），以替代亲王旗，却没听到从热兰遮城堡发射大炮的声音。

原来，国姓爷炮兵阵地修建的地点经过精心挑选，基本上都是位于热兰遮城堡火力打不到的位置，中国炮兵可以任意开火，不必担心热兰遮城堡的回击。

炮击一个半小时后，面向乌特勒支堡的炮火突然停止了。碉堡中的荷兰炮手在一片烟雾和碎屑中向下探望，他从一个炮洞将头伸出去，想看看外面到底什么情况，还没看清怎么回事，一支箭就射在距离他头部只有几厘米的地方，吓得他一下子缩了回来。

碉堡中职位最高的一位掌旗官问道："你看到了什么？"

这名炮手惊魂未定，回答道："掌旗官阁下，外面都是烟和漫天飞舞的石屑，我还什么都没看清楚，一支箭就向我射来。我估计是国姓爷派大军来攻了。"

掌旗官白了一眼这名炮手，对一名中士说："拿起枪，和我一起向外射击。"

掌旗官和中士分别从两个炮洞向外探身，发现只有2名中国士兵手持弓箭在碉堡下面。与此同时，2名中国士兵也发现碉堡炮洞有人探出身来。

双方几乎同时开枪、开弓，荷兰人自上而下，中国人自下而上，子弹与箭羽擦肩而过。荷兰人的子弹并未击中中国士兵，但中国士兵的箭只直插入荷兰中士露在碉堡外的手臂上。

"啊！"中士大叫一声，摔倒在地。同时，掌旗官下令更多的荷兰士兵拿起火枪向外射击，但此时2名中国士兵已经跑回自己的阵地了。

很快，中国大炮再次开火，荷兰人又都缩回碉堡内，忍受着刺眼的浓烟、刺鼻的火药味、致命的石头和炮弹碎片。

上午11点，碉堡的墙壁被炮弹轰出了几个大洞，屋顶被炮击得再也支撑不住，整体塌陷下去了。但碉堡的最上层并无荷兰人，所以并未造成伤亡。

这时，大批中国士兵带着云梯奔向乌特勒支堡，他们希望登上云梯通过墙壁的大洞攻入碉堡内部。

掌旗官命令碉堡内的士兵拿起手榴弹、长矛，甚至马桶等向攀爬的中国士兵砸去。顿时，中国士兵人仰马翻，纷纷掉下云梯。中国弓箭手在后方的沙篮堡垒中向碉堡洞口开弓放箭，荷兰人又都躲回碉堡里面。碉堡下面的中国士兵借机再次攀登云梯，但在攀登过程中，又被荷兰人击退。

荷兰人在碉堡外围已被炮弹击毁的防御工事内部布置了火炮，中国士兵撤退时，顺便带走了几门尚能使用的小型火炮。随后，中国大炮继续向乌特勒支堡开炮。

在热兰遮城堡上，揆一和各位高级军官一直在观战。他们为了支援乌特勒支堡，也为了防止中国士兵拖走更多的荷兰大炮，决定派人前去增援。

增援乌特勒支堡

揆一派中尉德罗尔（De Roer）带领30名士兵来到碉堡下面，要钉死防御工事内的大炮，并承诺给参加行动的每个人奖励100银圆。

在德罗尔的带领下，这支荷兰小队冲出城堡，向乌特勒支堡跑去。他们在半路遇到了一支中国小分队，双方发生了近身肉搏战。根据荷兰人的记载，在战斗中，他们打死了7名中国士兵，自身有5人受伤。

德罗尔等人最终成功抵达乌特勒支堡，并钉死了碉堡下面的大炮。他们冒着炮火进入了碉堡内部，发现碉堡北、东、南三面都有被炮弹击出的大洞。热兰遮城堡派来的木工师傅在检查了碉堡后，认为碉堡的整体结构岌岌可危，房梁和支撑柱子已被打坏，根本无法修复。

可国姓爷的攻击炮火并未停止，持续不断地向碉堡倾泻而来。

"我们要回城堡了，你们有什么话带给长官吗？"德罗尔中尉问碉堡里的掌旗官。

掌旗官心急如焚地大声喊道："中尉，我们大多数人都已经受伤了，有几个伤得还很重。现在急需撤回城堡，这碉堡已经快被该死的国姓爷打塌了，绝对撑不过今夜了！再不撤，我们都要死在这里了！"

德罗尔中尉带着大家的期望撤回了热兰遮城堡，他向揆一报告了乌特勒支堡内部的紧急情况。

乌特勒支堡的陷落

揆一与手下的军官们商议后，最终决定放弃乌特勒支堡。为此，要再次派遣德罗尔中尉率兵救回碉堡内负伤的守军，并收缴尚能使用的刀、枪等武器。

临行前，揆一对德罗尔中尉说："完成撤离任务后，把能带回来的手榴弹、刀、枪、火药等全都带回来，别留给该死的国姓爷。"

"放心吧，长官阁下，一定完成任务！"

德罗尔中尉转身刚要走,揆一急忙说道:"且慢,完成任务后,要给国姓爷留个礼物。"

"礼物?什么礼物?"德罗尔吃惊地问道。

揆一得意地说道:"你撤退前,在乌特勒支堡的地窖里留几桶火药,并点燃引信,设置两小时左右的时间爆炸。我想在我们放弃碉堡后,国姓爷必定会派大官,甚至他本人会亲自视察碉堡,到时候给他们来个一锅端!"

德罗尔中尉带人赶到碉堡,执行撤离任务。乌特勒支堡的守军大喜过望,但由于几乎人人带伤,再加上需要带离的武器等也比较多,撤离工作进行得比较慢,直到下午5点,全体守军才安全抵达热兰遮城堡。

这时,碉堡内只剩德罗尔中尉等5个人,他们进入地窖,放置了4桶火药,安放了几条长长的引信,并将其点燃,约莫两个小时后引信燃尽。届时,残存的乌特勒支堡将会被炸上天。

下午6点左右,一支中国部队小心翼翼地靠近乌特勒支堡,几名士兵进入碉堡,证实碉堡内除2具荷兰士兵的尸体外,已空无一人,于是他们点燃一堆杂草,并向天空发射了几支火箭,用以通知后方的炮兵停止射击。

很快,乌特勒支堡攻击战的中国最高指挥官马信将军带领2名高级将领及很多手下进入碉堡,视察战场情况。

马信将军决定在残破的乌特勒支堡的基础上,用沙篮连夜修建堡垒,用作炮击热兰遮城堡的阵地。因为乌特勒支堡所在的山丘比较高,在此处可以尽览热兰遮城堡内的一举一动,炮火居高临下,能彻底消灭城堡内任何负隅顽抗的荷兰人。

但马信将军和在碉堡内部的中国军官们并不知道,他们脚下4桶火药的引信正在燃烧,一旦燃尽,后果将不堪设想,战局甚至可能反转。马信将军等人在碉堡内各处视察,没有要离开的意思,一直在现场指导手下如何修建新的沙篮堡垒,何处布置大炮,还和身边的军官交流下一步的进攻计划。

也许是巧合，也许是上天庇佑。此时一位传令兵骑马来到乌特勒支堡外，飞身下马，大声禀报道："报马将军，藩主请将军即刻回大帐！"

"何事？"马信问道。

"庆功宴已准备好，藩主请马将军用宴！"

马信似乎还想继续指导，不想离开碉堡，问传令兵："藩主可到场了？"

"藩主及各位将军已经到场了，就差马将军了。"

马信一听国姓爷已经到场了，不敢耽搁，简要交代几句后，走出碉堡，骑马离去。

马信刚走一会儿，大概晚上8点半地窖内引信燃尽，一声天崩地裂的巨响，残存的乌特勒支堡飞上了天，仅存三四块3米多高的残垣断壁还依然站立。

马信在马背上回头观望这场爆炸，心有余悸。他虽然离开了碉堡，但碉堡内尚有50余名中国官兵，其中还有3名军官，他们都死于此次大爆炸。

1月25日，持续了一天的猛烈炮击至此终于结束了，乌特勒支堡已被彻底击毁，国姓爷终于占领了这个制高点。

《梅氏日记》说这天中国炮兵共射出1700发炮弹，福摩萨评议会1月27日会议纪要记载中国军队大约发射了2500发炮弹！不论当天发射炮弹的具体数量到底为何，在短短十几个小时内就能发射如此之多的炮弹，表明了国姓爷的炮兵和火炮装备在当时绝对算得上世界一流水平。

1月26日大清早，热兰遮城堡内的荷兰人简直不敢相信自己的眼睛：一座沙篮堡垒已经在原乌特勒支堡所在山丘上初具规模。中国士兵遵照马信的命令连夜赶造，工程持续了一天一夜。1月27日清晨，整个野战工事网终于建成，此一工事网从山丘一直绵延至城堡外围的木栅栏和突出点格德兰（Gelderlant）棱堡脚下。工事网内遍布大炮、士兵和云梯。大炮炮口从各个方向直指热兰遮城堡，士兵们全副武装、士气高昂。只待国姓爷一声令下，热兰遮城堡必将陷入一片火海。

集体决定：投降

1月26日下午，热兰遮城堡内的荷兰人召开了一次扩大的评议会，城堡内尚能参会的全部商务员和军官都参加了，总共有29人。

人到齐后，揆一首先开口："好了，各位尊贵的先生，国姓爷的大军已经将我们重重包围，摆在我们面前的路只有三条。第一，向敌人发动一次猛烈的决死总攻；第二，坐待敌人的进攻；第三，在最有利的条件下把城堡献给敌人。在这个紧要关头，我请在座的每位都发表一下自己的意见，我们应该选择哪条路。"

"长官阁下，我建议最好先审核计算一下我们目前还有多少能作战的兵力，再决定选择哪条路吧。"与会的哈瑟韦尔说道。

揆一同意了，他派几名军官去统计兵力。时间不长，统计结果出来了：仅有780名士兵尚能执行作战任务。

得知这个结果后，与会成员开始逐个发言。当然现在还没有人敢于直接在会上支持第三条投降的道路，但支持第一条主动出击的也仅有4人，其余25人包括揆一在内都选择了等待国姓爷进攻的第二条路。

评议会最终决定按兵不动，静待国姓爷来攻，第二天继续开会讨论。

于是，揆一下令一方面加强防御工事的修建，另一方面要不惜一切代价守住城堡通往海上的道路，也就是要保住对港口的控制权，这样即便国姓爷发动总攻，城堡不守，还是可以通过港口撤离到船上逃回巴达维亚，而且在被围困期间，这也是港口外的荷兰船只提供补给品的唯一途径。

第二天（即1月27日）揆一召集评议会继续开会，但当天早上发生了两件事，使得福摩萨评议会的大多数人倾向于第三条投降的道路了。

第一件事是中国工事网的建成以及进攻的部队和装备部署完毕；第二件事是

一封来自舰队指挥官安格肯（M. Engelken）的信，他告诉城堡内的荷兰人，如果中国舰队发起进攻，他会下令舰队起锚驶离大员，返回巴达维亚。这无疑告诉揆一等人，被围的城堡将不可能获得海上火力支援，甚至连唯一的补给通道也将断绝。

与会的荷兰人也许是因为经受上述两件事的打击后，纷纷表示乌特勒支堡已经陷落，中国人对热兰遮城堡内一览无余，将荷兰士兵的一举一动尽收眼底，他们随时可以向城堡开炮。而荷兰人自己士气低落，伤病员太多；仓库为炮火所毁，粮食无法保存；巴达维亚增援无望。没有任何办法能阻止中国人的大炮在城墙上轰出大洞，一旦开战，必将损失惨重。也许可以抵抗几轮进攻，但失败是无可挽回的命运。

因此，评议会最终决定向国姓爷投降，趁早把城堡交予敌人，争取优惠条件。

经过1月26日、27日两天城堡内荷兰人的会议讨论，最终决定投降。我们得知这一切，是通过《被忽视的福摩萨》《热兰遮城日志》和福摩萨评议会会议纪要等几项原始材料。但大家不要忘记，这些材料要么是揆一所撰写，要么是在他的影响下编写的。笔者怀疑揆一作为台湾长官有极大的可能性为了逃脱投降责任，而有意强调投降决定是由集体作出的，弱化自己在此一决定中所起的作用。当然这都是笔者基于逻辑的猜测与推理，没有史料的证明。如果没有新史料的发现，也许我们永远不能知道真相了。

收复台湾

经过几轮通信谈判，中、荷双方终于在1662年2月1日达成一致，或者说基本达成一致。因为荷方条约共十八条，中方条约只有其中的十六条，为什么不同，我们无从得知①。但主要内容双方是一致的：一、双方停战，遗忘仇恨，释放战俘，互换人质，荷方全体人员离开台湾。二、荷兰东印度公司在台湾修筑的城堡、工事、大炮及不属于私人的粮食、商品、货币和其他物品均交给国姓爷。三、荷方所有私人动产，经国姓爷派人检验后可装船运出。米、油、烧酒、咸肉、面包、绳子、帆布、沥青、火药、子弹等物品可携带航途中所需数量。四、28名荷方评议会议员，每位可以带200个两盾半银币；另20名地位较重要的荷方人员，准予携带共计1000个两盾半银币；荷方军人准予携带行李，并依照荷方习俗全副武装、点燃火绳、子弹上膛、举旗打鼓上船离去。国姓爷提供足够数量的船只帮助其运送人员物资。

从中我们可以看出，国姓爷缔约目的在于赶走而非消灭荷兰殖民者，并且他只是扣留了荷兰东印度公司的财产，对荷兰人的私人财产允许其装船带走。

清点城堡内物资的工作又持续了几天，毕竟确定何为公司财产，何为私人财产也是要经过一番讨价还价的。之后，荷兰人日夜不停地将确定好的私人财产搬运到船上。

2月9日早上，接连几天的大雨终于停了，天气暖和了一些。随着揆一的一声令下，热兰遮城堡内响起了战鼓，全体荷兰士兵武装列队，在中国军队的监视下，持飞扬的军旗，打着战鼓、点燃火绳、子弹上膛，齐步走出城堡。德罗尔中尉走在第一个，率先带领队伍走向岸边的船只。

部队上船后，揆一在海滩边将城堡的一大串钥匙交给了承天府府尹杨朝栋，荷兰东印度公司最终交给国姓爷的财产价值共计47.1万元荷兰盾。

台湾收复，国姓爷留诗一首：

---

① 荷方条约第九条（荷兰福摩萨殖民政府的所有文件和账簿，现在都得以一起带往巴达维亚）、第十二条（在荷兰人撤离前，国姓爷要以合理的价格向荷兰人供应农作物、牲畜等食物），这两条在中方条约中没有。

复台

开辟荆榛逐荷夷，十年始克复先基。

田横尚有三千客，茹苦间关不忍离。

至此，经过九个月的围困，国姓爷终于拿下了热兰遮城堡，实现了1661年正月在攻台准备会议上提出的战略构想，赶走了荷兰人，从此台湾将作为反清基地，用之以实现国姓爷"缟素临江誓灭胡，雄师十万气吞吴。试看天堑投鞭渡，不信中原不姓朱"的雄心壮志。

揆一等人回到巴达维亚后，因丢失台湾殖民地，于1662年9月以叛国罪遭到起诉，检方要求法院判处揆一死刑且个人财产全部充公，但法院最终决定给揆一留条性命，判处对揆一执行一次象征性的死刑[①]，个人财产充公，终身监禁于一座孤岛。当然揆一及其家人也没有闲着，四处疏通关系，多亏了揆一的弟弟是荷兰著名的外交官，人脉通天，直接找到荷兰执政奥兰治的威廉（William of Orange）亲王，在他的干预下，揆一被提前释放，回到了阿姆斯特丹，直至1687年去世。1675年他出版了回忆录《被忽视的福摩萨》，书中他极力撇清自己丢失台湾的责任，而将此责任推给荷兰东印度公司巴达维亚总部的上司高官。

国姓爷的命运远不如揆一。占领热兰遮城堡后，城堡内的财宝和粮食远远不够满足国姓爷嗷嗷待哺的士兵，他急需从金门、厦门基地运粮，但由于内部不和，镇守金门的堂兄郑泰迟迟不发粮船，同时传来了镇守南澳大将忠勇侯陈豹叛降清朝的消息。不久，在厦门的国姓爷的长子郑经与其弟弟的奶妈通奸生子，国姓爷得知后，认为此一行为实属乱伦，羞愧难当，下令处死郑经、奶妈和新生的婴儿，甚至还有治家不严的原配董夫人。在处死奶妈和婴儿后，厦门无人敢杀郑经及董

---

① 也许是荷兰当时的司法惯例，叛国罪一旦成立，将执行死刑，但死刑执行可以是象征性的：身穿囚服的揆一跪在法场上，刽子手手持鬼头刀，在他头上一挥而过。

夫人，国姓爷愤怒不已，再次下达处决令。因此，堂兄郑泰公开反对国姓爷，拥戴郑经继位。

以上这些糟心事彻底压垮了国姓爷，1662年6月底，他染上了风寒，病情逐渐加重，都督洪秉诚熬药进献，国姓爷将药碗扔到地上，哀叹道："自家国飘零以来，枕戈泣血十有六年。今日屏迹遐荒，遽捐人世！忠孝两亏，死不瞑目！天乎天乎！何使孤臣至于此极也？"

随后，国姓爷顿足捶胸，大叫而亡，年仅39岁。

要说风寒不至于死人，国姓爷到底因何病死，现在很难确定了。《清史稿郑成功传》说，国姓爷死前"狂怒咬指"，明末清初吴伟业的《鹿樵纪闻》则载"成功病死，面目皆爪破，曰：'吾无颜见先皇帝也！'"。从以上记载看，国姓爷死前有发狂的症状，因此有学者说是疟疾，有学者说是梅毒，莫衷一是。笔者无从考证，希望有人将来立志研究吧。

国姓爷最初起兵时，一无兵将，二无粮饷，全凭对大明忠贞不渝的气概，归附者越来越多。他治军严格、身先士卒，功必赏、罪必罚。有清朝降将，必能推心置腹，因此一时间天下忠勇志士都愿意为国姓爷肝脑涂地。虽位极人臣，国姓爷仍以未能恢复大明故土为罪，终其世不敢称王。在生命的最后一年，他听闻遥传南明永历帝在西南边远地区被清军抓获，可能已经遇害。有人劝国姓爷改年号，国姓爷流泪回绝："皇上西狩，存亡未卜，何忍改年！"终身尊奉大明永历正朔，以金、厦两岛抗天下全力，威震宇内，驱逐红夷，收复台湾，从古未有也。

大明延平郡王招讨大将军朱成功戎马一生，北抗鞑虏、南驱红夷，智勇双全，赤胆忠心。读国姓爷的史料，令人顿感荡气回肠，不禁热泪盈眶。笔者认为用张学良将军的一首诗评价国姓爷再合适不过了：

孽子孤臣一稚儒，填膺大义抗强胡。

丰功岂在尊明朔，确保台湾入版图。

清荷联合

康熙元年、永历十六年（1662）6月24日，可能是国姓爷过世的第二天，一支由12艘船及1200余人组成的庞大的荷兰舰队驶离巴达维亚，由巴尔塔沙·波特（Baltasar Bort，中国史料称"荷兰出海王"）率领，目的为夺回热兰遮城堡，为荷兰东印度公司丢失台湾殖民地报仇。

8月14日黎明时分，福建漳州沿海的闽安镇亭头村一位名叫朱功吉的普通村民在海边瞭望，突然发现海面上出现十几艘番仔大船，船上均钉有铁甲叶。各船船头插一面大旗，旗上书有五个大字"支援大清国"。朱功吉立即觉得不对劲，他飞身跑回村里，商量后上报当地清军千总，千总上报游击，游击上报闽安镇水师副将，水师副将上报靖南王耿继茂，耿继茂上报兵部，兵部上报康熙皇帝。朱功吉因此上了题本（指奏折），在历史上也算留名了。

8月15日，闽安镇水师副将李昌荣派人前往询问，12名荷兰人乘小船上岸，声称："我等系西洋荷兰人，奉我国王之命，率12艘甲板船及兵丁，前来协助大清国征剿郑逆。"8月18日，荷兰使臣及随从、翻译等6人在清军官员的带领下来到省城福州，此次荷兰使臣正是1661年11月随卡乌前往福州但未能抵达的康斯坦丁·诺贝尔。诺贝尔持有致靖南王、福建总督和福建巡抚的照会。照会称，自上次清、荷沟通以来，"已深知老爷无不虑及剿除逆贼之意。为此，我等愿左右侍奉。海上虽险，亦在所不辞。我王约留巴得知老爷等驻守福建，特差户部官老磨军士丹镇（即康斯坦丁·诺贝尔）等前来会晤。倘蒙教诲，必当效力"。还提出希望允许将船上载有的胡椒、丁香、豆蔻、檀香、水银等物靠岸销售。如果不允许贸易，则必须从12艘船中留一两艘，储存货物，其余船只听从调遣。除了此照会，为了表达善意，诺贝尔还带来了在战争中被国姓爷俘虏，后又投靠荷兰人的3名正黄旗人。

此次荷兰舰队的大船都是外披铁甲、坚固高大，有三根桅杆，舷侧列有三排红夷大炮，其巨大的威力对不善海战的清军来说有着很大的吸引力。但毕竟与外国军队合作事关重大，福建当地官员不敢擅自做主，这才一层层上报，直到康熙皇帝。福建与北京之间路途遥远，等待朝廷批复的这段时间里，荷兰船只曾单独进攻国姓儿①的战舰，但未获太大战果。11月左右，北季风开始。波特与福建闽安镇总兵韩尚亮约定来年夏天再次出兵助剿后，率舰队趁北风返回巴达维亚。

清廷批复送到福建已经是1663年2月了。年仅8岁的康熙皇帝御笔朱批：

彼红毛人来船出力剿贼，殊甚可嘉。可否助战，着该王、总督、提督核议具题。所带货物，着委员监督贸易，并着派尔部章京、笔帖式，列册具题。

清朝对荷兰人派舰队协助攻打郑氏集团非常高兴，但能否协同作战，要求靖南王、福建总督、提督等人拿出方案，但对于荷兰人的货物，允许在监督下进行贸易。

波特果不食言，于1663年9月率领更庞大的舰队（16艘船、2600余人）再次抵达福建闽安镇。由于有了皇帝的批复，福建当局热情接待了波特舰队。10月15日，荷兰舰队抵达靖南王、福建总督的驻地泉州。通过信件，波特与靖南王耿继茂、福建总督李率泰达成了《清荷协约》，该协约共计十三条，主要内容有：一、清朝与荷兰为打击占领台湾、厦门、金门的郑氏军队，结成紧密合作的同盟关系（第一条）；二、双方共组远征队，同时登陆攻击敌方，并规定了双方军事合作的一些具体事项（第二条至第六条）；三、荷兰东印度公司在中国享有贸易自由。但联军未攻克金、厦前，对荷兰人带来的货物，暂不讨论（第七条）；四、攻占金门、厦门后，荷方必要时可择取其中一地或其他地点驻扎舰队，以防

---

① 即郑经（1642—1681），一名郑锦，字贤之、元之，号式天，国姓爷的长子。国姓爷死后，在郑氏集团内部的继位大战中获胜，成为郑氏集团领袖，袭封其父延平王的爵位。

海贼（第八条）；五、克服金门、厦门后，联军应驶往台湾。攻取台湾后，清军应将该岛及一切城堡物件交与荷方，供荷兰人居住（第九条）；六、此协约应得到清廷的批准，并将其批准交予荷兰人（第十三条）。10月27日，耿继茂、李率泰在协约上签字，同时致信波特表示，对以上第七、八、九条内容持保留意见，因朝廷并未授权他们同意这些条款。

协约签订后，清荷双方开始协同进攻。福建总督李率泰令陆路提督马得功领郑鸣骏等人从泉州港率舰队出海，水师提督施琅同海澄公黄梧从海澄港出发。同时，靖南王耿继茂同波特舰队扎营于同安之刘五店，择期渡海。清荷联军的目标直指郑氏集团在大陆的最后基地——厦门岛和金门岛。

播迁台湾

1663年11月18日，清荷联军与国姓儿的舰队展开海战。国姓儿舰队由百余艘船组成，荷兰舰队15艘船，清军则投入400艘船。这场海战，比国姓爷收复台湾之战中任何一场海战的规模都要大。

荷兰战舰坚固高大，每艘战舰载炮多达几十门甚至上百门，威力巨大。当天海战双方炮声如雷，从早7点至晚7点，相继不绝。

见清荷联军舰队实力过于强大，国姓儿率部分战舰脱离战场。其余战舰在指挥官周全斌的率领下避实击虚，避开荷兰战舰，集中兵力针对清军战舰。庞大的清军舰队竟然四散奔逃，很多战舰不但不积极出战，还避在荷兰战舰旁边，挡住了荷兰战舰的大炮。

郑军将领周全斌、吴朝宰和萧乘龙率船前后夹击，围住了清军旗舰。清军和郑军展开了接舷战，勇敢的郑军士兵冲上清军旗舰，清军提督马得功亲兵卫队铁甲精兵300人，在混战中被郑军士兵砍杀殆尽。马得功本人被围后，见大势已去，投海自尽。

当天晚上6点多，冬日日短，夜幕已经低垂下来。双方遂各自收兵。郑军仅损失3艘舰船。波特惊叹于国姓儿大军的航海技术，认为对手拿出了士兵应有的优异表现。

第二天（即11月19日），清荷双方合作比较顺利。在荷兰舰队的掩护下，清军成功登陆并占领了厦门岛。很快，金门也失守了。国姓儿率兵退往福建南端东山岛的铜山。很快，国姓儿身边的大将周全斌、杜辉等纷纷降清，铜山也不再安全，国姓儿遂于1664年2月间撤往台湾。

占领金、厦后，同盟的清军与荷兰人在下一步的战略意图上产生了分歧。清朝希望挥兵铜山，彻底消灭国姓儿这股反清势力；而荷兰人当然是想攻占台湾，夺回失去的殖民地。

1664年2月，波特率舰队单独进攻澎湖，打算以澎湖作为进攻台湾的跳板。荷兰人占领澎湖后，听说清朝与郑氏集团正在交涉投降归顺事宜，而且有了一定进展。波特认为与其费尽兵力去攻打台湾，不如等待双方谈妥实现和平后，清朝方面依约向荷兰移交台湾，故此波特放弃了澎湖，再次返回了巴达维亚。

1664年7月，波特第三次率领由12艘战舰组成的舰队来到中国。8月20日，击败国姓儿在澎湖的守备部队，占领澎湖。8月27日，波特舰队在台湾北端的鸡笼登陆，这里杂草丛生、荒如原野，但鸡笼没有中国驻军，荷兰舰队仅遭到1艘中国民船投掷燃烧物的抵抗，有几名荷兰士兵受伤。

当天荷兰人就占领了鸡笼屿。此次登陆荷军总兵力有240人，以赫曼·比特（Herman de Bitter）大尉为临时司令，手下5名中尉指挥士兵。外加商务人员、教士、家属等，鸡笼屿上的荷兰人不超过300人。

鸡笼屿上原本就有荷兰人的一座城堡，1661年底揆一放弃了此城堡。现在，荷兰人又在该城堡的废墟上重建防御体系。他们首先披荆斩棘，铲除杂草，修建了一座典型的文艺复兴棱堡，名为诺尔登·荷兰棱堡。它庞大低矮，呈四方形，安置了16门大炮。他们还修缮了原有的弗古托利亚圆堡，该圆堡在一座小山上（属于居高临下的制高点，类似乌特勒支堡的位置），其上布置了3门火炮；此外，荷兰人还修了一座半月堡，配备大炮3门；一座炮台，配备大炮2门，堡垒群合计共有大炮24门。以上这些防御体系能够形成交叉火力网，其火力虽不能与热兰遮城堡相比，但也不容小觑。有了鸡笼屿的根据地，荷兰殖民者似有卷土重来之势。

荷兰人虽然占领了鸡笼屿，但他们与清朝之间的联盟瓦解了，双方对未来的战略规划分歧过大，外加一些荷兰士兵在福建的恶行，最终导致双方的合作无法进行。波特舰队第三次来华，并没有与清军发动联合进攻。

再复台湾

1666年5月，国姓儿派出由40艘舰船、3000名士兵组成的军队登陆鸡笼屿，试图夺回该屿，再次驱逐荷兰人。

第一天，中、荷双方开展了地面步兵对战。这一次国姓儿的部队没有再现1661年5月1日陈泽将军完胜拔鬼仔上尉的辉煌，而是陷入了敌人的圈套。

中国士兵躲藏在一片丛林里，荷兰火枪兵再次施展排枪轮射术。英勇的中国士兵没有被排枪不间断的弹雨吓倒，而是向荷兰火枪兵方阵冲过去。这次荷兰火枪兵没有像拔鬼仔上尉的手下那样四散奔逃，而是有秩序地向荷兰城堡方向后撤。中国指挥官下令追击，也许是因为太轻敌了，中国人丝毫没有考虑到荷兰人身后防御体系的大炮。

中国追兵刚刚进入荷兰大炮的射程，荷兰堡垒上的各处大炮便纷纷开火，大量冲锋的中国士兵被荷兰炮火击杀，就连中国指挥官也头部受伤。

一名荷兰战地指挥官后来写道："我们完全骗过了他们，因此他们全力追击我们那一小支奔逃的部队，进入了我方堡垒的大炮射程内。这项策略执行得非常漂亮，就在他们以为自己能够穿着鞋袜冲进我们的堡垒之际，却被炮火与我方士兵的袭击拦住了脚步。"

许多士兵阵亡后，中方的第一次突击失败了。但中国部队并未撤退，第二天，又有3000人左右的中国部队在鸡笼登陆，中国总兵力达6000人。中国指挥官决定这次攻击目标不针对诺尔登·荷兰棱堡，而是攻击位于制高点的弗古托利亚圆堡，该圆堡只有20名守军。为了达到奇袭的效果，中国2000余人的部队在凌晨3点发动强攻。

荷兰守军果然没有做任何防备，中国士兵轻而易举地就通过梯子翻越圆堡外围的高墙，但最终还是被守夜的荷兰士兵发现。于是荷兰大炮和火枪立即开火，用手榴弹和火药包进行反击。中国士兵虽然人数众多，但没有配备大炮，而且是步兵攻坚，所以在偷袭被发现后，中方伤亡惨重。

圆堡里的一位荷兰掷弹手由于精神高度紧张，点燃火药桶引线后，未算好时间，导致没有及时扔出，火药桶在圆堡内突然爆炸，当场就炸死了4名荷兰守军。

中国军队最终还是被荷军的枪炮击退了。第二天中国人故技重施，再次趁夜偷袭弗古托利亚圆堡，但这次荷兰守军已经做好准备，所以中国部队伤亡较大，没能夺取圆堡。

由于多次强攻及夜袭无效，中国指挥官决定变换打法，在荷兰防御体系附近的丘陵上修建了一座小型炮台，并在里面架设了4门火炮，这4门火炮非常隐蔽，不会受到荷兰炮火的攻击。但笔者实在想不明白为什么只有区区4门火炮，想当初国姓爷强攻乌特勒支堡的时候，可是调集了四五十门巨炮！

这次中国军队用这4门大炮，先后向荷兰的防御体系发射了109发炮弹，但命中率却极低，只有1名荷兰士兵被打死，甚至连棱堡的外围高墙都没有轰塌。

然后，就没有然后了。双方对峙了九天后，中国部队登船离开了鸡笼屿，国姓儿试图再次驱逐荷兰人的尝试失败了。

中国部队的失败，让荷兰人都感到惊奇，不理解中国人为何只带了4门大炮，也不理解在受挫后为何选择撤退……想当年国姓爷初次进攻热兰遮城堡失利后，也没有放弃城堡离开，而是进行了长期围困消耗战。鸡笼的城堡与热兰遮城堡比起来，物资储备更少，别说像国姓爷那样围困封锁半年，就算是封锁一个月，鸡笼的荷兰人也得弹尽粮绝投降。哪怕是国姓儿大军再强攻几次，估计荷兰人的弹药就会消耗殆尽。

荷兰指挥官向巴达维亚汇报说："这次战胜国姓儿大军，实在是由于上帝的帮助。因为中国人若采取了适当的战争手段，必能击败我们。他们只要多制造一点儿警讯，让堡垒里的人员担惊受怕，即可把我们累垮！而且我们的铅弹存量极少，短短几天就会用罄。更别提他们若是构筑炮台，用大炮向我们开火，我们的炮弹必定很快就会耗用殆尽，因为我们绝大多数的大炮都是使用三四磅重的炮弹，而我们的军械库里却没有几颗这样的炮弹或是榴霰弹。"

武力进攻虽然失败了，但随着国姓儿政权在台湾的巩固，国姓儿的贸易竞争力迅速上升，他通过各种手段排挤荷兰人在亚洲的贸易份额，鸡笼殖民地维持得越来越得不偿失，外加此地天气多变，荷兰人水土不服，第一年就病死了49人。最终荷兰东印度公司巴达维亚总部决定放弃鸡笼，撤走殖民者。1668年，他们炸毁了诺尔登·荷兰棱堡，并于10月18日乘坐2艘船只离开鸡笼。撤离时，荷兰殖民者总计371人，其中士兵240人，水手45人，其他还有军官、书记和职工等。1669年1月，有1艘从福州回巴达维亚的荷兰船路过鸡笼，本打算登陆的，但发现此时的鸡笼已被国姓儿的部队占据，就放弃了登陆行动。从此以后，再也没有荷兰殖民者到过台湾了。

经过郑成功、郑经两代人的努力，荷兰在台湾的殖民活动彻底失败了，郑氏集团在与荷兰东印度公司的对战中取得了最后的胜利。

深思

按照我们对世界历史的了解，17世纪是"海上马车夫"荷兰的黄金时代，它在商业、海洋运输业、金融业乃至军事实力等各方面都占据优势地位。它是葡萄牙、西班牙所开拓的殖民地事业的继承者，从西班牙独立后很快就走上了殖民扩张的道路。

17世纪中叶，荷兰的全球霸权如日中天，挂有荷兰三色旗的10000余艘商船游弋在五大洋上，比英、法、德等国的商船总数都要多。经过激烈的殖民争夺，荷兰的殖民地遍及亚、非、美三洲。在亚洲，它控制印尼、马来群岛、荷属印度；在非洲，它在黄金海岸设立据点，占领毛里求斯、西非和南非；在美洲，它建立新尼德兰（大致包括今日美国的纽约州、康涅狄格州、新泽西州和特拉华州部分地区），入侵阿鲁巴岛、萨巴岛和南美的圭亚那等地，成为继西班牙之后最强大的殖民统治者。

根据西方中心主义的军事革命论解释，荷兰扩张凭借的正是强大的军事实力，无论是侧舷炮战舰、火炮，还是滑膛枪、文艺复兴城堡，甚或军事训练、作战方式与战略战术，都可以说是当时的世界一流水平，因此荷兰才能通过其东印度公司和西印度公司战胜亚、非、美三洲当地的敌人，建立起庞大的殖民帝国。

看似完美的军事革命论，难以解释郑氏集团战胜荷兰东印度公司收复台湾之战的结果。因为国姓爷正是在荷兰的黄金时代打败了它的东印度公司。大家可能对17世纪荷兰黄金时代的历史与郑成功收复台湾的历史都很熟悉，但一旦将两者结合起来，从17世纪全球发展大格局来看，似乎又觉得难以理解，停滞落后的东方（郑氏集团）怎么可能战胜发达进步的西方（荷兰东印度公司）呢？

这一史实引发我们的深思，17世纪的世界真的是欧洲人独霸天下吗？非欧洲地区的国家和人民真的是保守落后、不堪一击吗？答案当然是否定的，本章回顾的这场战争，用史实再次打脸西方中心主义。

章尾小结

1661年至1662年国姓爷收复台湾之战是在工业革命尚未爆发的情况下，中、欧两个最先进的国家——中国和荷兰爆发的一场战争，参战军队均不是国家军队，中方是南明将领的地方部队，而荷方是其东印度公司的殖民部队，但双方在武器装备方面都是投入当时己方最先进的技术装备。通过本章的分析，我们知道荷方在单兵装备（滑膛枪）、海战战舰（舷侧炮远洋大型风帆战舰）方面，拥有无可比拟的技术优势，中方则在投入的火炮（特别是最后一战中）、单兵素质、将领谋略等方面占有优势。

本书的主旨是考察工业革命对中西方军事实力的影响，而工业革命主要是影响参战方的武器装备技术水平。大家读完第一章想必已经明白了，在17世纪后半叶，中国军队的整体实力和作战能力，包括武器装备的技术水平，并未大幅度落后于西方一流强国——荷兰，反而还能战胜它。事实胜于雄辩，这再次说明了西方中心主义的军事革命论错误之处。

荷兰的火炮和滑膛枪在这场战争中根本就没有使其军队占据上风。中国人在大炮的制造和使用方面与荷兰人不分伯仲，双方都使用红夷大炮，国姓爷通过缴获、打捞和购买等方式积极主动地引进先进的火炮，还可以自行仿制铸造。

北线尾陆战，中国部队以严明的纪律和过硬的单兵素质，打败了战斗力名震天下的荷兰滑膛枪枪手。

荷兰人的文艺复兴城堡使得荷兰在守城战中略有优势，国姓爷前几次使用了传统的攻城方式，没有成功。但随着荷兰军官罗迪斯的叛降，国姓爷很快从他的嘴里获知了攻陷文艺复兴城堡的方法，再加上从大陆调来的几十门巨炮，荷兰人的文艺复兴城堡也终被中国军队攻破。

拥有舷侧炮远洋风帆战舰的荷兰海军，技术优势十分明显，但由于指挥失当，选用错误的作战方式，在近岸水域仍没有战胜国姓爷相对落后的海军。

综上，史实再次打脸军事革命论。我们从国姓爷收复台湾之战的这段历史中，可以得出两个结论：第一，17世纪下半叶，中国的军事实力并不弱于西方强国，而且中国在战争中积极主动地吸收消化西方先进的军事技术；第二，仅技术优势不足以取得战争胜利。除了技术因素外，还有将领和士兵的素质、军队的训练，甚至天气等运气因素也会影响战争的结果。

中国有没有将此一军事实力和吸收引进外来技术的优良传统坚持下来呢？在双方技术差距扩大到什么程度时，将领、士兵和军队训练等因素就不能挽回技术劣势了呢？要回答这些问题，我们将在第二章中考察19世纪工业革命接近完成时爆发的鸦片战争，从中搜寻工业革命给欧洲带来了怎样的技术优势，中西方军事战斗力的分水岭到底是在近代早期的16世纪至18世纪，还是在19世纪中叶工业革命完成之际。

第二章 · 鸦片战争

笔者相信，在中国只要接受过九年义务教育的人对鸦片战争这段历史都不陌生，本章对鸦片战争过程不可能也没必要过于详细地讲述，只是选择一些与本书主旨相关的部分加以详述，内容多集中在战争的具体经过、双方装备水平、战术运用等方面，至于其他内容，如战争起因、谈判进程及双方政治高层的决策过程等则一笔带过。

禁烟与对华关系选择题

17世纪后期中英贸易逐渐繁盛起来，但在贸易中，英国长期处于逆差地位，使用大量白银购买中国商品。为了弥补此一逆差，英国商人开始向中国走私鸦片。雍正七年（1729），清政府颁布禁烟令，但在巨大利润的吸引下，鸦片走私贸易反而愈发兴盛，造成白银外流，毒品泛滥。

清宣宗爱新觉罗·旻宁（道光帝）下决心铲除鸦片流毒。广州是当时清政府许可的唯一一处可与英国合法通商的口岸，大量鸦片从广州口岸走私进口到内地，为了禁绝鸦片，必须从广州这个源头下手。道光帝于1838年年底召见力主禁烟的林则徐（时任湖广总督），任命他为钦差大臣赴广州，主持禁烟事宜。

林则徐果然没有辜负道光帝的重托，他于1839年3月抵达广州后，迅速针对中、英两国鸦片走私商人开展收缴鸦片的执法行动。为了迫使英国商人交出鸦片，林则徐下令封锁了广州的商馆，中止贸易，撤退仆役，将在广州商馆内的330名外国商人全部软禁了起来。

这招果然管用，英商头领、英国驻华首席商务监督查尔斯·义律（Charles Elliot）在被软禁的第四天就向林则徐投降了，答应上缴鸦片。收缴鸦片活动持续了一个月左右，共收缴鸦片19187箱又2119袋。

1839年6月3日至23日，整整二十天，林则徐组织人力在虎门太平镇的海边销毁收缴的鸦片，除保留少量样品外，收缴的鸦片均被销毁，共计2376254斤！

虎门销烟显示了清政府禁绝鸦片的决心，也给英国鸦片商人带来了巨大的经济损失。林则徐在销毁已收缴的鸦片同时，要求全部英商出具"具结"，也就是保证书，要保证在今后的贸易中不再向中国走私鸦片，一旦发现私带鸦片，船货没收，人即正法。如果不出具此保证书，则中断中英贸易。中英贸易的中断，让英国商人的利润及政府税收产生了巨大损失。这样，一道选择题出现在英国商人和政府面前：

如何处理对华贸易？

A. 出具保证书，遵守中国法律，今后不再走私鸦片→承受对华贸易逆差，继续使用白银购买中国商品。

B. 出具保证书，但不遵守中国法律，今后继续走私鸦片→承受一旦被查，船货没收，人即正法的后果。

C. 不出具保证书，中英贸易中断→承受利润和税收的损失。

大家认为英国人会选哪项呢？当然以上三项都对英国不利，因此英国选择了第四项D. 走向战争！

走向战争

1839年10月1日，英国内阁会议决定对华开战，由皇家海军战舰、陆军士兵、印度殖民部队以及英国东印度公司的舰船组成的一支海陆大军，企图以战争手段解决对华贸易及鸦片问题。外交大臣巴麦尊（Henry Palmerston）密令义律做好对华开战工作，要在1840年5月，也就是说在春季商务活动结束后，开始进攻中国。

再大的事情，也不能耽误生意，这体现了英国政府对商业的高度重视。

1840年4月7日至9日，英国议会下议院就是否延期对华用兵进行了三天的激烈辩论，目前我们可以在英国议会议事录网站看到此次辩论的全文①，9名议会代表发表长篇演说，全部辩论记录多达195页43000余字。4月9日，下议院最终以262票支持延期用兵，271票反对延期用兵的决议，仅以9票的微弱优势支持了英国内阁发动战争的决定。

实际上，早在英国内阁决定开战前，鸦片战争就已经在九龙和穿鼻洋爆发了。

九龙之战

1839年6月虎门销烟后，中、英两国之间的对抗更加激烈了。义律不让英商提供林则徐和清政府要求的具结，清政府则要求不出具具结的外商离开广州。义律及英商全部撤离广州，转移到九龙、香港一带海域的英国商船上。林则徐则派水师执行巡逻封锁，防止船上的英国人从中国大陆获得淡水和新鲜食物，以图英商签署具结或逼其离开中国。

8月30日，应义律的要求，英国印度总督派了1艘三桅护卫舰窝拉疑号（Volage）抵达九龙海域，别看区区一艘小型战舰，它一抵达就给了义律很大底气，让他敢于与林则徐武力对抗。原来，义律手下只有几艘小型舰船和武装桨船，根本对付不了清朝的水师舰船。

9月4日，义律乘坐军用快艇路易莎号（Louisa，载炮14门）、双桅桨船珍珠号（Pearl，载炮6门）及1艘窝拉疑号小艇（载炮1门）闯入九龙湾，遭遇正在近海巡

---

① 参见http://hansard.millbanksystems.com/commons/1840/apr/09/war-with-china-adjourned-debate，2022年4月7日访问。

逻的3艘中国舰船，当时负责巡逻任务的是中国军官大彭营参将赖恩爵。

下午2点，义律亲自率人乘坐桨船珍珠号驶近清朝水师舰船，派遣英国东印度公司通事德国人郭士立（Gutzlaff）及2名无武装的士兵登上中国巡逻舰船，向中国官员递交2封书信，要求清政府恢复食物和淡水供应。

"参军大人，这是英夷派人送来的书信。"一位水兵将义律的信呈给参将赖恩爵。

赖恩爵看完书信后，对手下说道："英夷领事义律送来的书信，内称数千英人不得食物，势必引起纷扰，如有事变，大清官吏应负责任云云！简直颠倒黑白，林大人有令，不具结的夷商一律不准贸易，提供具结的美夷已经进港贸易了。你义律要是想贸易就具结，否则就回国，别在我大清国无事生非！"

"传我命令，告诉义律等英夷，本参将受命巡逻洋面，无权接受英夷书信！"赖恩爵将书信退了回去。

见赖恩爵根本不收书信，义律回到路易莎号上与窝拉疑号船长士密（H. Smith）商量下一步对策。

"他们拒绝了我们的请求！"义律有些气愤地对士密说道。

"我看，只有炮弹才能让他们听话！"士密船长坚定地说道，"你指挥路易莎号、珍珠号和小艇先行开炮，我现在马上就回窝拉疑号，回来援助你。"

"好，我们等着窝拉疑号参战，没有它，我们打不赢中国人！"义律说道。

士密离开路易莎号乘小船前往窝拉疑号。下午4点45分，义律见赖恩爵的3艘舰船靠近，下令向其开炮。

路易莎号的侧舷对准一艘中国舰船，3门大炮同时开火。据一名路易莎号炮手的家信记载，路易莎号向中国舰船发射了四轮葡萄弹（Grape shot）。

所谓葡萄弹就是类似霰弹的炮弹，即爆炸弹，它将许多浸过桐油的铁质或铅制球形小弹丸用粗厚棉布裹起来，并用小绳扎紧，也有将球形小弹丸放入一个薄铁皮筒的。葡萄弹发射后，外层棉布或薄铁皮受冲击破裂，球形小弹丸四散开来，对敌方作战人员具有较大的杀伤力。但由于葡萄弹与炮筒的游隙值[①]较大，其射程不远、精准度较差，适合以消灭敌方人员为目的的近距离（250米至500米）作战。葡萄弹在清代一般被称为菠萝弹或铁盒弹，清末机械工程专家丁拱辰所著的《演炮图说辑要》中介绍过菠萝弹，下图为菠萝弹示意图。

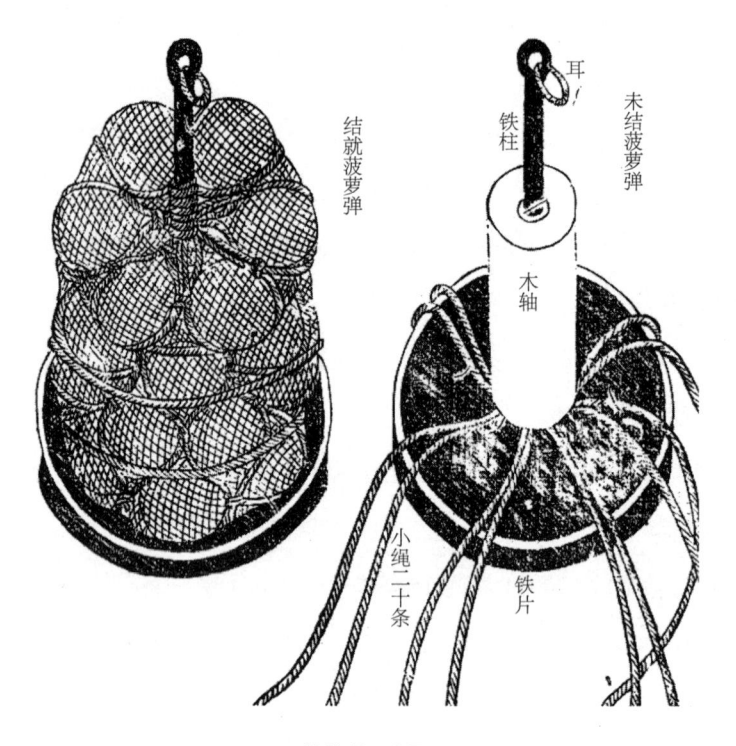

菠萝弹示意图

但此役中，路易莎号并不适合使用葡萄弹作战，因为它是攻击中国舰船，不应使用以消灭人员为目的的葡萄弹，而应该使用以破坏敌方舰只为目的的实心弹，毕竟击沉敌船比杀伤船上人员更加重要。因此，四轮开炮后，对中国舰船的破坏并不大，反而将路易莎号上的各条帆索都震得开裂了。

---

① 游隙是指炮弹与炮筒之间空隙。如果游隙值偏大，炮弹与炮筒的空隙也就偏大，火药爆炸的大部分推动力就会从这些空隙漏出去，造成对炮弹的推动力减小，导致射程不远。如果游隙值偏小，炮弹与炮筒间空隙也就偏小，有可能导致火药爆炸后不能将炮弹推出炮口，导致炸膛。

赖恩爵见英舰竟敢开炮挑衅，立即下令还击，同时派人通知岸上炮台，准备开炮助战。3艘中国舰船每艘载炮10门，即刻投入战斗，不久岸上炮台亦开炮参战。双方炮战持续半个小时，英舰因需补充弹药稍稍后退。义律焦急地等待着正规战舰窝拉疑号前来增援。

但前来增援的并不是窝拉疑号，而是武装商船剑桥号（Cambridge）和威廉要塞号（Fort Williams）所属的2艘划桨小艇（各载炮1门），它们在剑桥号船长得忌喇士（Douglas，现在一般译为"道格拉斯"）的带领下前来助战。

义律在路易莎号上见2艘小艇划桨前来增援，大声向划船赶到附近的得忌喇士船长喊道："船长，我们需要窝拉疑号，你的2艘小艇救不了我们！"

"监督阁下，我们尽力了，现在海面上没风了，窝拉疑号实在过不来。士密船长派我们先过来增援。"累得气喘吁吁的得忌喇士船长上气不接下气地解释道。

窝拉疑号是风帆战舰，没有风，它是纹丝不动，只能在外海眼睁睁地看着中英舰船火炮对射。

此次战斗中，英方投入的舰船与其正式军舰相比火力不济，而清朝方面，除了水面舰船外，还有岸基炮台的支援，双方战斗力大致相当。战至晚6点半左右，义律率全体参战船只撤出战斗，向尖沙咀一带海域退却。赖恩爵未予追赶。

九龙之战的战斗经过，我们大致搞清楚了，因为中、英双方留下的记录基本相同，而战果却大相径庭：9月18日，林则徐在《钦差大臣林则徐等奏为英领义律率船偷袭已予反击及葡人代为转圜折》中向道光帝汇报，此役损失2名士兵，外加重伤2名、轻伤2名，清朝舰船略有损伤，可以很快修复，奏折中未提及岸基炮台，想必是毫发无损；而击翻英船1艘，战后发现英人打捞起17具尸体掩埋，渔船又报告在海面上还多次发现英人尸体，捞获英人帽子数顶，剑桥号船长得忌喇士手腕受伤，其余受伤的英人不计其数，看起来是一场不大不小的胜利。但九龙之战的第二天（即9月5日）义律写信向外交大臣巴麦尊汇报此役，称本次战斗中，中国3艘舰船均受重伤，且有逃跑迹象，英国方面仅有得忌喇士船长及其手下2名水手受伤，根本没有提及己方船只被击翻，义律和士密只因不想进一步扩大事态才没有击毁3艘中国舰船，也没有派兵登陆攻击中国炮台。

在对鸦片战争的分析中，笔者遇到的最大问题就是中、英双方史料对同一史实表述不一致，特别是对战役的经过和战果，都各执一词，好像双方都处于优势地位。对于我们来说，可能永远也弄不清楚具体史实的细节了，但笔者认为没必要细究，遇此类问题时，尽量对双方的记录加以列明分析，好在这种记载分歧并不影响本书从技术史角度考察工业革命与中西方战争的主旨。

下面的穿鼻之战，中、英双方的记载就存在着明显的差异。

穿鼻之战

九龙之战结束后，中、英两国的关系缓和了一些。林则徐允许中国商人向漂在外海船上的英商提供食物和淡水，但仍然坚持必须签署具结，承诺商船中不携带鸦片才能上岸贸易，否则就应限期回国。义律声称现有商船的鸦片已经全部上缴，拒不签署具结，但希望上岸贸易。就在此僵持之际，2艘接连到达广东的英国商船打破了此一局面。

英国商船担麻士葛号（Thomas Coutts）、皇家萨克森号（Royal Saxon）来到中国海岸，这2艘商船没有携带鸦片，只有棉织品、胡椒等合法货物。为了迅速开展贸易，它们绕过义律，于1839年10月15日签署了林则徐要求的具结，承诺没有私带鸦片，从事合法贸易。结果，这2艘商船十分顺利地获得了贸易许可。

担麻士葛号与皇家萨克森号的举动与义律不允许签署具结的命令形成了公开的对抗，这引起了在外海漂浮的英商们对义律政策的不满，也动摇了义律的权威。义律对担麻士葛号船长弯喇（Optain Warner）大为光火，称他相信"很难指出一件比弯喇先生的行动更轻率或结果更有害的事情了"。

于是,义律决定采取行动,强迫担麻士葛号和皇家萨克森号执行自己的命令。接下来的事情,中、英双方的记录出现了较大分歧,好似双方分处于两个平行世界。

根据林则徐11月30日上呈道光帝的《钦差大臣林则徐等奏为英兵船阻挠该国商船具结并到处滋扰叠被击退折》记载,11月3日,已签署具结的皇家萨克森号准备进入虎门贸易,这时窝拉疑号与一艘新到的英国单桅护卫舰海阿新号(Hyacinth)出现在虎门外的穿鼻洋面,它们强行制止皇家萨克森号入口贸易,要求其折回。清军水师提督关天培问讯后,迅速率船前往穿鼻洋面探查究竟。不想,窝拉疑号突然向清军舰船开炮。关天培见状立即下令坐舰冲向窝拉疑号,行驶过程中利用船首的火炮向窝拉疑号还击。

关天培亲自挺立在桅杆之下(道光帝御笔朱批:可嘉之至),拔出腰刀,大声下令道:"一律向前,敢退后者立斩!"突然,一颗炮弹擦过桅杆,一片木屑从关天培的手上划过,皮破见红。关天培仍奋不顾身持刀挺立,他还吩咐手下将大量银锭摆放在甲板的一张桌子上,向现场士兵喊道:"有击中夷船一炮者,立刻赏银两锭!"全船上下士气为之一振。

关天培坐舰所载1门3000斤铜炮,火力最强,开炮击中窝拉疑号船头。关天培下令连续射击,炮手对准窝拉疑号船头连轰数炮,打断窝拉疑号头鼻,船头的英国水手士兵纷纷落海。此时,水师提标左营游击麦廷章率领另一艘舰船从窝拉疑号后方赶来,麦廷章下令连开2炮,击中窝拉疑号后楼,船上的英国水手也是随炮落海。除了船头、船尾,窝拉疑号中间的舱口也偶有中弹。在整场战斗中,海阿新号不甚上前,所以未被清军舰船集中打击。中、英双方对战两个小时左右,窝拉疑号帆斜旗落,边逃边打。海阿新号也随之逃跑。

清军水师本想追击战败逃窜的英国战舰,但由于自身舰船下方船身木板接缝处的油灰多被英军炮火击开,船只有进水沉没的危险,而英船受损只在舱面,船身全用铜皮包裹，追击可能得不偿失，所以清军水师未乘胜追击，而是见好就收，任由英船逃窜外海。

  本次穿鼻之战，虽然歼敌具体人数不详，但在战斗中，林则徐两次提到夷人落海，战后还打捞夷帽21顶，其中2顶为夷官所戴，此外夷人鞋子等物，随海漂流者不计其数，林则徐在此暗示道光帝本次战斗消灭了大量夷人。至于己方的损失，阵亡水手15名，若干士兵受伤。提标左营的1艘二号米艇（一种中型舰船）起火，旋被扑灭，另发现3艘舰船渐有进水。

  林则徐所提到的米艇是鸦片战争时期清朝广东水师的主力舰船，二号米艇属于下表中的中型米艇。

各类米艇参数表

船种	载重	长	宽	深	配兵	备注
大型米艇	2500担（约125吨）	9.5丈（约31.67米）	2.6丈（约8.67米）	0.93丈（约3.1米）	60名	载炮17门至18门
中型米艇	2000担（约100吨）	8.6丈（约28.67米）	1.85丈（约6.17米）	0.86丈（约2.87米）	50名	
小型米艇	1500担（约75吨）	7.6丈（约25.33米）	1.648丈（约5.49米）	0.651丈（约2.17米）	40名	

米艇模型图

看了林则徐的奏折，道光帝顿感清军官兵，特别是提督关天培奋不顾身、英勇无比，英雄事迹感人肺腑。在他的带领下，大清水师痛歼英夷，大快人心。

现在，我们再来看看义律于1839年11月5日写给外交大臣巴麦尊的报告，其中很多细节与林则徐的奏折大相径庭。

义律根本没有提及皇家萨克森号，仅提到担麻士葛号签署具结一事，认为弯喇船长此一"示弱"行为十分不妥，破坏他对抗清政府的统一战线，还会引发林则徐的强硬回应。果然，10月27日林则徐通过广州知府余保纯向义律发来谕令，要求所有英商船必须签署具结，才可贸易，不愿具结的商船应离开中国，否则将予烧毁。10月28日，义律带通事传教士马礼逊（John Robert Morrison，中文名"马儒翰"）从澳门登上窝拉疑号，准备前往虎门外的穿鼻洋与林则徐进行谈判，希望林则徐能收回成命。随行的还有1艘单桅护卫舰海阿新号和其他几艘武装商船。由于遇到强劲的逆风，英国舰队于11月2日才抵达穿鼻洋面。

一名英国海军上尉与马礼逊带着士密船长的信登上了关天培的坐舰，他们受到礼貌的接待。士密的信主要提了两点要求：第一，要求林则徐取消烧毁既不具结又不离开的英商船的命令；第二，要求允许英商及其家属上岸，并提供仆人与供给。关天培告诉英国人，他会将信交给钦差大臣林则徐和两广总督邓廷桢，并在第二天给予答复。同时，他认为英舰停泊地离清水师舰船太近，要求士密后撤。士密照做了。

当天（11月2日）傍晚，清方派人乘小船捎来一个口信：希望马礼逊前往关天培坐舰，面见关天培，但被英方以希望清方先行答复士密的信而拒绝了。第二天（11月3日）早上，清方又派人来，还是希望马礼逊去见关天培，英国人再次拒绝了。

这时，清朝水师的29艘舰船同时起锚驶向英国舰队。士密见状，立刻下令全体舰船开动，驶向正在逼近的清水师舰队。清军一看英船的行动，有序地抛锚停船，英国舰船也排成一行抛锚顶风停下了。到此我们可以看到，在开战的前一时刻，中、英双方的战舰距离很近，英国舰船在清舰船右侧上风口的有利位置停泊，且形成了战列线，一排舰船的左侧舷炮都对准了清水师舰船。

士密船长告诉义律："现在两军对峙，我方占据有利位置，可以给予中国舰船毁灭性打击。"

"我们要开战吗？"义律反问道。

士密答道："如果现在不开战，夜间我担心中国船只穿过我们的舰船，对我们身后的商船发动火攻。"

义律问道："如果现在我们和商船一起撤退呢？"

"如果女王陛下的舰队在中国水师的恫吓之下撤退的话，那将毁坏英国国旗的荣誉！我们必须逼他们退回他们之前的锚地。"士密将后退与国家荣誉联系起来，把义律置于无路可退的境地。

义律经考虑，最终同意了士密的开战建议。

11月3日中午，士密下令全体舰船开炮！英舰队处于有利位置，而且已经形成了一字长蛇式的战列线，面对中国舰船没有任何遮挡。随着剧烈的炮响，中国舰船遭受了毁灭性的打击。

中国舰队迅速回击，关天培的旗舰也一"船"当先冲在最前方，猛烈地向英舰开炮轰击。

窝拉疑号在距一艘中国舰船很近的地方——义律称之为"大约手枪射程距离的地方"（这个距离可能50米左右）向其开炮，炮弹也许击中了弹药舱，该艘舰船即刻发生了爆炸。3艘中国舰船被击沉，另有几艘舰船浸满了水。

关天培的旗舰和其他几艘中国舰船作战勇猛，出乎英国人的意料。中国水师的火药和大炮质量都不错，只是大炮不能自由地升降，炮弹太高，多无效果，大多飞过了英舰，有一些炮弹击中了英舰高处的桅杆和船帆。

看到这里，也许有人要问了，中国舰船的大炮为什么不能调整射击角度呢？

炮弹飞得太高，把炮口向下调整一些，对准敌船不就行了吗？在实战中，可没有这么简单呀。

由于中国舰船载重不大，船载火炮也不可能太大，但也有几百斤至两三千斤重，在海战中是不可能靠人力移动炮口的，必须配备炮架。灵活的炮架能让炮手方便地调整炮口位置，以瞄准目标。19世纪，欧洲海军舰船使用的炮架，配有车轮和调整位置的装置，侧视图如下：

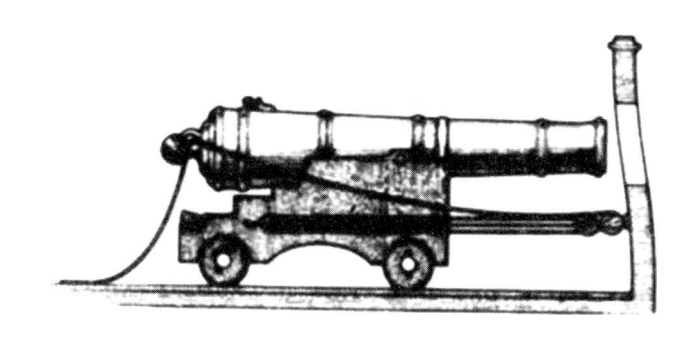

在穿鼻之战中，清军水师显然尚未配备此种炮架，我们不清楚此战中清军水师用了什么样的炮架，但通过英国人的记录，我们可以推想，清军的炮架一定非常落后，不能调整炮口的角度，也就是说炮弹只能从一个固定的角度发射出去，这可能导致炮弹过高飞过目标，或炮弹过低尚未飞到目标就坠海了。炮架的落后，是清军军事技术落后的一个表现，也是未能取得战争胜利的一个重要的技术原因。

穿鼻洋面的战斗仅持续了四十五分钟，英舰炮火的效果惊人，中国舰队遭受重创，重新退到了之前的锚地。士密不想事态扩大，所以没有乘胜追击。

看了义律的报告，我们发现穿鼻之战的胜利方原来是英国。英国舰队击沉了3艘中国舰船，1艘中国舰船发生爆炸，还有几艘浸满了水。而英国的损失仅是窝拉疑号轻微损伤，义律根本没有提及人员的伤亡。

大家是不是有点儿晕，看了中、英双方的原始记载，发现都是在说己方获胜。穿鼻之战爆发于1839年11月3日，义律给巴麦尊的报告写于11月5日，林则徐给道光帝的奏折写于11月30日，二人汇报的时间离战役都非常近，不至于记忆不清导致误报，那么肯定是有一方的汇报有水分了。

笔者认为，林则徐和义律的报告中可能都有一定水分，报喜不报忧、文过饰非是中西方，乃至全球官僚系统中下级向上级汇报的常用手段。特别是在19世纪中期，通信不发达，没有录音和录像设备，上级了解前线情况几乎只能通过下级的汇报。只要上级信任下级，在汇报中掺点儿水分，一般也不会被揭发。所以在双方的汇报中，都有点儿水分也是正常的。不过，鉴于鸦片战争时期清朝前方大臣、将领的奏折普遍虚假、夸大战果、讳言失利，林则徐的奏折中存有较大水分的可能性很大。笔者发现在穿鼻之战后的八个月，即道光二十年六月二十一日（1840年7月），林则徐上呈道光帝一个夹片①，全名为《两广总督林则徐奏为动项修造参战损坏师船片》，此夹片说道：

再，上年九月二十八日（1839年11月3日），水师提臣关天培督率舟师，在穿鼻外洋轰击英夷士密等舡……

兹据藩臬两司查明损坏师舡共有四只，内水师提标左营第二号大米艇一只，阳江镇左营第一号大米艇一只，均系被炮伤损过甚，难以修复，必须另行拆造。又阳江镇右营第六号中米艇一只，硇洲营第三号中米艇一只，皆有损坏，应行大修。……

林则徐在11月30日上呈皇帝的奏折中，仅提到"提标左营二号米艇起火……继已扑灭""有三船渐见进水"。看起来，没有什么大的损失，可八个月后，突然在夹片中又报告有2艘大米艇难以修复，须另行拆造，2艘中米艇也需要大修。前后不一致，必定有问题。夹片上报，是为了动用修造舰船的银两，不得不实话实

---

① 清代官吏向皇帝上疏或向上司禀事，遇有不便写于一起的情节或另有所陈，则用另帖书写，夹在奏折或手本的第一幅内，名为"夹片"。

说，穿鼻之战的损失远没有当初奏折中那样轻描淡写。笔者不禁怀疑，夹片中所说的2艘难以修复的大米艇是不是已于穿鼻之战中沉没了？在夹片中，林则徐提及2艘船难以修复需另行拆造，2艘船需要大修，与义律报告中提到的击沉3艘中国舰船及1艘中国舰船发生爆炸，在数量上恰好相同，这是不是说明义律的报告在清水师损失方面是真实的呢？

九龙之战与穿鼻之战，无论谁胜谁负，都没有战略意义，笔者认为具体细节我们已经不可能彻底弄清楚了，但基本上这两次战役可以算个平局，中、英双方都没能达到想要的目的（林则徐想迫使英商具结或驱逐之；义律想强迫清政府放弃具结才可通商的政策）。

11月20日，林则徐接道光帝上谕，要求广东永远停止与英国的贸易。11月26日，钦差大臣林则徐、两广总督邓廷桢、广东巡抚怡良和粤海关监督豫堃发布联合公告，自1839年12月6日起，除已经具结的担麻士葛号、皇家萨克森号外，永远停止和英国的贸易。

林则徐曾反对禁止一切英商的贸易，他在一份奏折中提出建议，对待英夷应该"去莠安良"，以是否签署具结为标准，"奉法者来之，抗法者去之"，实际上是建议接待那些签署具结贸易正常货物的英商，拒绝走私鸦片的英商。但道光帝却希望快刀斩乱麻，解决广东鸦片走私问题，彻底清除中、英之间的烦心事。在皇帝心中，广东夷情的区区小事远没有内部其他大事重要。

林则徐深知断绝了贸易的英国人绝不会善罢甘休，他在广东积极展开了各项备战措施。

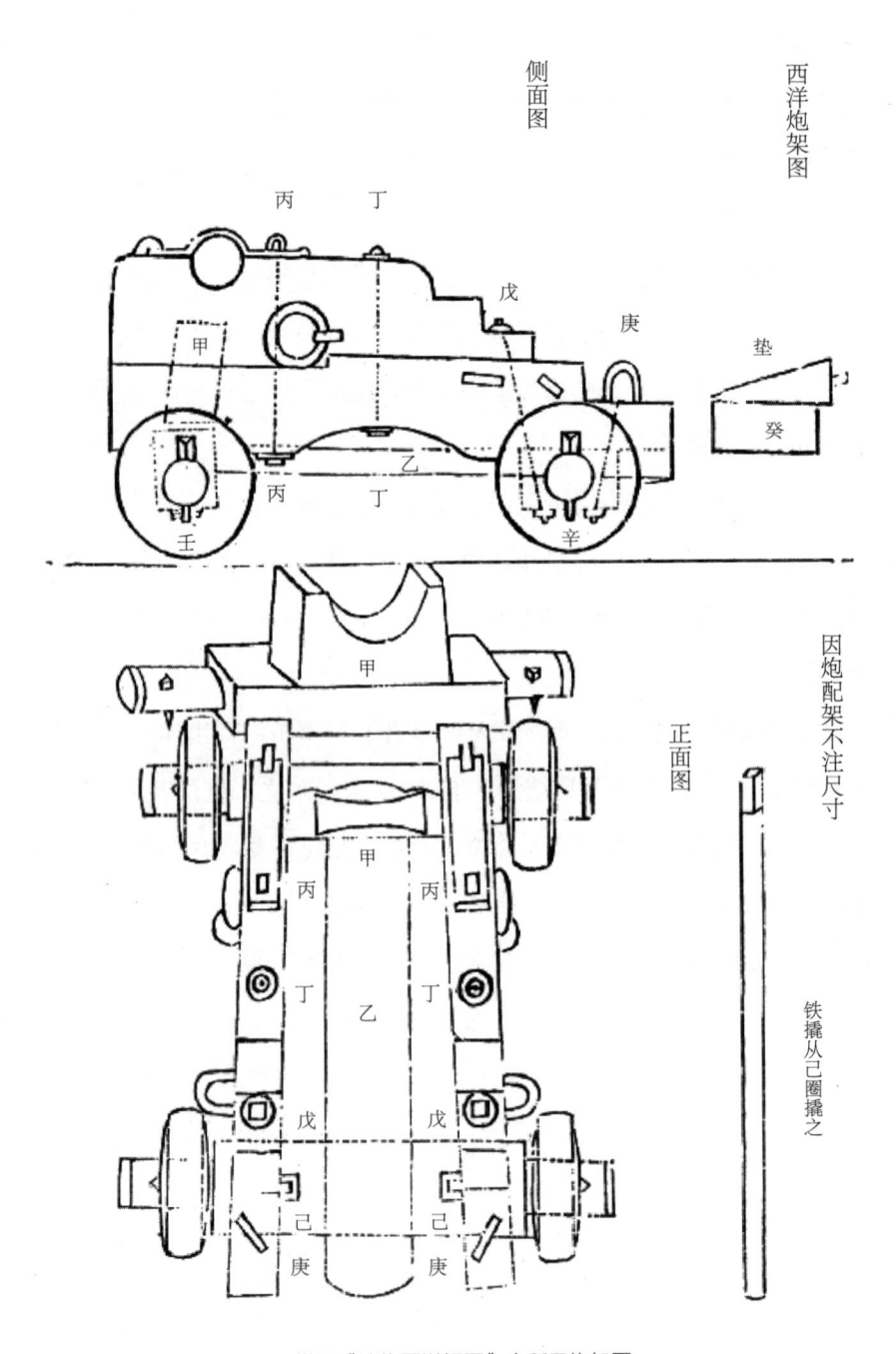

丁拱辰《演炮图说辑要》中所示炮架图

备战！

大家可能对林则徐比较了解，他收集和翻译了很多海外书籍，在晚清的官场中是极少数能积极了解外国信息的高官之一，被誉为"开眼看世界的第一人"。即便如此，我们现在看来，林则徐的制敌战略方针也是十分幼稚的。原因在于林则徐对英国及其海陆军有着十分错误的认识。

在1839年9月1日上呈道光帝的《钦差大臣林则徐等奏为英国非不可制请严谕将英船新烟查明全缴片》中，林则徐说道：

> 夫震于英吉利之名者，以其船坚炮利而称其强，以其奢靡挥霍而艳其富。不知该夷兵船笨重，吃水深至数丈，只能取胜外洋，破浪乘风，是其长技，惟不与之在洋接仗，其技即无所施。至口内则运棹不灵，一遇水浅沙胶，万难转动。……且夷兵除枪炮外，击刺步伐，俱非所娴，而其腿足裹缠，结束紧密，屈伸皆所不便，若至岸上，更无能为，是其强非不可制也。

号称"开眼看世界的第一人"的林大人，在大战在即之时，竟认为英国军舰只能在外洋取胜，他对欧洲战舰的认识似乎还停留在17世纪国姓爷收复台湾时期，当时的大型远洋风帆战舰确实吃水深，只能在深海外洋灵活作战。但林则徐现在面对的是19世纪工业革命爆发以后的英国，我们在之后就能看到英国战舰在浅水水域一样可以灵活航行，特别是蒸汽铁甲战舰吃水浅到令中国官员震惊。

上文的夹片中还体现出林则徐极其轻视英国的陆军和陆战能力，认为英军一旦登陆，因其裹腿过严、屈伸不便，很容易被击败。我们在之后也可以看到，在陆地作战中，清军一次次败于英军，工业革命后枪炮的威力以及英军的陆战能力足以让林大人汗颜。

虽然如此，林则徐对清军水师的实力还是有比较清醒的认识，他在1840年3月的《两广总督林则徐等奏为被逐英船仍逗留外洋及烧毁匪船以断英船接济折》中，上报皇帝道：

无论该夷有无兵船续至，即现在之士密、华伦两船①未去，度其顽抗之意，妄夸炮利船坚，各夷舶特为护符，谓可阻我师之驱逐。臣等若令师船整队而出，远赴外洋，并力严驱，非不足以操胜算。第洪涛巨浪，风信靡常，即使将夷船尽数击沉，亦只寻常之事，而师船既经远涉，不能顷刻收回，设有一二疏虞，转为不值，仍不如以守为战，以逸待劳之百无一失也。（御笔朱批：所见甚是）

对于区区2艘英国军舰，林则徐都不敢派水师出洋作战，可见他对清水师的作战能力，特别是远洋作战能力非常不看好。正是基于以上这些看法，林则徐将防御重点定为"以守为战"，即近岸防御，以海岸炮台、水师舰船近海作战作为抵御英国人的主要手段，由于他认为英国人极其不善陆战，根本没有考虑英军登陆后的陆地防御措施。

林则徐到广东后采取的海防措施，建立在关天培自1835年大规模扩建虎门防御工程的基础上。关天培的虎门防御工程分为三道防线：

第一道防线是珠江口最外面东、西两岸的大角炮台、沙角炮台，珠江入海口很宽，约4千米，东、西两岸炮台火炮射程不足其宽度的一半，并不能形成交叉火力，只做信炮台，发现有敌舰入侵，开炮通知后两道防线的守军。

第二道防线以离珠江伶仃洋入口4千米远的一座江心岛——上横档岛为中心开展建设，上横档岛将宽阔的珠江分为东、西两条水道。西水道水浅礁多，远洋大船多从东水道溯江而上达广州贸易。因此，东水道是抵御入侵的重中之重。在

---

① 士密、华伦两船是指英国军舰窝拉疑号（船长士密）和海阿新号（船长华伦），当时中国人习惯以船长之名称呼船只。

东水道东岸的武山岛（英国人称"亚娘鞋岛"）上，关天培先后扩建和新建了威远炮台（火炮40门）、镇远炮台（火炮40门）和靖远炮台（火炮60门），上述三炮台与上横档岛东侧原有的横档炮台（即上横档炮台），可以形成交叉火力，对沿东水道逆流而上的敌船予以炮击。关天培还在上横档岛西侧新建了永安炮台（火炮40门），在西水道西岸芦湾上新建了巩固炮台（火炮20门），永安和巩固两炮台形成交叉火力可以封锁西水道。后来，邓廷桢、关天培还在东水道布置两道横江木排铁链，战时可阻止敌舰通过，即使敌舰强行闯关，于此必定暂停或至少减速，此时定遭到东、西两侧炮台火力猛击，难以避免覆没的命运。此第二道防线是设计中的重点防御区域，关天培和清政府认为，大多数入侵敌舰应在此处被击沉。

第三道防线为离珠江伶仃洋入口7.5千米处的大虎山岛东南侧修建的大虎炮台（即大虎山炮台），布置火炮32门。其目的应是对付侥幸冲过第二道防线的漏网敌舰。关天培认为即便有这样的敌舰，在通过第二道防线时，也必定伤痕累累，大虎炮台足以将其歼灭。

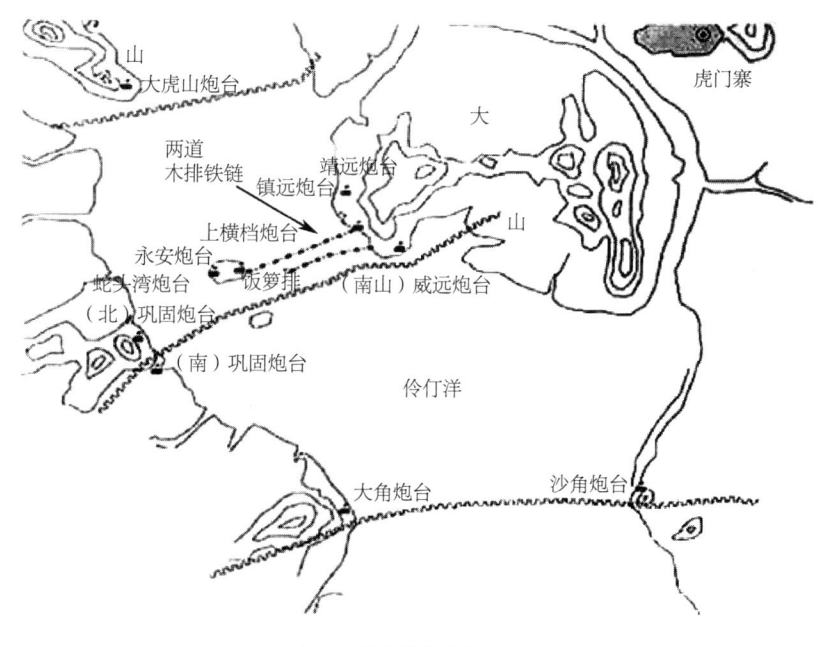

虎门三道防线的防御工程图

林则徐到任后，视察过虎门防御工程，认为其质量过硬，对关天培的设计和施工都非常满意，以至于没有加强虎门的防御体系。他只是在虎门东侧的九龙尖沙咀南麓官涌修建了两座炮台，共安置大炮56门，用以封锁九龙半岛与香港岛之间的海路。

无论是虎门的炮台，还是官涌的炮台，都不是直接面对外洋，而是建筑在内河或内海沿岸，体现了林则徐"以守为战"的近岸防御原则，依托岸基炮台的巨炮轰击入侵敌舰。但炮台自身没有防御敌方登陆的措施或防御措施很落后，导致在此后的战争中，清军炮台屡次被登陆的英军占领。

除此之外，林则徐还计划，当敌舰与炮台激战时，派水师舰船与敌舰在内河或近海展开以火攻或以接舷为主的近战。他计划将2艘至16艘舰船分为四组，冲向敌舰炮位较少的船头或船尾；接近过程中，先开炮轰击，到达鸟枪射程后，船上兵丁兼以鸟枪射击敌舰人员；待距离更近后，向敌舰投掷火罐、喷筒等；待双方舰船完全靠近后，清军实施跳舷战，兵丁跳上敌舰后，用刀、剑等冷兵器对敌方的帆索、人员进行破坏和砍杀。当然，林大人忘不了火攻战术，这是自赤壁之战以来中国传统的海战战术，他计划利用50艘装满干草、麻片、蘸油和火药等易燃物的小艇，船头配有七八寸长的大铁钉，水手划船冲向敌舰，将大铁钉插入敌舰，点燃易燃物后跳海撤离，火船与敌舰因有铁钉连接无法分开，大火势必吞没敌舰。

看到这里大家是不是觉得林则徐的战法似曾相识。没错！1661年至1662年国姓爷就用过类似战法在对荷兰战舰的海战中获得胜利。但此时已经是一百八十年后了，林大人的战法几乎毫无改进，但此时的欧洲军队不论是战舰还是战法都有了较大的进步。

首先，欧洲战舰的机动性大大提升。战舰上出现了一种名为"舵轮"的装置，此装置通过缆绳将后甲板上的舵轮与尾舵的舵柄连接起来，通过舵轮带动滑轮操纵尾舵。只需一两个人徒手即可操舵，改变了以前依靠过多人力在整个甲板上大幅度转动船舵的笨方法。除了舵轮外，欧洲战舰的船帆技术也取得了较大进展，增加了翼帆，船艏纵向的三角帆和桅杆之间的支索帆，比原来仅用横帆更能吃风，在同样的风力下，此时的欧洲战舰比以前行驶得更快。满帆时，一艘大型战舰可挂36面帆，以10节（18.52千米）的航速破浪前行。新的操舵和风帆技术大大提高了英国战舰的机动性和航速，当林大人的舰船靠近时，英舰可以稍微转动舵柄或帆面，灵活地改变方向，将侧舷密集的大炮对准清军舰船；而清军舰船若要改变方向，仍需依靠七八个人在甲板上用力转舵的老旧方法，船体做扇面转向，难度相对较大。战时，在敌方炮弹的轰击下，船队阵型非常容易被打乱。

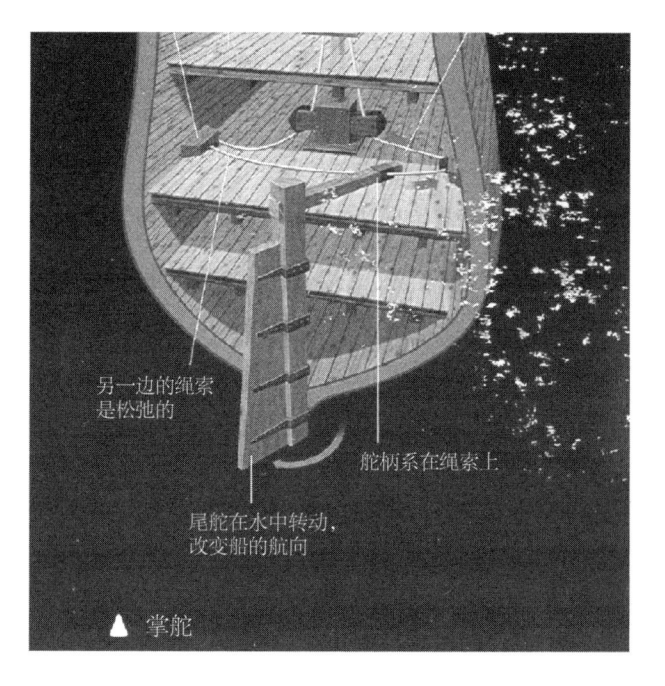

另一边的绳索是松弛的

舵柄系在绳索上

尾舵在水中转动，改变船的航向

▲ 掌舵

其次，此时欧洲战舰的外壳大多用铜皮包裹起来，可以防止海洋生物的侵蚀。船体出水部分高达6米多，清军舰船上的火炮、鸟枪等很难击穿高大并包有铜皮的厚厚船板。即便有英勇的水手驾船冲到英舰附近，由于中、英双方舰船高低差距太大，清军的鸟枪、火罐和喷筒等武器几乎派不上用场。在枪林弹雨中、在上下漂浮不定的清军舰船上，再英勇的士兵也难以带着武器攀爬上6米多高的敌舰。

最后，19世纪欧洲的海战战术基本采取"线式战术"，即舰队中的战舰将侧舷对准敌人，各舰首尾相接，形成一字长蛇式的战列线，利用侧舷火炮的巨大威力远距离向敌人倾泻炮弹，作战双方的舰队战列线一般相距200米以上。在这种战术下，清军舰船根本不可能靠近敌舰，怎么实施跳舷作战呢？

林大人设计的战术基本上是纸上谈兵，中国正是以这样的状态迎战工业革命后的世界头号强国。但我们也不应该苛求古人，1840年的中国在长江三角洲、珠江三角洲等地区虽已实现了早期工业化，但还是以轻工业为主[①]。在这种社会背景下，林则徐、邓廷桢和关天培等人的沿海防御措施已经是当时中国能做到的最好的措施了，中、英两国军事实力差距的最主要原因在于工业革命爆发后工业化赋予英国的巨大力量，而非中国落后保守的思想意识。

侵华大军到来啦！

从英国内阁决定侵华以来，英国海陆大军从英国本土、南非、印度等地源源不断地调往中国，除了正规军外，英国东印度公司的战舰和军队也加入了侵华英军的行列。

1840年3月至6月，英国舰队陆续抵达中国海面。6月21日，英国远征军海军司令伯麦准将（James John Gordon Bremer）到达；6月28日，英国远征军总司令兼女王全权代表乔治·懿律（George Elliot）到达，他是查尔斯·义律[②]的表兄。

截至1840年8月，下列英国舰队抵达中国海面。

---

① 关于中国早期工业化问题，详见拙作《说不明道不清：你不了解的开放发达之明清两朝》，中国电影出版社，2018年版，第三章：明清中国强大的工业供给能力。
② 此时，懿律和义律均被任命为英国女王的全权代表。

序号	船只名称	英文名称	载炮数量	所属	级别	备注
1	麦尔威厘号	Melville	80门	皇家海军	三等	旗舰
2	威厘士厘号	Wellesley	74门	皇家海军	三等	
3	伯兰汉号	Blenheim	74门	皇家海军	三等	
4	布朗底号	Blonde	46门	皇家海军	五等	
5	都鲁壹号	Druid	44门	皇家海军	五等	
6	康威号	Conway	28门	皇家海军	六等	
7	窝拉疑号	Volage	28门	皇家海军	六等	
8	鳄鱼号	Alligator	28门	皇家海军	六等	
9	拉恩号	Larne	18门	皇家海军		
10	海阿新号	Hyacinth	20门	皇家海军		
11	巡洋号	Cruiser	20门	皇家海军		
12	宁罗德号	Nimrod	18门	皇家海军		
13	卑拉底斯号	Pylades	18门	皇家海军		
14	摩底士底号	Modeste	18门	皇家海军		
15	哥伦拜恩号	Columbine	18门	皇家海军		
16	阿尔吉林号	Algerine	10门	皇家海军		
17	响尾蛇号	Rattlesnke		皇家海军		运输船
18	皇后号	Queen	2门	东印度公司		
19	阿特兰特号	Atalanta	5门	东印度公司		木壳明轮蒸汽船
20	马达加斯加号	Madagascar		东印度公司		
21	进取号	Enterprize		东印度公司		

除了以上船只外,还有临时雇用的27艘运输船。

当然,英国陆军也派出了部队:爱尔兰皇家陆军第18团,苏格兰步兵第26团、步兵第49团,孟加拉志愿兵团,孟加拉工兵,以及马德拉斯工兵等共计4000余人。

1840年10月,英国又从南美开来了皇家海军的六等战舰加略普号(Calliope)和萨马兰号(Samarang),两舰载炮均为28门。陆军也不甘示弱,又调来了马德拉斯土著步兵第37团。

1841年元旦,又增加了无武装的海军巡逻船路易莎号(Louisa)、测量船司塔林号（Starling）、硫磺号（Sulphur）和运兵船丘比特号（Jupiter）。除此之外，还有大名鼎鼎的武装蒸汽船复仇女神号（Nemesis），它隶属于英国东印度公司，是一艘铁壳明轮蒸汽船。

1842年5月，马德拉斯土著步兵第37团被调回英国，但与此同时，英国又派来了马德拉斯土著步兵第2团、第6团、第14团、第39团、第41团，还有孟加拉志愿兵团、工兵、印度炮兵等共计6749人。6月5日，英国陆军第98团800余人，陆军第18团、第26团、第49团、第55团的缺额部分700余人也同日抵达，这次增援后，英国侵华步兵团达到11个，加上工兵、炮兵等，总兵力在12000人以上！

1840年6月，第一批英军抵达中国后，并未在广东与林则徐等纠缠，而是根据外相巴麦尊的指示，北上长江流域。6月30日，英军舰队抵达舟山群岛。为什么英国人要舍近求远，放弃广州而北上舟山呢？原来，早在1684年康熙开放海禁后，浙江宁波被辟为对外的通商口岸。1698年在宁波东部舟山群岛中的一座岛屿（即定海县）设立"红毛馆"，专门接待英国商人，虽然后来乾隆皇帝关闭了"红毛馆"，强迫所有英国人去广州商馆贸易，但英国人对定海并不陌生。此外，巴麦尊还希望占据舟山群岛中的一座岛屿（定海是其首选，但后来实际占领的是香港岛）作为将来中英贸易基地，因此处离最富庶的江南很近，可以大大降低丝绸、瓷器和茶叶等中国工业制成品的采购价格，是一处非常理想的贸易殖民地。

第一次定海之战

1840年6月30日，舟山群岛最南端的南韭山岛附近海面游弋着1艘中国水师舰船，定海清水师把总古万麟正是这艘船的指挥官，这次出海是一次极其普通的常规巡洋行动，古把总万万没有想到这次巡洋让自己、也让清朝遭遇到了前所未见的敌人。

"禀大人！"一名水兵慌慌张张地跑进古万麟的休息舱室，"正南方海面上，发现许多洋人船只，不知是何来意。"

古万麟听后，立即出舱来到甲板。果然，几艘高大的洋船正从南方海面上向舟山群岛行驶过来。古把总也从未见过此阵仗，立即大声下令："返航，快返航！向张总兵上报。"

古把总所说的张总兵，正是定海镇总兵张朝发。道光年间，清政府在定海镇设兵丁2600名，总兵（正二品）、游击（从三品）、守备（正五品）、千总（正六品）、把总（正七品）等各类官员52名。总兵张朝发就是定海清军的最高军事长官，下辖镇标三营，配有艇船5艘、同安船42艘、钓船30艘，陆上配有各类火炮114门。镇标三营的营署皆在定海县城附近，但兵丁驻扎较为分散，各营辖有陆上防地几十处，每处驻兵几名至几十名不等，另辖有内海、外海防地几十处，需来回驾船巡逻。张总兵定海防御重点在本岛，而本岛防御的重点在县城一带。定海县城东、西、北三面环山，南面临海，是天然良港，叫作道头港，港口距县城仅3里（约1.5千米）。战前共设有炮台四处，分别在道头、沈家门、岑港、五奎山岛，每处设红夷大炮数门，各炮台驻兵仅50名左右。承平日久，各处军备均破败不堪，吃空饷或雇人顶替参军者比比皆是，舰船也不满额，所辖77艘各类舰船，在修理中的竟达30艘！

得报的总兵张朝发立即召开军事会议，会上他下达军事命令："各营舰船、兵丁迅速向道头港集合！"同时命令，"镇标中营游击罗建功！"

"末将在！"罗建功起身拱手行礼。

"本总兵命你在道头统辖各处集结于此的兵力，整顿炮械火药，随时备战！"张总兵将大本营的统帅权交予手下，而他打算亲率水师舰船迎击英舰。

6月30日下午，各地兵丁尚在向道头集结中，张总兵就率领舰船出港了。海上双方舰队相持，不过天色已晚，双方都看不清对方实力，暂未开火。

第二天一大早，海面上刮起了南风。英舰船纷纷张满风帆，乘风北上。张总兵在旗舰上，第一次见到如此高大的战舰，指着载炮74门的英舰威厘士厘号，不禁问手下："这是何等兵船，竟有三层大炮？"

张朝发的手下各将领均未见过此种战舰，异口同声："属下实不知！"

张总兵有些生气："你们实不知？那它是哪国兵船，来此作甚，可知否？！"

各将领不敢吭声，面面相觑。

"朝廷养你们干什么用的？什么也不知道！"张总兵大发雷霆，"古把总，你最先发现的它们，你看它们来意善恶如何？"

古万麟见张朝发点名让自己开口，不得不应对道："总兵大人，来意善恶着实难以料断，不过属下总觉得来者不善。"

"那你看我们下一步该怎么办？"张朝发问道。

古万麟拱手附身，边说边看张朝发的脸色："属下觉得，当下南风正盛，来船满帆北上，势不可挡，不如……"

"不如什么？"张朝发问道。

"不如……不如我们先撤回道头港内浅水水域，料其大船难以遽然入内，待岸上罗游击炮械准备完毕，是战是和，我自游刃有余。如若当下在外洋，风大浪高，沟通不便，万一交战，我师船以小击大，又无岸炮支援，恐难取胜。"古万麟提出了撤兵回港的建议。

张朝发一听，气不打一处来，心想我师船出洋，尚未交战，甚至没有与来船沟通一下，就撤回港口，实在是不好交代。可万一来者不善，与载炮这么多的高大战舰交火，定无胜算。如果战败而归，岂不是更无法交代。正在张朝发左右为难之际，手下将领纷纷表示古万麟所言极是，均主张撤兵回港，张总兵便也就坡下驴，下令回港了。

回港后，张朝发发现此时道头近海已经集结了清水师各类舰船21艘，每艘配炮2门至20余门不等，配兵20名至100名不等，共计船炮170余门，水师兵丁940名。

张总兵听完汇报后，大喜过望："好！我水师集结可谓神速！尔等，随本总兵登岸，去看看罗游击陆上战备的如何。"

刚一上岸，张总兵就望见罗建功骑马率兵在岸边接应，罗建功赶忙上前汇报："报总兵大人，现陆上兵丁600人、岸炮20余门，已准备完毕。"

"好，罗游击果然带兵有方，行动迅速！"张总兵夸奖道。

"不到一天的时间，定海总兵力的五分之三和在用舰船的一半均已在道头港集结完毕。"罗建功继续汇报，"只待总兵大人一声令下，定当击沉来船。"

虽然定海守军总人数不算多，但在当时中国沿海各地，除虎门有3000名守军外，定海守军数量已是全国第二了。

7月2日一早，道头港岸边。蔚蓝色的海水翻起滚滚浪花，拍打着海岸，一眼望去，蓝天与大海连在一起，无边无际，空气清新，令人心旷神怡。岸边巡逻的清军突然发现数叶白帆，出现在海天一色的蓝色海面之上。开始时，像几片雪白羽毛似的，轻悠悠地漂动着，但很快越来越多的英舰出现在不远处的海面，这支舰队缓缓驶近道头港。张朝发得报后，亲自到海边查看。

此时，在道头港内及邻近洋面共有5艘英国战舰：威厘士厘号（载炮74门）、康威号（载炮28门）、鳄鱼号（载炮28门）、巡洋号（载炮20门）、阿尔吉林号（载炮10门）；武装蒸汽轮船2艘：皇后号、阿特兰特号；运输船10余艘，共载运陆军第18团、第26团和第49团等登陆部队。但英舰队并未开炮或实施强行登陆，而是停泊在海港内或其附近海域。

清军也未向英舰队开炮，双方处于一种奇怪的"和平"对峙状态。此时的定海清朝官员对英舰可谓一无所知，林则徐在英军北上后，听闻其将北上舟山，咨会浙江巡抚乌尔恭，但由于驿递缓慢，该咨会竟至8月才到。而此时的定海早已为英军占领。

7月4日,定海县知县姚怀祥赶到总兵衙门,与张总兵商量对策。

"总兵大人,您看这夷船来咱定海,意欲何为呀?"姚怀祥寒暄过后问道。

张朝发没有回答,反而问道:"姚知县,你看他们来意如何呀?"

"下官听定海小民说,夷船是来做生意的,康熙、乾隆年间,常有英夷船只来宁波的'红毛馆'做生意,路过舟山,私下与民贸易。"

张朝发点头道:"定海小民此说也有道理。夷船被风吹来,以前也常有,倒不足过于惊讶。可本官昨日亲自登船,看此次夷船不像商船,应是兵船,本官亲见有艘夷船,竟有三层大炮,如为商船,似无此必要吧?"

"总兵大人,如果您信得过下官,姚某愿意亲上夷船,打探对方虚实。"姚怀祥说道。

"那太好了,姚大人愿意亲往,本官真是感佩至极。"张朝发起身向姚怀祥拱手致敬,"本官派遣水师镇标中营游击罗建功与姚大人同往,保护大人安全。"

姚怀祥也起身拱手:"好,那就有劳罗游击了。下官先去准备,午饭后,与罗游击一同出发。"

午后,张总兵与姚怀祥、罗建功等人登上自己的旗舰,张朝发目送他们换乘小船驶向远处的英舰。

没等姚怀祥等人返回,突然有水兵报告有一艘夷人小船来到,看样子要求见张总兵。张朝发立即下令,让夷人登船,打算亲自审问一番。登船的英国将领正是威厘士厘号舰长托马斯·马他仑(Thomas Maitland),只可惜双方语言不通,比画了半天,也不能沟通。不过马他仑留下了一份中文写就的文书——《英国水师将帅伯麦等为要侵占定海而致定海总兵的战书》。

大英国特命水师将帅爵子伯麦、陆路统领总兵官布耳利,敬启定海城协镇大老爷知悉。

现奉大英国主之命,率领大有权势水路军师,前往到此,特意登岸如友,占据定海并所属各海岛。至该岛居民，若不抗拒本国军师，大英国家亦不意欲加害其身家产业也。

夫粤东上宪林、邓等，于旧年行为无道凌辱，大英国主特命正领事义律暨英国别民人，故不得不然，占据办法，现今须要保护本国船只弁兵，一均妥当，是以大老爷必须即便将定海并所属各海岛与其堡台一均投降，故此本将帅、统领招大老爷安然投降，致免杀戮。但不肯投降，本将帅、统领自应即用战法以夺据之。且递书委员，惟候半个时辰，俟致咨复。此时完了，而大老爷不肯投降，并不咨复，本将帅、统领即行开炮，轰击岛地与其堡台，及率兵丁登岸。特此启定海城协镇大老爷阅鉴。一千八百四十年七月初四日，即道光二十年六月初五日启。

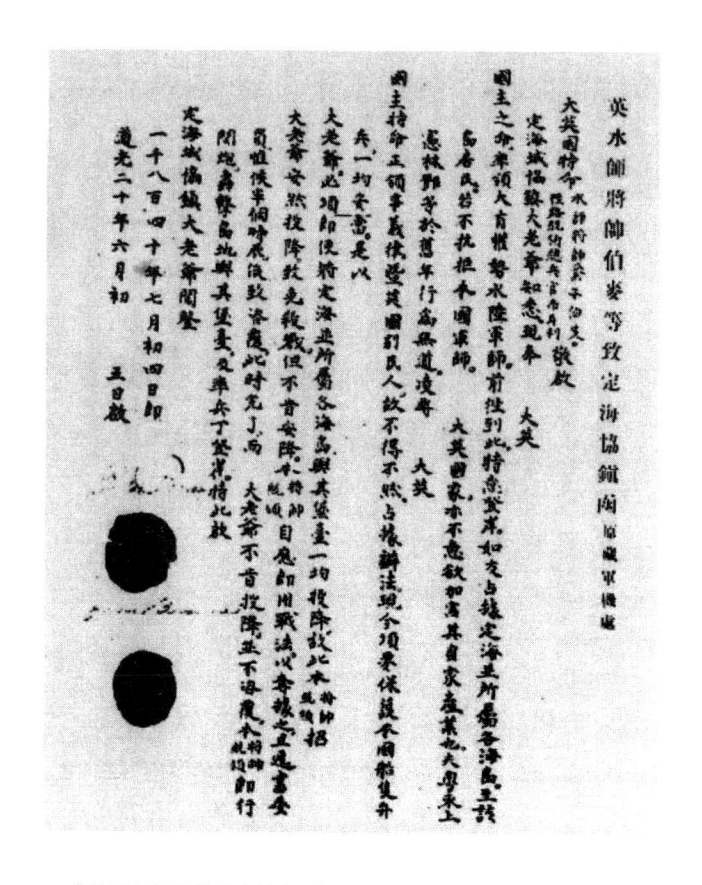

《英国水师将帅伯麦等为要侵占定海而致定海总兵的战书》影

这份文书在中国士大夫们看来，肯定是毫无文采，甚至有些语义不通，但无异于最后通牒，而且仅仅留给清朝大老爷们半个时辰，也就是一个小时的时间考虑是否投降。当然，我们通过对比此文书的英文原稿，发现本来留给张朝发等人是六个小时的时间，但不知道怎么回事，六个小时被翻译成了"半个时辰"。

此时的张朝发确实像热锅上的蚂蚁，盼望着姚怀祥能带回来好消息。

几乎在张朝发接到英方最后通牒的同时，姚怀祥与罗建功登上了威厘士厘号，见到了英国远征军海军司令伯麦。通过东印度公司的通事郭士立，伯麦首先介绍了强大的英国远征军的军事力量，渲染英军的船坚炮利，然后直接向姚怀祥提出限时投降的要求。姚怀祥这时才终于明白，英国大军来到定海，不是为了做生意，也不是为了走私鸦片，而是要占据他的定海县！

据参与当时对话的英国军事秘书吉瑟林（Jocelyn）的回忆录，姚怀祥表现出了一位中国士大夫应有的民族风范："你们把战争施加于民众身上，而不是我们这些从未伤害过你们的人；我们看到了你们的强大，也知道对抗将是发疯，但我们必须恪尽职守，尽管如此做必定会失败。"

号称"日不落帝国"的军队指挥官当然不可能被姚怀祥几句大义凛然的话吓倒，但伯麦承诺将最后通牒中的进攻时间推迟到第二天（即7月5日）下午2点。

姚怀祥、罗建功返回后，张朝发、姚怀祥分别向自己的上级报告大敌当前的形势，并再次召开了军事会议。

会上，大家分析了当前的军事形势。张朝发认为应该出动水师舰船在道头港迎敌，同时配以陆战兵丁在岸边防御并用岸炮助战。

罗建功出人意料地不同意上司的意见，说道："外洋火炮利于水而不利于陆，我水师船炮不如敌，海战难以取胜。末将感觉应该设法让夷兵弃船登陆，但道头无险可守，所以我军应将一半兵丁炮械撤至离定海城一里半的半路亭，另一半撤至城内防守。这样可以扬长避短，稳操胜券。"

姚知县此时也提出自己的看法："夷人新到，未知我虚实，我军宜坚壁待援，全军撤入定海县城，据城墙坚守，居高临下，可发挥大炮威力。"

张朝发一听姚怀祥的主意，立即意识到他是想让全军保卫他的定海县城，反驳道："水师无守城之责，吾领水师，知扼海口而已。若纵夷兵登岸，大事去矣！"

双方虽一时争执不下，难以制订统一的御敌方案，但大敌当前，双方还是保持了团结，最终商定兵分两路：一路是张朝发率罗建功等营官兵及水师舰船在海上、岸边迎敌；另一路是姚怀祥率兵入定海县城，负责城内的防守。

大计已定，每个人都清楚，自己遇到千年未有之新情况。在装备和兵力方面，敌方都拥有绝对优势。此一战胜负未卜，此一别生死未知。张朝发、姚怀祥为激励各自下属，异口同声地命令道："在外者主战，战虽败不得入，在内者主守，守虽溃不得出！"

清朝的官员与将领已经准备为国捐躯了。

7月5日早上，大战一触即发，中、英双方官兵的神经都已绷紧。今天的天气很好，朵朵白云，阵阵微风，能见度极佳，天气状况十分适合英舰队发动进攻。果然就在当天上午，英军武装蒸汽轮船和运输船全部由南向北顺风驶入道头港。

5艘英国战舰，排成两行战列线。载炮74门的三等战列舰威厘士厘号在第一排的正中间，左舷对准北边道头港岸上的清军火炮阵地，距岸仅180余米，其东侧为康威号（载炮28门），西侧为阿尔吉林号（载炮10门）。第二排是鳄鱼号（载炮28门）和巡洋号（载炮20门），分别位于康威号与威厘士厘号、威厘士厘号与阿尔吉林号之间。5艘战舰共载炮160门，船身一侧的舷侧炮对准清军，也就是说有80门黑洞洞的炮口瞄准了清军火炮阵地。两排战舰之后，是2艘武装蒸汽轮船，10余艘运输船则排在最后。

当然7月5日上午清军也没闲着，都在进行紧张的战前准备，在当天的战斗中清军到底投入了多少舰船和火炮，我们已经无从知晓。但7月1日，游击罗建功集结了21艘各类舰船，共载炮170余门，同时在岸上的临时阵地还安设了20余门火炮，水陆兵丁共计1500人左右，也许这就是7月5日当天清军投入的全部装备和兵力了。

7月5日下午2点，英国运输船上的陆军士兵纷纷换乘小船，已做好抢滩登陆的准备。下午2点半，比伯麦承诺的进攻时间晚了半个小时，威厘士厘号左舷的30余门大炮突然同时开火，随后另外4艘战舰和2艘武装蒸汽轮船也即刻加入战斗。张朝发亲自率领清水师舰船出海迎敌。但威厘士厘号32磅巨炮的威力是张朝发等清军将领从未见过的：第一轮齐射便将道头港岸上一座石制炮台临海的一面全部摧毁，清军官兵个个目瞪口呆，不知何等大炮竟有如此大的威力。

不过，清军舰船和岸炮还是立即进行了还击。当时在广州出版的一份英文期刊《中国文库》（Chinese Repository，又译《澳门月报》）对此次战斗进行了报道。在一篇报道中，它用略带戏谑的口吻记录了清军大炮的还击效果。

他们（指清军）炮声像鞭炮一样响了起来，炮弹击中了鳄鱼号的几个地方，一颗炮弹擦掉了一些油漆，另一颗炮弹让一道升降索掉了下来，第三颗炮弹（说来奇怪）竟卡在了炮架上。这就是英国舰队所遭受的损失。

可见，清军武器装备低劣得让人啼笑皆非。

很快英舰第二轮火炮齐射开始，这次张朝发的旗舰承受了大部分的炮弹，旗舰上顿时木刺碎片横飞、炮弹四处乱窜，很多炮械被击毁，吓得众官兵手足无措。

张朝发见状，表现出一名将领应有的素质，他站在甲板上，在一片硝烟中大喊："不要怕，准备炮弹，瞄准夷船……"话音未落，一颗实心炮弹直接命中张总兵的左大腿，张朝发顿时跌落水中，生死不明。

落水后，旗舰上的署中营守备姚歪泉带领兵丁李必全立即跳入海中，将身受重伤的张总兵救上了一艘小船，并向岸边撤退。但"总兵大人被夷炮炸死了"的传言在旗舰上迅速传播开来，旗舰上官兵的士气开始瓦解。随着英舰的第三次齐射，有些水师船只中弹沉没，更多的船只开始溃逃，将海岸留给了英国登陆船。

英国战舰的大炮开始向岸边的清军火炮阵地倾泻炮弹，没想到陆军官兵还不如水师，一轮齐射后，岸上清军鉴于英舰炮火如此猛烈，游击罗建功认为不可能抵挡夷人，便带领陆军向定海县城方向撤退。

据英国参战人员的记录，英舰队的炮击持续的时间很短，有的说七八分钟，有的说九分钟，反正是不到十分钟。中、英双方军事装备的差距在这短短不到十分钟的时间里暴露无遗[①]。炮声停息后，在远征军陆军司令乔治·布耳利（George Burrell）的指挥下，登陆小艇上的英国陆军士兵划起双桨，开始向岸边进发。

在定海县城外，罗建功见到了重伤昏迷的张朝发，张总兵躺在担架上，不省人事，呼吸微弱。询问后，守备姚悉泉告知罗建功，他们准备将张朝发送往宁波府镇海县疗伤。实际上张朝发当晚就伤重殉国了。

告别张总兵后，罗建功率领部下来到定海县城门外。城楼上的姚知县遵循战前约定，紧闭大门。但兵败如山倒，众溃兵继续向后方逃跑，罗建功见已不可能有效约束败兵了，自己干脆也加入了溃逃队伍，他们争先恐后地争夺渡船，拼命向镇海县方向划去。

而此时，英国陆军士兵也在拼命划船，只不过他们是在划登陆艇，实施抢滩登陆作战。笔者用"抢滩登陆"这个词也许让大家想起了电影《拯救大兵瑞恩》中诺曼底登陆的场景，但实际上是言过其实了，因为清军几乎没有抵抗，他们在几分钟内就跑光了，英军在一片荒芜的海滩顺利登陆，只有几具尸体、几支弓箭以及破矛和枪还留在海滩上。步兵第18团士兵从船上跳下来，蹚着过膝的海水，

[①] 浙江巡抚乌尔恭额在战后六天（即1840年7月11日）向道光帝上呈的夹片中说，张朝发"系于初七日（即7月5日）自卯至午在船与英逆互相轰击……"按此说，本次炮战持续了六个多小时。我们到底相信谁呢？

排成一队径直走向海滩，他们成了第一批成功登陆的英军。步兵第18团迅速抢占了道头港及其东侧的东岳山，另有一部分部队向定海县城方向推进。

这是开天辟地以来欧洲军队第一次以征服者的身份登陆中国海岸。

下午2点50分，英国远征军海军司令伯麦以胜利者的身份登上了东岳山，布耳利的双脚也踏到了中国土地之上。随着登陆的士兵，大批装备和火炮也从船上运到海滩上。

布耳利跟随部队很快推进到距定海县城仅四五百米的地方，他带领手下的炮兵指挥官、工兵指挥官对县城附近的地形地貌做了一番实地侦察后，决定集中力量对西门进行攻击，如果不能轰开城墙，就架起云梯攀登城墙实施强攻。

下午4点，英军炮兵在离城墙仅360余米的地方组装好了2门9磅野战炮。5点左右，东岳山制高点也形成了由4门火炮组成的野战炮兵阵地。很快，英炮兵开始了向定海县城的炮击。东岳山上的英军火炮凭借居高临下的有利位置，对定海县城构成极大威胁。

知县姚怀祥在城头冒着英军炮火指挥清军炮兵还击，但他很快发现己方大炮的射程大多太近，几乎有一半的炮弹根本打不到对方阵地，但英军炮弹却不断地落在城头。

姚知县被英军火力压得抬不起头，一名身边随从护住姚知县说道："区区几门夷炮就有这么厉害！"

"都怪我军炮火不能及远呀！"姚怀祥万分焦急，不过比县城前方2门大炮更具威胁的事情发生了，密集的炮弹从东岳山方向不断地向县城射来。

"姚大人，东岳山上好像有夷人的大炮！"身边随从向姚怀祥汇报道。

姚怀祥望向东岳山的高处，推测道："想必是张总兵的水师吃了败仗，让夷兵登岸了，这才不到两个时辰，英夷竟能占我东岳山，居高临下，轰击我县城，真是气煞人也！"

县城清军发现自己的火炮根本打不到高处的东岳山英军炮兵阵地，只能干挨打、空着急。还好，天色已晚，英陆军并未发起攻城战，只是炮火并未停止，反而越发密集起来。原来，天黑后英国炮兵又组装好了6门9磅大炮、2门榴弹炮和2门迫击炮，县城前方英军野战炮兵阵地的炮火已增至12门。

县城中的清军已被英国火炮吓破了胆，军心大为动摇，很多士兵擅离职守，打开北城门，逃向镇海。实际上当晚10点后，清军已停止了炮击。知县姚怀祥在城头劝阻众逃兵，但他一介文官，根本劝不动。俗话说"兵败如山倒"，此时定海县的清军不顾一切地想逃离可怕的战场，县城居民也纷纷带着家当细软从北门逃走。姚知县出北门后，来到普慈山脚下的梵宫池边，他望着逃兵的背影，顿足捶胸。这时一位路过的兵丁认出知县大人，赶忙上前："姚大人，赶快跑吧，张总兵已经中弹阵亡了，罗游击要大家都撤到镇海。去晚了怕是连渡海的船都没有了！"说完，便往镇海方向跑去。听闻张总兵阵亡，姚怀祥顿感大势已去，作为知县守土有责，失土必遭斩首，回去也是一个死。他心一横，跳梵宫池自杀殉国了。

第二天（即7月6日）凌晨，英国远征军陆军司令布耳利发现定海城头的清军旗帜与昨晚一样随风飘扬，但随着天逐渐亮起来后，他发现城头上一个人也没有。布耳利推测可能是清军已经疏散或逃离了，但也怀疑这是清军的一个计谋。于是，他没有贸然下达攻城的命令，而是派出一支先遣队攀上城墙先查明情况再说。

先遣队在护城河上架起了简易桥梁，用云梯爬上了城头。他们发现，城上堆满了清军的长矛、火绳枪和火箭，还有令人发毛的一袋袋生石灰。若是强攻县城，攀爬云梯的英国士兵定会遭受生石灰的攻击，眼睛必然非瞎即伤，后果将不堪设想。可清军已在夜间跑光了，城头真的空无一人。

布耳利率第18团将士进入定海县城后，发现城内百姓也早已逃走，只有空荡荡的街道等待着英国军队。当英军来到县衙后，终于发现了一名中国官员，他端坐于大堂之上，此人正是定海县典史，名叫全福。

典史是一个很小的官职，无品阶，是知县下面掌管缉捕、监狱的属官。如今的县衙里，典史全福是官阶最高的人了。他本是管理监狱犯人的，现在端坐在县衙大堂之上，手下仆人劝他退避，被全福呵斥下去。很快，攻入县衙的英军，见只有一人坐于大堂，十分惊愕。

典史全福拔刀拍案，向英军大声喊道："我大清国典史也，誓杀贼，何有汝等小丑耶？"

涌入大堂的英兵稍稍后退，全福站起身来，持刀跳下大堂，砍杀了1名黑夷（即印度裔士兵），随后被众英兵用刺刀刺死。

定海县最终被英军占领。

钦差大臣裕谦于1841年奉旨调查第一次定海之战的伤亡情况，根据他向道光帝上呈的夹片《钦差大臣裕谦为遵旨查明定海死难弁兵片》记录：第一次定海之战，除知县姚怀祥、典史全福外，仅有兵丁葛上观等13人战死，兵丁林先甫等2人受伤残疾，兵丁陈捷勋等11人受伤痊愈。也就是说战死13人，重伤残疾2人，轻伤11人，而且这些伤亡都是英军舰炮轰击造成的，英军进攻县城时，竟无一人伤亡。英军击毁的清水师舰船数量都比打死的清军人数多。英方材料记载其在整个战役中无一人伤亡，全福砍杀1名印度裔士兵为清人黄安涛《定海县典史死节状》所记载，却不见于英方材料，不知是否属实。

回过头来看第一次定海之战，我们可以发现清军官员与将领不可谓卖国怯战，二品总兵亲临海战一线重伤身亡，六品知县也自杀殉国。但到头来，兵败如山倒，清军官兵的心理防线迅速被英军炮火击得粉碎。这一切正是中、英双方在武器装备、军事技术、军事训练等方面存在巨大的差距，才导致了一边倒的战役结果。

通信好难呀

第一次定海之战已然结束，定海县城已被英军占领。但实际上，英国远征军尚未集结完毕，实施定海战役的只是由远征军海军司令伯麦、陆军司令布耳利率领的一个分队，另一支舰队则由远征军总司令兼英国女王全权代表懿律和英国女王的另一位全权代表义律率领。懿律于1840年6月底抵达中国后，与义律率分舰队北上，意图与伯麦、布耳利等人会合。

英国女王的2位全权代表携带着一封信件，即《巴麦尊子爵致中国皇帝钦命大臣函》，此信详细讲明了英国挑起战争的原因以及英国的诉求。外交大臣巴麦尊命令他们在以下三个地点将此信及其副本递交给中国官员：1. 广州；2. 甬江口、长江口或黄河口的一处；3. 天津。

义律为了避免在老对头林则徐面前卑躬屈膝，他不愿意在广州递交，于是他们在北上与伯麦等人会合的途中，于1840年7月2日、3日在厦门派人投递此信，但由于中、英双方在观念、传统习惯和语言方面存在着巨大差异，清军不明白英方投递人员举着的休战白旗代表什么意思，投递不但没有成功，双方还发生了小规模炮战。

7月7日，懿律和义律率领分舰队抵达舟山。11日，他们派遣1艘小型船只前往镇海投书，当地官员虽然接收了信件，但于第二天又将其退回，声称不敢将此件上呈。

中、英双方信息沟通失败导致英远征军抵达中国半个多月后，且在定海已失陷的情况下，中国方面从上至下还不知道英国为什么要发动战争，道光帝本人甚至对此次冲突是由英国政府挑起还是仅仅由鸦片贩子私下挑起的都还不清楚。

7月30日，英舰队起锚离开舟山北上，原旗舰麦尔威厘号在此过程中触礁损坏需要修理，威厘士厘号代替它成为旗舰。8月7日，8艘主力舰抵达天津大沽口外，11日派人向大沽炮台再次要求投递文书。

由于南方前线路途遥远以及驿递系统缓慢，道光帝接到粤、闽、浙三省官员奏折的时间往往是在奏折送出后半个月至一个月，这样的延迟对于指挥一场针对当时世界上最强大的工业化国家的战争来说是致命的。

7月20日，道光帝才得知英夷登陆定海，24日得知定海失陷，英夷进逼镇海。这时，道光帝才开始意识到这次犯逆的英夷恐怕不是鸦片船这么简单，随即命令闽浙总督邓廷桢、两江总督伊里布各派兵数千，驰援浙江。

8月1日，道光帝接到林则徐于6月24日发出的奏折，得知英国派来9艘军舰、3艘轮船；8月3日，又接到林则徐于7月3日的奏折，得知又有英国军舰10艘、轮船2艘抵达广东海面，英军还可能北上舟山、上海，甚至天津。这时，清廷中枢才意识到战争已经爆发。

8月4日，道光帝从浙江巡抚乌尔恭额于7月24日发出的奏折中得知英军有投递公文的诉求。8月9日，他收到直隶总督琦善关于天津防务的奏折后，作出了一项违反祖制的决定，他允许琦善接受英夷的"禀帖"（指旧时民众或下级呈官府的文书）。

8月17日，琦善派遣督标左营千总白含章前往天津大沽口外海面上停泊的英国军舰，接受了《巴麦尊子爵致中国皇帝钦命大臣函》。可能是琦善担心英国人因千总（正六品）的官职太低而看不起白含章，故向英方谎称白含章为正五品守备，只可惜这些化外英夷根本不懂大清官制，称白含章为白上尉（Captain Bai）。

琦善收到巴麦尊的信函后，立即上呈道光帝。8月19日，道光帝终于收到了这份信函，这才明白了英夷为何大费周章地发动战争，看完此函后，道光帝对敌政策竟有了一百八十度大转弯，从主"剿"转为主"抚"。

《巴麦尊子爵致中国皇帝钦命大臣函》

《巴麦尊子爵致中国皇帝钦命大臣函》洋洋洒洒4000字,一开头就提出因广东的中国官员(指广东的林则徐、邓廷桢等)"加害"侨居中国的英国臣民,侮辱英国君主,因此英国派遣水陆大军前往中国海岸,向皇帝要求昭雪申冤。

紧接着,信函提出中国的禁烟政策不公平:第一,只禁外国烟犯,但没有惩处中国烟犯;第二,严禁鸦片的法律在很长一段时间里没有认真执行,只是一纸空文,但现在林则徐等人在没有任何预警的情况下,突然严格执法,这不合情理;第三,中国官员自总督以下长期以来包庇,甚至帮助烟犯走私鸦片,中国政府应该先处理自己的不法官员,再处罚外国烟犯;第四,林则徐等官员贯彻禁烟措施,逮捕烟犯,不应涉及其他合法外商,尤其不应软禁英国政府派驻的商务监督义律。鉴于以上这些所谓的不平事,英国派兵向中国皇帝申冤,希望皇帝派遣钦差大臣亲到英舰谈判,并提出以下五点要求:

一、要求中国政府赔偿货价。此处货价指被林则徐销毁的鸦片,巴麦尊在信函中也未敢直接提出赔偿鸦片,而是用"货价"一词来模糊表达。此句英文原文为"The value of those goods shall be paid back";

二、中英平等外交;

三、割让一岛或数岛为英国商人来华贸易基地;

四、要求中国政府支付中国行商对英商的欠款;

五、要求中国政府支付英国水陆大军的军费。

此函可能是中国历史上第一次直接收到来自英国政府的公函,由于双方历史习惯、文化风俗、政治制度等方面存在着巨大差异,给谁处理都会感觉特别棘手。历史上的道光帝胆略才干属实一般,让他去处理这千年未有的大变局确实是为难他了,更何况他几乎没有时间去处理。

清代政治制度没有设置丞相一职，雍正帝推广奏折以后，内阁的票拟也随之取消，皇帝本人亲理一切政务，既是国家元首，又是政府首脑，大学士和军机大臣不过是皇帝的秘书班子。每日收到的奏折，皇帝一般都会在当天批示后发下，决策也随之作出，可谓速度极快、效率极高。以皇帝一人的智识、眼界，在短短一天之内，对全国上下大大小小的政务迅速作出决定，这对皇帝的自身能力提出了极高的要求，清代皇帝几乎个个是劳模，每日都要批阅上万字的奏折，做出一系列具体决策，很难说这些决策是在科学分析和理性探讨的基础上作出的，稍有纰漏，就可能给国家造成重大的损失。

道光帝于1840年8月19日收到琦善上呈的此信函，当日没有发下，而是破例留中一天，第二天才批发下去，可见皇帝对其的重视程度。但重视归重视，不过仅有两天时间，皇帝能仔细研究吗？他咨询谁了吗？他查询什么资料了吗？这些都无从考证了，但在这两天里，道光帝批阅并下发了至少九道谕旨，从工作时间上看，他几乎不可能潜心对待，就在这短短两天的时间，他改变了清廷对英夷的态度，决定对其采用招抚政策。

按清朝的政治传统，外藩上书皇帝，无非就是申冤或乞恩。巴麦尊在信函中用大量篇幅抱怨林则徐禁烟措施过于严苛、有失公允，正是属于向皇帝"申冤"，而后面提出的五项要求，不就是外藩在乞恩吗？正是在这种思维的影响下，道光帝于8月20日向琦善下达了两道谕旨，他在谕旨中说道：

大皇帝统驭寰瀛，薄海内外，无不一视同仁，凡外藩之来中国贸易者，稍有冤抑，立即查明惩办。上年林则徐等查禁烟土，未能抑体大公至正之意，以致受人欺蒙，措置失当。兹所求昭雪之冤，大皇帝早有所闻，必当逐细查明，重治其罪。先已派钦差大臣驰往广东，秉公查办，定能代申冤抑。该统帅懿律等，著即返棹南还，听候办理可也。

我们的道光帝俨然就是"天下共主",清朝也是绝对的"天朝上国"。对于巴麦尊提出的五项要求,道光帝通过谕旨,明确指示琦善:大清准许英夷在广州通商已属恩惠,割让海岛破坏成规,断不可行;大清也不会替行商支付欠款,应由中、英两国商人自行解决;对于赔偿所谓"货价",皇帝告之鸦片本属违禁品,又已销毁,不得索价。

在谕旨中,道光帝未提及中、英平等外交与赔偿军费两项要求,也许是因为皇帝公务繁忙,没有看清巴麦尊的这两项要求。但他强调,英夷要求天朝派钦差大臣亲往夷船,与英夷面对面的谈判,自来无此体制,应严词拒绝。

直隶总督琦善于8月22日接到道光帝的这两道谕旨,并依据旨意,从8月底至9月中旬开始了与英国的谈判。此半个多月间,琦善与英方往来照会至少十通,还在大沽口海滩与义律、懿律亲自面谈。当然,琦善也是多次向皇帝汇报谈判进程,道光帝也两次发上谕指示谈判方向。皇帝意在让英舰队返航广东,然后派遣钦差大臣到广东解决英夷的"冤情"。为了达到此目的,清朝虽未同意巴麦尊的五项要求,但基本上同意一旦英舰队退回广东,可以惩办林则徐,并可重新通商,还暗示英方赔偿"货价",可在英舰队退回广东后,由广东的行商出钱赔偿。

在今天来看,这次谈判的结果是十分奇怪的。中、英双方各自都认为达到了谈判的目的:中方要求英方先行返回广东,等候钦差大臣奉旨查办,如英夷冤屈属实,必当秉公处理,到时会严惩林则徐,恢复中英贸易,至于"货价"赔偿与否也是可以商量的;而英方认为清廷已经明白了英国的要求,会由皇帝派遣钦差大臣去广东,"货价"定可赔偿,其余要求也可商量。

之所以得出如此奇怪的结果,与当时中、英双方对彼此的传统、政治和语言不了解有很大关系,我摘录了一段9月13日琦善给义律的照会,大家从中可以体会一下当时中英谈判的个中微妙。

总之,贵统帅(指懿律)承办此事(指来华作战),无非欲有以复贵国王之命,如贵统帅钦遵谕旨,返棹南还(指回广东),听候钦派大臣驰往办理,虽明知烟价所值无多,要必能使贵统帅有以登复贵国王,而贵领事(指义律)亦可申雪前抑。缘恐空言见疑,为此再行照会贵统帅。果如所言,将有利于商贾,有益于兵民,使彼此相安如初,则贵统帅回国时,自必颜面增光,可称为贵国王能事之臣矣。惟再图之。

琦善告知懿律,只要回航广东,虽明知销毁的鸦片烟值不了多少钱,但必能使懿律回复英王;中英恢复贸易,相安如初,懿律回国的时候,也必然颜面增光。这让不在清朝之内的英国人看完后,一定认为中国已经同意赔偿"货价"了。可按清朝传统,琦善此言好像并未承诺什么具体事情。后来琦善将此照会副本上呈皇帝,道光帝朱批:所晓谕者,委曲详尽,又合体统,朕心嘉悦之至。

这份让皇帝嘉悦之至的照会果然发挥了作用,就在此照会发出的当天或第二天(9月13日或14日),大沽口外的英军舰队真的南下广东了。山东巡抚托浑布给皇帝的奏折中报告南下的英军舰队路过山东海面,"各船遍插五色旌旗,鼓乐大作,夷众数百人一齐出舱,向岸罗拜,旋即开帆南驶。一时文武官弁及军吏士民万目环观,感谓夷人如此恭顺,实出意料之外……"道光帝必定十分得意于自己改"剿"为"抚"的政策,认定"片言片纸,远胜十万之师",英夷不过志在通商,又想诉冤,不费一兵一卒,就可退兵,为国家节约了兵饷粮费。

但就在英舰队南下之日,义律已经照会琦善,即便英舰南撤也只是回广东,与皇帝新派遣的钦差大臣谈判,谈判的基础仍是《巴麦尊子爵致中国皇帝钦命大臣函》所提的五项要求,而在英方要求未得到满足前,定海不会归还。实际上,义律和懿律同意中方南下谈判的要求,主要是因为将近一个月的天津谈判毫无结果,舰队在没有基地、没有补给的情况下,何时结束海上漂泊遥遥无期,大沽口只有8艘军舰,进攻无取胜把握;更何况将近冬季,北季风即将过去,届时北方海域结冰,军舰行动不便,会给英军的远征带来更大的风险,因此还不如南下与钦差大臣继续谈判。

英舰队南下后,道光帝以为战争已经过去,开始了善后布局:下令将林则徐、邓廷桢革职,山东等北方沿海各地撤防;任命琦善为钦差大臣前往广东解决英夷"冤情"。

广东谈判:琦善VS义律

1840年11月底,中、英双方代表琦善和义律抵达广东。英方的懿律因病离开中国,使得义律成了英王在华的唯一全权代表。

这是一场钦差大臣与全权代表的谈判,但实际上他们都要听命于身后的主子——皇帝和巴麦尊,由于道光帝与巴麦尊的强硬态度,这注定是一场不可能达成一致的谈判。

道光帝于12月25日收到琦善关于谈判的第一批奏折,于12月30日收到第二批奏折,此时皇帝认为英夷已经远退广东,就又改变了对英政策,从主"抚"又变回主"剿",指示琦善准备进攻英夷,不得示弱,并从外省调兵四千归琦善指挥。

1841年1月6日,道光帝收到琦善上呈的第三批奏折,并下达一道史无前例的严旨,要求琦善对英夷发动进攻。

逆夷要求过甚,情形桀骜,既非情理可谕,即当大申挞伐……逆夷再或投递字帖,亦不准收受,并不准遣人再向该夷理谕……朕志已定,断无游移。

皇帝还起用已经被革职尚在广州的林则徐、邓廷桢协助琦善剿灭英夷。

巴麦尊本就不相信谈判,在开战前,他就指示义律等人,明确主张用大炮说话，要么中国接受英方条件，要么开战，不必纠缠于谈判。

谈判双方的主子都如此强硬，看来只能用大炮代替照会去谈判了。就在道光帝发布攻夷严旨的第二天，英方就已率先进攻当时中国防御最为精良的虎门要塞了。

虎门大战——沙角、大角炮台之战

1841年1月7日一大早，广东虎门珠江口外战云密布。海面上游弋着麦尔威厘号、威厘士厘号、伯兰汉号、都鲁壹号、海阿新号、摩底士底号、哥伦拜恩号、加略普号、拉恩号等14艘英国战舰，共载炮446门；还有4艘武装蒸汽船：进取号、皇后号、复仇女神号、马达加斯加号，共载炮16门，外加几艘运输船，装载着马德拉斯土著步兵第37团（共7个连），皇家步兵第18团、第26团、第19团各一部，炮兵、工兵一部，总计约2000人。这支庞大的海陆部队要远远强于定海之战的英军。

虎门战略地位之所以十分重要，是因为它是广州的门户，而广州是当时清政府指定的对欧洲唯一的贸易口岸，对外贸易额巨大。虎门一失，入侵舰船溯珠江而上，直逼广州，广州城的东、南、西三侧均可登岸，守军很难组织防御。

清代自康熙朝起即扩建虎门炮台。自19世纪30年代以来，在关天培、邓廷桢、林则徐等人的主持下，虎门要塞不断加防，逐渐发展成为具备三道防线、拥有300余炮位的全国最为强大的国防工事。

琦善到广东后，在关天培的具体操作下，也加强了虎门地区的兵力和各类防御设施，增调了一些部队和大炮，还修建了一些小型沙袋炮台。临战前，虎门要塞拥有九座永久性炮台（大炮306门）、战舰10艘（大炮120门），水陆各类兵勇共计11000人。

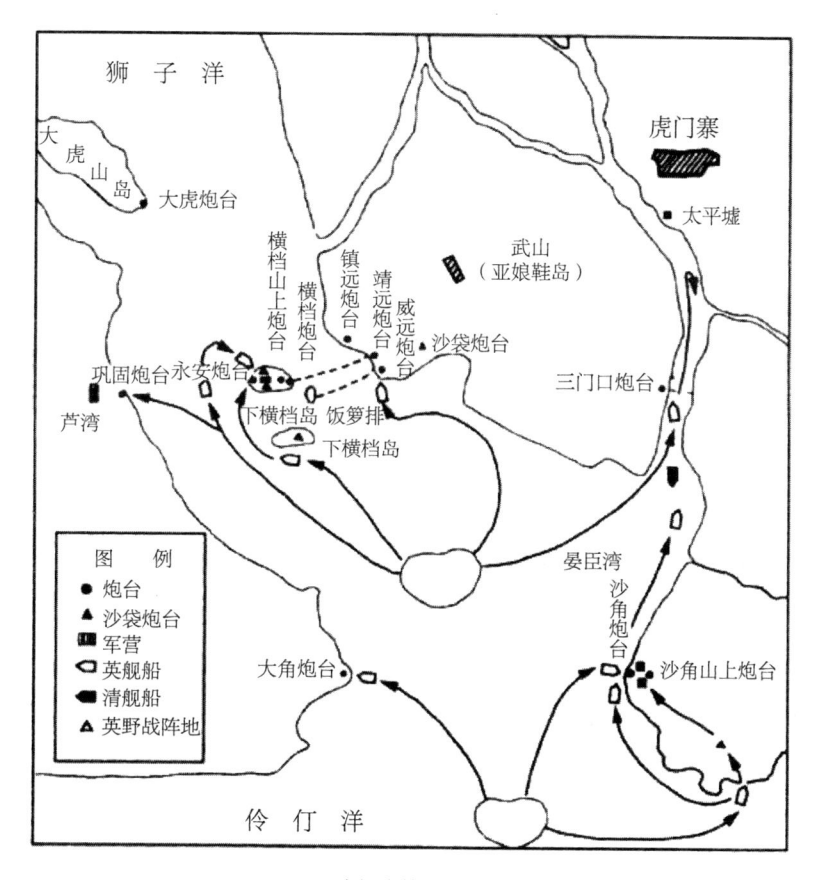

虎门大战示意图

　　1841年1月7日上午8点，虎门大战正式打响。英军开始了对虎门第一道防线大角炮台、沙角炮台的进攻。

　　加略普号（载炮28门）、海阿新号（载炮20门）和拉恩号（载炮18门）3艘战舰排成一字长蛇阵，逼近沙角炮台。突然面向炮台一侧的30余门大炮同时发射，沙角炮台顿时碎石横飞，陷入一片硝烟之中。守卫沙角炮台的是三江协副将陈连升及手下六百兵丁。陈连升亲临第一线指挥，守军的大炮立刻还击，沙角炮台附近的清军均向炮台集结，这为英军较为顺利地侧翼登陆创造了有利条件。

　　在3艘英军战舰炮击的同时，英军复仇女神号等4艘武装蒸汽船拖拽着登陆船在沙角炮台南边约4千米处成功运送1400余名士兵登岸！此处清军并未设防，英军登陆后迅速向北进发，上午10点左右占领了一道横向山岭，英炮兵很快就构筑起一座由3门大炮（1门24磅炮、2门6磅炮）组成的野战炮兵工事。

英步兵在野战炮兵的掩护下，向北边的清军兵营发起进攻。英国野战炮居高临下轰击清兵大营，清军大炮面向大海，没有料到英军居然能从侧后方出现，由于很多火炮没有炮车，一时难以掉转炮口，造成被动挨打的局面。

也许大家还记得国姓爷的部队在1661年"9·16海战"中迅速掉转炮口轰击背后的荷兰舰船，这说明1841年清军的炮车、炮架等大炮辅助设备反而不如近两百年前国姓爷的部队。

当然，清军还是冒着英军炮火费了九牛二虎之力将部分大炮炮口掉转过来，但他们发现英军炮兵阵地在山脊之上，敌人居高临下占据有利地形，自己大炮的炮口根本不可能抬得这么高，开了几炮后，发现根本打不到英军，军心士气开始动摇。清军草棚兵营被炮火引燃，火势迅速蔓延开来，大部分守军溃逃，英军占领这座从侧后方守卫沙角炮台的兵营。

复仇女神号等4艘武装蒸汽船在完成输送步兵登陆的任务后，利用蒸汽动力的优势，迅速兵分两路，一路为复仇女神号和皇后号，它们在沙角炮台沿岸水域找到一处可以避开清军炮火的死角位置，开始向沙角山上的清军后方炮台轰击；另一路为马达加斯加号和进取号，它们加入加略普号等战舰炮击沙角沿海主炮台的行列。

清军在沙角山上的后方炮台是既可炮击海上的敌舰，又可从后方保护沙角沿海主炮台，但此时遭到复仇女神号和皇后号的炮击，特别是复仇女神号32磅的重炮对沙角山后方炮台造成巨大破坏，这牢牢吸引了清军炮手和士兵的注意力，而此时登陆的英军已经从侧后方逼近此处了。

当英军登陆的步兵从后方发起冲锋时，惊慌失措的清守军一哄而散。这样，沙角沿海主炮台就已经处于英国战舰和登陆士兵的两面夹击之下了。

此时，副将陈连升与其子陈举鹏率兵正在与英战舰进行炮战，英舰火炮威力很大，沙角炮台本来就是信炮台，工事坚固度非常一般，大片大片的防护墙被英军炮弹击飞，守军伤亡惨重，其余人员俯身工事内，还击的炮火时断时续。

很多清军并非死于敌人的炮火，而是死于自身携带的火药。原来，清军在此一时期配备的火枪叫作"兵丁鸟枪"，它是一种火绳滑膛枪，枪长一般有2米左右，重3.6千克左右，有效射程一般不超过100米。发射前需从枪口装入3钱火药，再塞进重1钱左右的圆形弹丸，用推弹杆压实。枪身上有一金属弯钩，弯钩的一端固定在枪身上，并可绕轴旋转，另一端夹持一燃烧的火绳。士兵开枪时，用手扣动扳机，带动弯钩往枪身上方的火药口里推压，使火绳点燃火药，火药在有限的空间内燃烧爆炸，进而将枪膛内装填的弹丸发射出去。清军所用火绳一般是一根麻绳或捻紧的布条，将其放在硝酸钾或其他盐类溶液中熏煮浸泡后晾干，燃烧速度非常缓慢，每小时燃速80毫米至120毫米。这样，在战斗开始前，士兵们点燃火绳，装完火药和子弹后，每次发射前可以双手持枪，眼睛始终盯准目标，扣动扳机将金属弯钩所带的火绳压进火药口；发射后抬起弯钩，火绳离开火药口，再重新装填火药和弹丸，进行下一次发射。鸟枪以如此复杂的方式进行填装发射，一名熟练的士兵发射速度也就是每分钟一两发而已。

交战时，装备鸟枪的士兵随身携带着散装火药与子弹，士兵本人实际上成了一个移动火药桶。战场上，到处都是明火，士兵必须格外小心，否则一个小小的火花都可能引燃身上的火药。一旦真的交战，敌方炮弹密集飞来，炮台受到巨大冲击，藏身其中的士兵在混乱中跌倒、相互碰撞都是不可避免的事，火绳枪和大炮的引信都是明火，很容易引燃随身的火药，一旦身上的火药燃烧起来，冬天的棉衣本就是引火物，根本来不及脱掉，很多士兵都是这样阵亡的。所以很多清军宁愿使用弓箭、刀、剑等冷兵器，也不愿意装配鸟枪。

此时，英舰火力打得沙角主炮台只有招架之功，却无还手之力。陈连升拔出军刀正在指挥一组炮兵重新装填弹药。

《兵技指掌图说》中鸟枪练法及鸟枪的火绳击发装置

"父亲，大事不好了，我看英夷从后山过来了！"陈举鹏指着炮台后方，果然登陆的英军步兵已经杀到眼前了。

陈连升见状，低声告诉儿子："你快将我副将关防大印护送回营，为父今日将为国尽忠，今后你要孝敬母亲。"言毕，举刀率领士兵冲向英军，只可惜尚未接近英军，就身中数弹，倒在血泊之中，牺牲殉国了。陈连升的部下守台千总张清龄也战死疆场。

陈举鹏自然不可能撤离战场，他拿起弓箭向敌人射去。在英军火枪齐射下，陈举鹏和很多清军纷纷倒下……沙角炮台就这样沦陷了。

沙角之战中，清兵伤亡过半。据参战的英国军官回忆，中国士兵的尸体从炮台的斜坡滚落，在地上堆积了三四层。在一个布满岩石的角落，中国士兵躺倒在被射杀的地方，就像成堆的麻雀。整座山坡遍布尸体，一半以上的尸体被焖烧，因为被射杀的时候，许多人扑倒在火绳枪上，他们的棉布衣服就是引火物，一下子就被点燃了。

在英军攻击沙角炮台的同时，英军舰萨马兰号、都鲁壹号、摩底士底号、哥伦拜恩号4艘战舰，共载炮108门，进逼大角炮台正面，猛烈地攻击大角炮台。此4艘英舰载炮数量是大角炮台清军火炮数量的4倍之多，射程、射速和威力更是远超清军火炮。

大角炮台由千总黎志安率400余人驻守。很快，多处炮台工事墙壁被打断，山后围墙也多处被打塌。守军开炮对抗，但毕竟效力有限，清军在敌方炮火下难以驻足。不到一个小时，守军还击的炮声就消失了。

英军打哑大角炮台后，不等陆军支援，各舰水兵径直搭乘所属小船，在炮台南、北两侧登陆，从围墙缺口处攻入炮台内部。守台千总黎志安身受重伤，幸存的守军也大多负伤，根本无力抵抗。此时炮台后方的火药库房中弹爆炸，黎志安率人将尚存的14门火炮推入大海后，向后山突围而去，就这样大角炮台也失守了。

据战后清方奏折，此战清军战死287人，另伤重而死5人，受伤456人，失踪9人，共计757人；英军的伤亡统计是登陆部队受伤30人，舰船人员受伤8人，无死亡。

复仇女神号与晏臣湾海战

就在沙角炮台即将陷落之时，1月7日上午11点左右，英国东印度公司的蒸汽铁壳战舰复仇女神号北上晏臣湾，而此时此刻，晏臣湾内正停泊着由15艘战舰组成的中国水师舰队。1:15的海战似乎一触即发！

复仇女神号建造于1839年，是世界上第一艘真正采用水密舱壁的铁壳战舰，长52米、宽仅8.8米，载重660吨位（BM），是一艘低矮的平底船，外壳是铁皮，甲板和内龙骨是木制的。轮机舱装有2台60马力的边杆发动机、2台熟铁锅炉。

19世纪30年代之前设计的蒸汽动力船只，一般与蒸汽机配合使用的推进工具是明轮，明轮就是在船身两侧或船尾安装的2个大轮，其外周装上叶片，成为能旋转的桨轮。船只开动时，蒸汽机通过气缸带动桨轮转动，桨轮上叶片拨水，推动船只前进。

复仇女神号也不例外，船身两侧的中间位置各有一个明轮，每个明轮重达2吨，由各自的发动机通过一个冲程为1.2米的垂直气缸推动，每分钟转速为16次至22次，每个明轮上方都有铁质保护罩。19世纪是风帆船只向蒸汽船只的过渡时期，因此复仇女神号既有蒸汽机和明轮，又安装了桅杆、风帆和索具等传统风帆动力装置。

由于船身两侧各有一个巨大的明轮，复仇女神号无法安装过多的大炮，只是在船头和船尾各安置了1门32磅铸铁前装滑膛炮，炮身重1.3吨，约1.8米长，均由枢轴炮架支撑，可以360度旋转向各个方向射击，射速为每分钟1发，射程达1.6千米！除了这2门令人生畏的大炮外，复仇女神号还装载了5门6磅黄铜炮和10门铁质旋转炮。在船头和舷桥上，还装有当时英军新开发的秘密武器——康格里夫火箭炮（Congreve rockets），配备6条可发射12磅和24磅火箭弹的炮管。

比起载炮74门的威厘士厘号、伯兰汉号等浮动城堡，复仇女神号的武装只能算少得可怜，但它有着一项其他木制大型战舰都没有的优势——吃水极浅，空载时仅0.7米，满载时也仅深至1.8米。而大型三等战舰吃水动辄四五米，小一些的五等、六等战舰吃水也要三四米，它们虽然火力极猛，但与没有远洋海军的中国作战可谓是英雄无用武之地，而复仇女神号正是为在沿海与内河作战而精心设计的。大家应该还记得，当年国姓爷打败荷兰东印度公司海军，就是利用荷兰船只吃水深，不利于近岸作战的劣势。但时过境迁，19世纪的工业革命给了侵略者更可怕的技术支持。

复仇女神号

让我们再回到1841年1月7日上午11点，此时的复仇女神号船长威廉·霍尔（William Hall）见沙角炮台马上就要被英陆军攻破，决定北上晏臣湾。于是复仇女神号带着几艘小船逆江而上，驶入晏臣湾。我们可以看看前文的虎门大战示意图，晏臣湾是一道较为狭长的水道，已经属于珠江末端流域了，但吃水很浅的复仇女神号在此处一样可以自如航行。

在晏臣湾里，清军部署了一支由15艘舰船组成的舰队，可能是因为此处水浅，关天培等清军将领认为这里不会有英国战舰出现，但没想到却出现了1艘冒着黑烟的铁皮怪船，而且这艘怪船还向左侧斜着船身。

原来，复仇女神号在北上晏臣湾的过程中，由于过于依赖自己吃水浅这一优势，离岸太近，撞上了一块岩石，撞坏了外桨环的2根辐条，使得船身向左倾斜得很厉害，复仇女神号就这样带伤参战。

15艘清军战舰摆开阵型，向复仇女神号包围过来，决心击沉这艘铁皮怪船。霍尔船长见敌众我寡，而且双方距离越来越近，下令道："船头、船尾大炮准备装弹，装葡萄弹！还有，康格里夫火箭炮也准备好，要让中国人尝尝我们的厉害！"

这时，有2艘清军舰船从复仇女神号左右两侧驶过来，打算夹击敌舰。当复仇女神号离清军舰船300米左右时，清军首先开炮，第一发炮弹正中复仇女神号明轮外的铁保护罩，由于清军火炮威力有限，只将保护罩打了一个洞，而复仇女神号仍活动自如，似乎毫发无损。

随着霍尔船长的一声令下，复仇女神号船头和船尾的2门32磅大炮同时发出巨响，炮弹沿着一条抛物线飞向清军舰船，葡萄弹在清军战舰甲板上炸裂开来，周围的清军水手和士兵顿时纷纷倒地，硝烟、木头碎屑、哭爹喊娘声混成一片。葡萄弹巨大的杀伤力，深深震撼了清军。

"加大马力！冲入敌舰队！"霍尔船长命令道。

"您确定吗？我看前方还有十几艘中国舰船呢？"大副威廉·佩德（William Pedder）略带惊恐地问道。

"威廉，你只管开好船，战斗由我来指挥！"霍尔船长显得有些不耐烦，他觉得在如此激烈的战斗中，不应该有人质疑他的命令。

随着煤炭的燃烧，锅炉产生的大量蒸汽通过气缸连杆带动明轮飞快旋转，航速已经接近极限值10节／小时（即18.52千米／小时）。复仇女神号就这样高速地闯入清军舰队，2门32磅大炮也以每分钟1发的最快速度不停地开炮扫射，清军舰船在复仇女神号两侧，一艘接一艘地中弹，船上人员接连受伤倒地，甲板被血肉和残肢覆盖。清军士气受到极大打击。

霍尔船长见时机成熟，下令道："瞄准前方敌舰，发射康格里夫火箭弹！"

说时迟那时快，一发发火箭弹飞离炮管，冒着一条条火尾巴，腾空而起。第一发火箭弹就射中了一艘清军战舰，可能是击中了船上的火药室，立刻引发了大爆炸。清军第一次见到这种威力巨大的武器，英方士兵也少有机会见到康格里夫火箭弹的实战效果，因此巨大的爆炸让双方士兵都呆住了。被击中的清军战舰被掀出了水面，桅杆折到了船头上方，顿时火光冲天，浓烟滚滚。接着是一声震耳欲聋的巨响，整艘船和全体船员都完蛋了。随着火箭弹的进一步发射，只见晏臣湾海面上硝烟弥漫，爆炸声震天，清军船体的碎块飞往各处，令人胆战心惊。

复仇女神号在晏臣湾海战中对清军使用康格里夫火箭弹

也许大家要问这个康格里夫火箭弹到底是什么？怎么这么厉害！原来，它是英国炮兵上校威廉·康格里夫（William Congreve）于1799年试制成功的一种军用火箭，用铁皮制成，工艺较为简单，可携带两种弹头，一种为燃烧弹，另一种为爆破弹。携带燃烧弹头的火箭尖端特别锋利，能使火箭深深钉入敌方战舰或工事的木制板材上，尖端留有小孔，向外喷火，从而点燃敌方舰船或工事；携带爆破弹的火箭将炸药装入固体铁质弹头中，其导火索是一种定时引信，而火箭推进装置则用作首级延时装置，在其燃烧完毕后，一条导火线被点燃，经过一段时间的燃烧引爆弹头。两种弹头的火箭弹都有一根长木棍作为引导器，大致引导火箭前进的方向。复仇女神号此次使用的应该是带有爆破弹头的32磅康格里夫火箭弹。

这种火箭弹曾在英国反拿破仑战争、第二次英美战争中使用过，下图是在欧洲海战中发射康格里夫火箭弹的情景。这种火箭弹的威力实质上和爆破弹相似，只不过它的火尾巴能给敌方士兵的心理造成更大的震撼，但它精准度一般，甚至有可能飞回己方阵地，所以使用的并不广泛。

发射康格里夫火箭弹的情景

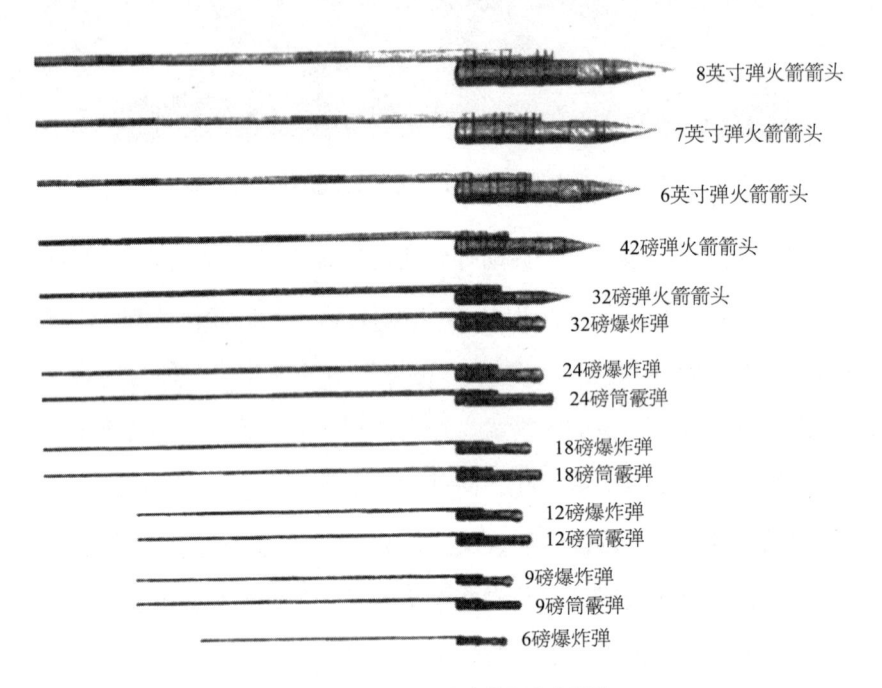

8英寸弹火箭箭头
7英寸弹火箭箭头
6英寸弹火箭箭头
42磅弹火箭箭头
32磅弹火箭箭头
32磅爆炸弹
24磅爆炸弹
24磅筒霰弹
18磅爆炸弹
18磅筒霰弹
12磅爆炸弹
12磅筒霰弹
9磅爆炸弹
9磅筒霰弹
6磅爆炸弹

各类重量大小不一的康格里夫火箭弹

11点半左右，距复仇女神号进入晏臣湾仅半个小时，清军士气已被彻底瓦解。也许是清军被这种19世纪的新式火箭炮吓破了胆，纷纷跳船游向岸边，任由空船在海上漂荡。

截至当天中午，清军舰队15艘战舰中只有4艘趁乱逃离战场，其余11艘战舰不是被击沉，就是被俘获或烧毁。而英方仅有复仇女神号1艘属于东印度公司的非正规蒸汽战舰及其附带的几艘小船参战。明轮罩上被打了一个洞，这是此战中复仇女神号唯一负伤的位置。

大家可看清楚了晏臣湾海战经过？这次海战的结果使笔者震惊，可以说是难以置信。

要知道1633年郑芝龙在金门料罗湾战胜荷兰东印度公司舰队，那次海战中、荷双方船只数量比是150∶9（约为16∶1）[①]。1661年5月1日，国姓爷的海军在台湾大员湾再次战胜荷兰东印度公司的海军，那次海战中、荷双方参战船只比是60∶3（即20∶1）；同年9月16日，国姓爷又一次击败了荷兰东印度公司海军，此次海战双方参战舰的具体数量不太清楚，但中方战舰也是十几倍于荷方。

17世纪的这三次海战，中方获胜虽都是利用了近岸作战的优势，但参战舰只数量优势也是取胜的一个重要原因。在这三次海战中，中方战舰数量都是荷方的15倍至20倍。到了1841年，中国参战船只数量仍是英军的15倍，仍是在近岸作战，但工业革命赋予了英国蒸汽铁壳战舰，蒸汽铁壳战舰在浅水的近岸水域一样航行自如，外加威力巨大的32磅大炮和康格里夫火箭炮，这彻底改变了海战结果。从中我们可以看出工业革命的巨大力量。

英军不到一天就破坏了虎门要塞的第一道防线，现海陆大军已经直逼第二道防线，局势可谓万分危急。

1月8日，英国远征军海军司令伯麦准将释放了一批清军战俘，并通过战俘带回了一封照会交给关天培，称"贵国再有顺理讲和之议，本国大臣惟求顺理相安，亦将喜为讲和也"。关天培在此危难之际，态度软化，立即回复伯麦，告知已将英方照会转交琦善，并称"此次琦爵相（指琦善）为贵国之事，颇费心力，贵统帅亦当知其所难，缓商办理，未有不成之事。如以本提督之言为是，即请统率各船，暂回远洋安泊"。

[①] 详见拙作《说不明道不清：你不了解的开放发达之明清两朝》第一章第二节"中国的东印度公司——郑氏集团"，中国电影出版社，2018年。

英军在义律的坚持下，暂缓进攻，重启谈判。

晏臣湾海战中复仇女神号大败清军舰队

不可能成功的谈判

战事缓和下来，琦善与义律的谈判又开始了。本次谈判实际上是承接大角、沙角之战前的广东谈判，因为此战毕竟只有一天，中、英双方的相互照会并未停止。直至1841年2月中旬，琦善与义律之间照会不断，他们还举行了两次面谈。谈判过程较为复杂，来往照会很多，又涉及翻译问题，双方对对方的实际想法都有一定误会，琦善由于见识了英方强大的军事力量，确实违背皇帝主"剿"的多道圣旨，做出了较大让步，但他还是向义律讲明了这些让步（包括同意英国在香港岛建立商馆、答应赔付被销毁鸦片等）只是自己代为上奏，最终还是要皇帝决定。可这一切对于急于剿办逆夷的道光帝来说，是不可能批准的。

义律由于在华多年，比起其他英国人，他更了解清朝官场中的各种规矩与传统，所以他的调门与巴麦尊和英国政府的要求比起来要低得多。他于2月13日向琦善提出的最终条件与《巴麦尊子爵致中国皇帝钦命大臣函》中提出的五点要求相比，少了赔偿英军军费一项，与巴麦尊于1840年2月20日交给义律的第1号训令中的对华条约草案相比，更是减少了增开五处通商口岸、英国派官员常驻通商口岸、赔偿军费、支付军费付清前的利息等要求。义律与巴麦尊等其他英国殖民主义头子比起来，还是算客气的。实际上义律提出的要求远远低于英国政府的希望，所以不可能被英国政府批准。义律的所作所为反而为将来英国政府撤销他的职务埋下了伏笔。

谈判结果虽不可能被双方老板批准，但谈判过程还是有一些进展的，英军用交还被占领的定海、大角和沙角，换来了占领香港岛。琦善显然认为用孤悬海外的香港岛换回定海、大角和沙角三地，还是一笔合算的买卖，当然琦善并没有同意割让香港岛，而只是同意参照葡萄牙在澳门的先例，允许英国在香港岛"寄寓一所"，修建商馆。

1841年1月23日，义律在没有得到琦善明确同意的情况下，派兵强占了香港岛。2月，英军陆续撤出定海、大角和沙角三地。

就在接获义律最终条件的2月13日，琦善收到了道光帝于1月30日发出的《著钦差大臣琦善等团练兵勇储备军需待奕山到后协力进剿事上谕》，此谕旨中指示琦善：

现已降旨，授奕山为靖逆将军，隆文、杨芳为参赞大臣，赴粤协同剿办，又添派湖北、四川、贵州三省兵丁各一千名赴广东接应，一俟将备到齐，不能整顿戎行，亟筹攻剿。……著该大臣等赶紧团练兵勇，奖劝进剿，克服海隅，以申天讨而建殊勋，万不可稍有畏葸，致失机宜。将此由六百里加紧谕令知之。

皇帝现已任命奕山、隆文、杨芳率领各省大军陆续南下广东，剿办英夷的坚定决心已十分明显，琦善胆子再大，也不敢继续谈判了。

谈判破裂了，那就只有兵戎相见了。

虎门大战——横档之战

沙角、大角之战后，琦善和义律将近两个月的谈判期间，关天培不顾停战条件中"不得稍有另作武备"的限定，一直在秘密加固虎门要塞。在琦善的支持下，关天培吸取了沙角之战中英军抄后路登岸的教训，在晏臣湾上游三门口水道旁的武山岛之上修建了一座配置有80门火炮的隐蔽式炮台，以防止英军再次故技重施，前后夹击；他还在虎门第二道防线中的威远炮台南侧、上横档岛等处关键位置紧急布置了临时的沙袋炮台；此外，他又添雇兵勇，保护各地炮台后侧，准备抵御从侧后方登陆的英军陆军。英军伯麦两次照会，都提出中方违反停战协定，关天培在复照中均答应停工，但实际上仍在秘密准备中。

沙角、大角之战后，清军军心士气大为受挫，部分士兵当面向关天培索要奖励，扬言如不给赏，当即四散。关天培无奈，只得典当衣物，赏每名士兵洋银2元。琦善也拨款11000元，以作"克敌充赏之用"。清军士气这才得到了一定恢复。

下一阶段的虎门大战主要发生于虎门要塞第二道防线的上、下横档岛一带，因此称为横档之战。上、下横档岛位于珠江口虎门水道主航道中央位置，砥柱中流，是狮子洋入口的咽喉，从此处到广州城约50千米。这里江面宽阔，1834年、1838年英舰两次均是从此处强行闯入虎门。因此，这里是国防的重中之重，也是虎门要塞防线的核心。

截至1841年2月下旬，虎门第二道防线横档一带清军武备已大大增加：

第一，珠江口主航道东岸武山岛之上原有镇远、靖远、威远三座炮台，此时火炮增至147门，在最南端的威远炮台南边又修建了安设30门火炮的两座沙袋炮台；在炮台后山设置兵勇，以防英军抄袭后路。

第二，在上横档岛修建沙袋炮台，全岛炮位增至160门；在岛中央建兵营驻兵勇，准备与登陆英军作战。

第三，在主航道西侧的芦湾后山，修建兵营，兵营及原有巩固炮台炮位增至40门。

虎门第二道防线横档一线的弹丸之地，共布置了清军8500人，大小火炮377门，可谓是兵力饱和、炮位充足。关天培决心在此全歼英夷。

此时的英军却深受兵力不足之苦。侵华英军基本上分为两部分：一部分在舟山侵占定海，2月25日才南下广东，此时尚未到达；另一部分在广东，直到2月20日左右，虎门一带才集结了战舰8艘、蒸汽轮船3艘、测量船1艘以及运输船4艘，陆军尚不足2000人。虽然英舰火力强大，但陆军兵力相对单薄，发动横档之战，义律还是要冒一定风险的。

1841年2月24日，伯麦向关天培发出最后通牒，要求将虎门要塞各炮台让出由英军占领，关天培置之不理。

第二天一大早，马德拉斯土著步兵团的130名印度士兵列队整齐地登上了复仇女神号，他们的任务是登陆下横档岛，在那里修筑一座野战炮台，用以轰炸约800米外上横档岛的清军炮台。

因为1月7日双方战端已开，霍尔船长担心此次登陆可能会遭到清军抵抗，他特意设计了一种新型快速登陆法：不使用登陆小桨船，而是利用复仇女神号吃水浅和蒸汽动力的特点，趁退潮开足马力使其直接冲上海滩，放下多部舷梯，让士兵迅速登陆，这样既加快了登陆速度，又防止登陆小桨船被清军各个击破，近在岸边的复仇女神号还可以就近炮轰清军，掩护登陆行动。

霍尔船长为此特意选择了一处泥滩登陆，他下令大副佩德将锅炉烧到最旺，开足马力，冲上泥滩。也许是佩德开得太快太猛了，复仇女神号一下子冲上了岸，船头高高悬起，船尾甲板几乎被海水淹没。

船只尚未停稳，霍尔船长十分害怕清军趁此有利时机发动冲锋或炮击，他着急地大声命令道："船头放下全部舷梯，让小伙子们赶快登岸！船尾抛锚，好让涨潮后我们容易撤离！"

让霍尔船长提心吊胆的事情根本没有发生，清军在下横档岛竟然没有驻军，在相隔仅650米上横档岛的清军眼睁睁地看着一排排印度士兵从复仇女神号上通过舷梯登陆。

130名印度士兵差不多全部登陆完毕，上横档岛清军的大炮才开始开火，很快武山岛上的清军炮台也开火了。不过，清军炮弹不是打得太远，就是打得太近，对登陆的英军根本没造成什么影响。

"我们还击吗？"复仇女神号的火炮长询问霍尔船长。

"不必还击，看来中国人的炮车、炮架真是太落后了，他们的大炮根本不能自如调整位置。一旦放置完毕，炮口几乎不能移动，除非敌人恰好在你的正前方，否则不会给敌人造成什么伤害。"霍尔船长分析了清军大炮不能命中的原因，接着说道，"我们今天的任务是输送部队登陆，登陆完毕后，我们应该赶紧撤离。"

一夜之间，英军就在下横档岛上的一座小山山顶修建了一座安放3门大炮的野战炮兵阵地。

2月26日黎明时分，天气良好，能见度很高。英军开始炮击上横档岛的清军兵营和炮台。上横档岛的炮台设计是为了对付敌方舰只的，炮口对着东西水面。这次英军突然从南边发炮，清军很多大炮没有可以掉转炮口的炮架、炮车，而是直接放在炮床上，只能朝前方开炮。即便部分大炮配备了炮架、炮车等掉转炮口的装置，但也十分落后，掉转调整十分复杂，且幅度不大。再加上英军炮兵阵地居高临下，清军的大炮根本威胁不到英军，不能还击，只能被动挨打。

随着英军的炮击，上横档岛炮台的清军陷入一片混乱。这时，在炮台中的士兵们突然发现有一艘小船离开上横档岛向北边划去，定睛一看，发现原来是一些军官见势不妙，临阵脱逃，气得士兵们向逃跑的军官开炮。

上横档岛的清军被连续炮击长达五个小时，炮台和兵营多处破损，士兵伤亡累累，英军竟无一人伤亡，但区区3门火炮组成的野战炮兵阵地并不能彻底迫使清军炮台投降，上横档岛的清军还在坚守炮台阵地。

"准将阁下，我看我们的火力还是不够猛。"义律一边用望远镜观战，一边对伯麦说道。

伯麦点头道："也许我们该出王牌了。"

伯麦所谓的王牌是他手中的3艘三等大型战舰：麦尔威厘号（载炮80门）、威厘士厘号（载炮74门）、伯兰汉号（载炮74门），共计载炮228门。它们一旦投入战斗，将是虎门要塞的劲敌。

"我看今天风和丽日，仅有微风，三等战舰在近岸海域航行有一定困难呀。"义律略显担心。

伯麦很快打消了义律的顾虑："没关系，您别忘了我们有蒸汽船，我会下令皇后号拖拽2艘大型战舰参战的。"

"太棒了！蒸汽动力是大英帝国的旗帜，可以在全球各地内陆或近岸水域随时升起的保障。"义律得意扬扬地说道。

上午10点，皇后号蒸汽船拖拽伯兰汉号、麦尔威厘号及3艘小船驶向武山岛。为了避开武山岸边的镇远炮台和靖远炮台的火力，英舰选择紧贴岸边抛锚，伯兰汉号停靠处距威远炮台西南方向仅360米，麦尔威厘号也距其仅540米。2艘大型英舰均以右舷对准清军炮台，70余门大炮同时开火，随着惊天动地的炮声，清军炮台要承受600余千克实心弹的轰击。熟练的英军炮手，每分钟就能开炮一次。只见武山上的三座清军炮台硝烟四起、瓦砾横飞。大多数清军，包括关天培本人都是第一次见到威力如此巨大的战舰和大炮。很多士兵躲在炮台掩体内，根本不敢站起身。

此时，关天培正在威远炮台，他一面指挥本炮台炮手开炮还击，一面派人通知西边的镇远炮台、靖远炮台以及东边的临时沙袋炮台和上横档岛炮台寻求火力支援，命令这些炮台的火炮均向伯兰汉号、麦尔威厘号开火。

不久，左营游击麦廷章冒着炮火冲入关天培的战地指挥处："禀报提督大人，命令传下去了，可……"

未等麦廷章说完，关天培着急地问道："为什么他们还不开火支援？"

"禀大人，英夷船只离岸太近，镇远炮台和靖远炮台只有侧面的大炮能对准夷船，正面的大炮一时难以调整炮口方向！"麦廷章报告道。

关天培一拍大腿："炮台侧面没有几门大炮呀……"这时一颗炮弹飞入，正中指挥桌，关天培、麦廷章等人摔倒在地。亲兵们赶忙扶起关天培，好在众人并无大碍。

"沙袋炮台呢？怎么只见硝烟，不见炮弹呢？"关天培继续问道。

麦廷章解释道："沙袋炮台多是小型炮，炮轻药少，射程打不到夷船。因此只见硝烟，不见炮弹！"

"那上横档岛的炮台呢？为什么也不支援我们？"

"上横档岛被下横档岛的夷炮打得抬不起头来，自身难保，哪儿有余力支援我们呀！"麦廷章说着眼泪掉了下来。

关天培自知孤军奋战，凶多吉少，但他毫不畏惧，拔刀冲出指挥处，来到炮位后面，下令道："我威远炮台有大炮40门，靠自己也能击沉夷船！给我瞄准夷舰，开炮！"

大家应该可以看出来了，伯麦正是利用了清军炮台火炮掉转不便这个弱点，将伯兰汉号、麦尔威厘号和皇后号等战舰停泊于清军于武山岛和上横档岛之间设置的第一道木排铁链之前,并紧贴武山岛岸边,距威远炮台最近的靖远炮台射击侧角过大,只有部分侧向火炮能够发挥作用。而较远的镇远炮台基本无法参加射击,对岸的上横档炮台又被下横档岛英军野战炮火压制,无法支援,形成了伯兰汉号、麦尔威厘号2艘三等战舰右舷共计70余门大炮对抗威远炮台40余门大炮的有利局势。皇后号和3艘小船则集中火力轰击沙袋炮台。

守军在关天培、麦廷章等人的指挥下虽英勇抵抗,多次击中敌舰,但始终处于劣势。沙袋炮台最先被击溃,威远炮台和靖远炮台的掩体也禁不住英军大炮长时间轰击,墙体逐渐脱落崩溃。

虎门一带的清军炮台是中国宋代以来传统的城墙堡垒式,高台长墙,是长方形、圆形、半圆形或直线式裸露的高台建筑。上无遮蔽的顶盖工事,下无各台之间的交通壕,后面更缺乏防御措施。

这样,炮台内的大炮实际上直接暴露在敌军曲射炮火之下,英军一轮炮弹过来,清军炮手们纷纷后撤退避,很多清军大炮被击毁。关天培见炮手们后撤,便持刀在后侧大喊:"后退者立斩!"部分炮手回到炮位,重新装填未被击毁的大炮。

此时的关天培为了激励士气,与他一贯亲临一线的作风一样,亲自给大炮装填弹药,并当众点燃引信向敌舰开炮。可万万没想到,此炮由于使用时间过长,炮体过热,外加铸造技术不良,竟然炸膛了。关天培虽然又一次幸运地躲过了死神,但清军的士气随着这次炸膛彻底瓦解了。一位随从向关天培哭诉道:"炮械炸膛,炮台被毁,事不可为。关大人,我们还是撤吧!"

"胡说!大丈夫岂可临阵脱逃!"关天培挥刀砍向随从,但他已无力阻止大批士兵擅自逃离炮台了。

威远炮台、靖远炮台、沙袋炮台的清军大炮基本已经没有响声。300名英军步兵在伯兰汉号船长辛好士爵士(Humphrey LeFleming Senhouse)的带领下,搭乘小船在威远炮台的眼皮子底下登陆武山岛。

关天培在《筹海初集》中描绘的横档炮台

　　战至下午2点，武山岛上的威远、靖远和镇远等炮台均失陷。关天培战死的细节很难复原了，有的材料说他是被英军刺刀刺中胸部而死，有的材料说是被子弹打死，不管细节如何，关天培、麦廷章在虎门大战中均壮烈殉国了。

　　炮台后山的清军在整场战斗中均未出击，见英军登陆后反而一哄而散。

　　就在伯兰汉号、麦尔威厘号和皇后号出击的同时，英舰威厘士厘号、都鲁壹号、加略普号、萨马兰号、摩底士底号、鳄鱼号、硫磺号也集体出动，扑向下横档岛西侧水道。

　　西侧水道处于东、西两侧的永安炮台和巩固炮台交叉火力控制之下。当英舰队刚一进入两侧炮台的射程之内时，两侧炮台几乎同时开火。虽多次击中英舰，但由于清军大炮威力一般、准确性也不高，对英舰特别是大型战舰构不成太大威胁，因此威厘士厘号（载炮74门）、都鲁壹号（载炮44门）2艘英舰竟在西水道中心抛锚，两侧舷炮同时向东、西两侧的永安炮台（火炮40门）和巩固炮台（火炮20门）开火。加略普号等其他轻型战舰则驶过了永安炮台和巩固炮台夹击的水道，绕到上横档岛西北方清军火力较弱的水域。

威厘士厘号、都鲁壹号发挥了两舷全部火炮的最大威力，强大的火力压得清军炮手无法及时开炮还击。英舰上的火炮像百余条火龙，每次发射同时喷发出百余条火舌，上百发炮弹向东、西两侧的清军炮台飞去。

顿时，清军炮台瓦砾砖块四飞，墙体大片大片脱落。大量英军炮弹飞过防护墙体，射入炮台内部，一颗炮弹打在地面，反弹起来，正中一名炮手的左肩，左肩连同左臂一起被打飞了，肩膀部位血肉模糊，该名炮手大喊着倒地；这颗炮弹又击中炮台内墙，再次反弹击中一名士兵的小腿，小腿也被削去；炮弹继续飞向地面，随后第三次被弹起，击中一门清军大炮炮身，上千斤的大炮被击落炮架，而这颗炮弹的能量终于被耗尽，滚落墙边。大家可以想象一下，数十颗实心弹在炮台内部同时被多次反弹，将会给炮台内密集的士兵、炮械和军用物资造成多么大的伤害！除了实心弹，英军还会使用葡萄弹，炮弹落地后会发生爆炸，内部的小弹丸四散开来，一颗葡萄弹就能击死或击伤几名甚至十几名清军。

横档岛西侧水道清军火力和炮位本就弱于东侧水道，在威厘士厘号、都鲁壹号的持续打击下，战至下午1点左右，已经停止了射击。

先前已集结到下横档岛南侧避炮观战的蒸汽轮船复仇女神号和马达加斯加号趁清军炮台停止射击的空当，运送陆军在上横档岛西端登陆。登陆的英军迅速占据了永安炮台，并向该岛的东边进攻。至下午2点，英军攻占了清军军营、上横档岛的各处其他炮台、工事，全岛陷落。在进攻中，英军发现经过几个小时的轰炸，幸存的中国士兵缩在战壕里，纷纷求饶，但英军没有手下留情，开始了屠杀。

下午4点，威厘士厘号的英军水兵搭乘复仇女神号和小船在巩固炮台处登陆，发现该炮台已被清军放弃。英军占据炮台后，向后山军营进攻，驱散了该处守军。

从上午10点至下午5点，战役终于结束了。英军在短短一天内，占领了清朝最强大的国防工事——虎门要塞。清军的伤亡人数未查到官方统计数字，不过据英方统计，包括关天培在内清军至少伤亡500人，被俘1300人，还缴获清军大炮460门；而英国仅仅付出了5人受伤的轻微代价！

横档之战中，虽有部分清军官兵贪生怕死，但也涌现出很多以关天培、麦廷章等为代表的勇敢作战的爱国官兵，将士不可谓不卖命，以致英军也给出了颇高的评价。英国人在《复仇女神号轮船航行作战记》中曾对关天培给予了很高的评价：“在这些人中（指战死的清军官兵），最有名望、最令人痛惜的是可怜的海军将领关天培，他的死令人无比同情……他是一名英勇的战士，一个楷模……”横档之战的第二天，当关天培的家属找到他的尸体时，英舰伯兰汉号按照西方礼仪将清朝龙旗升至桅杆的一半，并鸣放了一发致哀礼炮。

珠江内河之战

横档之战失利后，清军主动放弃了虎门要塞的最后一座炮台——大虎炮台。英舰队过狮子洋进逼内河珠江，珠江上的第一座炮台乌涌炮台成为抗英的最前线，此炮台距广州城仅60里（约30千米）。此时的乌涌炮台已由琦善派遣的署湖南提督福祥带领的900名湖南兵，外加原有的700名广东兵驻扎，拥有40余炮位。

横档之战的第二天（即1841年2月27日），琦善决定亲赴第一线乌涌督战，并派遣广东巡抚怡良进驻乌涌后的二沙尾、猎德炮台，副都统英隆率满兵防卫大黄滘炮台，广州将军阿精阿镇守广州城，邓廷桢、林则徐也随同琦善等人协力筹防。

也是在同一天，伯麦决定乘胜进击，派遣加略普号、先驱号（Herald）、鳄鱼号、硫磺号、摩底士底号、复仇女神号、马达加斯加号7艘舰船组成一支轻型舰队，利用吃水较浅的优势溯珠江而上，义律则亲自登上了加略普号，兵锋直指广州城。中午刚过，这支轻型舰队来到乌涌炮台附近，遇上了一艘原来的英国船——剑桥号，它是1840年年初林则徐购置用来作为训练之用的。如今剑桥号已成为清军水师的舰船，停靠在乌涌炮台前，四周还有许多其他清军舰船。

复仇女神号首先开炮，一炮击中了剑桥号。乌涌炮台的指挥官福祥见英军开炮，立即下令水师和炮台还击。

复仇女神号的霍尔船长下令逼近剑桥号，不停地向其开炮扫射。清军火炮也集中火力射向复仇女神号。

"我们已经被敌人的炮弹击中好几次了！"大副向霍尔船长说道，希望船长能将复仇女神号后撤一些。

霍尔船长大声下令道："我当然知道，但他们的火炮威力不大，复仇女神号毫发无损，而剑桥号中弹更多，我们要击沉它！"

这并非霍尔船长在吹牛，清军的炮弹多次击中复仇女神号的铁皮外壳，只听"当"的一声，炮弹被弹飞了，而船体外壳最多是被打出了一个坑，有的连坑都打不出来，真的是毫发无损。

在乌涌炮台上，福祥见复仇女神号一马当先，铁皮外壳又坚硬无比，己方大炮对其无计可施，顿时大为光火地骂道："他娘的，英夷这铁船怎么入水不沉呢？不但不沉，还不怕炮弹。"

福祥的手下游击沈占鳌说道："福大人，我看可能是水师船炮太小，不如集中炮台岸炮瞄准英夷这艘铁船，岸炮炮大弹重，可击沉夷船！"

"好！"福祥点头道，"传令下去，岸炮集中轰击这艘英夷铁船！"

乌涌炮台上的大炮齐刷刷地瞄准了复仇女神号，众炮齐放。虽然岸炮很大，多是三四千斤的大炮，但由于距离较远，铸造工艺较为落后，实际上的威力一般般，当然还有炮架不灵活导致的难以瞄准的老问题。总之，炮台的火力对英舰队伤害也不大，但确实有一颗炮弹击中了复仇女神号轮机舱的铁皮外壳，外壳顿显一个大坑。轮机舱内是复仇女神号的核心动力设备——蒸汽机，如果清军炮弹真的击穿轮机舱，击中了蒸汽机，有可能导致爆炸，复仇女神号有可能因此沉没，最差也会因重伤而退出战斗。只可惜，清军炮火威力不足，未能造成更大的破坏。但也迫使霍尔船长下令复仇女神号稍稍后撤。

战至下午3点30分，英军派遣一支陆军登岸，义律和霍尔亲自带领登陆士兵，向乌涌炮台猛扑过来。清军奋力还击，守备洪达科见霍尔像个军官的样子，决定消灭他。洪达科弯弓搭箭，向霍尔连射4箭，霍尔见状赶紧卧倒躲避，洪达科没有击中。这时，一名随霍尔船长一起登岸的船员举枪对准洪达科，这一枪准确无误，洪达科应声倒地。

随着英舰一轮轮火炮齐射和登陆英军的步步紧逼，驻守乌涌炮台的广东兵心理防线崩溃，不听指挥，发疯般地逃离阵地，湖南提督福祥刚到乌涌炮台没几天，根本无力指挥和控制广东士兵。不知情的湖南守兵见友军撤退，也开始纷纷撤退。福祥和沈占鳌等军官见状，拔刀砍死几名逃兵，但对整个兵败如山倒的局面却无法控制。众败兵在逃跑的路上，自相践踏，伤亡累累。福祥、沈占鳌也阵亡于乱军之中，有可能死于英军，也有可能死于己方逃兵之手。

就这样，在琦善赶到乌涌炮台督战前，乌涌炮台就沦陷了。乌涌一战，清军总共阵亡446人。英军破坏了清军留下的大炮，炸毁了受重伤的剑桥号，又花了一天时间清除清军在乌涌炮台江面布置的用以阻滞敌人前进的木筏和沉船。

3月2日、3日，英军又接连攻克琶洲炮台和瑟洲炮台，兵锋距广州城仅数千米，广州城人心浮动，富家大户纷纷举家搬离。林则徐听说乌涌炮台陷落后，于3月1日送家人赴珠江上游避战了。

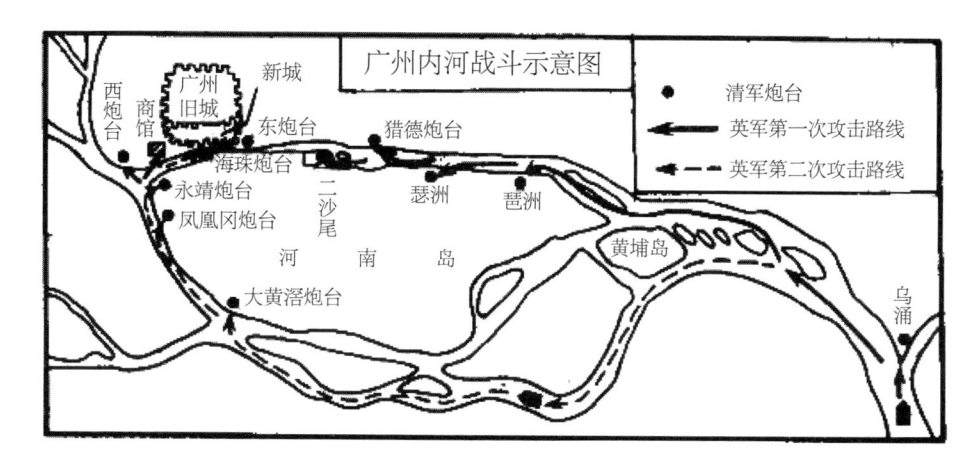

广州内河战斗示意图

3月3日，琦善派广州知府余保纯登上英舰，请求休战。义律狮子大张口，提出更苛刻的停战条件：赔款1200万两，除香港岛外，还要求割让九龙，以及片面最惠国待遇等。当时，义律已知琦善已经失宠，即将倒台，所以他要求广州将军阿精阿、广东巡抚怡良、前任两广总督林则徐及邓廷桢共同签字盖章。这样的条件，怎么可能有人敢答应呢？但义律也同意给出三天时间考虑。

就在这三天中，中、英双方的领导人都有了新的变化。3月3日当天，英国从印度调来了一位将军郭富（Sir Hugh Gough）来担任远征军陆军总司令，时年61岁，在19世纪中叶已属于高龄了。

不过，3月5日抵达广州的参赞大臣杨芳年纪更大，已经71岁了。道光帝于1月30日任命奕山为靖逆将军，隆文、杨芳为参赞大臣，南下广东领导清军攻剿英军。奕山是皇帝的侄子，深得道光帝的宠信；隆文为当时的军机大臣兼户部尚书；三人中军功最高的就是老将杨芳。杨芳，字诚斋，贵州松桃人，以勇健著名，15岁从军，身经百战。在镇压川、楚白莲教起义和天理教起义中战功赫赫。他一生中最显赫的功绩就是平定张格尔叛乱，1828年杨芳也是以参赞大臣的身份，率军生擒张格尔，将其押往北京。道光帝亲自授俘，封杨芳为三等果勇侯，加太子少保，赐双眼花翎、紫禁城骑马，是清廷武员中久历戎行的一员宿将。

杨芳是三人中最先抵达广州的。他的到来给兵临城下的广州城极大的慰藉，广州民众欢呼不绝，官员倚为长城。但就在杨芳到达的第二天（即3月6日），义律约定的休战时间已到，不由分说，英军攻克珠江上的猎德炮台和二沙尾炮台，离广州城仅3千米，广州的高大城墙已经近在眼前了。但就在当日，义律发布告示，表示愿意停战。广州知府余保纯再次前往谈判，未果。但英军还是延缓了几天进军。

刚刚抵达广州的杨芳一开始就面对这么一个烂摊子，极为棘手。他首先拜访林则徐，并与他保持了非常密切的联系，曾有八天的时间杨芳干脆住到林则徐的寓所。此段时间，清军的军事部署与行动，可以说是杨芳与林则徐协商的结果。

3月13日，琦善彻底垮台，押赴北京听审。就在当天，英军发动两路进攻：第一路是小型战舰摩底士底号、测量船司塔林号在蒸汽轮船马达加斯加号的拖拽下攻占了清军正在加紧布防的大黄滘炮台。第二路是复仇女神号带领2艘小船进入澳门西侧的西江，利用吃水浅的优势，在内河大显神威、横冲直撞，摧毁了六处清军驻地，连续打垮了六座炮台，击毁9艘清军舰船，破坏了115门大炮，还破坏了多道清军布置的拦江索等障碍物。

工业革命的奇迹再次显示了其巨大力量，使得中国失去了以往的近岸内河作战优势。

3月16日，义律派遣复仇女神号和2艘舢板小船打着白旗从大黄滘炮台去往广州，打算给琦善送一封要求停战谈判的照会，显然此时他还不知道他的对手已经变了。不承想，新到广州驻守凤凰冈炮台的江西南赣镇总兵长春不明白英夷白旗是休战的意思，他下令开炮猛击前来送信的英舰，2艘舢板小船被击沉，复仇女神号被迫退回。此次战斗被杨芳渲染成一场重大胜利，在《参赞大臣杨芳奏报击退进犯省河之英船情形折》中，这位老将罔顾事实，先是汇报了自己抵粤后的军事部署，然后大为吹嘘：

一切布置，甫于二月二十三日（公历3月15日）稍经就绪。果于二十四日（公历3月16日）末刻（13点至15点）即有逆夷驾大兵船二只、火轮船一只、三板船十数只，冲过大黄滘废营，直欲闯进省河，将拦河竹排叠用大炮轰打，更炮击营垒，断树掀囊，飞砂四起。总兵长春力都参将谭恩及都守等官，率兵开炮抵敌。时有炮子飞过，长春右眼擦伤，右颚皮破血出，其随身之把总毕开琥被炮打死，并伤毙左右随兵四名。长春激励士卒，奋不顾身，叠开大炮百余出，先击沉逆夷三板船一只，夷众尽行落水。又有夷三板船一只被炮打穿入水，其夷众极力皷柂力挽出水，我师再击一炮人船俱没（朱批：可称一快）。其大兵船木料坚厚，虽未能即时打穿，已将大桅一枝击断，逆夷均极仓皇，即将各船退出。

杨芳详细描述了此次战斗的细节，总兵长春负伤，把总毕开琥及随从阵亡，但英勇的清军将士仍连开数百发大炮，击沉英军舢板2只，逼退了其余英舰。道光帝在众多的败仗汇报中突然得到一份捷报，自然非常兴奋，在奏折中朱批：可称一快，在奏折末尾，又朱批：逆夷自犯顺以来，从未受创，此次卿等调度有方，击沉逆船二只，毙贼多名，可嘉之至。即有恩旨。可见，皇帝在杨芳的身上寄托了很大希望。可是杨芳的牛皮吹得太过了，就在这次战斗胜利后的第三天，义律为了报复清军攻击休战白旗的行为，发动了一次颇具规模的进攻。

3月18日上午，英军出动轻型战舰海阿新号（载炮20门）、先驱号、摩底士底号（载炮18门）、阿尔吉林号（载炮10门）和司塔林号在蒸汽轮船复仇女神号和马达加斯加号的拖拽下，从大黄滘炮台北上，在狭窄水浅的河道中，向清军炮台发动进攻。英舰队势如破竹，接连攻克凤凰冈炮台、永靖炮台、西炮台、海珠炮台和一座临时沙袋炮台。下午4点，英军再次占领了两年前放弃的商馆，米字旗再次在商馆上空飘扬。

至此，广州城真的是兵临城下，全城暴露在英军炮火之下，英国人占领广州似乎只是时间早晚的问题了。但英国人并未急于进攻广州城，其实在笔者看来，英军完全有能力在横档之战后，一鼓作气，攻克广州。可问题是，英国人不但没有这么做，还在3月3日、6日、16日接连三次开启与中方的和谈，这是为什么呢？实际上，英国人内部是有意见分歧的，伯麦、郭富等军事将领希望一鼓作气占领广州，在军事上痛击中国人。但义律站得更高，他深知英国政府发动战争的目的绝对不是要教训中国人，而是要扩大与中国的生意，购入更多的茶叶、丝织品，销售更多的鸦片。战端一开，贸易必停。广州作为唯一的对英通商口岸，富商大贾云集，一旦进攻广州，商人们必定迁离，即便获胜生意也是做不成了，占领广州又有什么意义呢？

因此，就在占领商馆的当天，义律立即发出照会，要求与广州高官谈判。3月18日，杨芳与林则徐会商，19日终日杨芳、怡良和林则徐广州三巨头都在商量对付英夷的办法，同时派广州知府余保纯前往商馆与义律面谈。义律交给余保纯一份照会，提出了两项条件：第一，优待外国人；第二，恢复广州通商，满足条件后英军即可撤退，停止军事行动，竟未提及之前要求的赔款割地等要求。这一点连伯麦和郭富都感觉非常气愤，很多英军也表示不满。但义律确实尽到驻华商务监督的职责了。3月20日，杨芳派余保纯回复义律，同意义律的两个条件，重开中外贸易，中国不再要求外商提供不夹带鸦片的具结，但对于发现携带鸦片和其他违禁物品的外商，仍要没收船货，同时中国照常征收港口税和商税。实际上，就是以恢复虎门销烟前的状态换取英国退兵。广州的中外贸易迅速恢复，月底之前，当年的新茶就源源不断地搬上了英国货船，鸦片也非法地流入中国。截至6月，中国已经售出了3000万磅的茶叶。

贸易虽然恢复了，但义律并不想退兵，因为他深知自己未完成巴麦尊大人及英国政府交给自己的任务，他目前所得与《巴麦尊子爵致中国皇帝钦命大臣函》及政府第1号训令的要求相差太远了，这已经引起英国国内当权派的不满。而英国政府的要求，是广州地方当局万万不可能、也无权答应的，只有身在北京的皇帝才有权批准，但不把皇帝打疼了，他是不会答应的。身在中国多年的义律明白，不管英国人在广东取得多大的胜利，当奏折汇报到皇帝手中的时候，取胜的总是清军，所以他必须挥师北上，让皇帝知道清军根本不是英军的对手，这样才能迫使清政府答应英国政府的全部要求。

因此，义律决定留部分英军在广州保证通商，主力舰队北上厦门，今年的通商结束后，5月继续北上江浙，迫使中国屈服。但义律庞大的进攻计划遭到了伯麦和郭富的反对，他们从军事角度考虑，认为现有兵力过于薄弱，不能轻易发动如此大规模的进攻，英军目前需要的是增援。于是，英方暂停了对厦门的进攻，派伯麦亲赴印度求援，伯麦离华期间由辛好士代理海军司令。战争的进程缓和下来了，英国似乎是在等待清政府调兵遣将，大军集结广州。

广州剿英指挥总部

道光帝对广州剿英军事行动人事安排中的一把手是皇侄爱新觉罗·奕山，他是康熙皇帝第十四子胤禵的四世孙。大家应该清楚"九子夺嫡"的精彩大戏吧，十四子胤禵本是皇位最有力的竞争者，但皇位却传给了道光帝的曾祖父胤禛，其过程扑朔迷离、众说纷纭。胤禛继位后，长期软禁胤禵。但时过境迁，到了此时，祖辈的纷争早已烟消云散，奕山颇得道光帝的宠爱。

奕山，字静轩，满洲镶蓝旗人。道光七年（1827），因参加平定张格尔之乱、克复喀什噶尔等处，升为头等侍卫。到道光十八年（1838），已被提拔为伊犁将军。又因垦荒有成，于道光二十年（1840）奉诏回京，任领侍卫内大臣、御前大臣。任职内廷，让奕山有很多机会见到皇帝，获得了皇帝的信任与宠爱。

1841年1月30日，道光帝任命奕山为靖逆将军，辅以隆文、杨芳，调集湖南、江西、湖北、广西、云南、贵州和四川七省大军17000人，统归奕山指挥，南下广州,平定英夷。2月16日,奕山在组织了35人的参谋团后出发南下。由于沿途大雨,道路泥泞不堪,4月初才进入广东境内,4月14日终于抵达广州。

3月间,道光帝还任命刑部尚书祁𡎺署理两广总督,解决广东作战的后勤供应问题;又派曾参与平定白莲教起义和张格尔叛乱的四川提督齐慎为参赞大臣。至此,形成了清代历史上少见的豪华指挥阵营。

姓名	职位	曾任最高职位
奕山	靖逆将军	领侍卫内大臣、御前大臣
隆文	参赞大臣	军机大臣兼吏部尚书
杨芳	参赞大臣	湖南提督
齐慎	参赞大臣	四川提督
祁𡎺	两广总督	广东巡抚、刑部尚书

除了这班豪华指挥阵营外,一生勤俭的道光帝还额外慷慨地一次性下拨军费白银300万两。

在皇帝看来,广东的形势可谓将勇兵强、钱多粮足,对付区区英夷应该是绰绰有余。在很多诏书和奏折的朱批中,皇帝多次表示要痛剿英夷,"朕惟知一剿字!""该逆(指英国人)种种悖逆,必应尽数殄灭,务令片帆不返,方足以快人心。""该将军等(指奕山)到粤后,务即会集各路官兵,一意进剿,歼除丑类,设法擒渠,必使该逆等片帆不返……伫盼捷音,毋负委任。""即使香港并非险要,亦必设法赶紧收回,断不准给予该夷,致滋后患。"看来,皇帝是下定决心要与英夷一决雌雄,不但要全歼敌舰、擒获敌酋,还要收回香港岛。

奕山真的是压力山大呀!

奕山刚到广州,就收到了义律的照会,询问是否按照与杨芳定好的方式继续进行通商,很快义律得到了一个模棱两可的答复:

前许代恳圣恩，已为陈奏。昨日大将军、参赞到来，亦俟恩旨定局，断不失信，令问好。

根据这样的答复，义律起初认为通商局面尚可维持，奕山的到来不会引发战争。但随着各地大军逐渐向广州集结，广州炮台武备不断加强，义律改变了想法，决定先下手为强。5月11日，他交给余保纯三份照会，提出四点要求：撤退各路援军；拆除广州西炮台新设的大炮；出榜安民明示不会开战；奕山、隆文和杨芳联名回复照会。17日，未等奕山等复照，义律下令第二天英国远征军的海陆大军向广州进发。

4月底至5月初，道光帝从全国各地调集的大军1700余人陆续抵达，加上广州的原有兵力，奕山手下的兵力达到25000人，数倍于英军兵力。但广州的清军均是陆军，如何消灭英国舰队，是摆在奕山面前的棘手难题。

身负剿英重任的奕山在抵达广州前后，于4月13日、15日、18日三次会见林则徐面商大计，最终商量出了几条计策。当时朝廷上下普遍认为，英夷倚仗船坚炮利，擅长外洋海战，英夷大船吃水深，难以在近岸海面或内河作战，故此近岸或内河水战是清军水师的优势所在，而陆战则更是清军所长，因此在内河珠江或岸上歼灭英夷并非难事。他们商定的"剿英大计"也没有脱离上述看法，与林则徐1839年提出的"以守为战"的近岸防御原则和火攻、跳舷等传统战法差别不大。这是当时的客观条件所限，清朝官员哪怕是林则徐也不可能提出真正能够战胜英军的办法。

5月21日早上，广州商馆中的义律判定局势已非常险恶，他通知商馆中的外商日落前一定要离开。下午，义律自己也动身离开了商馆登上英舰。而此时距清军发动进攻只有六个小时了。

向英舰出击

1841年5月21日傍晚,清军1700余名水勇在都司胡俸伸、守备孙应照、千总杨泽、外委陈朝阳、冯成川等军官的带领下,暗藏火箭火弹,手执钩镰,驾乘小船于城外各地埋伏。晚11点左右,水勇分成左、中、右三路,向商馆附近河面停靠的英轻型战舰摩底士底号、卑拉底斯号、阿尔吉林号及巡逻舰路易莎号和蒸汽轮船复仇女神号发动进攻。

清军采用的战术正是火攻。百余艘火船满载油浸的棉花,每两三艘用铁链连接起来,一切准备就绪,进攻已是箭在弦上。

"点火!"随着都司胡俸伸一声令下,水勇们纷纷点燃船上的棉花,一艘艘火船蓄势待发。

"出发!"胡俸伸再次下令。火船缆绳被砍断,顺水漂流,直向下游停靠的英舰冲去。

在火船后面紧跟着装载清军水勇的小船,当离英舰队还有几百米的时候,部分水勇在陈朝阳和冯成川的带领下,纵身跃入水中,随着小船一齐游向英舰。他们的任务是用钩镰钩住敌舰,然后将火弹、火球、火箭引火爆炸物等扔向敌人,引燃并烧毁敌舰。与此同时,西炮台的大炮也在总兵张青云的指挥下向英舰开火。

如此气势汹汹的进攻,大家认为清军会成功吗?

时间回到5月21日上午,义律已经通知商馆中的外商日落前要撤离。局势万分紧张,珠江江面停靠的英国轻型舰队上的官兵更是个个神经紧绷。直觉告诉霍尔船长,战斗将要在今天爆发。

傍晚时分,霍尔船长通知大副:"威廉,我们最好现在就烧起锅炉,随时备战。"

"您确定我们需要吗?我们存煤不多了,最好还是用在关键时刻。"大副威廉·佩德答道。

"现在就是关键时刻了！我的威廉，快去传达我的命令！"

"是！"大副下去传达命令了，不久复仇女神号的烟囱冒出了黑烟。

霍尔船长还是不放心，他干脆在舰桥上搭起了地铺，和衣而卧。7月底的广州夜晚潮湿闷热，睡在室外反而会舒服一些。

晚上11点左右，霍尔船长和身边睡觉的官兵被一声长长的警报声所惊醒。原来，英军轻型舰队当中距离广州最近的战舰摩底士底号发现上游江面上到处火光闪闪，上百个光点顺流而下。

"火船！中国人的火船！"摩底士底号的瞭望员指着上游方向，大声喊着。很快，警报声就响彻江面。摩底士底号身后的其他英舰都被惊醒了。

多亏了早就点起了锅炉，不过短短九分钟，复仇女神号已经起锚，随着明轮的转动，船身也开动起来了。而一艘同样大小的风帆战舰是绝对做不到的，风帆战舰停靠时，必须收帆抛锚，否则风会吹动战舰无法停靠。当接到启航命令时，船长会根据风向和风力，安排水手放下风帆，几十名甚至上百名水手一起参与升帆工作，整个过程混乱而复杂。水手们站在高高的桅杆脚缆上，拉动帆索升帆，必须让帆随风展开，避免帆布低沉或收卷。脱手甚至跌落导致的伤亡时有发生。

复仇女神号这样的蒸汽船，点燃锅炉后，可以迅速（九分钟）投入使用。这是工业革命又一次显示的巨大力量。

复仇女神号开动后，向上游驶去。霍尔船长下令放下小艇，推开清军的火船。很快复

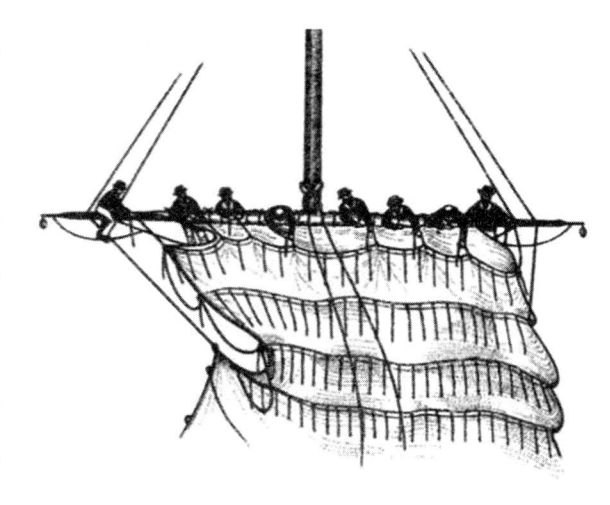

风帆战舰正在升帆

仇女神号超过了摩底士底号，成为英国舰队中的排头。几艘小艇也被放到水面，英军水兵吃力地划着桨，逆流而上向清军火船艰难地前行。英军小艇与最前面的清军火船相遇了，英军水兵拿起长竿拨动火船，火船受力后改变行驶方向，向岸边漂去。

当然，仅凭复仇女神号的几艘小艇是不可能推开清军全部火船的。但很快，其他战舰也纷纷放下小艇，顿时河面上出现了几十艘英军小艇，每艘载英军几名至十几名不等，他们用长竿、枪支等工具逐一推开火船。就这样，部分清军火船被推开后，在宽广的江面上继续顺流而下，从停靠的英舰身边驶过，没有对英国舰队造成任何危害，火船到下游烧尽后自行沉没。还有一部分火船被推往岸边，火势蔓延到岸上，点燃了岸边郊野的房屋，熊熊大火吞没了连串的房屋和建筑。

跟在火船后面的清军水勇被这一场景吓呆了，惊慌的水勇们见火船进攻失败，正在不知所措之际，一阵弹雨飞来，河面上顿时出现一片片血红色。水勇们大惊失色，亲眼看到身边战友中弹负伤或死亡，他们扔下手中钩镰等武器，纷纷向岸边或小船游去。

身在水中的陈朝阳、冯成川见水勇们临阵脱逃，大声呵斥，并用手中长钩镰维持纪律，要求水勇们继续游向英舰。

陈朝阳向几名奋力回游的水勇大喊："谁让你们几个后退了！给我向夷船方向游！你们手里的钩镰呢！"

"陈大人，不是小的们贪生怕死，刚才小的们冒着夷兵的射击，将火弹用防水油布包裹好，潜泳游过夷人小船，靠近了一艘大夷船，本想用钩镰钩住夷船，抛掷火弹……"一名水勇在翻滚的波涛中向陈朝阳汇报刚刚的进攻。这时，不知何处的一发子弹，正中该名水勇的左肩，该水勇大叫一声。陈朝阳一把托住他，吩咐身边随从，立即将他救上小船。

"为什么没有抛火弹进攻？"陈朝阳问向另一名刚刚参加进攻的水勇。

"禀陈大人,小的们靠近夷船后,发现夷船是铁船,您说这钩镰怎么钩得住呀?"

陈朝阳大惊:"铁船?!你个兔崽子想骗我,是不是找死呀!铁船入水不沉吗?"

"小的不敢欺骗陈大人,不信您问问他们。"身边靠近过复仇女神号的几名水勇纷纷表示夷船确实是铁船。

陈朝阳这才半信半疑地继续听下去。

"再说了,陈大人,即便我们能钩住夷船,那夷船高大,凭臂力也绝无可能将火弹扔到夷船甲板上。火弹在船体外爆炸也不会损坏铁皮船壳分毫。"一名水勇继续说道。

陈朝阳和冯成川终于意识到,这种进攻简直就是徒劳,毫无成功的可能。这时,一阵弹雨袭来,水勇们纷纷向后游去。

他俩见状也不知如何是好,身边逃跑的水勇越来越多,纪律荡然无存。他们最终也只得上船后撤。上船后,陈朝阳仰天长叹:"事不可为!事不可为!"

就在水勇们发动进攻的同时,清军西炮台的大炮也开火了,炮弹击中了英舰多次。各风帆战舰在炮火中继续升帆,只有调整船身方向后,才能还击,但这尚需一段时间。目前只有复仇女神号的大炮能够还击,霍尔船长首先下令船首炮向西炮台开火,但不知怎么,船首炮炮筒里像被什么东西堵住了,无法发射。

"掉转船头,用船尾炮对准中国人的炮台!"焦急的霍尔船长大声命令着。

"不好了,船舵淤塞了,现在我们无法掉转船头!"炮声中,大副尴尬地回复着船长。

无奈的霍尔船长只得下令发射康格里夫火箭炮,炮管中第一发火箭弹已经点燃,但炮弹又一次被卡住了。炮手们全都吓傻了,就连舰桥上观战的义律也被吓得不知所措,因为火箭弹发射不出来,引信燃尽后会在炮筒中爆炸,并可能引燃其他火箭弹,造成连环大爆炸。舰桥上的人全会被炸上天,霍尔和义律也将命丧于此，复仇女神号也有可能因此重伤甚至沉没。

就在这千钧一发之际，霍尔船长再次显示出一名军人的坚韧和勇敢，他将手伸进炮筒，徒手取出了被卡住的火箭弹。霍尔船长忍着灼伤，将火箭弹扔入海中，引信随之熄灭了。他的手虽然被严重烧伤，但却拯救了复仇女神号及舰桥上全体官兵的性命。

这下，就连康格里夫火箭炮也不敢发射了。复仇女神号没有能使用的大炮了，而其他风帆战舰尚未准备完毕，不能投入战斗。清军西炮台却一直向英舰射击开火。此时的英国轻型舰队可谓毫无还手之力。

忍着烧伤剧痛的霍尔船长仍在指挥战斗："水兵和陆战队队员拿起步枪，准备还击！"

"步枪怎么可能打破中国人的炮台？"义律大惑不解地问道。

"中国人炮台的射击孔很大，我们的士兵专打射击孔，直接击毙炮台内的中国士兵和炮手。"霍尔船长解释道。

义律瞪大了眼睛："我亲爱的船长，现在是夜里，漆黑一团，我们怎么知道中国炮台的射击孔在哪里？"

霍尔船长一边指着西炮台方向，一边说道："您看，他们的士兵使用的是火绳枪，如果您仔细观察，会发现他们点燃的火绳，一闪一闪的。我们再驶近一些，会看得更清楚。"

果然，清军点燃的火绳暴露了自己的位置。复仇女神号上的英军拿起步枪，瞄准闪动的火绳。一阵齐射后，西炮台上的不少清军中弹倒下，没人再敢到射击孔前点火施放大炮了，西炮台暂停了炮击。

虽然已经击退了清军的火攻，压制了西炮台，但夜间毕竟危险系数较大，英舰特别是风帆战舰在珠江内河作战不便，不愿冒险的义律为了确保轻型舰队的安全，下令各舰从一条南向的珠江支流撤退到凤凰冈一带，待天亮后再行反攻。

就这样，奕山取得了对英夷进攻的"伟大胜利"。可这场"胜利"没持续几小时，第二天（即1841年5月22日）黎明，英国轻型舰队就发起了反击。

天刚蒙蒙亮，摩底士底号、卑拉底斯号、阿尔吉林号和复仇女神号就开始炮轰清军西炮台。此时的西炮台上，很多清军伤兵尚未来得及处理，本以为英舰队被击退，极度疲惫的官兵精神松懈下来，有的人已经睡着了。

每次英舰齐射都向西炮台送去20余发炮弹，夯土炮台很快土崩瓦解，守台的士兵无心恋战，弃台而走。很多逃兵闯入广州城西南的商馆，与当地地痞无赖一起将商馆洗劫一空。英军趁机派兵上岸将西炮台大炮的炮门堵死，让清军不能再次点燃引信，从而使大炮报废。

复仇女神号拖拽几艘小船，继续逆流而上，又打哑了清军的一座炮台，同时击毁了清军为第二次火攻准备的大小火船75艘。

这次向英舰的主动出击终告结束。这次出击是鸦片战争中清军第一次向英军主动攻击，清廷调集了各路大军25000人，下拨军费300万两白银，竟被"豪华指挥阵营"组织成了一场仅有1700名水勇直接参与的骚扰性质的夜袭，夜袭战果也仅是让英国轻型舰队后撤至凤凰冈一带。但第二天英舰队又发动了进攻，破坏了西炮台和另一座炮台。英国军舰虽有受伤，却一艘未沉。

就这样一场彻头彻尾的败仗，却被奕山在向道光帝上呈的《靖逆将军奕山等奏为乘夜焚击在粤省河英船折》中描绘成了一场大胜仗。

挑选熟习水性义勇一千七百余名，交愿告奋勇之蓝翎都司胡俸伸、守备孙应照、五品军功蓝翎千总杨泽、六品军功蓝翎外委陈朝阳、六品军功蓝翎外委冯成川等带领，分起暗藏火箭火弹，手执钩镰，乘驾小快艇，于初一日傍晚各处埋伏，令三更后一齐焚击……该弁勇等分为三队，力攻其左右，先抄其后路，同时并发。该逆黑暗不知我兵多少，仓猝受敌，四面同时发火。弁勇伏身水上，直扑其船底，以长钩钩住船身，抛掷火弹火毯火箭喷筒。……逆夷呼号之声远闻数里，纷纷落水。……逆夷被击及溺水死者不计其数……

奕山还在上述奏折中报告皇帝，这一仗烧毁英军大兵船2艘、大三板船4艘、小三板船数艘、小艇三板数十艘。西炮台在张青云总兵的带领下，也一直坚持开炮攻击，未被破坏。

自从开战以来，一直在吃败仗的皇帝日夜都在急盼捷报，奕山的这份奏折给道光帝带来极大慰藉，当场朱批：剿办甚属可嘉，即有旨。除了将奕山、隆文、杨芳、祁𩇕交部优叙外，皇帝还赏赐一堆扳指、花翎、荷包等物件。

只可惜，奕山等人的好梦不长。义律在5月17日下令调集的英国远征军海陆大军已于23日在广州附近集结完毕，一场广州城的争夺战一触即发，奕山还能继续圆谎吗？

广州保卫战

1841年5月23日，英军大舰队沿南路水道（广州内河战斗示意图中的英军第二次攻击路线）于凤凰冈一带集结了战舰11艘、蒸汽船2艘、陆军2300余人、海军1000余人；此外，在黄埔附近另有一支由4艘战舰组成的小型舰队。就在奕山写报捷的奏折时，英军已形成对广州城的东西夹攻之势了。

5月24日中午，英军舰队鸣放二十一发礼炮，以庆祝维多利亚女王22岁的生日，随后英国人的总攻就开始了。

英舰队分为两路：第一路由西向东，在凤凰冈一带集结的宁罗德号、海阿新号、卑拉底斯号、摩底士底号、哥伦拜恩号、阿尔吉林号、巡洋号7艘轻型战舰出发炮击广州城西南面的沙面炮台、西炮台、商馆以及城南的海珠炮台；第二路由东向西，黄埔附近的加略普号、鳄鱼号、康威号、先驱号4艘战舰向广州进逼。

下午3点左右，广州城西南面的沙面炮台、西炮台已经被英舰击垮，英国陆军第26团的360余人登陆,迅速占领商馆。这是英军在战争中第二次夺占商馆。

但这一切都是牵制清军的佯动,本次广州之战英军竟将主攻放在了陆战上,让清廷非常意外,这也是鸦片战争中英军第一次发动的陆战。

下午4点,主攻开始,打头阵的还是复仇女神号。它搭载着义律、辛好士和郭富,拖拽着70余艘小船,这些小船载着1700余名各类士兵(有陆军士兵、海军陆战队队员、印度兵、坑道工兵、地雷兵、炮兵等)和各类火炮,沿着广州西南侧的水道,北上至广州城西面6里(约3千米)的缯步村实施登陆。

到了黄昏,士兵们基本已经登陆完毕。一夜之间,武器弹药也都送上岸,包括4门12磅榴弹炮、4门9磅野战炮、2门6磅榴弹炮、3门5.5英寸(约13.97厘米)迫击炮和152门32磅火箭炮。所有这一切的战前准备工作都是在广州初夏一个闷热的夜里摸黑完成的,不能不说是英军优良素质的表现。整个登陆过程,清军未

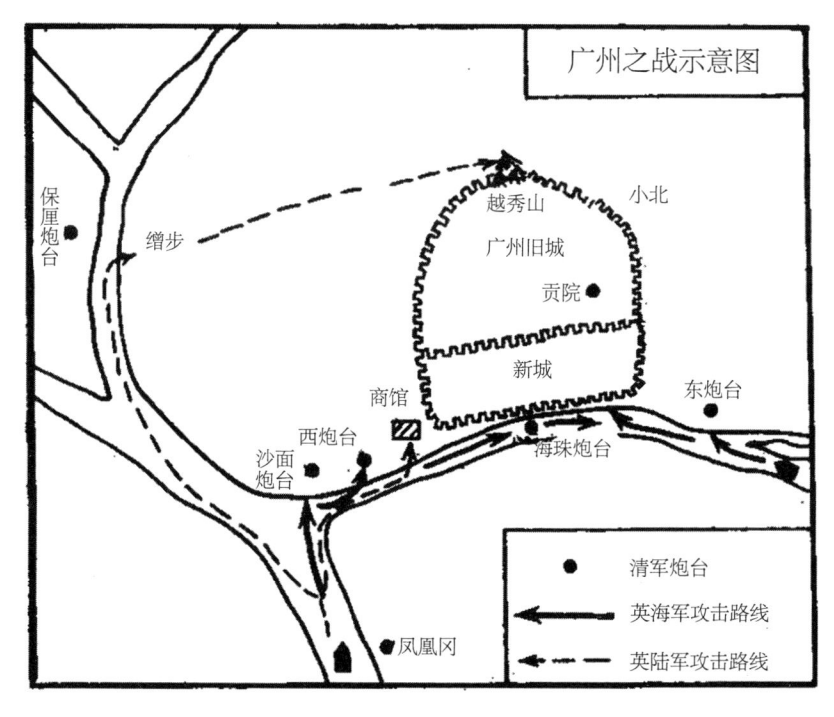

广州之战示意图

发一弹阻止，可能根本就没有发现。

5月25日上午，乌云密布，气压很低，一场暴雨即将来临。上午9点，英军的先遣队已经抵达广州城城墙下，高大的城墙给英国人留下了深刻的印象。霍尔船长认为在其环游世界的旅行中，见过的最为壮观的两样事物就是尼亚加拉大瀑布和广州城。

很快一场倾盆大雨不期而至，英军后续大部队在雨中继续前进，他们进攻的方向当然不是高大坚固的广州城墙，而是广州城的制高点——北边的越秀山。

越秀山是广州城的命脉，得越秀山者得广州。顺治七年（1650），清将高必正率兵包围广州十个月未能攻克，后设计攻取越秀山上的炮台，这才攻陷了广州城。因此，越秀山对于防守广州至关重要这一点奕山等人也是心知肚明，清军在越秀山山顶布置了由4门大炮组成的四方炮台，俯视全城，炮台守军是总兵长春指挥下的2500名贵州兵。

英军开始冒雨进攻越秀山的四方炮台。当英军还在半山腰架炮之时，山顶炮台的清军率先开炮。但清军大炮威力一般，且仅有4门，火力不足。英军架设好大炮后，很快就压制住了清军火力。

英军遂发动了冲锋，双方均表现出了英勇的牺牲精神，他们在炮台四周展开激烈战斗，甚至肉搏战。此次战斗，清军阵亡500余人，受伤上千人，而整个广州之役英军才阵亡16人，负伤112人。为什么清军自认为占有优势的陆战，也会败得这么惨呢？

这就需要我们对比一下双方使用的单兵武器及其作战效果了。

鸦片战争中，英国士兵主要使用以下三种步枪：

1. 布朗贝斯（Brown Bess）前装滑膛燧发枪：枪长1.49米，口径18毫米，重4.8千克，射速3至4发/分钟，有效射程近100米。此枪早在1722年就开始生产，各种改进型号已在英军中服役上百年，是经典的燧发枪。

布朗贝斯前装滑膛燧发枪

2. 伯克（Baker）前装线膛燧发枪：枪长1.16米，口径17.9毫米，重4.5千克，射速2至3发/分钟，最大有效射程200米。与滑膛枪不同，此款线膛枪枪膛内有七条凸起的膛线，其弹丸上也有与之对应的凹槽，这样弹丸与枪膛结合得更为紧密，游隙值更小。发射后，弹丸出膛时更加稳定，射击精度和射程都大为提高，由于线膛枪要求弹丸必须紧紧嵌入膛线，因而装弹颇为困难，导致装弹时间较长，射速较低。此枪于1800年作为英军装备。

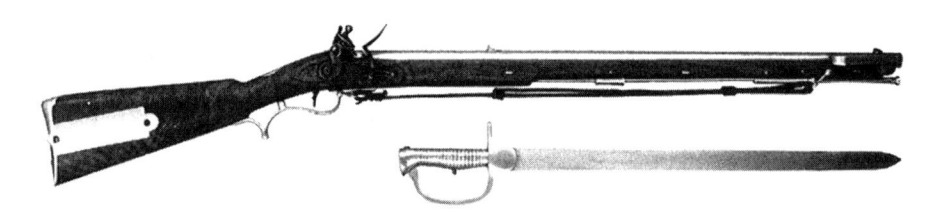

伯克前装线膛燧发枪

3. 布伦士威克（Brunswick）前装滑膛击发枪：枪长1.16米，口径15.9毫米，重4.08千克，射速3至4发/分钟，有效射程274米。该枪虽归为滑膛枪，但其枪膛内有凹陷的双环槽膛线，它的子弹边缘有一段圆弧状的凸槽，这一设计加强了子弹与枪膛的结合，减低了游隙值，又不像线膛枪那样有多条膛线，导致装弹时间过长，该枪兼取了两种枪的优点。而且点火装置为新式的击发式雷帽撞击枪机，与燧发枪比起来，击发枪的防水性更好。但此枪于1836年开始生产，1839年才开始大规模装备英军，因此鸦片战争期间的英军部队使用此枪的不多，当时英军的主要装备还是布朗贝斯前装滑膛燧发枪。

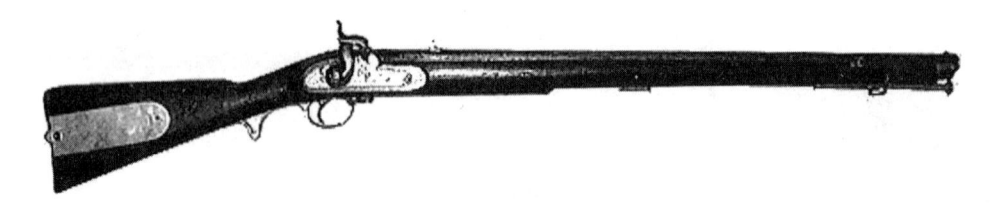

布伦士威克前装滑膛击发枪

枪膛内的膛线

燧发枪的击发装置 　　　　　　击发枪的击发装置

  了解了英军的单兵武器后,我们可以将其与清军的单兵步枪比较一下。前文我们介绍过,清军单兵使用鸟枪,此外还有一种较为大型的枪支,叫作抬枪或抬炮,一般需2至4人操作,实际上是一种放大了的鸟枪。

  鸟枪长2米,抬枪则更长,操作方便性比不上较短的英军步枪,而且射速也低于英军步枪。鸟枪、抬枪的射击精度都较英军燧发枪低,主要原因在于鸟枪、抬枪俱系手工打造,较之英军燧发枪工艺粗糙,枪膛精度不高。

清军发射抬枪

因此在实战中，清军的鸟枪根本敌不过英军的燧发枪。还有一点大家别忘了：四方炮台攻防战在倾盆大雨中进行，清军的鸟枪是火绳枪，明火燃烧的火绳很容易就被雨水浇灭，英军燧发枪虽然不像击发枪那样防水性能超强，但比起火绳枪来说，还是比较好的。实际上，大雨中的清军已基本丧失了火绳枪的远距离打击能力，而英军还是有部分燧发枪可以发射。

此外，双方武器还有一点最重要的差别——刺刀。英军的燧发枪都配备了刺刀，一名士兵既是枪手，又是长矛手；而清军的火绳枪由于枪体过长过重，未配备刺刀，清军的火绳枪一旦失效，该士兵等于手无寸铁。根据《大清会典事例》的记载，鸦片战争时期，清军中鸟枪兵所占比例各省不同，低的占40%，高的占60%，其余为长矛、刀、藤牌、弓箭、火炮等兵种。四方炮台的守军为贵州兵，其鸟枪兵较多，占比60%。当时的战斗场景很可能是，手持配刺刀燧发枪的英军与手持"木棍"（即无法发射的鸟枪）的清军之间的一场肉搏大混战。

大家有没有觉得此次战斗与1661年5月1日北线尾大战有些相似，胜利的一方都是靠肉搏战战胜了配备火枪却不能使用的另一方。只不过北线尾大战中荷军是在中国军队的夹击之下来不及重新装填弹丸，导致火枪不能使用。而四方炮台的战斗是因大雨导致清军火绳枪不能使用。

四方炮台的失守，意味着广州城处于北边越秀山英国陆军大炮和南边珠江上海军大炮的火力夹攻之下了，城破只是时间问题。

5月26日，中、英双方的谈判开始了。奕山派广州知府余保纯前往商馆，找到义律并与其谈判。义律开出了停战条件：

1. 奕山、隆文、杨芳六天内率兵出城，至广州城200里（约100千米）外驻扎；
2. 赔偿"使费"600万元，七日内付清；
3. 赔偿商馆被洗劫和先前被林则徐误烧的西班牙船只损失；
4. 中国赔偿后，英军可退出虎门外；
5. 以上须由奕山、隆文、杨芳、阿精阿、祁𫐓、怡良联衔公文授权广州知府办理。

5月27日，余保纯带来了奕山等人的公文，同意了义律提出的条件，并于当日就支付了100万元。至5月31日，600万元全部付清。这所谓的"使费"实际上就是广州的赎城费，之所以缴纳得如此之快，是因为当时广州有一群被清廷特许经营外贸的洋行（即有名的"十三行"），他们十分富有，在奕山的重压下，很快凑齐200万元，剩余的费用也由洋行分四年还给广东地方政府。

与迅速赔款比起来，清军撤出广州的速度似乎慢了一些：5月31日，清军开始撤离广州，但并未至200里（约100千米）外，仅至广州城外60余里（约30千米）的金山寺驻扎。

6月1日起的一周内，英军全部撤出广州地区，交还了虎门横档等处的炮台，集结于香港岛。

靖逆将军奕山的"靖逆"大业就这样告成了。

奕山的谎言与义律的北上

英军虽退出了广州一带，但奕山是绝不可能将实情上报皇帝的，他扯谎的能力与胆识可谓天下无有出其右者。在1841年5月26日《靖逆将军奕山等奏报官兵抵御英军进攻情形折》中，奕山继续编造大捷的谎言："轰沉火轮船一只""焚其三桅兵船一只""东炮台打折夷人大桅一只""夷人开炮自炸，轰碎三板（船）一只"等，兴奋的道光帝在奏折上多次批示"好极""可喜"等语，还批示要找到开炮打折夷船大桅的士兵给予奖励。

在6月4日的《靖逆将军奕山等奏报英军攻击省城并权宜准其贸易情形折》中，奕山更是显示出了小说家的本质，编造了一名英军军官来到城下"免冠作礼，屏其左右，尽将兵仗投地，向城作礼"。守城总兵段永福派通事下城询问，该英军军官称"不准贸易，货物不能流通，资本折耗，负欠无偿，……是以来此求大将军（即奕山）转恳大皇帝开恩，追完商欠，俯准通商，立即退出虎门，缴还各炮台，不敢滋事等语"。

经奕山这么一说，广州停战是英方主动，而且英国人派远征军万里迢迢，绕了半个地球来到中国，就是为了追索欠款，恳求通商。既然这样，由于英夷已占领了虎门以内珠江内河的各处炮台，那还不如干脆答应英夷支付商欠，准许通商，一旦英夷舰队退出虎门，我大清就可以重新阻塞河道、增筑炮台、添铸炮位，国防门户巩固了，对付英夷也就得心应手了。

在此奏折后面，奕山还附上了一个夹片《靖逆将军奕山等奏为用库款垫借洋商所欠外商银两片》，告知皇帝他已经将广东地方府库中的280万两白银借给洋商，用于偿还对外商的欠款，给皇帝造成木已成舟之势。

两份奏折上报后，奕山心里没底，不知道皇帝到底能否认可他的所作所为。他于6月13日再上第三道奏折《靖逆将军奕山等奏报英船退出省河缴还炮台省城安堵及布防等情折》，赶紧报告皇帝，在我奕山的领导下，英船已经退出珠江内河，清军已经恢复对各地炮台的控制，看来大清已赶走了英夷，取得了战争的胜利。让人啼笑皆非的是，奕山竟在此道奏折中提到"奴才等前遣义勇绅士等，于南岸擒斩头目一名，据其密报，系属伯麦，夷人愿出洋银万元，购求其尸……"这"擒斩"英国远征军海军总司令伯麦的头功非他奕山莫属了，虽又补充道是否属实尚需进一步确认（其实此时伯麦本人正赴印度求援，根本不在广东），但也足以表明此次"胜利"之辉煌。

6月18日，道光帝下达了《著靖逆将军奕山等准令英人通商不许夹带违禁烟土等事上谕》，认可了奕山两次击退英舰队的捷报，兵威已示，又见英夷免冠作礼，吁求转奏乞恩，必有不得已之苦衷。令奕山监督英舰退出外洋，缴还炮台，同时同意恢复通商，但仍强调只准照常贸易，不准夹带违禁烟土。同时，皇帝还许可了动用地方府库公款清偿商欠的做法，但要求洋商务必按时偿还。

奕山接此上谕必定大为安心，因为他的谎言竟未被戳破，皇帝同意了他所上奏的以恢复通商及垫还商欠换取英军退兵的方法。

在道光帝看来中英战争已经大体结束，但大家看看进度条，还剩很多呢。后面的故事怎么讲呢？

我们可以将广州停战条款与巴麦尊及英国政府训令中的各项要求做一下比较，简直是天壤之别。巴麦尊及英国政府的要求除了支付商欠外，还有割让岛屿、赔偿军费、增开五处通商口岸等。义律怎么可能只满足于广州停战条款呢？

原来，义律早在广州之战前，就决定率军北上，直接攻击江浙地区，打痛皇帝，以使清廷屈服，只不过北上计划所需兵力太多，因此派伯麦亲赴印度求援。

此刻义律取得了广州之战的胜利，北上计划又被提上议事日程。

北上计划没有被清军阻止，但却被疫情耽误了。从广州撤退的英军在香港集结，香港这个没有现代卫生基础设施的弹丸之地一下子聚集了这么多人，蚊虫、污水和病菌给英国人带来的伤亡远远大于清军，主要是疟疾和痢疾。当英舰队从广州撤退集结到香港时，已有1100人病倒了，很快出现大量死亡病例，60岁的代理海军司令辛好士爵士也于6月13日不堪痢疾折磨而病故。不过巧合的是，伯麦刚好于当日从印度返回抵达香港，他立即接手重新指挥英海军。

除了疫情外，还有个意外事件阻止了英军北上。7月20日晚上，义律和伯麦在澳门登上路易莎号，打算前往香港。路易莎号是一艘在中国采购的一桅小船，仅有75吨位，本来从澳门到香港水路不远，此小船足以完成，但不承想当晚一场特大风暴来临，造成英军6艘船只沉没、5艘被毁、22艘受损，义律和伯麦也险些丧命。

20日晚上，风速大增，为了躲避风浪，路易莎号的船长命令将船停泊于一座小岛旁。一船人在起伏颠簸的小船上惊魂不定。黎明刚过，心焦如焚的义律要求趁着风势见小，赶快起航。

可船长还是忧心忡忡，多次建议再等等，他离开船舱到甲板上看看天气，再做决定。这时，一个滔天巨浪向小船打来，刚到甲板上的船长尚未站稳，就被巨浪卷走了。惊恐的船员跑到舱室向义律和伯麦报告。这下好了，义律干脆自己当上了船长。

一整个上午，宽阔无垠的海面上海涛阵阵、波涛汹涌，卷起千层浪，那是大海奏起的深沉雄浑的乐章。路易莎号任凭风暴摆布，凶猛狂暴的大海好似要吞没这外来的一叶扁舟。到了下午，小船终于被大浪送到一座小岛，船上包括义律和伯麦在内的23人逃离了大海的魔掌，但路易莎号已彻底损坏了，船上的物资只剩下8瓶杜松子酒，劫后余生的23名英国人靠这几瓶杜松子酒度过了湿冷的夜晚。

7月22日黎明，一群中国渔民发现了这群狼狈不堪的英国人，双方语言不通，且敌友不明，英国人起初戒备心很强，可很快义律发现这群渔民中有一个人很面熟，是他在澳门曾认识的一个熟人，在这名熟人带领下，义律等23人被带到一座小岛上的小渔村。渔民们夺走了英国人的衣物，义律开价1000元要求渔民将其送回澳门，双方连说带比画，讨价还价持续了一段时间，从1000元涨到3400元，终于达成了一致。

当天，中国渔民就提供了2艘小船，义律和伯麦躺在其中一艘小船的舱底，上面覆盖着竹席子。他俩在闷热狭窄的舱底，几乎一动不能动，只能听天由命，气氛紧张。途中遇到的一艘中国官船，将本已十分紧张的气氛推到了顶点。

"你们去哪儿？"官船上的一名士兵问道。

"小的们去澳门。"驾船的渔民答道。

"你们看到一艘夷船吗？可能遇暴风沉没了。"士兵追问道，显然中国方面已经获得路易莎号载有英夷头目的情报了。

只要任何一个渔民告诉清军船舱里的夷人，义律和伯麦就只能束手就擒，奕山奏折中擒斩伯麦的大话就要变成辉煌的现实。可惜，这些渔民信守与英国人的约定，他们告知清兵自己并不知道失事夷船的下落。

7月23日，义律和伯麦终于安全抵达了澳门，送人的中国渔民也获得了3400元银圆的报酬。当时，渔民肯定不知道这2位夷目的身价和奕山开出的赏金：

义律：10万元＋四品顶戴花翎

伯麦：5万元＋五品顶戴花翎

白夷：每人200元

黑夷：每人50元

路易莎号：2万元

如果这群渔民将义律、伯麦等23名英国人一并送给广州的奕山，而不是送往澳门，他们将获得奕山悬赏的至少15万元的赏金。

7月26日，凶猛的台风又一次袭击了香港，也给英舰队造成了不小损失。

英军中暴发的疫情和两次台风，都只是暂时延缓了义律的北上计划，但真正阻止义律北上的是他失去了英国政府及巴麦尊大人的信任。

原来，英国政府得知义律在与清朝大臣的谈判中，并未坚持政府训令和《巴麦尊子爵至中国皇帝钦命大臣函》中的要求，擅自降低谈判价码，他们对此十分不满。特别是巴麦尊大人，早在4月30日，他对义律的耐心就已经耗尽，内阁会议决定走马换将。顶替义律担任女王陛下全权驻华代表和驻华商务监督的是亨利·璞鼎查（Henry Pottinger）爵士，时年52岁，退休前是英国东印度公司孟买的陆军少将，他本人在东印度公司摸爬滚打了三十余年，有着丰富的东方工作经验和政治手腕，且意志坚定，受人尊敬。同时，英国政府还任命威廉·巴加（William Parker）少将接替伯麦担任远征军海军司令。

璞鼎查做事雷厉风行、效率极高，这首先体现在他从伦敦到澳门所花费的时间上。1841年6月5日，璞鼎查和巴加从伦敦上船，渡过地中海，从陆路通过苏伊士地峡①，于7月7日抵达印度孟买。他们在孟买逗留了十天，再于7月17日搭乘东印度公司的蒸汽船，于8月10日抵达澳门。绕半个地球的旅程仅仅用了六十七天！这在当时简直是个奇迹。要知道林则徐从北京到广州用了六十一天，琦善用了五十六天，奕山用了五十七天，如果不算在孟买停留的十天，反而是璞鼎查等人更快，可见科技缩短了中西方的距离，也可见璞鼎查做事的风格。

璞鼎查、巴加抵达澳门的第二天，就与义律、伯麦和郭富展开了会谈，开始工作交接。8月24日，义律和伯麦离开澳门回国。义律的使命结束了，他所主导的北上计划最终未能实现，与其他英国殖民者相比，义律主张采用对华缓和的态度，后来他曾为自己辩护：众人指责我太关照中国人，但是我必须澄清，为了英国持久的声誉和实实在在的利益，我们应当更加关照这个无助、友好的民族。他

---

① 苏伊士运河于1869年通航，此时尚未通航。

还曾提到中华民族是"世界上最温和、最通情达理的民族"。

就这样,疫情、两次台风和英方的走马换将,将英军的北上推迟了两个多月。而道光帝认为英军被奕山击败,退出虎门,战争基本结束,竟在7月28日一天里连下七道上谕,主要是布置战后各省援军回撤原防、赏赐立功人员,以及收复香港、重固炮台等善后事宜。道光帝一生苛俭,最怕花钱,见已击退英夷,赶忙下令恢复平时状态。但该来的还是会来,更何况与义律比起来,璞鼎查更"狠"一筹。

璞鼎查的北上与颜伯焘的布防

璞鼎查接替义律,除了要完成义律没有完成的任务外,巴麦尊大人还给了他额外的任务:

1. 英军应重新占领舟山;
2. 不在广州与中国交涉,谈判地点应选在舟山或天津;
3. 谈判对象应是中国皇帝任命的全权代表;
4. 赔款总额(虎门销烟损失+商欠+军费等)不低于300万英镑,约合1200万银圆;
5. 劝说中国政府允许鸦片贸易合法化。

为了完成这些任务,1841年8月21日,英军除了一小部分占领香港外,主力舰队36艘大小舰船(包括皇家海军10艘战舰、4艘东印度公司的蒸汽船、运兵船、测量船、运输船和军需船等,共计载炮336门)、2700名各类士兵、上千发32磅炮弹、成吨的火药和大量军粮补给等开始向北进发。璞鼎查此次的目标就是义律一直想拿下而没能拿下的厦门。

此时，坐镇厦门的正是闽浙总督颜伯焘。1841年年初，道光帝起用二位强硬主战派官员，一位是闽浙总督颜伯焘，另一位是两江总督裕谦。皇帝担心颜伯焘难以顾及闽浙千里海防，于是命令身为两江总督①的裕谦常驻浙江，为常驻福建的颜伯焘分担重任。上任后，此二人立即进驻国防第一线：颜伯焘驻厦门，裕谦驻镇海。

厦门是福建南部的一个天然良港，地理位置优越，历史上一直是繁盛的海外贸易港口之一。在鸦片战争前，厦门已成为仅次于上海和广州的中国第三大海运贸易中心，自然也就成了英国人所觊觎的通商口岸之一。

1841年3月，颜伯焘入驻厦门，他与地方官兴泉永道刘耀椿、福建水师提督窦振彪一起开始兴建史无前例的庞大国防工事。

厦门盛产当时世界上最坚固的建筑材料——花岗岩。颜伯焘就地取材，在厦门岛南岸构筑了一条当时全国最坚固的线式永久性花岗岩炮兵工事——石壁。这道石壁长约1.6千米、高3.3米、厚2.6米，每隔16米留一炮洞，共安设大炮100门。为了防止敌方炮弹击中石壁炸起飞石、伤及守军，在石壁的外侧，敷以泥土。石壁之后，建有兵营，供守军居住；而在石壁、兵营的侧后方又建有围墙，作为防护。除此之外，在石壁以东和以西地区，另建有多座炮台，安设大炮62门。战后，有英军军官评论此石壁工事道："即使战舰放炮到世界的末日，对守卫炮台的人，也极可能没有实际的伤害。"尽管线式石壁自身仍有缺陷，但就其坚固程度和防炮能力而言，在当时的中国乃至世界上都是首屈一指的。

除了这道石壁工事外，颜伯焘还在厦门岛西南的鼓浪屿岛兴建了几座炮台，安设大炮76门，以利用鼓浪屿居厦门南水道之中的有利地形，正面迎击来犯的英舰，遮护厦门岛侧翼的安全。在厦门南水道南侧、与厦门岛遥相对应的屿仔尾，颜大人也修建、扩建了防御工事，设大炮41门，以配合厦门岛南岸的守军，夹击

---

① 两江总督本职是总管江苏（含上海）、安徽和江西三省的军民政务，常驻南京。

来犯的英舰。

这样，厦门岛南岸、鼓浪屿、屿仔尾三处炮兵阵地共达279门火炮，形成了三点交叉火力网，迎击由厦门南水道入犯的英舰。此外，为了防止敌人登陆，颜伯焘还在厦门岛的北岸和东岸部署兵力1410人，配置火炮100门，准备与敌登陆部队交战，掩护厦门岛南岸主阵地的安全。

为了防止英军以小船从厦门北水道，绕行攻击厦门西水道，颜伯焘又在厦门岛西北角的高崎一带，派驻哨船10艘，兵丁300名，护卫西水道。大约到了1841年4月底，他大体完成了以上部署，可能仍觉不足，于是决定扩大防御范围，在厦门南水道的外围岛链（大小金门岛、大担、二担、青屿、浯屿等小岛）设防：

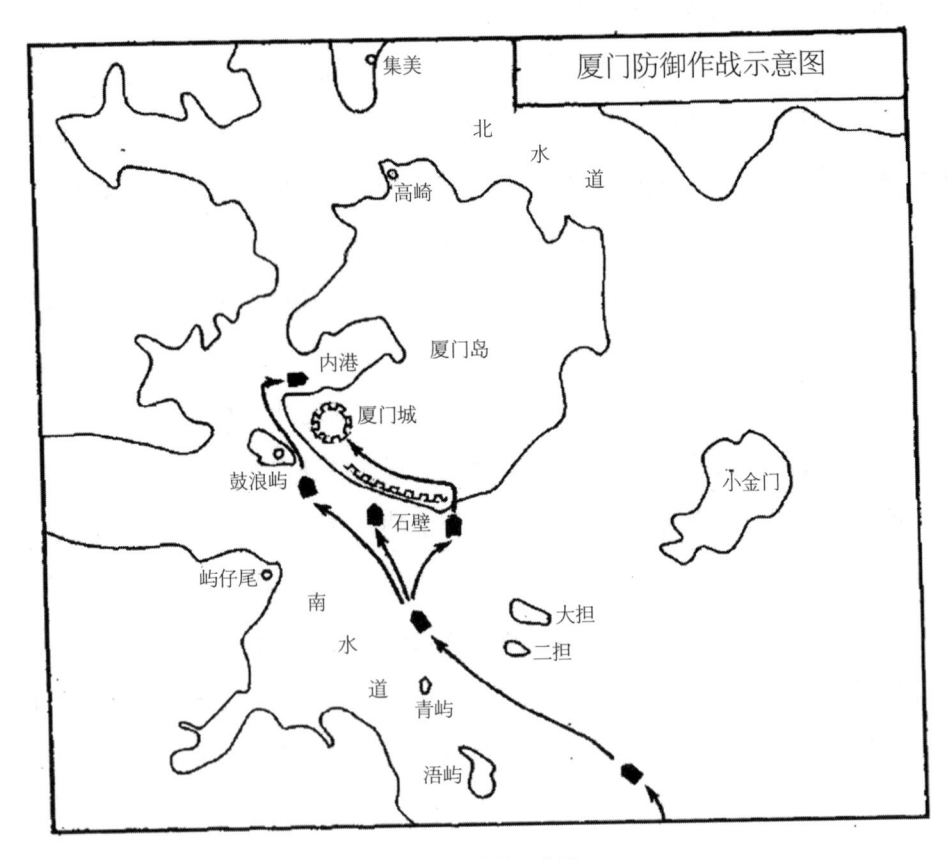

厦门防御作战示意图

修建圆形堡垒，建造大型战舰，打算御敌于国门之外。只可惜，到厦门开战前，堡垒、战舰所需火炮尚未准备就绪，决战境外的计划只得落空。

但通过上述一系列措施，颜伯焘已在厦门一带共安设了400余门岸炮，部署了5680名守军，在无力设防的地区，另行雇练勇、水勇等9274名，各保地方。庞大的防御工事、火炮的铸造和士兵费用，花去了白银150万两。耗费虽然不菲，但也使厦门成了清朝疆域内最强大的海防要塞之一：防御工事最坚固（石壁）；火炮数量排第二位（仅次于虎门要塞）；兵力（不含"勇"）排名第三（仅次于吴淞和宝山）。

颜大人自然对自己的布防非常满意，在奏折中曾向道光帝吹嘘道："臣履勘厦门，前后左右，处处设兵安炮，尚属周密，各将士志切同仇，无不发奋自励。若该夷自投死地，惟有痛加攻击，使其片帆不留，一人不活，以申天讨而快人心！"

厦门之战

如此大规模地修建防御工事，表明在颜伯焘心中厦门必有一战，而他将在此战中一战成名，获得朝廷和皇帝的青睐。但颜伯焘却于8月13日收到道光帝7月28日下达的因广东对英"军事胜利"而命沿海各地酌撤防兵的上谕，颜伯焘一看傻了眼，防兵、军备一旦撤退，万一英夷入侵，吃了败仗，圣怒怪罪下来，他颜伯焘可吃不了兜着走。于是，颜伯焘采取了官场百试不爽的妙招——拖！

颜伯焘将上谕整整压了十二天，8月25日才复奏称：他已下令福建各地官员执行复杂的撤兵程序，但仅上报了准备撤减的兵额让皇帝确认。很显然，他的目的是拖延时间，让时间来证明自己大兴工事武备行动的正确性。

果然，就在颜大人发折的当天傍晚，璞鼎查率领的英军舰队就开到了厦门口外。可此时福建水师提督窦振彪因广东战事缓和率部分舰船出洋巡缉海盗了，于是颜伯焘急调金门镇总兵江继芸来厦门协同防守。

8月25日当晚，天气极好，月影婆娑、繁星点点，能见度很高。英舰队穿过外围岛链。浯屿等外围各岛的清军虽向英舰开了几炮，但因炮台多未安装大炮，火力十分不足，又无师船在海面上配合作战，第一重门户决战境外的拦截交战预案无法实施。英军舰队顺利地驶入厦门南水道。

8月26日清晨，璞鼎查与海军司令巴加、陆军司令郭富乘蒸汽轮船弗莱吉森号（Phlegethon）侦察厦门防务，并制订了进攻计划：以布朗底号等舰进攻鼓浪屿岛，掩护陆军步兵3个连、炮兵1个连及海军陆战人员170人从侧翼登陆，攻占鼓浪屿；以威厘士厘号等舰及2艘蒸汽轮船进攻厦门岛南岸主阵地，炮击守军，其余轮船及小船在舰炮的掩护下，运送陆军各团登陆，企图一举攻占厦门。

颜伯焘临危不乱，与刘耀椿一起亲自坐镇厦门岛，但他决定先礼后兵。先是于25日晚派出一位懂英语的陈姓商人驾小船前往英舰船锚泊水域，问清来意，再战不迟。26日一大早这名陈姓商人带回了一份由璞鼎查、巴加和郭富联合签署的致福建水师提督的最后通牒，要求让出厦门城邑炮台，交英国暂守，等去年天津谈判中要求的各款办妥后，随即退还。如不接受，即刻进攻。如接受条件，即刻在各炮台上竖起白旗。

颜伯焘看完最后通牒后，大怒道："这该死的英夷，竟敢如此无礼！传本官命令：金门镇总兵江继芸立即上鼓浪屿，指挥岛上炮台给我痛击夷船。还有，传令屿仔尾炮台也要狠狠地打。这样厦门岛、鼓浪屿和屿仔尾形成三面兜击，让英夷片甲不留、片帆不归！"

布置完后，颜伯焘带领刘耀椿等人出厦门城，驻扎在城外的虎头山，亲自负责一段石壁的防守。

中、英双方计划布局已定，就等风向合适，英舰队发动进攻了。

8月26日下午1点半，晴空万里，东南风起。英舰纷纷升帆，按计划兵分两路，分别扑向鼓浪屿和厦门岛。清军各炮台见英舰驶来，立即开炮。英舰队在厦门南水道中，遭到北面的厦门岛炮台、西北方向鼓浪屿炮台和西南方向屿仔尾炮台三面夹击，此三处炮台共配置火炮279门。想来对于英舰队来说一定非常艰难，但英舰队竟一船未沉，不能不说清军从武器质量到辅助工具再到炮手素质都存在很大问题。

英舰队按计划兵分两路发动进攻：

第一路：英军轻型战舰布朗底号（载炮46门）、都鲁壹号（载炮44门）和摩底士底号（载炮18门）冒着清军的炮火，一边开进，一边还击，直驱鼓浪屿，与鼓浪屿清军三座炮台（共有76门火炮）展开了激烈的炮战。以上3艘英舰共载炮108门，远多于鼓浪屿清军火炮数量，其质量也是远远优于清军火炮，炮战结果可想而知。不过清军将士还是坚持了一小时二十分钟，火炮基本上全被击毁了。见清军炮台只有零星还击，英陆军从鼓浪屿最东端炮台的右翼沙滩登陆，艰难地攀越山岩和各种障碍，绕到清军背后，发起突袭冲锋。守台清军全无屏障，以鸟枪、弓箭乃至石块还击，水师后营游击张然持大刀纵身跃出，砍向几名冲锋的英军，刀被英军击断，他的身上也多处中弹负伤，但张然仍拔出佩剑，与英军拼起刺刀，最后在多名英军的逼迫下，退身一棵树下，被多名士兵的刺刀刺中，僵立而死，把总李启明、杨肇基等也奋战殉国。清军终因力战不支而撤退，英军占领全岛各炮台。

在鼓浪屿的炮战结束之后，英舰摩底士底号、布朗底号起锚，溯流而上，强行突入厦门内港，打哑沿途清军各炮兵阵地，俘获该处停泊的已基本完工的26艘清军舰船，共载炮128门。

第二路：威厘士厘号和伯兰汉号2艘各载炮74门浮动堡垒于下午2点半左右在颜伯焘最为津津乐道的防御阵地——石壁正面距岸仅365米处抛锚定位，与先期到达的木壳蒸汽船西索斯梯斯号（Sesotris，载炮4门）和皇后号（载炮2门）一起同石壁清军进行炮战。轻型战舰巡洋号（载炮20门）、卑拉底斯号（载炮18

门)、哥伦拜恩号（载炮18门)、阿尔吉林号（载炮10门）继续跟进，在厦门岛南岸石壁东端处下锚，与石壁及石壁以东的清军炮台进行炮战。此时，厦门岛南岸和鼓浪屿完全陷于在炮火的硝烟之中。由于双方在火炮性能、弹药质量、射击技术等方面的差距，清军在炮战中处于劣势，但花岗岩石壁坚固无比，藏身石壁之后的清军伤亡不大。

清军的炮架再次成了致命的问题。大炮的炮口从石壁的炮眼向外伸出，一次炮击后，必须将大炮拉回，才能从炮口前装填炮弹，没有灵活的炮架或炮车等辅助工具，动辄几千斤的大炮，靠人力在炮火连天的战场上是不可能将其拉回来的。如果拉不回来，炮手只有冒着敌方炮火跑到石壁外侧，从炮口装填炮弹，这样做要冒极大的风险而不可行。其实在战前，就有人向颜伯焘进言"以炮在墙外，非用炮车拉回，则兵丁不敢出墙装药"，但颜伯焘可能是怕军费过高，不愿制作炮车，言骄气傲地答道："一炮即可以灭贼，何须再装药也？"现在他和清军将士们终于知道英舰队绝不是"一炮可灭"的了。

石壁炮眼设计得偏小，导致清军炮口左右活动范围很小，基本上只能直击。英舰船很容易就能找到清军大炮的火力死角。颜伯焘的石壁实际上成了一个结实的靶子。

就在第二路英舰猛烈炮击的同时，大约下午3点45分，装载登陆部队的蒸汽船复仇女神号和弗莱吉森号出现在厦门岛南岸。在巡洋号等4艘军舰的炮火掩护下，英陆军第18团、第49团在石壁东侧的沙滩上抢滩登陆，登陆过程很顺利，几乎未遇抵抗，主要是因为当时包括颜伯焘在内的清廷上下还是认为英军船坚炮利，但陆战不堪一击，根本没想到英军会主动登陆。此次厦门之战前，英军实际上已发动多次登陆作战，但都被清军情报误传为英军雇用的汉奸实施登陆，因此颜伯焘在整个厦门防御作战部署中，根本没有抵御英军直接登陆的预案。

随同登陆的英陆军司令郭富下令，第18团向西北方向攻击前进，占据石壁之后的高地，由上而下地攻击石壁守军；第49团沿海岸攻击直插石壁，从临海的炮洞、墙垛处进攻石壁。两路英军遂形成钳形攻势向西进扑。第18团迅速攻开石壁侧后方的一座门，蜂拥而入。由于颜伯焘根本没有预料到英军会直接登陆，石壁守军多是炮兵，有近战武器装备的不多，仅有一些鸟枪和刀剑，守军见势大部分溃逃。小部分将士在副将凌志的带领下，与英军展开肉搏。战斗中，凌志被英军包围，身负多处战伤，最后剖腹自杀殉国。

正在石壁正面进行炮战的威厘士厘号等舰的英水兵，也开始登陆配合作战。金门镇总兵江继芸见颓势不可挽回，走出阵地，跳海自杀。下午4点左右，石壁失守，厦门岛南岸的炮台等阵地也随之陷落。

郭富率军向西北方的厦门城杀去，路上英军击退了几次清军的反击，颜伯焘见大势已去，率领文武官员逃往同安县城。厦门岛上清军失去指挥，陷入一片混乱，军心动摇，士兵们纷纷溃逃。很快，英军占领了厦门城东北方向的高地，因天色已晚，便停止进攻，露宿城外。

第二天（即8月27日）清晨，英军向厦门城发动总攻。当士兵们抵达城墙脚下时，抬头望向城楼，不见一人。原来守军已经趁夜全部撤走，英军兵不血刃占领厦门城。

此次厦门之战，清军战死总兵1名、副将1名、守备等军官6名。普通士兵的伤亡没有查到准确数字。据后来清朝官员调查称：厦门岛南岸各阵地战死兵丁40余名，鼓浪屿岛战死兵丁33名，受伤37名。但与清朝官员奏折中的战前派防、战后回营的数字相比，厦门清军共计减员324名。英方报告称，英军在此战中战死1名，受伤16名。

不到两天，英军就攻破了颜伯焘等人精心策划部署了近半年的厦门防线。厦门之战前，清廷从上到下一片誓与英夷决战到底的气概：道光帝被奕山奏折中的大捷所迷惑，正欲与英夷一决雌雄；厦门前敌指挥闽浙总督颜伯焘、兴泉永道刘耀椿等人绝不是妥协投降派，颜伯焘本人更是以倡言起用林则徐、对英决战而闻名，并在战前弹劾奕山，要求加强备战。实际上，自琦善赴京受审后，清廷内部已无议抚之声，败将奕山、杨芳等人为保住官爵，宁可谎报军情，也不敢说明真相而奏请议和。颜伯焘正是在这种同仇敌忾的大背景中，主持厦门防务，修建石壁和炮台。我们可以看出，厦门清军尽管腐败，但在战争期间还是有了较大的起色，从平时体制到战时状态，从疏于防御到严密布防，厦门官员和清朝将士都已经达到了他们所能达到的极限。然而，他们的这一番努力，仍未能使他们免于迅速败亡的境地。这就真的不能不令人深思了：厦门之战以及其他多次战役失败的真正原因，在于清朝上上下下对于工业化战争的无知，在于清军的战术和技术均落后于工业革命时代的英国。

裕谦的备战

英军占据厦门后，璞鼎查按照英国政府重新占领舟山的指令，也为了进一步北上威胁朝廷，下令仅留3艘轻型战舰和500余名士兵占据鼓浪屿，远征军主力于1841年9月5日撤离厦门，北上浙江。

前文已交代过，此时防守浙江国防第一线镇海的是主持浙江军务的钦差大臣、两江总督裕谦。

裕谦，原名裕泰，博尔济吉特氏，蒙古镶黄旗人，贵胄出身，其祖父、父亲均官至一品、二品大员。他疾恶如仇、刚正不阿，曾在奏折中对自己的老上司、前任两江总督伊里布迟迟不敢收复定海而颇有微词，最终一纸密片，弹劾伊里布家人不规，致使这位老长官上刑部大堂受审。

此外，裕谦一个两江总督，本与广东无涉。但实际上他看不惯执行对英软弱政策的钦差大臣琦善的所作所为，若换作别人即便心有不满，除非皇上垂询，否则也不会主动发表意见。可裕谦却不行，他主动上奏折，弹劾琦善，不知使当时多少人拍手称快。已获罪斥革的林则徐见之大喜，亲笔誊录裕谦的奏折。

除了在奏折中主张对英强硬，裕谦于1841年2月主政浙江军务以来，在实际行动中也时刻体现出一名主战派的作风。他下令处斩在英军占据定海期间抓捕的4名"通夷"汉奸，并将首级遍传沿海各厅县悬挂示众，以儆效尤，震慑人心。1841年3月，定海军民捕获一名英国俘虏，他一反前任伊里布好生款待英俘的做法，下令将其绑出营门，凌迟处死，枭首示众。

1841年9月军情危急之时，镇海军民捕获2名英方俘虏，裕谦竟将岳飞《满江红·写怀》中"壮志饥餐胡虏肉，笑谈渴饮匈奴血"的诗化夸张文字变为现实，下令对其中一名白人俘虏"先将两手大指连两臂及肩背之皮筋，剥取一条"，制成自己坐骑的缰绳，然后"凌迟枭示"；对另一名黑人俘虏（即印度裔士兵）亦"戮取首级，剥皮枭示"。

在当时世人心中，裕谦已成为仅次于林则徐的主战派大臣。由这样一位坚定的主战派亲自布置定海防务，想必是万无一失。

大家知道，1840年7月初，英军曾占领过定海，直到第二年1月才撤出。而裕谦正是1841年2月开始到浙江主持军务的，也就是说英军刚撤走，他就来了，这为他布防定海提供了充裕的时间。

定海不像厦门盛产花岗岩，裕谦只得修建土城防御工事，实际上就是一段土城墙，用泥土掺石灰夯实的线式防御工事。据裕谦的奏折，土城的底宽为12米至18米，顶宽为5米至15米，高3米至4米，长约4.8千米。它紧邻大海，东起青垒山，西至竹山，与两条山脉一起将定海县城及其以南的空旷地带围成一个约10平方千米的三角形地带。土城设"长治""久安"两城门，供民众平时出入。土城上有火炮掩体"土牛"，共安设火炮80门。

在土城的中部，有临海小山，名东岳山。裕谦充分利用这一高处有利地形，在山上构筑周长约440米的砖石结构的震远炮城。在该炮城的南端，修建了面宽70米的半月形石砌炮台。炮台面海，为轰击来犯敌舰，炮城靠其后是用以屯兵护卫的工事。东岳山上的震远炮城及炮台,为清军防御阵地之中坚,共设火炮15门。

土城的西端为竹山,竹山之后为晓峰岭。裕谦在晓峰岭上也筑围城一座,驻守兵员。土城的东端为青垒山,裕谦亦在此构筑瞭望塔和兵营。

土城之后的定海县城,其城墙亦得到修复。上设火炮41门。

在修筑土城防御工事的同时,裕谦又添兵雇募。伊里布原派接收定海的清军共计3000人,裕谦再加派2600人,使该地守兵达到5600人,是鸦片战争中浙江守军最多的地方。

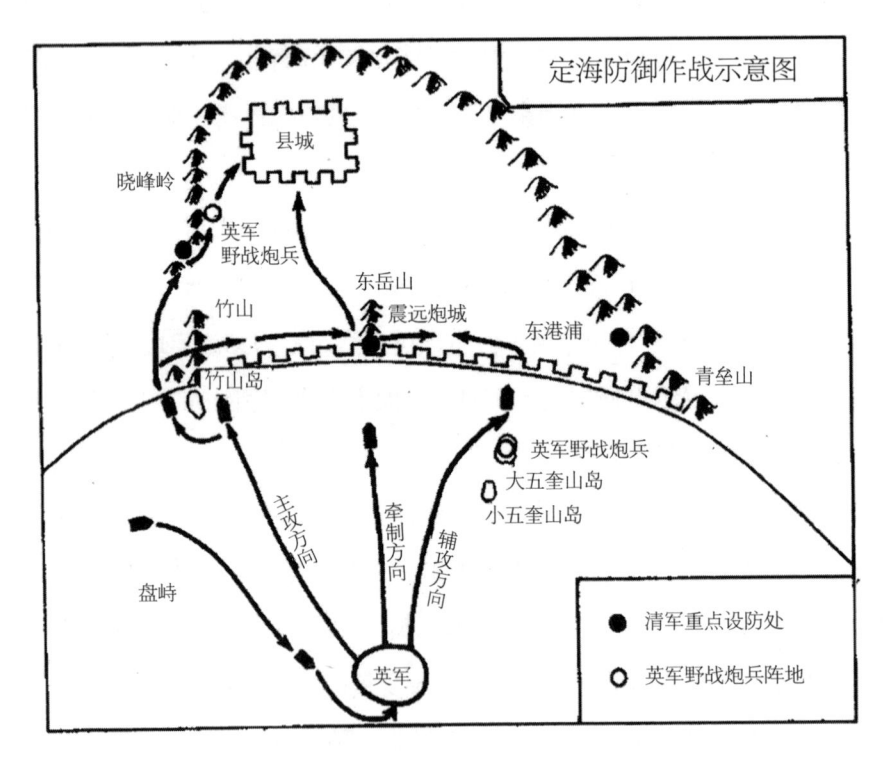

定海防御作战示意图

和颜伯焘的厦门石壁防御工事比起来,定海土城的防御力和火炮数量都差得太多了,唯一不差的就是豪言壮语。与颜伯焘相似,裕谦也曾在《钦差大臣裕谦奏为再渡定海验收各工及查办抚恤事宜折》中夸口道:

兹新建土城，横列青垒、竹山之间，并，将道头、东岳山包罗于内，高筑炮城月城，扼要设守，与晓峰岭、无恙山、锁山等处兵房燎台，首尾相连，势成犄角。且将旧存之红毛道头夷馆基地，全行拆毁，土城以外一无民居，永断接济觊觎之弊。从此扼险控制，屹若金汤，形胜已握，人心愈固。设使逆夷在粤败挫，窜循前来，则我炮凭高向外轰击，足以制彼死命，而官兵分驻土城炮城之内，层层障蔽，夷技一无所施。以我之逸待彼之劳，以我之静制彼之动，该逆倘敢驶近口岸，或冒险登陆，不难大加剿洗，使贼片帆不返，守御既密，可期有备无患。

在裕谦的心中，英夷仍然只是船坚炮利，不擅陆战。因此，他的布防还是老一套，在临海地区修筑线式防御工事，安放大炮。清廷官员还是没有从以往的失败中吸取任何教训。

厦门的石壁都倒下了，定海的土城还能坚挺吗？

第二次定海之战

英军在1841年6月28日攻占厦门后，驻兵鼓浪屿，主力于9月5日继续北犯。这支舰队共有战舰6艘：威厘士厘号（载炮74门）、伯兰汉号（载炮74门）、布朗底号（载炮46门）、摩底士底号（载炮18门）、巡洋号（载炮20门）、哥伦拜恩号（载炮18门）；此外还有测量船1艘：班廷克号（Bantinck，载炮10门）；蒸汽轮船4艘：西索斯梯斯号、弗莱吉森号、复仇女神号和皇后号；另有运输船19艘，载运陆军第18团、第49团、第55团等部，约2000人。

由于风向等问题，英舰队中各舰行动未能统一。至9月18日，才陆续抵达集结地点：定海西南的穿鼻山岛（Buffalo's Nose），后移泊镇海与定海之间的黄牛礁。9月21日，英海军司令巴加到达；9月25日，英陆军司令郭富到达。

此时，裕谦坐镇镇江。定海由葛云飞、王锡朋和郑国鸿3位总兵分兵把守，其中定海总兵葛云飞驻守震远炮城，寿春总兵王锡朋驻守晓峰岭，处州总兵郑国鸿则在竹山扎营。三人互为犄角，严阵以待，做好了迎战英军的准备。

根据原定的作战计划，英军本应先行进攻镇海，占领宁波，然后再攻定海。但由于海上恶劣的天气，英舰队不可能从集结地安全地驶往镇海，英军遂决定先侦察定海的布防情况，拿下定海再说。

9月26日至30日，阴雨连绵，但英军多次派船靠近定海防线侦察，甚至派小股部队划舢板登陆实施侦察。在清军的奏报中，此种侦察活动被视为英军的进攻，而清军多次开炮击退英舰或英军小股侦察部队，则被视为成功地击退敌人进攻。

9月26日当天，是双方交战的第一天，葛云飞曾派人向裕谦求援兵，裕谦收到求援书后，无可奈何地摇摇头，对派来求援的军官说道："定海防兵本就多于镇海，目前镇海也面临英夷的威胁，实在是无兵可调呀。"就这样，裕谦未能增援定海。

在这几天的侦察活动中，英军取得了定海地形、清军部署等一些重要情报。此外，还获得了一项重要成果：9月29日，英军一些战舰和运输船驶入内港，其中布朗底号、摩底士底号、皇后号、弗莱吉森号等舰船驶往紧邻定海土城防线海面上的大、小五奎山岛，在大五奎山岛制高点上建起野战炮兵阵地，布置了68磅重炮1门，24磅大炮2门。9月30日，该阵地修建完工。清军奏报，阵地施工过程中，土城一带清军开炮遥击，打坏帐房5顶，击毙英军10余人。而英军则记载，清军火炮射程太近，对英军登岛及布置大炮等行动并无威胁。

1841年10月1日早上，接连多天的淫雨终于停了，却下起了大雾，在海面上如同挂起了一层纯白的罩纱，在定海上空，雾气移动着，顺着山峰的斜坡展开去，像条蛇一般钻进了悬崖里。

中、英双方展开了第二次定海争夺战。

这天早上，大五奎山岛上的英军炮兵首先炮轰定海守军核心中坚阵地——东岳山上的震远炮城。此一战术与英军在虎门大战中，先占领下横档岛建炮兵阵地，再炮击上横档岛的方法如出一辙，只可惜清军没有吸取上次虎门之败的教训。

震远炮城由砖石建成，虽较为坚固，但英军炮弹击中后，砖石崩裂，四处飞散，造成炮城外防守土城的很多士兵伤亡。葛云飞指挥炮城清军立即反击，但清军大炮还是老毛病，射程近不说，落后的炮车、炮架使灵活性变差，对大五奎山岛上的英军炮兵阵地几乎构不成威胁。

这时，英军的蒸汽轮船皇后号拖拽着布朗底号至东岳山前，布朗底号也加入了轰击震远炮城的行列。皇后号完成这一任务后，与摩底士底号一起炮击土城工事东段东港浦一带；威厘士厘号则驶近竹山，与泊此距岸仅180余米的哥伦拜恩号、巡洋号和蒸汽轮船西索斯梯斯号一起炮击土城西端竹山一带。这样，土城全线均遭英军炮火猛烈轰击，守军在葛云飞的督率下，以岸炮迎战。如果英军舰炮以一侧舷炮计算的话，双方在火炮数量上比较接近，但质量相差很远，弹药的种类和质量更难以相比。此外，英军火炮集中，清军岸炮分散，在英军的三个炮击点上，清军火炮的数量又不能与之相比。清军火力最强的东岳山震远炮城又遭到大五奎山岛上英军野战炮兵的压制。因此，在炮战中，清军明显处于劣势。一阵阵炮弹向清军阵地倾泻过来，泥土掺石灰夯实而成的土城禁不住几次炮击，就土崩瓦解了。

葛云飞眼见土城有倾覆的危险，立即下令震远炮城的炮兵们瞄准英舰，将其击沉或至少驱离，以保住土城工事。同时他不顾敌人炮火，亲自上震远炮城第一线阵地督战。但很快葛云飞就发现自己的命令几乎无法实现，因为大五奎山岛上的英军炮兵阵地居高临下，已将震远炮城死死地压制住了，加之清军大炮转向极其不便,炮兵们根本抬不起头来,更别提让大炮转向瞄准英舰了。此时,15门大炮已被击毁过半,大段的砖石城墙也已塌陷倾倒。清军炮兵被打得几乎无还手之力了,军心开始动摇。

正在此危急时刻,英军分左、右两翼开始实施登陆作战。主攻的左翼部队约1500人,第一批是陆军第55团,他们搭载蒸汽船弗莱吉森号,在威厘士厘号等舰的火力掩护下,避开土城工事,在晓峰岭西侧实施强行登陆,第55团的将士们在少校福赛特(Major Fawcett)的带领下直奔寿春总兵王锡朋驻守的晓峰岭。晓峰岭未修筑炮台,因此王锡朋只得率手下官兵以鸟枪和抬枪阻击英军的进攻。此处战斗非常激烈,清军的步枪枪管因短时间内多次开火而通红烫手,已无法再次装填。

王锡朋拿起大刀亲率士兵与英军展开肉搏。混战中,王锡朋一马当先,毫不畏惧,举刀杀向敌人,但一颗炮弹飞来,嗖的一下就击断了王锡朋的左腿,顿时血流如注,王锡朋壮烈殉国。随后,大部分清军溃逃,晓峰岭失陷。

第二批登陆的是陆军第18团,他们的任务是占领土城西端的竹山。竹山清军阵地已遭英舰炮轰,损失很大。总兵郑国鸿仍带领士兵奋力抵抗,激战中中弹数处,65岁的老将就这样战死沙场。竹山阵地也被英军占领。竹山失守后,土城防御工事西端大门洞开,英军通过竹山阵地迅速向东面的震远炮城进攻。

就在英军左翼部队登陆猛攻的同时,右翼副攻部队由第49团和海军营组成,他们在战舰摩底士底号的掩护下从震远炮城东侧的东港浦搭乘复仇女神号准备实施登陆。但在行驶过程中,复仇女神号触礁搁浅耽误了时间,等他们到达海边的时候,左翼的英陆军第18团早已登陆成功,正在进攻东面的震远炮城。原来镇守东港浦的守军大部被调去协助震远炮城,因此英军右翼副攻部队没费什么力气,就成功地在东港浦登陆了。很快,英军右翼部队就驱散了土城东段的全部清军,并开始向西合攻震远炮城。

震远炮城是清军防守定海的核心主阵地,也是英舰炮轰的焦点,在密集的炮火下，本已损失惨重、军心动摇。加之，土城这种线式防御工事只能抵御正面之敌，对侧翼的入侵者毫无防护之力。见从东、西两端蜂拥而至的英军，部分守城士兵擅离职守，脱离阵地。总兵葛云飞为了挽回士气，亲率守军与敌人展开肉搏，全身负伤40余处，左眼球爆出，仍坚持战斗。最后，一名英军用砍刀劈中葛云飞面部，顿时鲜血淋漓，壮烈牺牲。但他的尸体挺立不倒，手持大刀仍做杀敌状，左眼炯炯如生。至此，震远炮城和东岳山都落入英军之手。

英军左翼滩头阵地巩固后，马德拉斯步枪团、工兵、炮兵随即登陆支援作战。现在，定海的清军土城防线已全面崩溃，只有县城还在清军手中。

英国远征军陆军司令郭富亲自率第55团攻打县城西门，第18团则进攻南门。他们在晓峰岭上英军新设大炮的火力掩护下，向定海县城发动最后总攻。郭富肩膀虽在此战中负伤，但整场战斗并不激烈。因为县城大多数守军早已调出去支援晓峰岭、竹山等处，所剩兵力不多，且无武将指挥，负责县城防务的是定海县令舒龚寿，他在城墙上见守城士兵纷纷从东门逃跑，见事不可为，命人将县令印信送往镇海，自己则服毒自尽，但手下趁乱将昏迷的舒龚寿送出城抢救。

经过一天的战斗，英军再次占领定海。第二次定海保卫战清军将士死伤颇众，除牺牲的3位总兵外，还有参将张玉衡、副将托安泰阵亡。士卒的伤亡，则无确数可查。据英方资料，英军此战阵亡海军旗手1名、士兵1名；除郭富外，受伤士兵二十七八名。

在一场战斗中，同时损失3位正二品的总兵，这在鸦片战争中是绝无仅有的。3位总兵英勇地牺牲在自己的岗位上，未因贪生怕死而后退一步。在他们的督率下，也有一些清军在战斗中保持了高昂的士气。战前裕谦激励将士们的努力并未白费。但是，第二次定海之败揭示出来的是，仅靠忠诚和勇敢是远远不够的。本次战役，英军仍然采用战舰轰击正面、陆军侧翼抄袭登陆的老方法，这一战术在第一次定海之战，在虎门、在厦门都取得过成功，而此战又一次奏效，不得不说清军根本没有吸取一丝一毫的失败教训。此外，清军落后的线式防御体系（土城)、据守沿海要塞抗敌登陆的落后战法以及落后的武器装备,决定了无论将士们如何奋不顾身、英勇作战,都不可能克敌制胜。

3位总兵的战死和定海失陷,是否让裕谦清醒过来了呢?清军的高层指挥人员是否清楚,第二次定海之战清军正是败于自认为擅长的陆战,他们能在将来的战役中及时调整战法取得胜利吗?

誓师镇海

定海陷落后的第二天(即1841年10月2日),定海典史邓钧等人撤回镇海,向驻节此地的钦差大臣裕谦报告了英军攻陷定海的情况,此时镇海已成为抗英第一线。

镇海位于杭州湾之南,是大峡江(现称甬江)的出海口、宁波的门户,历来为海防重地。大峡江大体上是由西向东,但到镇海出海口时,变为由南向北流入大海。在大峡江入海口的东、西两端,各有一座小山。西边的叫作招宝山(1684年康熙开海,由候涛山改名,意在招外洋之宝),东边的叫作金鸡山。招宝山上自明代就建有防倭的威远炮城。大峡江江面宽1000余米,但河道未得疏浚,水浅滩多,岸边亦积有数里宽的淤泥。

1841年2月,裕谦刚从江苏到镇海,见此地形,信心大增。这位从未见过英军舰队的钦差大臣认为,英夷的巨舰大船"不畏风涛而畏礁险",镇海一带的淤泥浅滩正是抵御英军的天险屏障;若英夷以小船驶入,"无篷帆、无炮位、无锅灶",又何足惧;若舍舟登陆,不难全数歼灭不擅陆战的英夷。因此,裕谦并未像定海那样,重视镇海的布防,但在其于6月回江苏接受两江总督篆印期间,浙江巡抚刘韵珂与以四品卿衔来浙江协防的林则徐等人,在镇海大力设防。由此至开战前,镇海的防御工程虽不如厦门、定海那般形制宏大，但也颇具一定规模。

招宝山上，虽有威远炮城，但刘韵珂、林则徐等担心山势过高，一旦英舰临近，炮弹会飞跃英舰。因此，他们在招宝山山脚西边和南边的海滩分别新建了沙袋炮台：在海边滩涂排钉木桩，用竹篓盛放碎石，垒砌为基，上面堆放沙袋，并安置炮位，在沙袋炮台周围排挖暗沟，密布铁蒺藜，以保护炮台兵勇。此外，还在紧靠镇海县城北墙的勾金塘建了一座炮台。浙江最高武职官员——浙江提督余步云总体负责招宝山、大峡江的防御工事，他率兵镇守招宝山与镇海县城之间的东岳宫，招宝山上的威远炮城则由护处州镇总兵张化龙驻守。之所以这样布防，是因为裕谦等人设想英军战法是军舰突入大峡江，余步云正好在东岳宫可以前（招宝山）后（拦江埠炮台）照顾，居中策应。但英国人会按裕谦的设想进攻吗？看了后面，大家就知道了。

在金鸡山北脚下，刘韵珂、林则徐带人又添修了条石炮台，在台底扦钉木桩，台中砌石洞用来安设炮位，石洞内均厚培泥块，用来加强防御和保护士兵，台内复用土宽筑坦基、围筑墙垣。又在金鸡山东脚下紧对港口的地方排钉木桩，并且修筑长厚土堡，在其中安设大炮，将土堡后的山石凿挖宽平，用来隐藏士兵。在山顶围修木排、建设营房，驻兵策应。炮台周围同样挖有暗沟，密布铁蒺藜。此处由江苏狼山镇总兵谢朝恩、江苏候补知府黄冤率兵指挥。

在大峡江江口，清军层层扦钉、填塞块石，使河道变窄，以防英舰蓦然闯入；在港内设火攻船30艘、十六桨快船及人力明轮船20艘、大小渔船60艘，为作战时追截、瞭探、策应之用；在县城东南的拦江埠，两岸各设炮台一座，以对付窜入港内的敌舰。由衢州镇总兵李廷扬督兵驻守。

钦差大臣、两江总督裕谦作为镇海之战的总指挥则坐镇镇海县城，照应全局。县城临海的北城墙上厚集沙袋，以御敌炮。

整个镇海县城一带，共有清军兵勇4000余人，配置火炮157门。我们不难看出，镇海的布防仍没有脱离虎门、厦门和定海的窠臼，还是采取林则徐提出的

"以守为战、近岸防御"原则，说明开战一年多以来，清廷尚未吸取接连败北的教训。清朝的前敌指挥人员还是幻想英舰队从大峡江直闯内犯，这种错误关天培已经犯过。镇海的布防难以抵御英军凶猛的炮火。而最致命的缺陷，仍是根本没有防御敌方登陆部队的纵深防御工事。清方指挥人员还是没有重视陆战，总认为一旦英军弃船登岸，清军就会占有优势，大获全胜。

虎门的三道防线、厦门的石壁以及定海的土城都未能抵挡住英军的进攻，镇海的沙袋炮台就能抵挡住吗？

裕谦认为布防本身不是问题，镇海守军最大的问题是军心士气，他最担心的是浙江提督余步云。原来，裕谦与余步云二人历来不和，他俩在是否增援定海问题上曾有分歧。裕谦还怀疑余步云心存妥协，不敢与英军硬碰硬。

这位浙江提督到底何许人也？大家千万别小看他。余步云，现年67岁，四川

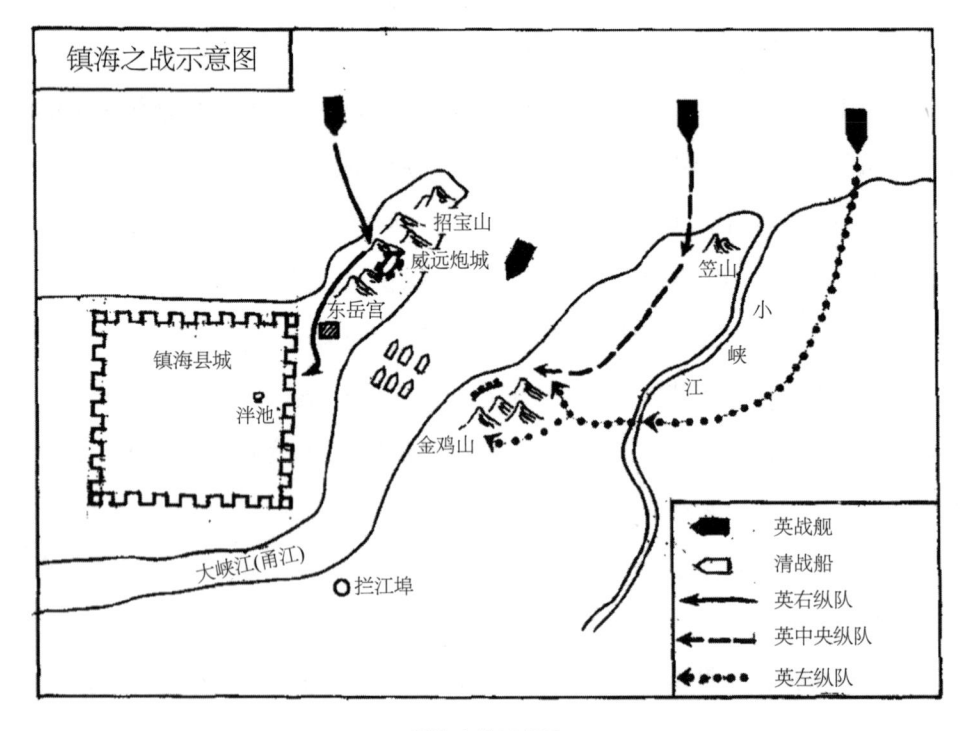

镇海之战示意图

广安人。1798年以一名乡勇身份参军，转战各地，平定叛乱，逐步升职，由都司、游击、参将、副将升至四川重庆镇总兵。他的经历正如其名"平步青云"。余步云一生最得意之时，为道光初年平定张格尔之役，率部随杨芳等人进击，擒敌酋玉努斯。战后论功行赏，他获乾清门侍卫，迁贵州提督，并绘像紫光阁，道光帝亲撰赞词。以后，历湖南、广东、四川、云南等省提督，在镇压各处反叛，尤其是在镇压少数民族造反中，战功卓著，加太子少保，再加太子太保。可以说，在各省武职中，余步云的名气仅次于杨芳。

我们要知道，清朝官职中，提督是一省绿营陆军或水军的最高主管，官阶从一品，称得上封疆大吏。裕谦的两江总督不过正二品，只不过裕谦有个钦差大臣的头衔，余步云才不得不低头从命。但他自恃军功，倚老卖老，看不起这位比他年轻十多岁、靠笔头功夫且毫无实战经验的后起之秀；而裕谦也不把这位战功赫赫的老将放在眼里，总是希望道光帝改派他人，但由于实在无人可派，才勉强留任。

为了激励士气、团结一心，裕谦特意在镇海的关帝庙前举行了一次誓师大会，镇海文武官员和大部分士兵都参加了。在会上，裕谦发表了慷慨激昂的演说：

今日之事，有死靡贰。幕府四世上公（指裕谦曾祖父班弟），勋烈不沫。受命专讨，义在必克。文武将佐，敢有受夷一纸书去镇海一带者，明正典刑，幽遭神殛！

其中"敢有受夷一纸书去镇海一带者"可能正是暗中警告余步云。在誓师大会上，裕谦率众向关帝跪拜，唯有余步云一人托词足疾不跪，可见二人不和。

镇海正是在这种状态下迎战英军的。

镇海之战

1841年10月1日攻陷定海后，英军稍事休整，着手准备再攻镇海。10月8日，英军留下400名士兵和3艘运输船驻守定海。主力部队：战舰6艘、蒸汽轮船4艘、测量船1艘、运输船16艘，陆军约1600人在黄牛礁一带集结。弗莱吉森号、复仇女神号2艘灵活的蒸汽轮船搭载璞鼎查、巴加和郭富去勘察镇海，他们从定海出发向西行驶约80千米，用望远镜观察镇海地形和沿岸的清军布防，制订了作战计划：大峡江东岸，即金鸡山一带，主要由陆军负责占领，海军配合；大峡江西岸，即招宝山和镇海县城一带，主要由海军负责攻占，陆军配合。

10月10日拂晓，英军的进攻开始了。但英舰队并未像裕谦等人所设想的那样深入大峡江，而是凭借其火炮射程之远，在入海口西北方向海面上猛烈轰击，只有机动性能很强的蒸汽轮船皇后号稍稍深入，不停地向两岸清军各炮台开炮。这种战术使清军的战前准备毫无用武之地：两岸炮台中对准江面的大炮、江内准备的火船等都成了摆设。

进攻的英军兵分三路：左翼部队和中央部队以金鸡山为进攻对象；右翼部队以招宝山为对象；陆军在舰炮的掩护下，在大峡江东、西两岸三个地点实施登陆作战。

坐镇镇海县城的裕谦得到开战的消息后，立即率宁绍台道鹿泽长、镇海县知县叶堃等人登上东城墙，一边观战，一边指挥各处抵抗。

"裕大人，您看！"宁绍台道鹿泽长指着北面英军抛锚开炮的舰队，说道："这夷船不驶入大峡江，而是凭借其炮力竟直接轰击我军阵地！"

裕谦也是颇为吃惊，对英军这种"不按常理出牌"的战法大为疑惑。其实，英军的这种战术在虎门大战时就使用过，他们不着急通过清军布防严密的河道，而是直接攻击清军岸上的防御工事。

"这……这……这英夷大炮竟能飞越招宝山，落在我东岳宫阵地。"裕谦看着英舰火炮威力如此之大，震惊的话都不会说了。原来在招宝山之北的英舰，是英军右翼部队，以海军为主，威厘士厘号、伯兰汉号2艘各载炮74门的大型战舰在蒸汽轮船西索斯梯斯号的拖拽下，在招宝山北面距离合适的海面抛锚。它们火力之大竟能使炮弹飞越山岭，落于东岳宫、拦江埠一带。

东岳宫、拦江埠的清军还不知道怎么回事，就遭到了从天而降的炮弹的猛烈打击，清军炮手根本看不见敌人，无从还击，只能被动挨打。而英军能够炮击视距外且阻隔山岭的目标，体现出其炮手高超的操炮能力。

就在英舰队猛轰之时，大峡江东岸的英国陆军也没闲着。中央部队的440人搭载复仇女神号在战舰巡洋号的掩护下，在大峡江东岸笠山一带登陆；与此同时，左翼部队的1040人搭乘弗莱吉森号，在郭富将军的亲自率领下，于小峡江东侧一处沙滩登陆。

中央部队与左翼部队的登陆地点都是位于清军重兵布防的金鸡山阵地的东北方向，清军金鸡山阵地及其炮位基本上都是对准西侧大峡江一带的，英军在此登陆等于是在清军阵地侧后方发起进攻。

进攻的英军配备了12磅榴弹炮、2门9磅野战炮、4门山炮和2门迫击炮，还有104名列装伯克前装线膛燧发枪的步兵。前文我们说过，此枪虽然射速较慢，但有效射程远、射击精确度高，是英军狙击手得心应手的好武器。

英军中央部队和左翼部队从清军金鸡山阵地侧后两个方向发起进攻，陆上各类火炮外加军舰舰炮猛烈地轰击清军的防御工事。

金鸡山北脚阵地的清军和炮手们不得不蜷缩在石条炮台的掩体内，一动也不敢动。由于石条炮台是面对西侧大峡江设计的，炮口也是对着西面的，大炮根本无法还击。总兵谢朝恩大骂道："这些夷兵怎么突然出现在侧后了呢！？"

"小的们也不知道怎么回事，咱们这些大炮根本派不上用场。"

"快，快，拿鸟枪，给我打死这帮夷人！"谢朝恩命令炮手和全体士兵弃炮拿枪，"趁着夷兵还没冲上来，赶快开枪。"

守备王万隆奉命抄起鸟枪，从炮台工事的侧窗，探头查看后，向谢朝恩禀报："总兵大人，我看夷兵人数不少，正在山脚下集结，估计等这炮一停，他们就上来了。"

"好，他们上山时，正是我军攻剿的好时机，让大家赶紧做好准备。还有，命人通知吾儿荣光，时刻警惕，坚守阵地！"谢朝恩下令道。原来谢总兵的儿子谢荣光也以候补县丞的身份在金鸡山防御工事内带兵镇守，只是尚未与英军接触，因此谢朝恩特意派人通知其子也要做好战斗准备。

清军阵地位于金鸡山上的沙蟹岭，居高临下，易守难攻。将士们各个装填火药弹丸，点燃火绳，进入战斗位置。首先与他们接战的是英军的中央登陆部队，炮火停息后，英步兵果然从山脚下向沙蟹岭清军炮台阵地发起了冲锋。

"不要慌，现在夷兵还没冲上来，不要开枪，等我的命令！"守备王万隆边探头观察敌情，边下令道。由于英军距离还太远，在鸟枪射程之外，王万隆稳住士兵，打算等敌人进入射程后再下令开枪。

冲锋的敌人离清军阵地越来越近，距离不到200米了。王万隆半蹲在窗前观察敌情："夷兵马上就进入射程了，准备……"

话音未落，一颗子弹正中王万隆的前额，他顿时应声倒地，脑门的弹孔血流如注，当场阵亡。

清军吓得不敢探头。"隐蔽！"把总解天培见守备阵亡，临时接过指挥权，"这该死的夷人枪法百步穿杨，这么远就能击杀王守备！"

"是呀，弟兄们要小心，别露头！"另一位把总汪宗宾下令道。

这时，解天培为了观察敌情，偷偷潜出炮台，匍匐进入炮台旁边的林地。他见英军开枪打死王万隆后，并未前进，而是原地隐蔽，继续搜索目标，看样子要远距离狙击守军。

解天培见状不妙，敌人距离过远，鸟枪药力不足，可能无法击中。如果要发动进攻，又担心英夷火力强劲，进攻的士兵岂不白白送死。他一时想不出好办法，决定无论能否击中，不如先开一枪试试，然后回掩体再说。

解天培举起鸟枪，瞄准一名探身的英军，扣动扳机，火绳引燃药室内火药，火药在枪管有限空间中迅速爆燃，"砰"的一声高压气体将弹丸推出枪膛。只可惜，敌人离得太远，子弹飞行了大概100米多一点儿，就落地了。

虽然没有击中敌人，但枪声和火药燃烧后的白色烟雾却暴露了解天培的位置，他立即遭到英军狙击手的射击，左肩负伤，艰难地爬回炮台掩体内。

"不行，咱这破鸟枪根本打不着夷兵，他们一枪就能打中我！"解天培一边包扎，一边向汪宗宾等人诉说他负伤的经过。

原来，英军配备的伯克前装线膛燧发枪有效射程远，可达200米；而清军的鸟枪射程仅100余米，有效射程80米至90米，这就造成了"敌能及我，我不能及敌"的被动局面。好在伯克前装线膛燧发枪在英军装备的数量极其有限，仅靠狙击不可能消灭数量众多的守军。

利用清军隐蔽在掩体中的有利时机，英军继续向沙蟹岭阵地冲锋。把总汪宗宾听掩体外英军杀上来了，赶紧探头观察，没想到刚一冒头，就被英军狙击手一枪命中，倒地阵亡。

解天培见守备王万隆和把总汪宗宾都死于敌手，不禁怒火中烧，他不顾左肩膀疼痛，拿起鸟枪，下令道："别藏着了，给我狠狠地打，干掉这帮英夷！"

清军纷纷举起鸟枪，从窗口、门口等处，开枪齐射。一阵阵白烟升起，射击的士兵不时中弹阵亡或负伤。可清军鸟枪射程不足，英军无一伤亡。在清军装填弹丸的空当，英军迅速冲上来，双方展开肉搏。

见蜂拥而至的英军，清军大多心慌意乱，装填完的，胡乱开一枪，还来不及装填的，则弃枪而逃。因为手持没有刺刀的鸟枪，难以抵挡配有刺刀的英军。

解天培也阻挡不住溃逃的清军，跟着溃兵向西面撤退。溃兵逃入第二道防线，镇守此地的总兵谢朝恩当场挥刀斩首一名还想继续后撤的士兵，大喊道："再有后退一步者，与此人同！"这才止住了溃兵。把总解天培急忙向谢朝恩汇报王万隆、汪宗宾阵亡及战败的经过。

谢朝恩组织清军再次布防，准备迎击敌军。但英军炮弹却先于士兵向清军第二道防线轰击开来。很快，炮火震天、硝烟弥漫，有些掩体整体塌陷，砸死了隐蔽其中的清军；其他掩体也基本被击碎。

谢朝恩见已无掩体保护，在此地等死不如向英军发动冲锋，死中求生。于是他下令全体出击，谢朝恩、解天培率领外委林庚、吴廷江及士兵奋力冲杀。英军开始时，真没想到清军竟能发动反冲锋，一下子愣住了。

见已进入鸟枪的射程，谢朝恩一声令下，清军同时开枪，不少没有隐蔽好的英军被击毙或受伤，其他士兵也纷纷后撤。

谢朝恩见夷兵后撤，也没敢追击，而是率兵退回第二道防线。回防后，谢朝恩立即下令就地挖战壕，利用居高临下的有利地形，阻击英夷。英军随后又发动了两次冲锋，均被清军击退。

就在谢朝恩认为形势开始对己方有利之时，从清军阵地东南方向的侧后方又有一股大队英军突然杀来。这是英军左翼登陆部队，他们在克雷吉中校（Lieutenant Colonel Craigie）的带领下发动进攻。与此同时，中央登陆部队也向谢朝恩的第二道防线发起冲锋。

双面夹击之下，清军军心大乱，仓促接战。混战中，把总解天培、外委林庚、吴廷江等先后负伤阵亡。谢朝恩不得不下令全军继续向西撤退，退向最后一道防线。这最后一道防线位于大峡江江边，由谢朝恩的儿子谢荣光驻防。

"父亲大人，这已经是最后一道防线了，我们……"没有作战经验的谢荣光显得有些紧张。

谢朝恩看着滔滔江水，对自己的儿子，同时也是对全体将士大声说道："没错，这是最后的防线了，今日正是吾等报效朝廷之日，有胆敢后退一步者，立斩无赦！"

但此处的炮台掩体等防御工事已被英军炮火摧毁殆尽，英军中央部队和左翼登陆部队的人数也超过了此地的清军，武器更是先进不少。因此，谢朝恩及其手下只有以死相拼了。

我们可以想象，当时守军背水一战的悲凉，但现实就是这样残酷，奇迹并没有出现。英军很快就击垮了清军的防线，将剩余的清军挤压到大峡江江边，大批士兵被迫投入江中，损失惨重。谢朝恩和谢荣光父子二人在混战中也都负伤落水。江水已被染成红色。

谢荣光被手下救起，好在伤势不重。而时年49岁的谢朝恩伤势较重，落水后不知去向，临阵捐躯，尸首竟无着落。

至此，英军已完全占领清军的金鸡山阵地。

就在金鸡山激战的同时，大峡江西岸的英舰队也一直在炮击清军阵地，达数小时，真可谓弹如雨下。招宝山不论山上的威远炮台，还是山脚下的沙袋炮台及防御工事，均被摧毁。中午11点左右，英军右翼登陆部队共计770人由招宝山靠海的外侧登岸。这些被清廷认为"腿足裹缠，结束紧密，屈伸皆所不便直"的夷人，竟然矫健地攀上峻峭的山壁，向招宝山山顶的威远炮台冲击。被炮击伤亡惨重的清军将士此时见到"不擅陆战"的英军士兵如天降神兵般地出现在面前，已无心恋战，总兵张化龙率军稍事抵抗后便开始后撤，后撤很快就演变成了溃散。溃兵撤到东岳宫，浙江提督余步云阻挡不住，一同向镇海县城西门败退。

英军占据招宝山后，没有停歇，而是继续向镇海县城攻击前进。

此时，正在县城东城墙上督战的钦差大臣裕谦似乎已陷入迷惘，懵懵懂懂地从东城墙上退了下来，可行至县学时（距东城墙不足150米），突然清醒，他意识到大势已去，而且自己已是无路可退！

于是，裕谦命令身边的江宁副将丰伸泰："本督命令丰将军和都司朱隆阿速回县衙,将钦差大臣和两江总督印信护送出城。"

丰伸泰见裕谦要交代后事,眼中含泪,半跪抱拳道:"裕大人,万万不可,末将拼死护送您出城,咱退至宁波,收拢败兵,尚可再战呀!"

裕谦转身向北,言道:"本督世受国恩,今有此败,唯有以身殉国!"他快步来到县学旁的一座名叫泮池的小池塘边,遥向北京方向跪地磕头,然后纵身一跃,投入水中。

丰伸泰见状,赶忙命裕谦的亲兵家丁等人跳入泮池,将其救起。这时,英军已经从县城东门攀缘而上,城内大批溃兵和百姓蜂拥至西门而出。裕谦人事不省,不知死活。在乱军中,丰伸泰与家丁余升只能将其抢护出城,退到宁波后,更衣灌救,发现裕谦尚有微息,立即奔走杭州省城。第二天(即10月11日)行至余姚(距镇海县城70余千米),裕谦气绝身亡。

10月10日下午2点左右,镇海之战基本结束。此次战役,虽有主战派裕谦为主帅,谢朝恩、守备王万隆、把总汪宗宾、解天培、外委林庚、吴廷江等英勇捐躯,但仍没有改变清军一败涂地的局面。英军伤亡很少,2名参战的军官留下了不同的记载:一种记载称共战死16人,伤数人;另一种记载称战死3人,受伤16人。而清军伤亡人数虽没有确切统计,但中、英双方估计,应该达数百人至1500人左右。英军先进的武器和一成不变的战术在镇海再次奏效,大获全胜。

后来,因作战不力,清廷逮捕了浙江提督余步云,经过一年多的审理,于1843年1月将余步云斩首。这是鸦片战争中唯一被执行死刑的高级官员。裕谦在战前率余步云及全体将士于关帝庙前誓师大会上的一句"明正典刑",果然一语成谶。

占领镇海后,英军仅休整一天,于10月12日派复仇女神号搭载巴加前往浙江的第二大城市宁波勘察。当时,宁波人口30余万,是中国最大的商业城市之一,控制着与日、韩的贸易,由撤退的余步云驻守。

10月13日，英军派出4艘蒸汽轮船拖拽4艘战舰，搭载750名士兵，杀向宁波。但余步云率守军已经逃往上虞，英军未放一枪就占领了宁波。由于寒冬将至，璞鼎查等决定全军在宁波过冬。

在占据定海、镇海、宁波三城后，璞鼎查多次遣书浙江巡抚刘韵珂、余步云等人，表明愿意与清方"全权大臣"谈判，但没有回音。为何胜利方反而急于和谈呢？原来，英军手中有限的兵力分据香港、鼓浪屿、定海、镇海、宁波五处，无法再集结一支足够强大的进攻部队，发起义律卸任前曾策划的能让清廷最终屈服的扬子江战役，更兼西北风大作，严冬气候也不利于英军作战。因此，英军在占领宁波后，曾于1841年10月20日一度骚扰余姚，后又于1841年12月27日至1842年1月12日兵不血刃地又陷余姚、慈黔、奉化三城，但均未久据，很快退出。可以说，英军已无力发动强大攻势，战争于此时又缓和了下来。此间，一艘载炮74门的战列舰康华丽号（Cornwallis）抵达中国，取代了即将返回英国的旗舰威厘士厘号。

道光帝在得知镇海失守、裕谦殉国后，大为震惊。在《浙江巡抚刘韵珂奏报钦差大臣裕谦殉节情形折》上朱批：为国捐躯，深堪悯恻！英逆之可恨，难以言喻。皇帝下定决心要与英夷一决雌雄。

朕要反击了

短短半个月内，浙东三城（定海、镇海、宁波）先后失陷于区区岛夷，这在清朝历史上可是前无古人之事。清廷上下大为震动，道光帝决心不计代价，发动反攻，收复失地，而皇帝视此一反攻为对英夷的战略决战。

大战之前，当然要组建前敌指挥班子，要调兵遣将，还要筹集军费。这次战略决战，道光帝在以上这三个方面均给出了"顶级配置"，一点儿不逊色于广州战役前的各项准备。

1841年10月18日，道光帝接到奏报，镇海失陷，他当天就授命亲信皇侄奕经为扬威将军，并于21日命户部左侍郎文蔚、22日命宁夏将军特依顺为参赞大臣，前往浙江组织指挥。还从苏、皖、赣、豫、鄂、川、陕、甘八省调兵12000人，再次组织大军，征讨逆夷。

此次受命出征的扬威将军爱新觉罗·奕经，同奕山一样，也是皇室成员、皇帝的侄子，但其血缘与道光帝更近，他是雍正帝的四世孙。但与奕山的经历不同，奕经几乎没有任何军事经验，主要是在北京当官，只是在1830年曾一度随前任扬威将军长龄出征，后又短期担任黑龙江将军、盛京将军。

此次南下浙江出征，奕经的官衔有：协办大学士、吏部尚书、步军统领、正黄旗满洲都统、崇文门监督、正红旗宗室总族长。他本兼各职如此之多、如此之重要，可见道光帝对他是多么信任，可谓皇帝的股肱之臣。

对于第一线的作战指挥军官，只要奕经等人提出要求，道光帝也是无一不满足：特调名将贵州安义镇总兵段永福协助奕经办理军务，又从四川、陕甘和河南调来44名擅战军官。此外，还特命山东参将托金泰协助奕经制造炮车。

当然，除了"精兵强将"外，道光帝还前所未有地先后下拨军费白银600万两，这是财政紧张的清朝绝无仅有的一次大手笔。只不过由于运输问题，到反攻结束，尚有250万两白银未运达浙江。

为了分明赏罚，激励清军士气，1842年1月14日道光帝特发《著扬威将军奕经等申明纪律分别赏罚事宜上谕》，上谕明确讲道：

著扬威将军、参赞大臣等查明失守各城首先逃走之将弁兵丁，严切讯明，即照军法从事，毋稍宽纵。惟犯法者既正刑诛，立功者当膺懋赏激劝，以壮其气，锡赉以奖其劳。全在该将军等开诚布公，勖以忠义，使人人有勇，知方同心敌忾。……若使纪律严明，赏罚必信，自可迅奏肤功。兹特发去内库花翎五十枝，蓝翎五十枝，扳指八十个，翎管四十个，小刀九十把，火镰七十五把，六品顶六十个，七品顶八十个，著珠勒亨等带往军营，交扬威将军奕经等祗领。其将备兵丁及收罗异材并檄调各省官弁人等内，如有拔帜先登，不避烽焰斩获夷目者，该将军等即将领去各件优加赏赉，仍叙述事迹，据实保奏，朕必破格施恩。该将军等惟当恩威并用。整饬戎行，以副朕绥靖海疆之意。

道光帝还怕这些赏赐不能激励人心，担心军人携带赏银不方便，又于1月28日发布《著扬威将军奕经等分别奖赏争先出力奋勉立功之人事上谕》：

兹先行发去新制武功赏牌七百五十张，注明银两数目，计银七万两，交奕经等祗领。其有争先出力奋勉立功者，著即核其功之大小，随时酌量，分别赏给，并于执照内注明。俟大功告竣后，或由户部，或由各省藩库验明支领。该将军等务即晓谕军民人等，及时自奋，锐意图功，以副朕鼓励军心，有加无已至意。

此上谕中所谓的"武功赏牌"其实就是总价值70000两白银的官方支票，受赏人可以到中央或地方各省主管衙门领取现银。

除了以上这些，道光帝连武器等具体作战事项都替奕经等人想到了。1月14日还有一道上谕，即《著扬威将军奕经等悉心筹议金应麟奏呈火器图说一折事上谕》。此上谕向奕经转发了大理寺少卿金应麟奏呈的火器图说和应对英船的计策。

从主帅到将领、到兵力、到赏罚、再到应对敌人的武器和计策，皇帝已经都为奕经准备妥当，可以说这样不遗余力的目的只有一个——胜利。关键是做到这些，就能保证清军在战场上获胜吗？

奕经出征

我们的扬威将军奕经在京请训后,于1841年10月30日离京南下。11月8日到达山东泰安,11月22日到达江苏扬州,12月2日到达苏州。奕经一行在苏州一带停留了整整两个月。

据奕经自己说,这两个月是在等待皇帝调遣的各路大军抵达,奕经认为当时驻守在浙江本省及江西的官兵"大半性懦无能……不堪调遣",因此只能等朝廷调遣的精锐之师川兵及陕甘兵抵达后,才能以强兵换弱兵,才能易守为攻。大家也许觉得这是奕经的托词,但这种充分准备、不急速战的做法,也合乎当时被奉为标准的"谋定而战"的兵法原则。

当然除了等待,奕经等大小官员还没忘趁机吃喝玩乐一番。苏州城本就是花天酒地、纸醉金迷的繁华都市,他们自然不会放弃寻欢作乐、夜夜笙歌的机会。奕经随员六人,本为郎中、员外郎、御史、主事、笔帖式、中书之类的五品、六品乃至七品京官,此时均以"小钦差"自居,江苏当地提镇以下官员,进见必长跪,相称必曰"大人"。每日苏州府吴县供应酒席80余席,用费数百元,稍不如意,他们就掷击杯盘、辱骂县令。有史料称,吴县县令"竟被逼勒呕血而死"。这群人嫖娼酗酒、索财贪贿,闹得乌烟瘴气。在舆论压力下,奕经不得不于1842年1月21日进军至浙江嘉兴。

好在此时英军也因占地过多,兵力分散,不能发动新攻势。璞鼎查本人也于1842年1月南下香港,直到6月才再次北上。

到了1842年2月,各路劲旅援兵基本到齐:江宁八旗、河南、湖北、安徽、江西、陕甘、四川官兵,并山、陕抬炮兵丁,共计11000余名,此外还雇募了河北、山东、河南、江南之崇明等处,并粮船水手、浙江省后山泊、定海等番各路义勇水勇,并浙江绅士招集精壮乡勇,亦有20000余名,兵勇合计30000余名。至此，奕经再也找不到理由观望不前。他于2月10日（农历大年初一）赶至杭州，稍作布置后，于2月27日赶往前线曹娥江一带。此时距出京之日，共计一百三十一天。

大战在即，奕经如何排兵布阵呢？早在进军嘉兴后的第四天（即1月25日），奕经就向道光帝上呈了一道长篇奏折《扬威将军奕经等奏报行营移驻嘉兴并撤拨兵勇等情折》，在其中，奕经与颜伯焘、裕谦一样，夸下海口道：

奴才等限制暂驻嘉兴，江浙两路皆可策应，俟大兵到齐、船只备妥，定海一路布置周密，务使水面牵制夷船，使不敢深入上海，方免顾此失彼之虞。屈指计算，为期不过一月内外，即可三路进剿，明攻暗袭，仰赖皇上天威，不难一战克复，净扫夷氛。

奕经的大话比颜伯焘、裕谦更甚，要在一个月左右的时间收复失地，痛剿英夷。道光帝在此奏折上亲笔朱批：所奏俱妥，务操必胜之权，一鼓荡平英逆，以膺懋赏，而奏殊勋。看来，皇帝还是心存彻底击败英夷的幻想。

为了实现皇帝"一鼓荡平英逆"的愿望，在到达杭州的当天（即1842年2月10日），奕经等人趁此农历大年初一之际，去据称最为灵验的西湖关帝庙占签，其中有一句话"不遇虎头人一唤，全家谁保汝平安"。三天后，四川援军大金川土兵开到，士兵皆戴虎皮帽，奕经认为这正是占签中所说的"虎头人"，感觉胜利在望。于是，他选定"四寅佳期"（道光二十二年正月二十九日四更，即壬寅年壬寅月戊寅日甲寅时，1842年3月10日凌晨3点至5点）作为反攻时间，又以属虎的贵州安义镇总兵段永福为进攻宁波的主将，说是要来他个五虎扑"羊"！

如此重要的战略决策，其开战时间竟是占签决定的，反正笔者是被震惊到了。除此之外，奕经、特依顺和文蔚在1842年3月6日向道光帝上呈了一道《扬威将军奕经等奏报各路兵勇到齐调拨已定克期进攻折》，此奏折洋洋洒洒4000字，讲明了反攻计划，总体方针是大兵分东、南两路对宁波、镇海和定海三城明攻暗袭，在正规部队攻城的同时，潜伏城内外的小股部队进行接应；此外，还派火船对英舰进行火攻，对战败逃跑的英军也设置了伏兵予以截杀，预计一周内收复宁波、镇海，然后合兵一处，渡海收复定海。在奏折正文后还添附了清单，对反攻的军事部署做了更加详细的说明，经笔者整理，列表如下：

第一部分：不直接参与反攻作战部队

驻地	领兵将领	兵力数量（人）	兵种	任务目标
曹娥江以西上虞县东关镇	奕经督率寿春镇总兵尤渤	1000	河南兵丁	居中调拨，接应前后两路防剿各兵
		150	本队余丁	
		200	山西抬炮兵丁	
杭州附近的万松岭	特依顺督率处州镇总兵翼长梁胜灏	1000	湖北兵丁	接应后路，并督防乍浦、海宁两处海口
		200	陕西抬炮兵丁	
余姚县之长溪岭	文蔚督率安义镇总兵段永福	800	江宁旗兵	督促两路前敌
		400	四川兵	
		400	山西兵	
		400	安徽寿春镇兵	
海宁一带海口	湖北宜昌镇总兵博勒恭武	1000	湖北兵	防守杭州湾海口
乍浦九里桥	陕西汉钟镇总兵德坤	1000	陕甘兵	
乍浦	杭嘉湖道宋国经督同文武官员	1500	山东水手、崇明等处壮勇	防守杭州湾海口
曹娥江西岸曹江	九江镇总兵李琦	1000	江西兵	守护行营粮台、护送炮位
沥海所等处		900	江西兵	守备沥海所等处
杭州	浙江巡抚刘韵珂	600	安徽寿春镇兵	协护浙江省城杭州
杭州城外		200	水勇	
余姚县		1000	乡勇	
兵力合计（人）		11750		

第二部分：直接参与反攻作战部队

作战目标	领兵将领	兵力数量（人）	兵种	具体任务
由大隐山进攻收复宁波	守备王国英	460	勇壮	进攻第一队
	御前侍卫珠勒亨等督同梁有才	700	兵	进攻第二队
		200	本队余丁	
	乾清门侍卫希凌阿等会同总兵段永福	200	兵	督催前二队
		100	勇壮	
	游击张富	610	兵	随后接应
		200	勇	
宁波城内分段埋伏12处	候补通判王寿笺及文武员弁绅士分段承办管带	1400	勇	宁波城内埋伏接应
宁波城内分段埋伏6处		860	勇	
由长溪岭进攻收复镇海	都司刘天保	475	勇壮	进攻第一队
	三等侍卫容照等督同游击凌长星	265	兵	进攻第二队
		70	本队余丁	
	御前侍卫明庆等会同副将朱贵	495	兵	督带前二队
		30	本队余丁	
镇海城内分段埋伏5处	候选直隶州知州鄂云、典史王希壁及文武员弁绅士等承办管带	620	勇	镇海城内外埋伏接应
镇海城外及金鸡、招宝两山、小夹港分段埋伏6处		2190	勇	
驻防宁波、镇海中途之梅墟	游击谢天贵等及文武员弁绅士等承办管带	1354	水陆勇壮	接应官兵、要截夷船、预备沉船等
		2500	勇壮	
由乍浦、海宁乘船过海收复定海	参将池建功会同候补盐大使郑鼎臣等	1500	勇壮	进攻第一队
	副将福禧督同巡捕营千总李万年等	1200	勇壮	进攻第二队
	副将郑宗凯会同候补同知黄维浩督同巡捕营把总程秀等	1100	勇壮	随后接应

续表

作战目标	领兵将领	兵力数量（人）	兵种	具体任务
定海城内分段埋伏6处	候补盐大使郑鼎臣及文武员弁过海承办管带	770	勇	定海城内外埋伏接应
定海城外舟山、六横并沿海各岙分段埋伏8处		1500	勇	
兵力合计（人）		18799		

第三部分：直接参与反攻的火攻船

作战目标	领兵将领	船只数量（艘）	具体任务	备注
宁波	黄维浩、舒恭受、郑鼎臣及文武员弁绅士承办管带	306	焚烧三江口、大道头、和义门、周宿渡、梅墟等处停泊往来大小夷船	以上各船均有舵、水、勇壮
镇海		309	焚烧拦江埠、港口、沥港、招宝山口门内外、梅墟等处停泊往来大小夷船	
定海		616	焚烧竹山门、沈家门、五奎山、金塘各岛停泊往来大小夷船	
合计船只数量（艘）		1231		

我们粗看这份清单，可能觉得奕经等人部署得颇为周密，就连审阅这份清单的道光帝也在上面朱批：览奏十分周妥。可是，若仔细研究，就会看出破绽，笔者特将分析结果列表如下：

	兵力数量（人）	占总兵力比例	兵丁所占比例	余丁所占比例	勇壮所占比例
不直接参与反攻作战部队	11750	38.5%	75.7%	1.3%	23%
直接参与反攻作战部队	18799	61.5%	12.1%	1.6%	86.3%

近四成（38.5%）的兵力没有用于反攻作战，其中战斗力最强的兵丁却占到75.7%；直接参与反攻的部队中战斗力最弱的勇壮竟高达86.3%，在直接参与反攻的部队中，用于进攻的第一、第二梯队的兵力仅为1360人（宁波）、810人（镇海）和2700人（定海），这些真正用于进攻的兵力合计为4870人，仅占不到总兵

力的16%，不知道花费600万两白银、耗时四个月从八省调来的大军有何用处，难道都是来观战的吗？

我们再换个角度看一下统计数字：

	兵丁	余丁	勇壮
兵力数量（人）	11170	450	18929
不直接参与反攻作战部队所占比例	79.7%	33.4%	14.3%
直接参与反攻作战部队所占比例	20.3%	66.7%	85.7%

战斗力最强的兵丁中近八成（79.7%）不直接参与反攻作战，而是执行接应、督促、防守、守护等辅助性任务；反倒是战斗力最弱的勇壮，有85.7%都直接参与到反攻作战之中。在单兵对战中，不要说战斗力弱的勇壮，就算是战斗力强的兵丁也不一定是英军的对手，如此将弱旅用于第一线进攻的排兵布阵之法可谓闻所未闻。

上面几个表格，是笔者根据奕经等人的奏折及其清单编制的，但其可信度实在不敢恭维。在以上这18929名临时雇募的勇壮和1231艘火攻船中有很大一部分只存在于奏折和报销的账目中，奕经幕府中的很多官场老手，利用这些不存在的勇壮和船只骗取饷银，中饱私囊。

说完了兵力，我们再来看看将领。在反攻计划中，除了3位主帅外，还有1位从一品的提督、6位正二品的总兵。浙江提督余步云的位置在奕经左翼的沥海所，安徽寿春镇总兵尤渤的位置就在奕经的本部东关镇，江西九江镇总兵李琦的位置在奕经的右翼曹江，浙江处州镇总兵梁胜灏在特依顺的本部万松岭，陕西汉中镇总兵德坤的位置在乍浦，湖北宜昌镇总兵博勒恭武则在海宁。如此一来，高级军官中只有贵州安义镇总兵段永福亲临敌前指挥作战，其余在前线作战的都是一些中下级军官！笔者想，如果段永福不属虎，可能连他也不会出现在第一线作战部队中。

大家看完以上的兵力部署，对这次反击作战应该不会抱有太大的希望了吧。

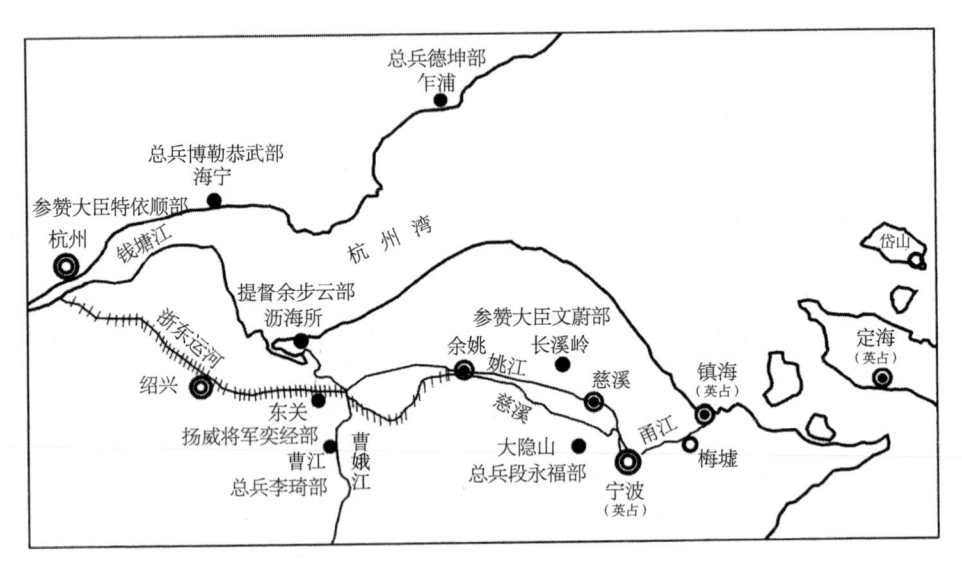

奕经反攻前清军部署图

可道光帝却批示道：嘉卿等布置妥密，仰仗天祖默佑，必能成此大功。朕引领东南，敬待捷音，立颁懋赏。

写到这里，我都替道光帝心疼，抱着这么大的一个期望，过不了一个月就传来了反攻失利的消息。钱白花了，兵白调了，皇帝没有一下子昏死过去，说明他的心理承受能力还是不错的。

奕经的大军集结部署完毕，他们的对手英国人的兵力如何呢？此时，英国侵华陆军为4900人，他们分驻香港、厦门、定海、镇海、宁波，其中有2000余人驻浙东三城。侵华海军舰船共计26艘，其中泊于舟山的为旗舰皋华丽号、克里欧号（Clio，载炮16门）、运兵船丘比特号；泊于镇海和宁波的为布朗底号、摩底士底号、海阿新号、培里康号（Pelican，载炮18门）、哥伦拜恩号、阿尔吉林号、测量船班廷克夫人号（Lady Bentinck），以及武装蒸汽轮船复仇女神号、皇后号、西索斯梯斯号和弗莱吉森号。此时侵华海军司令部设在定海，侵华陆军司令部就设在宁波。

随着"四寅佳期"的临近，鸦片战争中唯一一场由清军主动发起的算得上有一定规模的反攻决战即将开启。

浙东大反攻——宁波

1842年3月10日，凌晨3点。

宁波城外江面上停泊的英军蒸汽轮船西索斯梯斯号突然发现，上游漂来4艘火船，英军一开始误以为这是大批火攻船的先锋，十分紧张，在躲避这4艘火船后，发现后面并没有其他跟随的火船。清军火攻焚毁敌舰的计划就这样实施完毕了，根本没有出现奕经奏折中要施放306艘火攻船的壮观场面。

从大隐山反攻宁波的清军由贵州安义镇总兵段永福率领，在去往宁波城的途中一直下着雨，官兵们浑身湿漉漉的。当先头部队来到宁波城下时，雨渐渐停了。

先头部队是河北勇壮，由都司李燕标率领，他们的任务是夺取宁波城的南门。在内应的配合下，他们顺利地打开了南城门，杀入城中，向县城中心的衙署进发，但衙署门坚墙高，一时难以进入。而此时一部分英军打开大门，冲出衙署，用手枪向清军射击；另一部分英军登上临街楼顶，居高临下向清军投掷各类火球、火箭，顿时大批清军受伤或阵亡。由于街道狭窄，后面的清军不知道前面的战况，纷纷一拥而上，前面的士兵又被英军手枪火力压制，前进不得。就这样，一时间大量清军被挤压在衙署前一段狭长的街道中，成了临街楼顶上英军的活靶子，弹如雨下，李燕标督率的河北勇壮一时伤亡惨重。

正在这时，段永福亲率四川官兵屯兵及河北勇壮大队抵达宁波西门，先见城内火起，又闻枪炮喊杀之声。段永福命土司阿木穰率百余名头戴虎皮帽的藏族屯兵攻城。这些藏族士兵作战非常英勇，在阿木穰的率领下争先奋勇扒城，攻门而入。看起来，奕经战前占签中的"虎头人"果然是洋人的克星。

段永福见阿木穰得手，迅速亲率大队人马冲入西门。他们遭遇了一支约140人的英军部队，双方在不过五六尺（1.6米至2米）的狭窄街道上展开白刃肉搏战。由于街道过于狭窄，两军只有最前排的三四名士兵能够直接与敌方接触，英军凭借较高的单兵素质，能够杀伤清军；但清军却不能发挥数量优势，大批部队被挤在后方。英军再次从临街楼上向后面的清兵抛掷火球火箭，蔽空而下，较前尤多，清军四处躲避，伤亡惨重。

但即便这样，毕竟清军人数众多，加之士兵作战英勇，尤其是藏族士兵不畏生死。英军人数太少，经过几个小时的白刃战，体力逐渐不支。楼顶英军的火球、火箭也基本施放完毕，已经开始拆下楼顶的砖瓦石块砸向清军了。

就在天蒙蒙亮之际，英军调来的2门榴弹炮成了英军的救星。在距离清军不足20米的距离发射葡萄弹，葡萄弹在密集的清军中炸裂开来，其中小弹丸、小铁片四散，造成清军大量伤亡。顿时成片的清军倒地，但后面的士兵不知情，继续拥上前，不断成为英军榴弹炮的射击目标。于是一批又一批的清军推拥到已死和将死的前队士兵形成的人堆上，英军的葡萄弹和子弹以及清军互相踩踏，造成了一场大屠杀。到榴弹炮停止射击的时候（仅打了三轮），英军眼前痛苦翻滚、高声惨叫的清军死伤者堆在一起，足足十三四米长。战后，一名英军上尉见到一匹马从死人堆里被解救出来，毫发无伤，它被埋得严严实实，以至于一开始并没有人发现它。我们可以想见清军死伤士兵之多了吧！

在混战中，土司阿木穰壮烈殉国。在打扫战场时，英军在每名戴虎头帽的藏族士兵的尸体上都发现了装着6元钱的小钱包，这就是奕经对他们的到来圆了"虎头人"占签的奖赏。

天大亮了，段永福见大势已去，下令全军撤出城外，反攻宁波失利。此一战英军仅战死1人，受伤数人；而对清军伤亡人数估计不一，但至少有数百人战死。

浙东大反攻——镇海、定海

1842年3月10日，凌晨3点。

镇海附近大峡江江面上，10艘火攻船顺水而下。由于此处是大峡江的入海口，江面宽广，英舰派小船由水手持长竿轻易地推开火船，清军的火攻又未奏效。奕经奏折中306艘火船焚烧镇海夷船的伟大胜利变成了一场只有10艘火船参与的闹剧，是不是觉得可笑至极？

陆地上反攻也好不到哪儿去。都司刘天保、聂廷楷率河南、河北勇壮为先锋，副将朱贵另率兵丁为后队主攻。当清军来到镇海城西城门下时，驻守城门的英军只有一个连，却主动打开城门出城迎敌。双方展开激战，又有几个连赶来支援城内英军，本来勇壮战斗力就低，又见英军援兵赶到，不免军心动摇。

刘天保、聂廷楷二人不得不且退且战，他们希望在回撤的路上，能遇上后队朱贵，双方合兵一处，也许还能击退英军。

但他们并未遇到朱贵的人马。原来朱贵一队从长溪岭出发后，因天黑迷失方向，根本就没找到去镇海的路。仅凭四五百名勇壮怎么可能战胜英军呢？反攻镇海的这一路清军，连镇海城都没进入，就溃败了。

整场战斗，英军毫无伤亡，清军伤亡30人左右，可见战斗并不激烈。

反攻镇海虽然败得很不光彩，竟然发生主攻部队因迷路而不能投入战场的咄咄怪事，但毕竟是打了一场仗。对于定海的反攻，简直不值一提。偷渡到岱山准备进攻定海的清军水勇有五六百人，他们潜伏在岱山港口。不料，复仇女神号于3月7日到岱山探测水势，发现了潜伏在此的清军水勇。3月8日清晨5点左右，复仇女神号放下4艘舢板小船，运送60余名英军登陆岱山岛，向清军水勇发动攻击。很快，水勇即被击溃，死伤50余人，携带的2000余元饷银也被英军截获。就这样原本预定3月10日反攻定海的战役根本就没发动。

从1841年10月18日道光帝点将出征，至1842年3月10日反攻三城实施，前后一百四十三天，调兵万余，勇壮三万，选将上百，耗饷银数百万，结果呢？就换来这一场近四小时的骚扰性质的作战。皇帝原本打算在浙东三城上演一场彪炳史册的威武英烈之战略决战，彻底剿办英夷，但我们现在看到的只是一场让人啼笑皆非的滑稽戏。

英军反攻

清军进攻受挫后，英军的反攻才是大戏的开始。3月11日天亮之后，英军蒸汽轮船皇后号、西索斯梯斯号及舰船附属的小船，沿宁波西北方向的河流搜索前进，共击毁隐藏在附近的37艘清军火船。

此时，正在舟山的英远征军海、陆军司令巴加和郭富听闻清军发动反攻，为方便指挥赶至宁波，英军遂由防御转入进攻。

3月15日，英海、陆军士兵1200余人在巴加和郭富的亲自率领下，搭乘蒸汽轮船皇后号、复仇女神号、弗莱吉森号及一些小船，于早上8点向宁波西北方向的慈溪进军。当天中午，英军抵达，随即占领慈溪县城，并向城外大宝山清军营地进攻。

此时驻守大宝山的是镇海反攻失利退回的浙江金华协副将朱贵所率的900名陕甘兵。英陆军司令巴加亲自率军进攻。守将朱贵也亲麾大旗，督兵抵抗。战斗中，清军击伤英军官4人，几次击退敌人的冲锋。但不久后另一支英军绕至山后攻击守军背后；而停泊于太平桥的弗莱吉森号也向朱贵阵地开炮轰击。

守军大炮射程太近，无法反击，基本上被英军击毁。英军炮击过后，前后两支英军同时发动冲锋，守军腹背受敌。朱贵见此危局，决心以死报国，上马带兵向英军发动反冲锋。英军击杀了他的战马，朱贵仍力战不止，甚至夺过英军战刀。在此期间，他两处负伤，最终英军的一颗子弹击中其咽喉，壮烈殉国。朱贵的儿子朱昭南紧随父亲，奋力拼杀，体无完肤，同时阵亡。大宝山阵地失陷。清军伤亡数百人，英军死3人，伤22人。

此间，在慈溪西北约20里（约10千米）的长溪岭驻守的参赞大臣文蔚闻知慈溪县城及大宝山的战事，一时竟不知所措，当派兵前往增援时，慈溪县城和大宝山已失，援军中途折回。当日黄昏，文蔚以为英军将至，仅带数位随从逃往奕经大营东关镇。这位参赞大人一出逃，长溪岭大营的清军立即军心溃散，一哄而散。

3月16日，英军进至长溪岭，焚烧了文蔚留下的空荡荡的军营。第二天，英军退回宁波。

远在曹娥江以西东关镇扎营的奕经接到前方战报，惊魂动魄，本想逃跑，经幕僚竭力劝阻，才坚持一夜。3月16日晚，文蔚逃至东关镇，奕经得知前方战况，命文蔚退守绍兴，而他本人率部连夜西奔渡钱塘江，一直退至杭州。

战略调整

浙东之战，清军一败涂地。清廷上下不可能不仔细深入思考，为何区区英夷，远道而来，到中国作战如入无人之境：虎门的三道防线、两次定海保卫战、厦门的石壁、镇海的土城、浙东反攻的大军，无不溃不成军。这些战役中的国防工事个个都是清廷官员所能设想和营造的最坚固工事，关天培、张朝发、江继芸、裕谦、葛云飞、王锡朋、郑国鸿、谢朝恩等一品、二品大员或临阵殉国，或兵败自杀，军队作战也不可谓不英勇，可就是打不赢几千英夷。

这全部事实都已表明，清朝在对英军事上绝无出路，主"剿"只有失败一途。东南各战场上的前敌主帅们，心里已明白了这一点。通过奏折，道光帝也逐渐放弃了全歼英夷、大扬国威的幻想，而是改采"先剿后抚"的策略，即在军事上取得胜利，哪怕是很小的胜利，再与英军讲和。这反映出道光帝本人已经认识到在军事上不可能取得完全的胜利，不做出一些让步就结束战争是不可能了。从策略上讲，这种方法可使清廷在谈判桌上有一些讨价还价的资本，以制止英夷漫天要价。

大政方针变了，人事自然要调整。1842年3月28日，道光帝连下两道上谕，任命耆英为杭州将军（后又于4月7日颁给钦差大臣关防大印）南下浙江前线，同时重新起用因剿英不力而被解职查办的原两江总督伊里布，让其随耆英一同南下，到浙江军营效力。在皇帝的安排下，奕经仍执行"先剿"任务，而"后抚"的任务则由耆英和伊里布承办。

自开战以来，英军虽一路胜仗，但仅凭几千人的远征军，英国还是难以征服幅员辽阔的清朝。其实，从1840年英议会讨论对华开战的投票开始，英国国内针对战争问题，就有两派意见：一派支持开战，另一派并不支持开战。1841年9月，发动战争的辉格党内阁下台，部分原因就是民众对发生在中国的战争不满。取而代之的是托利党组阁，虽然在野的时候反对态度强烈，但上台之后托利党内阁并未停战撤兵，而是改采速胜后再行撤兵的策略。

1842年年初，第一次英阿战争中英军大败，上万人的部队被全歼。为了报仇雪恨，英军急需在阿富汗发动战争，由于无力同时支撑起两场大规模的战争，需要英军及早结束对华之战。

"日不落帝国"当然不会草草结束一场没有取得胜利的战争，英国需要的是快速取得鸦片战争的胜利。因此，托利党内阁决定对华大规模增兵，先后又有50余艘各类大小船只从英国、印度、新加坡等地前往中国。陆军也从印度得到6个团的增援，还有炮兵、坑道工兵和地雷兵。到1842年6月底，吴淞战役结束后，远征军陆军司令郭富手下的士兵一下子从3000人增加到12000人，再加上海军，侵华英军总数达到20000人左右！这在英国乃至欧洲海外扩张史上都算得上是一支拥有庞大兵力的军团了。

急于求胜的侵略大军终于要发动早在1841年冬就已制订进攻计划的扬子江①战役了，其目的是割断清朝主要内陆交通线的一个据点，即长江与大运河的交汇点——镇江。

大家都知道，长江中下游三角洲地带历来就是中国经济最发达的地区，没有之一。京杭大运河是清朝的经济命脉，长江与大运河的交汇点是否畅通，关系到中国南北各省的经济联系，对清朝统治的牢固与否也有重大意义。因为漕粮大部分征自南方五省，每年400万石漕粮中有三分之二自此沿大运河北运。

英军只要沿着长江攻入中国的心脏地带——江苏、安徽，占领南京，控制吴淞江和最重要的大运河，再占有苏州府的财富，占领乍浦和上海，控制全国主要的航道，英国就可以掌握中国工业的主要部门。例如，杭州府的丝绸、景德镇的瓷器等，这样清廷就自然成了英军的囊中之物了。届时，清廷只能乖乖听话，否则就要冒因工商业陷于停顿而引起全国人民不满的危险之中。同时，由于京城内粮食和其他生活必需品断供，会立即引发城内各阶层人士的不满，这就会使清廷承受更大的压力。

这种战法相较于战争初期的占领海岛、封锁海岸的政策，更能击中清朝的痛处。一场规模空前的攻势迫在眉睫。

乍浦之战

在援军抵达之前，英军就已经开始进攻了，为扬子江战役做准备。1842年5

---

① 英国人称长江为扬子江。

月，冬季过去了，东南风起。英军于5月7日主动撤离过冬地宁波，准备进攻乍浦。而奕经在奏折中，将英军的撤退描述为"该逆（指英军）计穷智竭，力不能支，遂被大兵逼退，奴才等现已前往收复（宁波）"。

5月13日，英军集结了绝大多数在浙江的兵力，包括战舰7艘、蒸汽轮船4艘及陆军2000余人，于17日到达乍浦一带海城，展开侦察。

乍浦是浙江省平湖县下属的一座小城，位于杭州湾口的北端。因其地理形势非常重要，清军入关南下后，派满族正二品副都统率八旗兵驻防。鸦片战争开始后不久（即1840年7月24日），中、英在乍浦发生了一次小规模的军事冲突。此后，乍浦一直是清军的海防重点。定、镇、宁三城失陷之后，乍浦为浙江驻兵最多的地区，在副都统长喜、汉中镇总兵德坤、杭嘉湖道宋国经统领下有八旗驻防兵、本省派援兵、陕甘援兵、山东雇勇、本地雇勇共计约7000人。

虽然乍浦为国防重点，但它没有像厦门、定海、镇海那样的防御工程体系，唯一值得一提的工事是城墙。火炮数量也很少，仅有60门，相当于厦门的十分之一，不到定海、镇海的40%。但八旗的战斗力还是高于绿营兵的。

1842年5月18日，英军派出小船运送陆军从乍浦南边靠杭州湾的黄山岭、唐家湾两路登岸，并分两队进攻：左纵队由上校叔得（Schoedde）率领，直扑乍浦城；右纵队由中校马利斯（Morris）率领，攻击沿途的清军炮台，牵制清军兵力和火力，掩护左队直奔城下。

乍浦水师营把总韩大荣率部守卫在牛角尖寨上。英军右纵队登陆后直扑寨前，寨三面受围，战况激烈。韩大荣率军向敌冲锋，受伤后仍裹伤前进，随从卫士要背他下阵地，他大声呼叱："有进无退！"说罢继续射击。子弹打光了，改用弓弩，弓箭射完了，再用刀矛，直至身中数枪而死。

中卫协副将哈拉吉那带兵增援炮台上的陕甘兵，战斗中右腿受伤，站立不住，被亲随兵丁抢出重围。

由千总李廷贵、张淮泗等率领的守卫在唐湾山北檀树坟和清福庵之间的300

余名陕甘兵,与偷越龙揪山的英军右纵队主力展开肉搏,阻挡了英军前进。后来另一支英军从唐湾山后背包抄过来,而守军弹药用尽,最后一齐战死在阵地上。

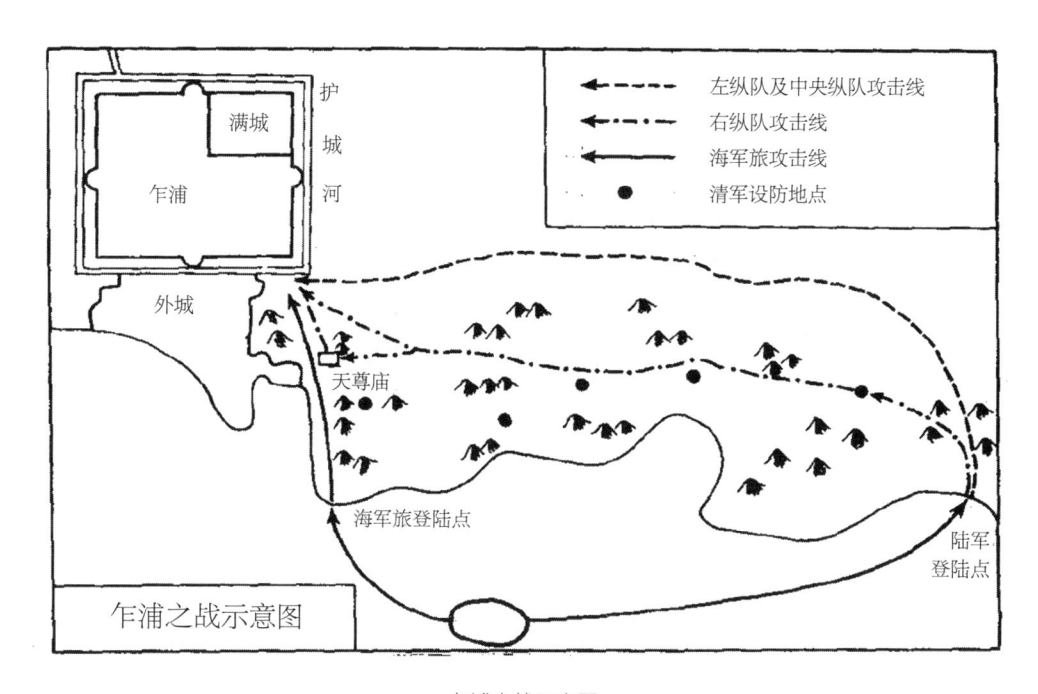

乍浦之战示意图

英军右纵队杀至距乍浦城不足2千米的一座小土山,名曰观山,此山由八旗营佐领隆福率210余名镶黄旗旗兵驻守,他们退守山顶的天尊庙。天尊庙内的和尚早已逃走,庙里幽暗寂静,神龛、神殿犹如迷宫一般,易守难攻,但旗军没有火炮等重武器,只能用鸟枪、刀矛等轻武器迎敌。

"我们的家眷都在乍浦城里,如果让洋鬼子过了观山,乍浦必定不保,到时候咱们的一家老小都得让洋鬼子杀死。"隆福在天尊庙的院子里对全体旗兵作最后的战前动员,"听说一旦落入鬼子之手,无论男女老少一个不留。所以此庙为最后的阵地,愿天尊保佑,击退洋鬼子。否则,此庙即为我等之坟墓!"

八旗兵个个士气高昂,为了清朝的江山社稷,更为了城中的家人,准备背水一战。他们埋伏于庙墙之后，依托门窗，装填弹药，点燃火绳，做好战斗准备。

很快，英军向天尊庙发起进攻。随着一阵枪声，几名英军倒地，其他冲锋的英军纷纷后撤，就这样英军的第一次冲锋被击退了。进攻天尊庙的英军没有携带火炮等重武器，所以只能靠英勇的冲锋才能夺取守军阵地。

"好，大家打得好，别让洋鬼子上来，进入射程就给我狠狠地打。"战斗间隙，隆福趁机嘱咐手下的八旗子弟。

英军的第二次冲锋，由步兵第18团汤林逊（Tomlinson）中校亲自率兵实施，英军从左、中、右三个方向分别向天尊庙靠近。

隆福从一扇窗户向外观察，发现英军中间的冲锋小队里有一人军服与其他士兵不一样，手持指挥刀，基本判定此人应该是个军官。他指着此人下令道："我看此人必是鬼子头目，不拿枪，拿把战刀指挥当兵的前进。你们8个人，不用管其他目标，单瞄准他，必须给我击毙！"

当英军进入射程，清军的火绳枪纷纷开枪，一颗颗子弹飞向英军。说实在的，这些八旗满兵平时养尊处优、疏于训练，枪法不怎么样。但这次天尊庙保卫战，清军有较为坚固的掩体——天尊庙，英军没有配备射程较远的线膛枪，大多士兵装备的仍是较为落后的布朗贝斯前装滑膛燧发枪，其射击精度和射程比清军的鸟枪好不了多少，外加英军没有重武器，只能靠步兵向地方掩体发动冲锋，所以必然使进攻受挫，乃至较大的伤亡。

8名旗兵组成的射击小组在隆福的命令下，不管其他英军，只瞄准那名军官。此军官正是汤林逊中校，这8名旗兵应该是隆福挑选出来的枪法比较好的士兵了，但他们也是三击未中。气得隆福大骂："你们8个都是饭桶吗？再打不中，那个夷目就跑了！"

当然，击不中汤林逊中校，也不能完全怪他们，清军鸟枪的射击精度确实不敢恭维，战场上的敌人也不是靶子，站住了等你打。汤林逊中校也是隐蔽前进，但很快他发现清军有人专门瞄准自己，在卧倒躲避一轮射击后，正准备起身撤退，这时一颗子弹正中其喉咙，穿颈而过，汤林逊中校应声倒地，当场阵亡。英军见中校战死，立即全体撤退。

进攻的英军再次受挫，大为恼火，没想到一座小小的天尊庙竟能抵挡英军将近两个小时的进攻。最终英军调来了大炮和康格里夫火箭炮，三轮猛烈的炮击之后，庙宇外墙被击毁，房顶轰然倒塌，埋伏其中的部分清军被压在下面，非死即伤。

"撤！快撤！"隆福边撤退，边下令，"撤往后殿，洋鬼子的炮弹真厉害！"

就在八旗士兵们尚未全部进入后殿之时，一轮康格里夫火箭弹迎空飞来，庙内树木草坪即刻被点燃，很快火势蔓延至木制大殿，火势越来越大。隆福只能带兵冲出熊熊燃烧的大殿，但等在外面的是已经瞄准好的英军，阵阵弹雨下，清军纷纷倒地，有些八旗兵奋力冲到英军面前，与之展开肉搏战。

原本二百旗兵经过三小时的血战，还剩几十人。隆福身上多处负伤，见已无力回天，拔刀自刎。剩下的士兵也有追随隆福自刎的，英军最终占领了几乎被夷为平地的天尊庙。包括隆福在内的200余名八旗士兵，除43人被俘外，其余全部壮烈殉国。战斗结束后，在英军打扫战场时，有个苏醒过来的旗兵从死人堆里突然站起来，拔出他的佩剑，但他没有冲向敌人，而是将剑刺向自己的喉咙。

就在右纵队与清军激战的同时，英军左纵队北上与在灯光山登陆的英海军会合后，继续向乍浦进发。在他们前进的路上，有一座堡垒，名叫葫芦堡，位于乍浦城南，由乍浦最高军事长官副都统镶黄旗人长喜亲自率兵镇守。英军以猛烈的炮火轰击葫芦堡。不久，清军工事土崩瓦解，长喜中弹，身负重伤，撤回乍浦城后不治身亡。英军见清军工事瓦解，遂发起冲锋，与幸存的清军展开肉搏。激战中，镶蓝旗佐领英登布力战不退，被英军用刺刀刺死。

跨过葫芦堡，英军以小船渡过乍浦的护城河，从东门爬云梯而入，终于攻陷乍浦。入城后，英军开始大肆报复，火烧旗兵大营，并对平民展开抢劫、强奸和屠杀。可能是因为英军在此战中，特别是天尊庙战斗中损失较大，有1名中校阵亡，为鸦片战争以来所未有，故入城大肆屠杀以泄愤。此外，城中旗人也有很多全家自杀：母亲杀死孩子后，父亲再杀妻子，最后父亲用剑自刎。

乍浦之战，英军一说死10人，伤60人，另一说死9人，伤55人。此两说均为参战的英军所留回忆录记载，不知哪个正确，虽然从数字上看，英军伤亡不大，但在鸦片战争历次战斗中损失排第三。一个小小的乍浦城，没有坚固的城防工事，火炮等重武器也不多，能达到此种战果，不可不说八旗兵具备较强的作战意识和作战能力。

此战，清军阵亡的军官有乍浦副都统长喜，同知韦逢甲，佐领降福、额特赫、英登布，防御贵顺，骁骑校伊勒哈备、根里、该杭阿，千总李廷贵、张淮泗，把总王荣、孙登霄、马芝荣、韩大荣，外委马成功、朱朝贵共17人。旗兵阵亡人数为279人，汉兵阵亡人数为400人，共计679人。

但英军的真正意图并非占领乍浦，也不是在浙江盘踞，而是继续北上，截断大运河的漕运，就在占领乍浦后的第十天，英国大批援军陆续抵达之时（即5月28日），英军全体撤出乍浦，杀向长江口江苏省宝山县的吴淞，开启蓄谋已久的扬子江战役。

战备吴淞

吴淞地区位于黄浦江入长江处，在长江南岸，属宝山县。吴淞口正面对崇明岛，黄浦江由南向北流入长江。由此向东约70里（约35千米）是长江的入海口，由此沿黄浦江蜿蜒曲折向南约40里（约20千米）是当时的上海县城。吴淞地区地势平缓，为防海潮，江岸建有江堤，称海塘。

吴淞口呈喇叭状。口端西岸向西再去2里（约1千米）是宝山县城，临近长江。由县城沿江堤东南而下六七里（3千米至3.5千米）建有炮台一座，称西炮台。从西炮台再沿江堤南下约3里（约1.5千米）是一条小河的出口，名为蕴藻浜，吴淞镇就在蕴藻浜的北岸。宝山县城距吴淞镇的直线距离为6里（约3千米）。吴淞口东岸也建有炮台一座，称东炮台。根据1921年编纂的《宝山县续志》记载，东炮台高约1.5丈（约5米），圆形，台周长为16丈（约53.3米），建筑材料为砖瓦木料。吴淞东、西两炮台夹黄浦江对峙，扼守黄浦江。东炮台北侧的部分火炮，可以向长江方向射击。

吴淞设防约起于明代，清前期一直驻兵防守。从1840年7月英军第一次进攻定海起，吴淞口就成了江苏省的国防第一线。主持吴淞防务的最高长官或为两江总督，或为江苏巡抚，其先后为伊里布、裕谦、梁章钜和牛鉴。他们都认定吴淞是江苏最重要的防御地区，在吴淞、宝山、上海一带驻扎了相当长的时间，花费了极大的精力和财力，以确保吴淞无虞。

江南水陆提督陈化成是对吴淞地区防务起实际作用的关键人物。他在上任后的第七天，获悉定海失守，立即率部赶赴吴淞，在西炮台扎营驻守，从此未离开吴淞，坚持住在炮台旁的帐篷里，枕戈待旦长达两年多。总督、巡抚凡涉于吴淞防务之事，多询其意见。因此，陈化成是吴淞防御工事的实际主持人和前敌指挥官。

经过多年的国防建设，吴淞一带的防御体系完全可以与厦门、定海相媲美：由于吴淞地区地势平缓，原设东、西两炮台不足以御敌，历任总督、巡抚们便沿着江堤修筑土塘。此项工程起始于鸦片战争初期两江总督伊里布任上。裕谦主持江苏防务时，工程进展迅速。土塘是将原江堤后的顺塘河河泥挑出，积筑在江堤之上，高约两丈（约6.67米），顶宽一丈七八尺（约5.93米），在外视之，俨如长城一道。土塘之上，又修筑火炮掩体工事——土牛，形如雉堞[①]，缺

[①] 雉堞就是我们在前文讲过的齿墙，防御工事上锯齿状的城墙，可以让守军掩蔽在其后方。

口处安设大小火炮，土塘工程浩大。在吴淞西岸，土塘从宝山县城东门起，穿连西炮台至蕴藻浜口，长约10里（约5千米），使宝山县城至吴淞镇沿江成为一巨型土筑炮台。在吴淞东岸，土塘亦成规模，已修筑数里之长。此外，在蕴藻浜北岸的江堤上，又修筑了半圆形石筑炮台——新月堰炮台，此炮台被英军称为"半环形的正规炮台"，说明在吴淞国防工事的建设中，清军取得了一些进步。

战前，清军在吴淞一带共驻兵7000余人，火炮250余门，其中一些火炮已装置了一种简易的瞄准器具——照星，许多火炮还配置了炮车。英军爱尔兰第18团掷弹兵连中尉亚历山大·穆瑞（Alexander Murray）在其回忆录《在华战役记》（Doings in China）中曾这样描写清军火炮的照星：

炮上装有瞄准器，说明中国人是在着手改进并研究这种东西的用处。他们在炮的后膛套上一块铁皮，铁皮的上面是一块正方形的瞄准器，中间有一个可以看过去的孔；另外在炮口也用同法装一个瞄准器，上面有一根尖的钉子。有些炮的中间部分装有一块凹形的竹片，以此为瞄准之用，这样瞄准的范围就较广，不失为一种巧妙的设计。

这说明，清军在大炮的瞄准系统上也有一定的进步。

开战前，黄浦江西岸土塘共设火炮134门，新月堰炮台设10门可发射24磅炮弹的铜制大炮，驻兵1000余名，由江南提督陈化成督率指挥。土塘之后，设有营帐，驻有陆路接应的第二线部队。东岸土塘及炮台，设有火炮20门，驻以防兵1000余名，由川沙营参将指挥。

宝山县城安设大、小火炮50门，驻以防兵2000人，两江总督牛鉴亲自坐镇此地。县城西北约3里（约1.5千米）的长江岸边的小沙背，驻以防兵700人，由徐州镇总兵王志元督率，以防英军从侧翼绕袭。师船、民船、人力明轮船皆部署于黄浦江,以防英军侵入内河。

当时,主持吴淞乃至整个江苏防御的是两江总督牛鉴。他是道光帝的老师,深得皇帝信任。裕谦死后,皇帝将自己的老师从河南巡抚调任两江总督,牛鉴到任后,继续前几任的工作,进一步加强吴淞一带的防御。

1842年2月,距清军发动浙东三城反攻之前不到一个月的时间,牛鉴曾向道光帝上呈过一道奏折《两江总督牛鉴奏报防御海口情形折》,其中提道:

臣数月以来,细心体察该逆之所以屡肆猖獗者,惯以大船巨炮轰我要隘,使我守炮兵丁不能站立,然后用杉板小船渡其亡命黑鬼,豕突登岸,手执洋枪火箭,使我兵不能得手。闽浙失事,职此之由。今臣察勘海口土塘俨如长城一道,塘上所筑土牛,有似雉堞,其缺口俱安设炮位。臣拟令守塘之兵贴伏于塘后土坡之上,守炮之兵贴伏于土牛之后,接应之兵遥伏于数里之外。彼若用炮乱轰,我只是寂然不动,彼之炮子从空飞落,或近或远,断不能及我所伏之兵。俟其炮火将竭,大船渐近,度我炮力可及,审定照星准头,鸣锣为号,众炮环发,贼必不支。

夫逆夷性多狐疑,我军果能示以镇静,彼必不敢公然登岸。万一彼竟豕突而登,此时守塘之兵与夫接应之兵,尽可放心齐出。盖匪徒既已上岸,彼必不肯乱用炮轰,然后或邀其前,或尾其后,先用虎蹲炮迎击,破其洋枪火箭,次用抬炮、鸟枪连环夹攻,自无不胜之理。且逆夷用杉板船渡其黑鬼登岸,不过数十一百人而止,我军以数千精锐接仗,亦何难聚而歼之。仰仗皇上天威,断不致有他虑。

在吴淞开战前一天,提督陈化成曾向牛鉴保证道:"(自己)经历海洋几五十年,海上防御全靠炮力,此身在炮弹中,入死出生,难以数计,刻下布置精密,可打胜仗。"

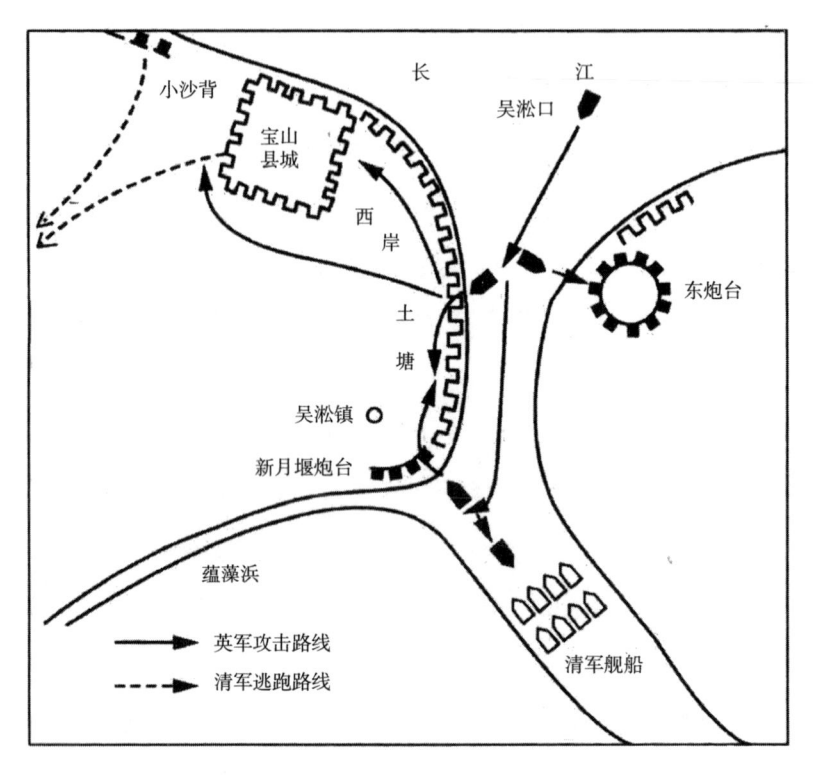

吴淞布防图

牛鉴、陈化成虽然没有夸下颜伯焘、裕谦让英夷"片帆不返"或奕经"一战克复，净扫夷氛"那样的海口，但也明确告诉皇帝："请陛下放心，咱们大清将士剿办这一小撮英夷不在话下。"尽管牛鉴设想周密，但其设想只能战胜他想象中的英军，他对英军的船坚炮利和陆战能力尚无切合实际的判断。虽然吴淞的布防一定程度上吸取了之前几次败仗的教训，例如大炮安装了瞄准器、配备了一些炮车、修建了半圆形炮台等，但仍坚持"以守为战、近岸防御"原则，最主要的防御工事土塘也还是无纵深防御能力的线式工事，当然清军的火炮、火枪和舰船还是落后于英军，这一切都预示着吴淞之战的既定结果。

吴淞之战

1842年6月8日，在一片大雾中，英军舰队抵达长江口外的鸡骨礁。这支舰队共有战舰8艘、蒸汽轮船6艘、运输船14艘，运送陆军约2000人。6月13日，舰队推进至吴淞口。6月14日，郭富和巴加2位司令亲自登上新近来华的铁壳蒸汽轮船美杜莎号（Medusa），对吴淞江两岸清军的防御工事进行了一次精密的侦察。根据侦察结果，英军于第二天晚上派小船在吴淞江的航道上安放了浮标，2艘沙船也在航道入口处抛锚，以指明航道。对于英军用船只在航道上安置浮标，清军未开一炮，也没有破坏浮标，却向英军大声呼喊和嘲笑。

英军有两个进攻方案：一是直接进攻吴淞东西岸土塘、炮台和黄浦江内清军船只，从炮台正面登陆；二是主力在宝山西北小沙背一带登陆，绕击西岸后路。由于小沙背一带滩浅淤多，大舰不能近岸，登陆部队不能得到舰炮的有效支援，英军采用了第一个方案。根据清军的布防，我们可以看出以上两个进攻方案都未出清军将帅的预料，也就是说英军未能出奇谋，其进攻地点正是清军重点防御区域。当然，本次战役中英军仍采用之前一系列战役中所使用的战舰轰击防御正面、步兵侧翼抄袭登陆的老战术。

6月16日清晨6点，海潮及天气的情况对于进攻都极其有利。英舰队全体起锚，战舰由蒸汽轮船拖拽着驶向预定的射击位置。不过与以往不同，这次英军根据在华各次战役中所取得的经验和吴淞江复杂的水文情况，采用了一种新的拖拽方式：将蒸汽轮船与被拖拽的战舰用缆绳并排绑在一起，而不是蒸汽轮船走在舰船前面。这样船靠船并行，运行起来比较易于控制。

行驶在最前方的布朗底号（由木壳蒸汽明轮船谭那萨林号Tenasserim拖拽）和康华丽号（由蒸汽轮船西索斯梯斯号拖拽）是2艘最大的战舰，组成主力舰队，最先遭到西炮台清军的炮击，它们的预定位置是清军西炮台正前方五六百米的水面，由于尚未抵达预定位置，英舰未开炮还击。

此时，江南提督陈化成、游击张薏在西炮台第一线指挥作战，他们也是第一次见到如此高大的英国战舰，大为吃惊。

"陈大人，这英夷大兵船竟有三层，每层都有炮眼，一艘兵船竟能载有这么多的大炮，而且算上桅杆这兵船足有数十丈高呀！"张薏十分震惊地指着康华丽号说道，"在下一介庸愚，实未见过此等坚船利炮！"

"嗯，英夷兵船虽大，但万不可长他人志气灭自己威风。"陈化成还算镇定，下令道，"传本提督令，夷兵船大炮在侧，其必侧舷对我才可开炮，趁其转头调整船身未完之机，给我瞄准拖拽大兵船之火轮船狠狠地打。本提督看此等火轮小船中弹三发必沉，火轮船沉，大兵船必无法转头侧面对我炮台，其炮虽多，方向不对，岂不成了我军的活靶子？"

66岁的老将陈化成果然是久经战阵、经验丰富，一下子就看出海战的要害。命令传达下去后，清军大炮瞄准谭那萨林号和西索斯梯斯号，炮弹多次击中这2艘木壳蒸汽明轮船的船尾，但它们并未像陈化成预料的那样沉没，而是继续拖拽大型战舰掉头，清军炮火竟未能阻止英舰调整方向。

岸上的陈化成简直不敢相信自己的眼睛，他不明白英夷的船只竟然不怕炮弹的轰击。

"陈大人，您看，我炮击中夷船，可夷船竟能无动于衷，继续掉头！"张薏更是觉得不可思议，"这可怎么办？"

陈化成稍微定定神，说道："传令下去，不要只打小船，大船、小船一起打！"既然不能击沉蒸汽轮船，陈化成想试试炮火对康华丽号和布朗底号是否有用。

西炮台上，条条火舌向英舰射去愤怒的炮弹。康华丽号被击中多次，但效果不明显，有一颗炮弹竟被船身弹回，击杀了炮台上的清军炮兵。原来，当时英舰舰壳材料多选用坚实的橡木板，充分干燥的橡木坚固耐用、抗击打能力强。康华丽号这种三等战舰，船壳体一般用两层橡木板，厚达46厘米，弹回清军炮弹在鸦片战争的各次战斗中屡见不鲜。

布朗底号被击中14次,其中第一发射向布朗底号的炮弹击穿了船体侧围,冲到甲板上,海军中尉希威特(Lieutenant Hewitt)正在甲板上指挥,炮弹不偏不倚正中其胸部,顿时将希威特中尉击倒,胸部血肉模糊,当场阵亡。但清军的炮击没有对布朗底号造成太大的伤害。

康华丽号、布朗底号被拖到了西炮台正前方500多米处,侧舷面对炮台,松开拖带缆绳后2艘战舰立即抛锚开炮。很快,谭那萨林号返回长江口又将北极星号(North Star)拖到主力战舰的行列。

这样,主力舰队的3艘战舰康华丽号载炮74门(单侧舷载炮至少30门)、布朗底号载炮46门(单侧舷载炮至少20门)和北极星号载炮26门(单侧舷载炮至少10门),也就是说共有60余门英舰大炮对西炮台进行轰炸,西岸土塘上清军虽然布置了134门大炮,但这些大炮分布在绵延10里(约5千米)的土塘上,每隔30余米才有1门大炮,对于英舰来说,能炮击的清军大炮只有在其正面的10门左右,总计30余门清军大炮能发挥作用。而其他火炮距离英主力舰队过远,因射程、炮车、射击夹角等因素的制约而无法发挥其作用。因此,清军的火炮数量虽多于英舰,但能参加炮击的火炮数量却少于英舰,外加清军火炮、火药质量和炮弹种类上的落后,使西炮台清军在双方大炮对射中难以占据上风。

就在英主力舰队与西炮台对轰的时候,由摩底士底号、哥伦拜恩号和克里欧号3艘舰船组成的轻型舰队,分别由蒸汽轮船复仇女神号、弗莱吉森号及伯鲁多号(Pluto)拖拽,越过康华丽号和布朗底号,溯黄浦江而上,沿途西岸土塘的清军火炮纷纷向其开炮。英舰并不还击,直到它们抵达黄浦江与蕴藻浜的交叉口。

当轻型舰队冒着炮火到达距清军新月堰炮台不足200米的预定位置,抛锚向炮台开炮时,由14艘舰船和5艘人力明轮船组成的清军水师船队沿黄浦江顺流而下驶向英轻型舰队，一马当先的复仇女神号主动上前迎战清军水师，清舰船首先开炮，可惜清军船炮射程不够，无一命中。

刚刚放开拖拽缆绳后，霍尔船长立刻下令，船首大炮向清军舰船射击，同时用船后身上的大炮轰击清军新月堰炮台，就这样复仇女神号在呈90度角的两个方向同时炮击清军舰船和炮台。

复仇女神号继续驶近清军船队，当距离足够近的时候，霍尔船长下令装填葡萄弹。当葡萄弹在清军舰船甲板上爆炸时，无数小弹丸、铁屑向四面八方飞散开来，船上的清军水手和士兵纷纷倒地。第一次见到威力如此之大的炮弹，清军顿时军心大乱。随着密集的葡萄弹不停地射过来，船上伤亡官兵的数量越来越多，哭爹喊娘声、爆炸声交织在一起，船体碎屑、火药硝烟笼罩在甲板上，水师官兵争先恐后地弃船逃生，有的跳海，有的跑到小船或舢板上，更多的是拼命爬上行驶速度较快的人力明轮船。

此时，复仇女神号越过这艘清军舰船，向清军最大的2艘兵船驶去，由于离岸过近，当时又正值退潮，复仇女神号搁浅了。另一艘蒸汽船弗莱吉森号立刻赶上前来，试图把复仇女神号拖开，但没能成功，就这样复仇女神号竟被困数小时之久。但复仇女神号并没有退出战斗，在继续炮击的同时，霍尔船长命令水兵们拿起步枪，登上小船，去俘获并毁坏浮在江面上已被中国水兵抛弃的那些舰船。

弗莱吉森号也参与了此次海战，一艘复仇女神号已经让清水师吃不消了，现在又来了一艘。虽然弗莱吉森号小于复仇女神号，但它也是载炮4门的铁壳蒸汽轮船，清水师官兵对这种冒着黑烟、入水不沉的铁船本就心里发毛，这仗一打起来，后面舰船上的官兵见英夷铁船果然威力巨大，也纷纷逃跑。最终，除2艘舰船外，清水师全军覆没，舰船不是沉没，就是被俘。

这次海战英军2艘蒸汽轮船（不是正式的皇家海军战舰，而是东印度公司的武装蒸汽轮船）在黄浦江上对战由19艘船只组成的清水师舰队（14艘舰船+5艘人力明轮船），战果仍是英军大获全胜，而且无一人战死。如果说1841年1月7日晏臣湾海战还算孤证，那这次黄浦江海战可谓再次证明了工业革命带给侵略者的蒸汽技术使得中国传统水师即便在水浅的内河也无获胜的机会了。

就在两国水面船只开战的同时，清军的岸基炮台也在和英舰对轰。

在西炮台，双方对轰持续了两个多小时，3艘英舰很快就占据火力上峰，用河泥建造的土塘未能像牛鉴奏折中所说起到"断不能及我所伏之兵"的作用，在英军凶猛的炮火打击下，很多地方的土塘已被夷为废墟，其他地方的土塘也是损毁大半，躲在其后面的清军大炮和炮兵伤亡惨重，清军炮火渐渐平息。江南水师提督陈化成一直坚持在第一线指挥作战，当炮兵出现死伤时，陈化成甚至亲自上前补缺点火开炮，在激烈的炮战中，他全身多处受伤，最终战死沙场，为国捐躯，游击张蕙也被英军火箭击成重伤。在西岸土塘督战的两江总督牛鉴见英军炮火基本摧毁了精心修建的土塘，且清军伤亡过半，也是大为震惊，在身边随从兵丁的护送下逃回宝山县城。

就在西炮台清军炮火平息下来后，英国轻型舰队正在轰击新月堰炮台。清军新月堰炮台是新建的石头炮台，采用的又是半圆形的近代堡垒式样，安放了10门新铸的铜制大炮，此炮台本应是整个吴淞防线中最为坚固之处，但它很快就被英军攻陷了。为什么呢？还是因为清军落后的炮车。

英国轻型舰队停泊在离新月堰炮台不足200米的近岸位置，此距离已经在步枪射程之内了。清军虽配置了炮车，但没有想到英军战舰离岸能如此之近，炮车调整范围偏小，无法把大炮降低到一定的位置，不能有效打击距离很近的目标，很多炮弹都从摩底士底号桅杆上飞了过去。

摩底士底号、哥伦拜恩号和克里欧号3艘轻型战舰，单侧舷炮也有25门左右，它们在炮击的同时，甚至派水兵拿步枪向新月堰炮台射击。就这样，新月堰炮台也被打哑了，清炮兵向北逃跑。

这时，英军派水兵和海军陆战队士兵在摩底士底号华生舰长（Captain Watson）

的带领下从新月堰炮台正面登陆,很快就占领了炮台,他们还企图占领吴淞镇,由南向北绕击西岸土塘清军的侧背,但驻扎在吴淞镇的清军将登陆英军阻挡住了。

清军组成了一道坚固的防线,使用了抬枪和鸟枪阻击逼近的英军,造成10名英军受伤,队伍陷入混乱,华生舰长不得不命令英军后撤,以便重整队伍。

双方拉开一段距离后,清军开始向这支英军水兵和海军陆战队小分队投掷手榴弹,然后发起了冲锋,与英军展开了肉搏战。

英军这支小分队人数过少,战斗中处于不利地位,就在此生死紧要关头,已将西炮台基本摧毁的英主力舰队的3艘战舰也派海军陆战队在西岸土塘正面登陆,由于土塘已被击毁,登陆行动几乎未受阻挠。他们迅速向南前进,企图与华生舰长率领的登陆英军会合。

华生舰长及其手下见援军从清军背后登陆成功,士气大振。南、北两股英军夹击清军,英军摆开阵势,利用娴熟的射击技术和先进的步枪,不停地向清军开枪扫射,很快清军伤亡惨重,整个西岸土塘清军全线撤退。

在西岸土塘进行激战的同时,蒸汽轮船西索斯梯斯号将旗舰康华丽号拖拽至攻击位置后,转向进攻东岸土塘和东炮台。尽管清军火炮数量要比该船多3倍,但在炮战中却处于下风。西索斯梯斯号被击中11次,但因清军炮弹威力弱小,并未对其造成太大的损伤。在清军炮火被压制后,西索斯梯斯号和完成北极星号拖拽任务的谭那萨林号上的一些武装人员,登岸占领了东炮台。

中午12点过后,英国陆军部队在吴淞登陆,兵分两路:第26团在叔得少将(此时应由上校升为少将)的率领下从左翼抄袭宝山县城的后方,切断清军的后路;郭富亲率第18团及海军已登岸部队沿西岸土塘北上进攻宝山东门。

当英军第26团抵达宝山县城城下时,发现宝山守军早已撤退,因此英军不费一弹便占领了宝山。原来,前线督战的牛鉴退回宝山,得知陈化成阵亡,吴淞全线溃败后,大为惊慌,决定放弃城墙上布置有50门大炮的宝山县城,向嘉定撤退。奉命驻守县城西北方小沙背的清军，由于英军未进攻小沙背而没有参加战斗，但带兵的徐州镇总兵王志元却认为吴淞一带败局已定，率兵撤退。

吴淞之战中，英军被击毙2人，受伤25人。清军包括陈化成在内共阵亡88人。

从曾参与本次战斗的几名侵华英军军官的回忆录中看，吴淞第一线清军的抵抗算是比较英勇的，炮台、大炮的瞄准系统和炮车等方面也有所改进，但由于火炮和要塞技术落后，以及英军战舰和蒸汽轮船所利用的先进技术，使得清军不可能取得胜利。

自1840年7月第一次定海之战以来，清军已经经历了近两年对英战争的洗礼，可以说是一败再败，但却一直不敢派舰船与英舰决战海上，而是始终坚守近岸防御原则，以海岸炮台、水师舰船近海作战作为抵御英国人的主要手段。在近代的岸基要塞对舰船的战例中，要塞一方之所以有利，是因为它筑于陆地而不必考虑火炮的重量、后坐力等因素，安设威力远胜于舰炮的岸基要塞巨炮，通常要塞炮射程大于舰炮；同时，建于陆地的要塞不必考虑面积和样式，修筑得比舰船更安全牢固。鸦片战争时期，欧洲已建成棱形堡要塞，并开始流行堡垒式要塞，即核心部分是远于对方火炮射程而不受攻击的。但吴淞的情况恰恰相反，据牛鉴估计，英军舰炮最大射程为五六里（2.5千米至3千米），清军岸炮最大射程为二三里（1千米至1.5千米）。而土筑的城墙式线式防御工事，是最为薄弱、最易被攻破的要塞样式。由于清军未能考虑土塘可能被攻破，因而在土塘之后，并无纵深配置，甚至未设立二线阵地，使土塘之后的援护清军在迎战登陆英军时没有防御工事为依托。

除了落后的要塞形式，从吴淞之战中，我们还可以看到清军火炮威力太弱。康华丽号、布朗底号、西索斯梯斯号等多艘英舰均被清军岸基大炮击中多次，有的甚至多达10余次，但基本上对英舰没造成太大的损坏。这是为什么呢？

侵华英军中尉穆瑞撰写的回忆录《在华战役记》中记述：

吴淞炮台一共配备有二百五十三门大炮，其中有四十三四是铜炮。有一些炮很大，炮身长达十一英尺，重达七千二百八十磅（7.280磅≈3302千克≈清关平制5500斤）。这种炮和我们的六十八磅弹炮一样重，而它们的炮弹大约只有二十四磅重。

这说明清军使用的大炮是炮重弹轻，即同样重量的大炮，清军发射的炮弹重量只有英军的35%，其威力肯定要大受影响。

我们可以从以下几幅图中清楚地看到，英军火炮是"薄皮大馅"，炮体壁薄、口径大，炮体重量较轻，却可以装填较重的炮弹；而清军大炮是"厚皮小馅"，炮体壁太厚、口径小，造成炮体自身重量过重，却不能装填重的炮弹。将炮体铸得这么厚是为了防止大炮点放时发生炸膛，清军大炮的炸膛事故屡见不鲜。可英国人的"薄皮"大炮几乎没有出现过炸膛，这不得不佩服工业革命带给英国先进的炼铁技术和铸造工艺。

福建厦门胡里山炮台遗存的鸦片战争前后的英军加农舰炮

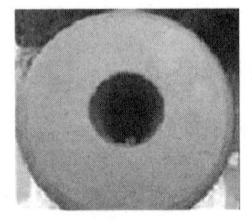

广东虎门沙角炮台展览的1835年的清朝6000斤铁炮

1842年6月19日，取得了吴淞之战胜利的英军与第一批增援部队会合后，沿黄浦江水陆并进，占领了已被清军放弃的上海。随后又派蒸汽轮船溯江上驶，直逼松江地面。6月22日，璞鼎查从香港返回吴淞口，与他同时到达的还有大批援军。英军又从上海撤离，舰队重新在吴淞口集结。除了留2艘战舰封锁吴淞口外，主力编成一个先遣舰队和五个纵队——共计各类舰只73艘，其中战舰11艘、蒸汽轮船10艘、运兵船和运输船52艘，以及9000名陆军士兵和3000名海军士兵（其中2000人是可以上岸作战的陆战队员），浩浩荡荡航行长江，直取镇江和南京，目的是为了切断中国南北经济大动脉，迫使清廷接受其所提出的投降条款。

深入长江

长江属太平洋水系，是中国第一大河，世界第三大河流。长江干流自西向东横贯中国中部，数百条支流辐辏南北，发源于青藏高原，波涛汹涌，蜿蜒逶迤6300余千米，流入东海。

1842年6月，恶劣的天气让水流本就十分强劲的长江更加变幻莫测，非常不适合大型舰队航行。长江从中上游带来了大量的泥沙，随着夏季季风的来临，还带来了充足的江水。

沿江一带有许多沙滩，而且由于江流湍急，有些沙滩还在随时改道。镇江附近一带的江中还有暗礁，随时会发生触礁的危险。英舰在长江中行驶，遇沙滩或暗礁搁浅是不可避免的，但由于江底暗礁较少，多是松软的泥土，英军舰船没有遭到严重的损伤。因此，江底的沙滩和为数不多的暗礁还不是最危险和困难的，在长江航行所遇到的最大困难是湍急的江水，即使不受潮水的影响，有些地方的水流速度也能达到每小时4.8千米至5.6千米。很难想象，一支拥有70余艘舰只的庞大舰队，在没有蒸汽动力的情况下，能够全体顺利地逆流而上。因为，风帆舰只只有在风的推动力大于水流的冲击力时才能逆流行驶，而长江属于内陆河流，不可能有像大洋中的那种强劲风力。因此对于英军舰队来说，蒸汽轮船在长江航行中是必不可少的，一来强大的蒸汽动力可以克服湍急的水流拖拽风帆战舰逆流而上，二来当有英舰搁浅时，只有蒸汽轮船才能将搁浅的舰只拖出来，有的大型战舰搁浅后，甚至需要两三艘蒸汽轮船合力将其拖出。

英军对于长江上的航行路线几乎一无所知，因航道错综复杂，即使对当地人来说，要乘船溯江而上驶往南京，也不是一件容易的事情，更别说一支庞大的异国舰队了。现在，摆在英国侵略者面前的一个要解决的问题就是长江航道的测量和标定。

6月29日，英舰队各战舰舰长登上了测量船司塔林号和伯劳佛号（Plover），出发勘测航道并为舰队的通过做准备。这2艘测量船一直测量至距吴淞口300余千米的南京，竟未被清军干扰。

7月上旬，天气转好，非常适宜航行。被提前派往上游的弗莱吉森号回来了，还带来一些情报：在靠近大运河入口的地方，直到镇江金山为止的那段江面，发现了一条又深又清的航道。弗莱吉森号在那一带放置了浮标，为后续大舰队指明航道。

英国远征军海军司令巴加和陆军司令郭富下达命令，要各舰只和将士们做好准备，决定于7月6日清晨启行，溯长江而西侵，杀向镇江。

主力舰队分成一个先遣舰队和五个纵队，先遣舰队实力最强，拥有7艘战舰和5艘蒸汽轮船，作战显然是它的主要任务。其余五个纵队每队包括8艘至12艘运输船，由1艘战舰率领，每个纵队还配备1艘蒸汽轮船，以便于必要时给予运输船以援助。

糟糕的城防

镇江，古称京口，北濒长江、西临大运河，是交通的枢纽、航运业的中心，扼守京杭大运河，是截断漕运的关键之地。但和鸦片战争中的其他战役比起来，镇江的防御可算是惨得可怜。

鸦片战争爆发后，清政府对镇江的防御总体上没有很重视，其原因是觉得镇江远离大海，长江逆流行驶很困难，英军舰队不大可能会进攻镇江。

驻守镇江的是京口副都统海龄，他是满洲镶白旗人，于1841年从东北调任于此。上任以来，海龄严格训练士兵，并率领镇江军民修复了已显残破的城墙。但他无权调兵、无钱铸炮，能办的事情不过如此而已。他曾要求招募水勇巡查江面，为牛鉴所拒。他又想给手下士兵弄点儿钱改善生活，以激励士气，反遭牛鉴的弹劾，结果受到降两级留任的处分。

当英军撤离上海再度集结于吴淞口时，清廷上下对英军下一个攻击目标判断失误，以为将北攻天津。直到1842年7月上旬，英军的舰队帆樯林立，溯长江而上时，牛鉴等人才发现自己失算了，连忙火速调兵增援镇江。

7月13日，参赞大臣四川提督齐慎率兵700人到达镇江。7月16日，署江南提督刘允孝率湖北兵1000人抵达。7月19日，由浙江派来的江西援兵1000人赶至。海龄率原驻防的镇江旗兵、青州旗兵约1600人防守城内，齐慎率各地援军2700人驻守城外。

英舰队此时正势如破竹般地沿长江西进。7月12日，英军舰队驶至江阴鹅鼻嘴。7月14日，经微弱抵抗后，英军攻占丹徒圌山炮台。7月16日，巴加和郭富2位总司令乘坐蒸汽轮船威克逊号（Vixen）和美杜莎号率先到达镇江江面，他们侦察了镇江府一带的地形，2艘轮船甚至开过了镇江城，到达其上游，靠近大运河的入口处，大运河流经镇江城的城根。清军点燃了一批木筏，烟焰腾烈、浓烟滚滚，着火的木筏顺水而下，但据牛鉴的上奏，当日东南风大作，火攻未能得手。其实火攻这种中世纪的海战方式，对于行动灵活的蒸汽船已经起不到什么作用了，鸦片战争中清军多次使用火攻均未取得实际战果，已经很能说明问题了。

2位英军总司令看到城墙上并未设有站岗清兵，甚至登岸到镇江西面的金山宝塔上进行了一次俯瞰全城的侦察，发现城西南方山坡上设有三座清军营盘。当地很多百姓怀着好奇心涌出来观看冒着黑烟的蒸汽船这一奇景，所以英军的第一印象是他们在镇江不会遇到太大的抵抗。

很快，英军的先遣舰队抵达镇江附近，但未急于攻城，而是开到镇江城上游地方，执行截断中国南北经济大动脉的任务：封锁大运河的入口处，同时也封锁其他内地贸易的河流。7月19日，旗舰康华丽号已驶近镇江城，在临近运河的入口处停泊下来；到7月20日，英军全体舰队终于抵达镇江。

此时的镇江城，可以说已经是一片混乱。两江总督牛鉴于7月13日抵达镇江，与海龄和齐慎商讨对英战术，但第二天晚上他就起身前往南京了，给守军留下了火攻的计策，可能还带来了一些船只和木筏。

牛鉴走后，城防的重任由海龄一人承担起来，他贴出告示安抚当地百姓：本副都统立即提兵出击，已有制胜奇策，百姓不要害怕，更不要听信谣言逃离镇江。

我们不知道他所说的奇策是什么，但据当时在镇江的一位读书人朱士云所著的《草间日记》记载，在英军攻城前的几周里，海龄虽也调兵防守，但也只是在四个城门增加了一些枪炮。旗兵在城中每日捉拿路人当汉奸邀功。总有妇女、小孩见到旗兵后，担惊受怕地逃走，后被旗兵追上当作汉奸处死，向海龄报功获赏。一旦有谣传说城内藏入了汉奸，旗兵便挨家挨户地搜查，稍有可疑之处，就当场处死，搞得镇江城里人心惶惶。

7月中旬以后，海龄更是实施封城，以防"汉奸"出入为英军递送情报，这造成在城外驻扎的绿营兵没了军粮供应。到了7月20日夜里，也就是英军攻城前一天，刘允孝手下的一些湖北兵已经五天没有进食了，他们拥至城下，欲开枪炮攻城，险些闹出内讧。

镇江就是在这样一种状态下，迎战英国海陆大军的。

作战计划

由于吴淞之战主要是海军实施的，英军决定镇江攻击战主要由陆军承担，共有4个旅6907名陆军官兵参战，此外还有数百名海军水兵和陆战队士兵。就兵力而言，英军处于绝对优势。但战前的多次侦察，均显示镇江城内极为平静，好似无人防守，这使英军误以为镇江不会有太大的抵抗，甚至可以兵不血刃地入城，一如先前进占宁波、宝山和上海。这种轻敌的思想使得英军决定由陆军完成攻城，近在咫尺的海军战舰几乎没有参战，多次显示威力的舰炮也基本上成了摆设。因此，镇江战役成为整个鸦片战争中英军伤亡最重的一战。

齐慎、刘允孝率2700人驻兵城外，海龄率1600名旗兵驻防城内，双方可以相互支援。针对这一情况，郭富将军制订了作战计划：第一旅、第三旅和部分炮兵旅从镇江城西面大运河西岸登陆，然后第一旅由萨勒顿（Saltoun）勋爵带领进攻城外的汉军营地，巴特雷（Bartley）少将率领第三旅和部分炮兵旅担任主攻，进攻镇江西门，郭富和巴加亲随此路英军参战；与此同时，叔得少将率第二旅从镇江北面的一处峭壁下登陆，并进攻北城门。此路英军主要是为了分散清军的力量，从旁协助巴特雷率领的主力进攻西门，但叔得少将也得到命令要随机应变，根据情况可以将佯攻变为实攻。

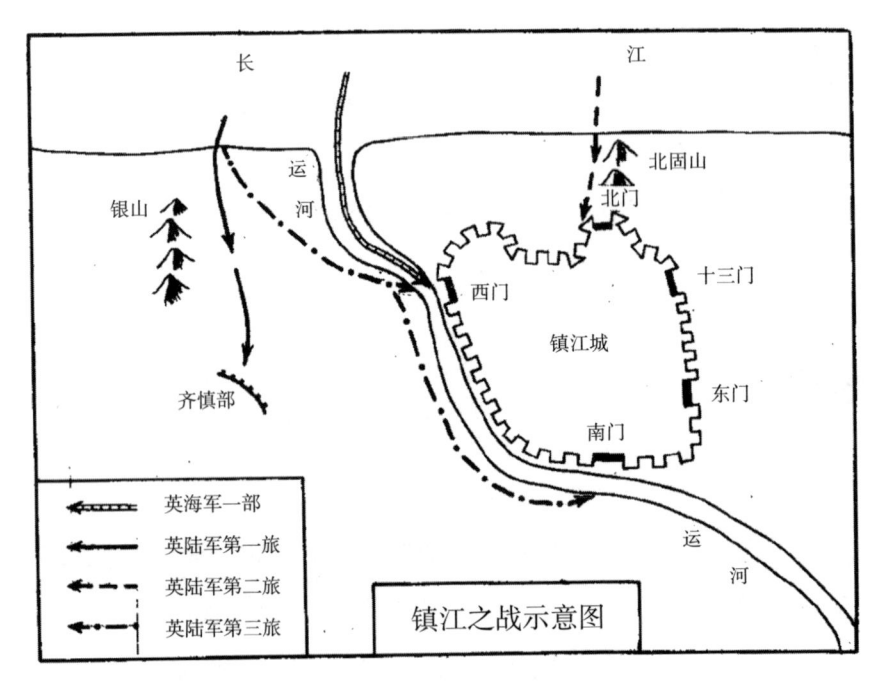

镇江之战示意图

血战镇江——有惊无险的登陆

1842年7月21日一大早,红日高照,天气炎热。早上8点各路英军开始行动,戎装待发的队伍被太阳照耀得光辉灿烂,旗帜迎风飘扬。由于前期情报显示镇江可能不会有硬仗,士兵们显得轻松活跃。

实际上,英军大大低估了此次作战行动的难度。在登陆时便遇到了较大的困难,大多数的运输船只能在离岸较远的地方停泊,而长江水流的冲击力又很强,这给士兵们的登陆造成很大的困难;他们下船后必须蹚着齐腰深的滚滚江水向岸上艰难进发,登陆时间也因此拖长。假如清军能在岸边布置充足的兵力和精干的军官,那么在英军立足前,清军完全有可能击退英军的登陆,至少能给登陆的英军造成较大损失。只可惜在整个登陆过程中,清军只是从远处发来一些无效的炮击，根本没有对英军的登陆造成任何不利影响。

血战镇江——城外之战

登陆成功后，萨勒顿勋爵率领第一旅的将士们（官兵共计2318人）冒着烈日迅速向南进发，他们的目标是城西南的齐慎、刘允孝的汉军大营。这是一条崎岖不平的道路，小山、深谷、稻田和菜地星罗棋布，散落其间。很快第一旅的先头部队抵达一座小山顶，与清军阵地以一道低谷为界，隔山相望。

清军抢先开炮，除实心弹外，清军这次也使用了葡萄弹，说明清军的炮弹也有所改进。萨勒顿勋爵当机立断，将第一旅士兵分成左、右两个纵队，分别向清军左右发动进攻。

就在此时，英军的几门轻型野战炮恰好赶到并立即投入战斗，炮弹呼啸着向清军大营的第一线壕沟阵地轰击。同时，左、右两翼已组成战斗队列的英步兵向清军阵地扑去。

清军此一阵地的壕沟修筑于一座小山之上，守军本身具有居高临下的优势，但在英军野战炮的打击下，军心开始动摇，又见敌军从左、右两个方向逼了上来，胆战心惊的清军用抬枪和鸟枪对英军进行了一番胡乱的射击，英军没有任何伤亡。一轮射击后，守军就放弃了阵地，并向后山奔逃。

实际上，齐慎在后山安排了一支清军，准备在英军攻击清军第一线壕沟阵地时，对英军侧后方发动奇袭。计谋虽好，但这支准备奇袭的部队见第一线壕沟的清军溃败，计策未能实现，在与英军简单交火后，也溃逃了。城外清军溃败的速度远超英军预料，以至于英军来不及布置部队到适当地点，以有效合围退却的清军。

英军第一旅漂亮地击溃并驱散了镇江城外的齐慎大营，且无一人在战斗中伤亡，但炎热的天气，却让至少13名英军战士因中暑而死亡。

血战镇江——城北之战

叔得少将率领的第二旅（官兵共计1832人）是7月21日这天最早实施登陆的一支英军，天刚破晓，第二旅的士兵们就开始下船登陆了。叔得少将选择了一个位于镇江城东北面的江边峭壁作为登陆点，此处较为隐蔽，不易被城头的清军发现。

第55团首先登岸，叔得少将随第一批士兵上岸，占据了江边高地上的一座庙宇，那里距城墙不足300米，可以俯瞰整个镇江城。在庙中，叔得少将及其指挥部人员焦急地等待后续部队的安全登陆，后续部队带有攻城云梯、火箭炮和野战炮，而登陆地点正位于北城墙清军大炮的射程之内。可能清军此时正全神贯注于英军第一旅、第三旅登陆的地点，好像并未发现第二旅已在城东北登陆，更没有开炮阻止。

随着大批士兵和武器装备源源上岸，叔得少将感觉镇江清军很快就会发现此处登陆的英军，他下令不等部队全部登陆完毕，立即在高地上布置已上岸的野战炮和火箭炮，高地上各类武器和物资堆了一地，第55团的官兵们紧张而慌忙地做着战前准备。这时，一颗实心炮弹击中高地上的英军物资，很快更多的实心弹、葡萄弹飞向第二旅的英军。

"中国人发现我们了！"叔得少将立即大喊起来，"加快登陆速度，火箭炮和野战炮安置好了吗？"

"正在弄，火箭炮马上就好，野战炮还要等一等！"随第二旅登陆的一名皇家炮兵军官答道。

清军炮火相当猛烈,造成一些英军伤亡,大多数已登陆的士兵也放下手中工作找地方隐蔽起来了。

"我们必须压制住敌方的火力!"叔得少将向第55团的华伦(Warren)少校下令道,"马上派人通知海军,炮火支援。哪艘战舰离我们最近?"

"我看是奥克兰号(Auckland),东印度公司的蒸汽船。"华伦少校答道,他还要说些什么,但突然间一颗炮弹落在身边,华伦少校一下子扑倒在地,幸好没有大碍。起身后,他边拍着身上的土,边说道:"中国人的炮火很猛、也很准,我看镇江城也许不像我们想象的那么容易得手。"

"是呀,我看也是,赶快去通知海军!"叔得少将也被弄了一身的尘土,"火箭炮,火箭炮准备好了吗?再不准备好,我们都要被中国炮弹送去见上帝了!"

"五分钟,再给我五分钟,火箭弹就可以发射了!"

很快,停泊于岸边的奥克兰号上的68磅大炮喷出猛烈的火舌,岸上康格里夫火箭弹也拖着长长的尾巴飞向北城墙。

北城墙上顿时碎石飞舞、硝烟弥漫,清军炮手们被炸得血肉模糊,缺胳膊断腿,部分大炮也被摧毁。

海龄见城北接仗,立即命骁骑校祥云带兵推几门带有炮车的大炮上北城墙增援。祥云上北城墙后,选择了一个尚未被敌炮轰击的点位,命人拆掉部分墙垛,搭建了一个临时炮位,冷静迅速地向英军开火。一名当时参战的英军工兵上校奥特隆尼(John Ouchterlony)写道:"敌军一切表现和一支技术较高明及战斗经验较丰富的部队比较来,并无逊色。"

这时,在高地上的叔得少将远眺城西一带,见第一旅已击溃了清军城外大营,第三旅开始进攻镇江西城门。他预料在第三旅入城后,会逐出城内清军,为截断清军的退路,就必须攻入城中。

叔得少将当机立断,下达攻城令:"马克宁上尉(Captain Maclean),我命令你带领皇家步兵第55团掷弹兵连和马德拉斯土著步兵第6团的2个连担任主攻镇江城的任务,带上云梯马上出发!"

"是,少将!"马克宁上尉敬军礼领命。

"辛普森上尉(Captain Simpson),你率领马德拉斯线膛枪队埋伏于城墙脚下,对城头敌军集中扫射,掩护马克宁上尉攻城。"叔得少将继续下令道。

"是,少将!"辛普森上尉同样领命。

辛普森上尉带兵迅速向城下进发,他们匍匐前进至距城墙仅几十米的一片高低不平的土地上,士兵们趴在地上,形成了攻击队列,随着辛普森上尉一声令下,马德拉斯线膛枪队开火了。我们前文讲过这种步枪,它的特点是射程远、射击精度高,城头的清军纷纷中弹,但守城的八旗士兵并未退缩,而是举起鸟枪、抬枪向英军还击。

不过守军的注意力被辛普森上尉他们吸引了过去,利用这个有利时机,马克宁上尉率人向前准备登城,他们选择了一个守军难以攻击的火力死角,架起三架云梯,开始向上爬去。

此时,城头守军的火力完全被吸引到用以对付城下的马德拉斯线膛枪队上去了。旗兵的鸟枪作战效果虽然一般,射击也不算精准,但由于距离敌人很近,又有居高临下的优势,正是对英军造成了较大的威胁。辛普森上尉被一颗子弹击中头部,负重伤。马德拉斯线膛枪队被城头守军的火力死死压制住,动弹不得,但他们也达到了掩护友军登城的作战目的。

直到英军已经出现在城墙上,城头守军才有人发现他们。第55团卡岱上尉(Lieutenant Cuddy)和工兵队约翰斯顿上尉(Lieutenant Johnston)首先登上城墙,当他二人从云梯跳上城墙的时候,并未发现一个守军士兵。他们带领随后的士兵,向压制辛普森上尉的守军冲过去。几分钟后,旗兵从最近一处城墙上向登城的英军开枪,卡岱上尉腿部受伤,但他坐在城墙上仍坚持指挥后续士兵登城。很快,城内调来大批援军,希望能完全消灭登城的英军。

登城英军部队兵分两路向北城门前进。旗兵对于英军进攻部队予以迎头痛击,炮火异常猛烈,英军也表现出十分勇敢的男子气概,奋不顾身、前仆后继,伤亡惨重,每向前推进一步都困难重重。右翼一支部队战斗的情形特别激烈,负责指挥的军官卓佛尔上校(Colonel Drever)在爬上城墙以后,即中暑倒毙,他的职务由瑞德上尉(Captain Reid)执行。经过一番顽强的战斗,瑞德上尉才把他所指挥的部队带到城门前。

此时,城外的英军野战炮正对着北城门轰击,叔得少将、罗尔德中校(Lieutenant-Colonel Luard)指挥马德拉斯土著步兵第2团准备在城门被轰倒后蜂拥而入。但城门为必争之地,守城旗兵当然也知道这个道理,此处守备兵力雄厚,城外英军处于被动地位。

瑞德上尉率兵及时赶到北城门内,从内城门一道城壁攻上了这道城门,英军与守军展开肉搏,展现出高超的刺刀作战能力,北城门守军腹背受敌,鸟枪兵打完一枪后,来不及重新装填子弹,手中又没有长矛、刀剑等冷兵器,被冲上来的英军用刺刀扎死无数。守军死伤惨重,很快体力不支。瑞德上尉的小队终于控制了北城门,他们打开了城门,与冲入的马德拉斯土著步兵第2团会合。

北城门失守后,旗兵退守第二道内城门及城楼之上,士气没有因为大量死伤而受影响,他们中的大多数在镇江已经驻防很多年了,此处既是国,更是家,家产在此,眷属在此,祖坟在此。可以说退无可退,只有跟英军拼死一搏。

为了打开第二道城门,英军第55团几个连由华伦少校带领进攻内城楼,在刺刀的冲击下,英军攻入了城楼,旗兵损失大半,被迫退出。在曾搏斗的城楼里,很多旗兵的尸体和伤兵躺在血流成河的地面上。

出乎华伦少校的意料,没过多久,一支手持大刀的旗兵队竟向英军发动了冲锋,几名英军当即被砍死。在激战中,华伦少校被子弹击伤。马克宁上尉所属掷弹兵连再度冲进城楼,英勇旗兵守卫者的鲜血洒满全楼,残存的守军不得不放弃这一据点。第二道城门也落入敌手。

稍事休整后，为配合主攻方向，叔得少将集合城内第二旅的全体将士向西城门杀去。当他们抵达西城门附近时，发现城墙上及城外地区仍然笼罩着浓烟和火光。叔得少将等人这才知道，顽强抵抗的敌军尚未完全屈服，而巴特雷少将率领的第三旅仍然被清军所阻尚未得手呢。

血战镇江——主攻方向

第三旅（官兵共计2155人）登陆成功后，在总司令郭富和巴特雷少将的率领下，向镇江城的西城门扑去。担任主攻任务的是第18团和第49团，他们自城郊向前推进，先是占领护城河边的房屋，以这些房屋为掩体，向城墙上的守军猛烈射击。旗兵看到英军攻城，就立即开火还击，枪炮齐开。随第三旅一起登陆的马德拉斯炮兵在蒙哥马利（Montgomery）中校的指挥下迅速开炮轰击。

双方相持不下，英军仰攻难度很大，随军的2门野战炮都是轻型炮，威力不大，面对高大的镇江城墙起不到太大作用；而城墙上旗兵的鸟枪和抬枪居高临下，将英军压制得动弹不得。

这时，一支炮兵队为支援攻城的英军，携带了4门野战炮和榴弹炮乘坐布朗底号的2艘划桨小船从长江和大运河的河口顺运河南下，企图帮助西城门的主攻部队。

西城门城垛之上的镶黄旗委署前锋校文魁一眼就看到有2艘划桨小船，从西北方向顺水而下。

"英夷又派船增援大炮来了！"文魁指着西北方向的英军小船下令道，"右队全体，给我打那2艘小船，别让他们上岸。"

于是，鸟枪和抬枪齐射。河面上的英军无处可藏，小船上的3名军官和25名士兵，个个带伤。掉转船头撤退是不可能的了，因为船员都负伤了，无力逆水划船了。船上的英军只得丢弃了大炮和弹药武器，抬着伤兵上岸逃跑。只可惜城门被沙袋堵死，否则清军可以出城缴获船上的大炮和弹药。

"炮兵支援上不来，现有的2门轻型野战炮，不可能打穿这该死的城门！"巴特雷少将心急如焚，"我看实在不行，派工兵用火药炸开城门吧。"

郭富司令点点头："只能这样了，不过我觉得应该分一支部队去南城门，我军在西、北两城门同时发动进攻，南城门敌军增援，其守备必然空虚，也许我军可以乘虚而入。"

"好的，爵士。我会安排工兵对西城门实施爆破，同时派人去攻击南城门。"巴特雷答道。

工兵上尉皮尔士（Captain Pears）收到了爆破西城门的任务，他带领一支爆破小队去完成这个艰巨的任务。当然，巴特雷少将也组织了一支神枪手射击队去掩护工兵完成任务。

射击队首先进入城郊河边的第一排房屋，每个人都找到了合适的位置，对准城头的守军，发动了一阵精准而猛烈的射击。同时，2门野战炮也开火了，暂时压制住了城门正前方清军的火力。

趁此有利时机，皮尔士上尉带领爆破小队冲上石桥，向城门洞口狂奔。由于强大的掩护火力，城头清军无法冒头射击，工兵小队毫发无损地抵达城门洞口内。他们携带了3个火药包，共约75千克的火药，并成功地将火药包埋在城门下面。

就在第三旅实施爆破城门计划的同时，海军司令巴加得知了英炮兵丢弃了布朗底号2艘小船及船上的武器弹药。他立即下令派出旗舰康华丽号上的几艘小船，搭载一支300人的海军陆战队，由旗舰康华丽号舰长理查兹（Captain Richards）和摩底士底号舰长华生带领，去追回那2艘被丢弃的小船，并给予进攻西城门的部队以必要的支援。登陆后，海军陆战队找到了那2艘小船，然后就立即投入攻城战斗了。

海军陆战队上岸后，选择了一处较为偏僻的地点，在一座小城门附近，那里可以直通守军在城楼上的防御工事。他们架起云梯，强攻城墙。第一个爬到城墙上去架云梯的是一个陆战队士兵，他被清军的子弹击穿头骨，华生舰长在城墙上也被子弹击中受了伤，但海军陆战队士兵个个奋不顾身、勇猛向前，英勇的旗兵们也毫不退缩，与英军展开了激烈的肉搏战。

一位英军中尉带了几支火箭弹，在城墙上架起发射架后，向旗兵的防御工事发射了火箭弹。工事后的旗兵们大乱，英陆战队趁机占领了守军的防御工事，将剩余守军赶下城楼。

"撤退！撤退！"工兵上尉皮尔士埋好火药包后，向爆破小队下令。同时，射击队和野战炮开火，掩护爆破小队撤退。

在西城门之上，旗兵守军明明知道敌军派人进了城门洞，但由于城门洞对于城楼上的守军来说是个火力死角，城门又被死死堵住，守军对此无可奈何。

"不知道洋鬼子在这门洞里搞什么鬼了！"文魁十分着急，下令道，"你们俩带人放绳子下去看看，我怕洋鬼子在下面放了地雷。"

虽然文魁的判断很准确，但已经没有时间了。皮尔士上尉将引信设置得很短，爆破小队刚刚撤回英军阵地，随着一声天崩地裂的巨响，英军的爆炸成功了。城门的铰链被炸脱，城门从门洞拱道摔出去好几尺远，而城门本身竟一点儿也没有摔坏。城门炸开后，浓烟四起，尘土弥漫，第三旅攻城先锋第18团和第49团冒着硝烟大喊着冲进城去。

杀入西城门后，英军排着战斗队形向内城门推进。内外城门之间的瓮城是防守的重点，四周围绕着高大的城墙，守军可以从四面八方居高临下对入侵者实施打击，所以英军先锋队十分紧张，因为他们知道旗兵的抵抗十分顽强。当冲出硝烟，第三旅的先锋们遇到的不是清军，而是自己的友军——第二旅第55团熟悉的面孔和军旗。原来，第二旅从北城门攻入后，在叔得少将的率领下迅速支援西城门，第55团攻占了内城门，从里到外杀入瓮城，与第三旅攻城先锋队会合。

此时，理查兹舰长带领的海军陆战队翻越了城墙，也攻到了瓮城。三股英军在镇江城西门内的瓮城合兵一处，士气大振，西城门附近的守军全军覆没，委署前锋校文魁也在战斗中捐躯殉国。

至此，镇江西城门激战三个多小时，终于落入侵略者之手。

血战镇江——陷落

郭富和巴加2位总司令随巴特雷少将率领的第三旅大部队经西城门口的废墟进城。

英军在瓮城列队休整。一名传令兵送来了镇江南城门也被第三旅攻陷的好消息。

"镇江城的守军都是满洲兵，意志力很强。"郭富对巴特雷少将感叹道，"我亲眼见到了多年未曾见过的最勇敢的战士，很多满兵能够勇敢地向着我军刺刀冲上来。刚才我见到一名满兵冲过来，将我方士兵捉住，然后抱着一起跳下城墙。满兵的肌肉很发达，他们在和我军用大刀搏斗或作短兵相接的肉搏战时，总是不畏缩。如果满军和我军一样，用同样的武器装备，纵使他们没有经过太久的军事训练，也能跟我们打几个回合。"

巴特雷少将答道："是呀，这次战役是我们对华作战中最激烈的，我们伤亡也很大。目前，半个镇江城已经是我们的了，看满兵如此顽强，我估计还会经过激烈的巷战才能占领全城。"

"是呀，这该死的天气，太热了。"郭富边擦汗，边找个阴凉地方坐下来，

"我们稍事休息一下,让第18团和第49团沿城墙向城内推进。"

"是!"巴特雷少将答道,"我亲自带人去。"

很快,巴特雷少将集合了以上两个团的部分兵力,开始顺着西面的城墙根搜索前进。镇江城里的农地和房屋星罗棋布、地形复杂,十分利于守军埋伏其中,展开巷战。

当英军走到一个四周围着篱笆的果园附近时,忽然有几发子弹从附近房子里向他们射来,并且在邻近的街上出现了大批旗兵,为首的是正红旗委署前锋校喜兴和前锋庆住,他俩骑马指挥旗兵冲锋。

"散开!"喜兴在马上大声下令道。

旗兵们非常敏捷而沉着地在果园里散布开来,向着暴露在他们面前的英军发出最猛烈、最致命的射击。第一轮子弹射出后,英军有2名军官和2名士兵当场阵亡,还有多人受伤。

英军受到清军的突然袭击,甚为惊恐,立刻停止前进,向清军还击,然后冲向清军并与之发生激烈的肉搏战。

战斗中,清军的2位指挥官喜兴和庆住先后被英军用刺刀刺死,英军第18团哥林森(Collinson)上尉也被旗兵击毙。由于鸟枪过长操作不便且装填复杂,在近身战中,火绳一旦熄灭,鸟枪更是无法击发,因此旗兵们开枪发射的频率越来越低,手中的长枪又没有刺刀,充其量就是根棍子。而英军第18团配备的布朗贝斯前装滑膛燧发枪不是靠明火击发,而且配备了刺刀,在肉搏战中大显神威。旗兵逐渐不支,败下阵去。

英军立即追赶,将败退的旗兵逼至城内的军营。说是军营,其实就是民居,由于承平日久,八旗子弟早就成了提笼架鸟的城市居民,他们驻扎的军营也就成了镇江城内的高等住宅区。

军营内部道路狭窄复杂,外来的英军根本不熟悉,一时不敢大举侵入此地。这时,理查兹和华生舰长带领的海军陆战队赶到,他们与第18团分成左、右两翼，向营内进发。

在营区内，旗兵们在街上修筑了很多街垒，来保卫他们最后的家园阵地。英军上校奥特隆尼在《对华作战记》(*The Chinese War*)中说，此时的副都统海龄对仍在抵抗的旗兵们发表过一次演说，鼓励他们再作一次努力去挽回今天的命运，叫他们宁愿做一个英勇的战士战死疆场，也不愿在可憎的、野蛮的侵略者面前苟延残喘。最后他向全体愿意保持军旗光荣的满兵战士号召道："宁可自杀，决不投降！"由于奥特隆尼没有说明他是如何得知海龄演说词的，笔者在一定程度上怀疑此一记录的真实性，但在那个最后阵地中，经过一天的英勇作战，仍然活着的八旗子弟们为了保卫家园，必定会鼓舞士气，因为确实是退无可退，人在家在，人亡家亡，对于这些旗兵来说，此时真的是国破家亡的最后时刻。

面对旗兵的街垒，英军攻坚损失很大。但英军总是采用一队攻击街垒正面，另一队从侧翼偷袭的战术，且发射了多枚火箭弹，给从未见过此武器的旗兵心理以极大震撼。不久，清军有组织的抵抗被瓦解了，失败的旗兵成了散兵游勇，零星抵抗持续到夜里，许多旗兵为保卫家园流尽了最后一滴血。

抵抗失败了，但旗兵们仍誓死不降，他们纷纷自杀殉国，很多人先是杀死自己的妻儿，然后自杀。镇江城内，特别是营区内，各家各户都是死尸遍地，不分男女老幼，许多英军军官都为之感动。

兵败后，副都统海龄骑马奔回家中，他把手下仆人等喊来，要他们把所有的公文都拿到天井旁边的一间小屋子里去，他就在那里从容地坐下来，他叫手下将公文和一堆木柴堆在他的周围，然后命仆人们退下。海龄亲手点燃了这堆积薪，自焚殉国。

就这样，大运河漕运枢纽镇江，在一天的血战后陷落了。镇江城是整个鸦片战争中英军进攻的诸地中设防最为薄弱的，但镇江血战却是鸦片战争各次战斗中抵抗最为激烈的。英军投入的兵力最多，占据兵力优势，超万人的海陆大军对战4300余名清军，但没想到此战的损失却是最大的，英军共有39人毙命，130人受伤，外加有3人失踪。大家也许觉得这一数字不算什么，但这相当于清军设防最坚强的虎门、厦门、定海、镇海、吴淞诸战役英军伤亡的总和！

据耆英战后的调查与奏报，镇江之战清军阵亡239人，负伤264人，失踪68人。其中八旗兵的伤亡率达30%，而绿营兵相比八旗兵，其伤亡率微不足道，仅为1.6%。道光帝见此大为感叹，朱批：不愧朕之满洲官兵，深堪悯恻！

血战镇江是鸦片战争中的最后一仗。至此，从军事上讲，战争已经结束了。

屈辱的和平

1842年8月2日，英军留下其第二旅及炮兵一部继续占领镇江城东北的北固山，主力撤离镇江，登舰继续溯长江而上，扬言进攻当时长江流域乃至南中国最大、最重要、最著名的城市——南京。

实际上，从乍浦之战前的1842年5月，耆英和伊里布就开始与英军接触，执行羁縻英夷的求和任务。此一过程，已为前辈学者多次讲述清楚，且与本书主题关联不大，在此笔者就不再赘述了。中、英双方的谈判持续了三个多月，至8月29日，耆英与伊里布在英国旗舰康华丽号上与璞鼎查共同签订了《南京条约》。其实，直到9月7日，耆英等人才收到道光帝同意签订条约的谕旨。

《南京条约》是清政府与西方列强签订的一长串不平等条约中的第一个。至此，我们可以说鸦片战争真正结束了，以中国的惨败告终。

深思

第一章中我们讲述了中国在17世纪60年代战胜了当时欧洲的第一强国荷兰，收复了台湾，但在近两百年后的19世纪40年代，却完败给了另一个欧洲第一强国英国。在这两百年间到底发生了什么，使得中西方的军事力量对比发生了颠倒性的变化？

笔者认为正是工业革命造成了这一变化。它赋予欧洲以工业化的力量才使其在19世纪中叶最终取得了对中国的军事优势，并非军事革命论所认为的自16世纪起欧洲的军事力量就称霸于世了。

在第三章中，笔者会仔细比较、分析在这两场战争中，中西方各自的军事实力，以及工业革命的影响，特别是对英国战斗力提高的影响，用以证明工业革命，而非16世纪，才是中西方军事大分流的分水岭。

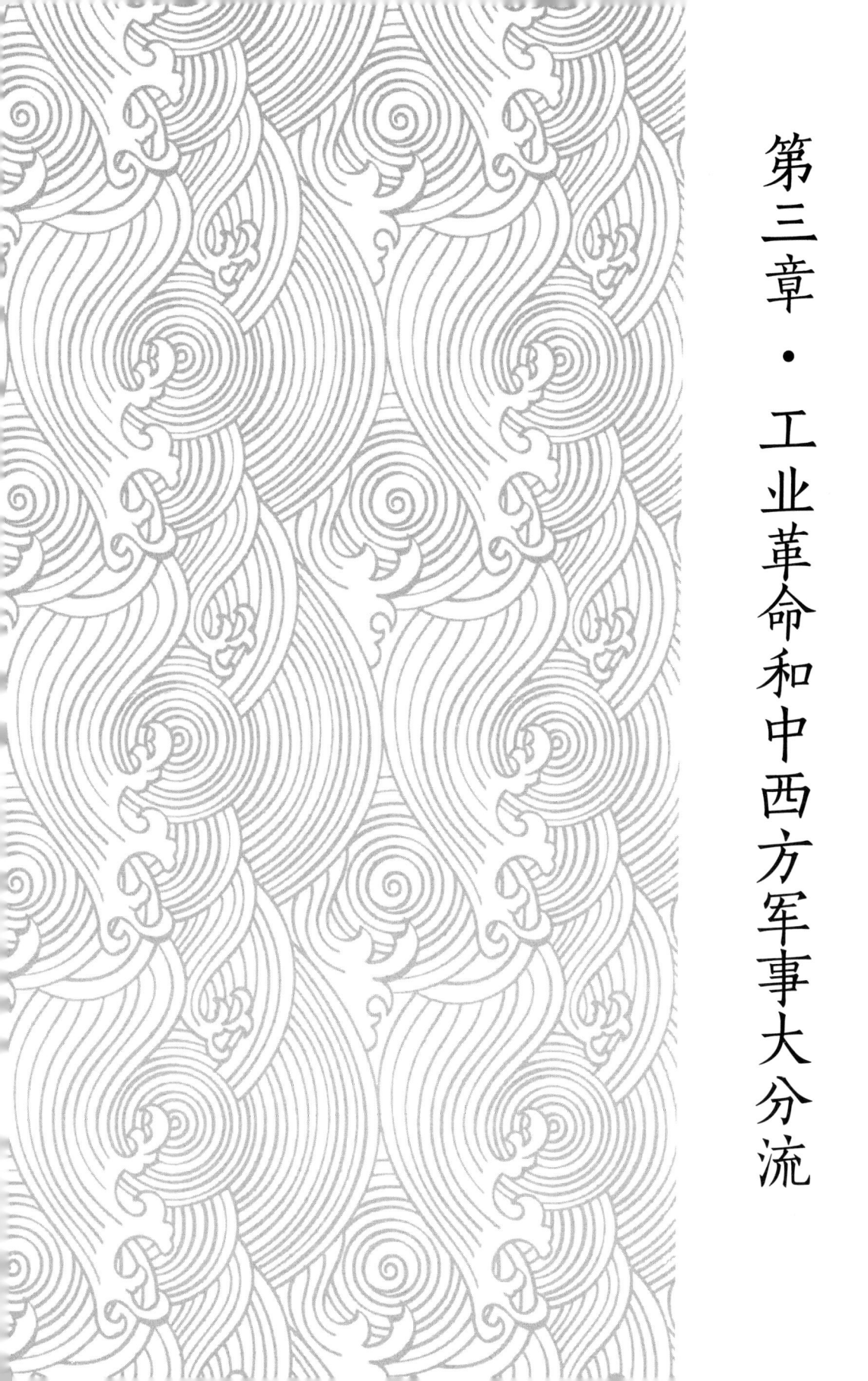

第三章·工业革命和中西方军事大分流

我们花费了很大篇幅在第一章、第二章中较为详细地回顾了1661年至1662年国姓爷战胜荷兰东印度公司收复台湾之战和1839年至1842年清朝败于英国的鸦片战争。同样是对战欧洲第一强国,为什么一次胜利,一次失败?在这之间的近两百年中到底发生了什么,使得中西方的军事力量对比发生了颠倒性的改变?

第三章的主要任务就是在前两章内容的基础上分析到底是什么因素造成了这种转变。决定一场战争胜负的因素有很多,由于本书主旨所限,我们在此仅就其中的军事因素进行考察,包含两大类:技术因素和人文因素。技术因素是指作战武器及与之配合的战术;人文因素是指部队的训练、单兵素质及将领谋略等方面。下面我们按以上这些因素简要概括一下这两场战争双方的力量对比情况。

中国VS荷兰——单兵武器

1661年5月1日,在北线尾沙洲上陈泽击败拔鬼仔上尉的战役是对中、荷双方单兵武器进行分析的一个最佳样本。因为这次战役是国姓爷收复台湾之战,也是乃至19世纪前难得的有较为详细史料存世的中西方步兵对战之一。

此战中,中国步兵主要使用斩马刀、弓箭等传统冷兵器,用小炮作为火力支援。

明代刘效祖编纂的《四镇三关志·军旅考》中给出了当时明军使用的一些武器的图片,其中包含了斩马刀,我们可以看看下列图片。

明人郑大郁所著《经国雄略·武备考》也曾论及斩马刀:"斩马刀刃长三尺,形似半月,柄长四尺,下装铁镈,马战、步战、水战皆可使用……";荷军士兵赫波特在回忆录中也提到"中国人所用的武器是大刀,是固定在木柄上的像钺那样的大刀,用双手握着来使……"

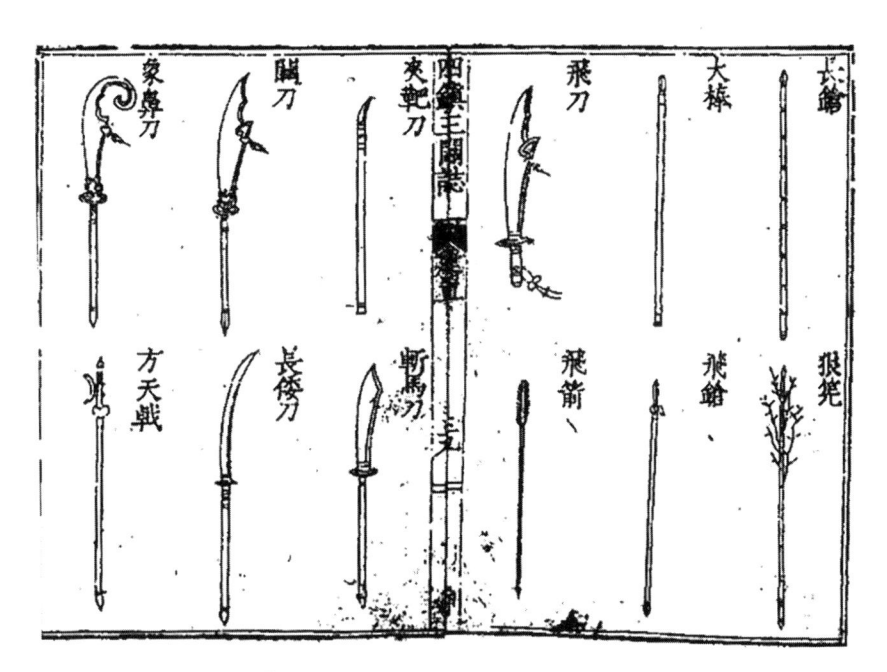

《四镇三关志·军旅考》中的斩马刀图片

郑成功纪念馆收藏的斩马刀

斩马刀在近战中威力巨大，在国姓爷对付清军骑兵时，发挥了很大作用。1659年（明永历十三年、清顺治十六年）国姓爷北伐南京，在攻打镇江战役中，明朝降将洪承畴在南京派遣麾下罗将军铁骑千人赴援镇江，遭遇国姓爷大军。明末清初文人计六奇所著《明季南略》十一卷，告诉我们斩马刀在此役中大放异彩。清、郑两军对垒之际：

大兵（指罗将军指挥的清兵）三却三进，郑阵如山；遥见背后黑烟冉冉而起，欲却马再冲，而郑兵疾走如飞，突至马前杀人。其兵三人一伍，一兵执团牌蔽两人、一兵斫马、一兵砍人；甚锐，一刀挥铁甲、军马为两段。盖铸刀时，用铁匠百人挨递打，成此一刀；故锐特甚。

锻造一口斩马刀要百名铁匠依次锤打，此说也许言过其实，但也说明斩马刀锻造不易。因此，其威力更是不可小觑：一刀能将身披铁甲的清军骑兵连人带马斩为两段！

北线尾沙洲之上的荷军士兵都是滑膛枪枪手，没有装备刀剑等近战冷兵器，也没用长矛兵作为保护，即便使用滑膛枪作为抵挡斩马刀的武器，想必也是连人带枪被砍为两段。因此，在面对面的混战中，必然败于陈泽之手。

除斩马刀外，中国军队还配备了小炮。此类小炮，荷兰人称之为passen或bassen，翻译为小炮，还称为doppelhaggen，翻译为大型火绳枪，中文史料则称为"连环熕"。这种小炮口径不详，但不会太大，介于枪炮之间，属于手持式管型火器，具备远程打击能力。其口径、威力与射程应大于荷军的滑膛枪，但装填和操作更加不便，连续射击能力远低于滑膛枪。笔者认为在实战中，使用此类武器的部队，很可能只发射一次，然后就展开冷兵器砍杀战。

本次战斗中，荷兰士兵使用的是清一色的滑膛枪。在武器上，荷方具有远距离和连续射击的优势，但一是由于中国军队修建了矮墙防御工事，二是由于中国士兵纪律严明，伤亡发生后，没有发生整体队伍溃散的情况。在短兵相接的交战中，荷军的滑膛枪根本发挥不了任何优势，势必败下阵来。

除了北线尾大战，在国姓爷收复台湾之战中，还发生过一次规模较小的中、荷双方的步兵对战，从中我们也可以分析双方使用的单兵武器。

1661年哈瑟韦尔去中国大陆的途中，于10月10日在澎湖群岛停船上岸搜集补给，当时荷兰人派遣了90名士兵和水手上岸，其中包含60名火枪手。他们分散开来，搜寻补给，有一支分队，遭遇了六七个中国士兵的猛烈攻击，有三四个荷兰人被当场打死。于是全体荷兰人集中起来，而中国出动了三四十名士兵。

此次步兵对战，荷兰具有人数优势，荷兰火枪手再次实施了排枪轮射战术，手持斩马刀的中国士兵在遭受第一排子弹射击后，略显犹豫，但队伍丝毫不乱，迅速有组织地向荷兰火枪手发起了冲锋。很多荷兰火枪手见状丢弃武器，跳海逃生，排枪轮射的队伍顿时大乱。最终包括四五个俘虏在内，荷兰共损失了36人。

哈瑟韦尔向揆一的汇报信中这样描述了当时的荷兰火枪手："一看到敌人闪亮的头盔和刀剑，就像个死人那样僵硬起来，惊惧到不能操作他们的武器。"

持斩马刀的中国士兵再次以严明的纪律战胜了配备火绳滑膛枪的荷兰步兵。

在收复台湾之战中，荷军使用的火绳滑膛枪属于热兵器，当然也配有刀、剑等冷兵器，但荷军已处于以火绳滑膛枪为主的冷、热兵器混合时代；而国姓爷的步兵主要还在使用斩马刀、弓箭等冷兵器，配以连环熕等小口径炮，处于以冷兵器为主的冷、热兵器混合使用的状态。荷兰在一定程度上领先中国，欧洲的火枪之所以两次败于中国的弓箭与刀、剑，主要是因为国姓爷的部队训练严格，并且单兵素质较高，将领谋略高超。

中国VS荷兰——大炮

在国姓爷收复台湾之战中,有过几次大规模的炮战:1661年5月25日炮击热兰遮城堡、9月29日炮击乌特勒支堡、1662年1月25日攻陷乌特勒支堡。

炮战的主要武器当然是大炮了。此次战争中,国姓爷与荷兰东印度公司使用的威力最大的火炮都是"红夷大炮",它是一种前装滑膛炮。顾名思义,它是从西方引进的,明人误以为它是荷兰制造的,故称"红夷大炮",后来清朝统治者忌讳"夷"字,故改"夷"为"衣"。红夷大炮性能远优于中国的传统火炮,也优于明正德年间(1506年至1521年)葡萄牙、西班牙等国制造并流入中国的佛郎机炮(一种小口径后装滑膛炮)。

郑氏集团从郑芝龙时期就应该缴获过荷兰人的大炮,天启、崇祯之交(17世纪二三十年代),郑芝龙曾俘虏过5艘荷兰舰船,想必也获得了不少火炮,以至于崇祯元年(1628)两广总督曾上书朝廷,说郑氏集团"其船器则皆制自外番,艨艟高大坚致,入水不没,遇礁不破,器械犀利,铳炮一发,数十里当之立碎"。

除了从荷兰人手中缴获,郑氏集团还通过打捞西方沉船和直接购买等方式引进过红夷大炮。

杨英的《从征实录》永历十三年(1659)八月十四日条记载,郑氏集团管理火炮的官员曾铣因失误将1门打捞上来的巨炮沉入水中,国姓爷命人重新打捞上来,并处死了曾铣。杨英回顾了打捞此炮的经过。

此灵熕(即巨炮)重万斤,红铜所铸,系外国夷字。戊子年杪(1648年),定国府(即郑鸿逵,郑芝龙的弟弟,国姓爷的叔叔)入揭阳港,夜半发芒光,定国见而疑之,至次夜,又见,定国随令善没者入捞之,出云:"一条光物,约丈余,有两耳,其大难量。"定国再令善没者详视,出回云:"系熕铳,两耳二龙。"随传令船中用索绞起，顷刻即进船上。定国即造煩船载运，教放。容弹子二十四斤，击至四五里远。祭发无不击中，揭中顽寨并门辟虏炮城俱被击碎，远近闻风，俱云神物。后送归藩，多助效灵。

杨英讲1648年定国公郑鸿逵在广东揭阳港打捞出了1门西方巨炮，重达万斤（约6000千克），由红铜铸造，刻有外国文字，可发射24斤（约32磅）炮弹，射程达四五里（2千米至2.5千米）远，射击精准度和威力都十分了得，后来他将此炮献予国姓爷。从过于神奇的打捞过程和火炮技术数据来看，此段记录可能有夸大不实之处，但至少说明国姓爷通过打捞的方式获得过红夷大炮。

《梅氏日记》1661年9月24日条目中提道：

他（指国姓爷）已经派人从中国沿海运来四十三门发射二十四磅、二十八磅或更重的炮弹的大炮来了，每门大炮配有三百颗炮弹。他的父亲一官（即郑芝龙）于一六四四年在澳门叫人铸了一百五十门这种铁炮。

此记录告诉我们，国姓爷曾从澳门的葡萄牙人处购买过红夷大炮。

郑氏集团从多种渠道获得红夷大炮的同时，也自行铸造红夷大炮。实际上，明末红夷大炮的铸造方法在中国已较为流行，明代学者陈仁锡（1581-1636）编纂的《皇明世法录》中就曾记载："今红夷铳法，盛传中国，佛郎机又为常技矣。"

江日升的《台湾外纪》在永历五年（1651）十二月条目中记载，国姓爷派使臣出使日本，"以甥礼遣使通好日本。国王果大悦，相助铅铜；令官协理，铸铜煩、永历钱、盔甲、器械等物"。此处"铜煩"应是铜制红夷大炮，说明国姓爷在攻台十年前，就已经能够自行铸造红夷大炮了。

阮旻锡的《海上见闻录》记载，永历十四年（1660）五月初十，与清朝展开了一次海战。海战中，国姓爷出动安放正、副龙熕的炮舰。正龙熕就是水中打捞的红夷大炮，"副龙熕照样新铸者"，即副龙熕就是自行仿造的红夷大炮。

陕西省历史博物馆现存1门红夷大炮（厦门郑成功纪念馆有此炮的复制品），由青铜所铸，炮长2.12米，炮口外径23厘米、内径11厘米，炮底外径34厘米，炮身上有5处小箍，后膛上方有引信小孔。炮身上用楷体、篆体刻有三列阳文：

钦命招讨大将军总统使世子
大明永历乙（己？）末仲秋吉旦造
藩前督造守备曾懋德

目前有学者认为此炮是国姓爷铸造，还有学者认为是其子郑经铸造的，主要是因为"钦命招讨大将军总统使世子"，这个称号国姓爷和郑经都曾使用过，而且铭文中所刻年代到底是"大明永历乙未"（1655），还是"大明永历己未"（1679）并不是十分清晰，造成学界对此炮铸造者和铸造年代有分歧。但无论何人何时所造，此炮为郑氏集团铸造可确定无疑。实物证据更加说明了郑氏集团不仅引入了红夷大炮，还能自行铸造。

因此，在收复台湾之战中，荷兰人不能独占红夷大炮巨大威力的技术优势。

红夷大炮的主要特点有：炮弹由炮口装入，重量从1千克至十几千克不等，由石、铁、铅等材料制成的实心弹为主，直接撞击目标起到破坏作用，当然铁弹的破坏力最大。开花弹即爆炸弹，在17世纪60年代尚属新生事物，使用不多。开炮时，炮手先将火药由炮口填入炮膛底部压紧，再装填炮弹，点燃火门中的火绳，火绳烧尽时便可引燃药室中的火药，火药直接在炮膛中爆炸，产生巨大推动力，将炮弹推出炮口。也有用燧发机打火的，即通过燧石撞击产生的火星引燃火药；炮管内部光滑，没有膛线。击出炮口时，炮弹仅做抛物线运动，自身并不转动，与线膛炮比起来，此炮射程近、射击准确度差；炮身较长，一般在两三米左右，口径多在100毫米以上，呈前细后粗状，药室火孔处的壁厚约等于口径，炮口处壁厚约等于口径的一半；大炮多系重型铁炮，也有铜制。炮重最小的30余千克，最大的可达五六千千克；尾部较厚，有尾珠，炮身中部有炮耳，炮身上装有瞄准系统（准星、照门）。施放时，一般还需窥远神镜（中国古籍又称"千里镜"，即我们现在说的"望远镜"）、铳规（一种测量炮口抬升角度以决定射程的工具）、炮表等辅助工具，以提高射击精准度。火炮可由炮车运载部署至所需地点。

红夷大炮的巨大威力在攻陷乌特勒支堡的战役中显露无遗，它之所以威力巨大，一是因为火炮自身设计科学合理，二是因为操炮手技术高超。

在设计上，与以往的火炮比起来，红夷大炮的炮管更长、炮身更重，致使炮管壁更厚，这样炮膛自身能担负起更多火药爆炸的冲击力，因此红夷大炮可以发射更大的炮弹、射程更远，也就是说它的威力更大。

除此之外，红夷大炮在设计上还遵循科学的模数思想，即炮管铸造时要考虑炮身与炮口内径之间的比例关系。当火门至炮口长度与炮口内径之比在18至28之间时，火炮的射程最远。这是中国铸炮史上第一次利用模数思想来提高火炮射程。

不过，大家不要忘记，如果没有高素质的兵员用正确的方式操作，再好的武器也发挥不了作用。国姓爷的炮兵们操炮技术如何呢？我们从"5·25大炮战""9·16大海战"和乌特勒支堡攻击战这几次炮战中，可以清楚地看到中国炮兵至少不比荷兰炮手技术差，他们在1661年5月25日击出了800余发炮弹，1662年1月26日发射了2500发炮弹，足见其操炮之熟练。"9·16大海战"中，国姓爷的炮手们精准的炮击使得《热兰遮城日志》的作者惊叹道："敌人（指中国炮手）能在同一个炮台如此迅速操作他们的大炮，令人惊奇，我方有很多人感到惭愧，特别是对柯克肯号的炮击更是如此。"

熟练、精准地使用红夷大炮，必须有一个前提：将弹道学原理用于实践，即将操炮所需的复杂的数学与物理学知识，转化为能快速使用的发射辅助工具，这些工具包括矩度、铳规、铳尺等。在炮火连天、分秒必争的战场上，炮手们不可能当场计算弹道，但他们可以利用以上辅助工具，迅速估算出不同炮口仰角下的射程，并判断使用多少火药最为合适，将不同材质、不同重量的炮弹准确地射向目标。

我们现在虽然没有直接的证据表明，在收复台湾之战中国姓爷的炮兵们利用了上述辅助工具来发射大炮，但明末有很多科学或军事学著作都介绍了上述工具以及科学化的操炮技术。

例如，利玛窦与徐光启合著的《测量法义》（1607）、利玛窦与李之藻合撰的《同文算指通编》（1613），这2本书都介绍了测量物体距离的实用工具"矩度"，它利用相似三角形原理，计算远方目标的距离。

孙元华的《西法神机》（大致成书于1623年）、何汝宾的《兵录·西洋火攻神器说》（成书不早于1626年）以及汤若望、焦勖合作译编的《火攻挈要》（成书于1643年）都介绍了测量炮口仰角的铳规，平时炮手须通过试射来确定不同仰角下火炮的射程，战时利用矩度测得敌方目标的距离，换算成仰角后，用铳规确定火炮施放时的仰角。

在确定炮口的仰角后，一个熟练的炮手还需要知道使用多重的炮弹，装填多少火药。炮弹过小，炮弹与炮膛间隙就会过大，造成火药爆炸的冲击力旁泄，炮弹推动力过小，射程不远；炮弹过大，则增加了弹卡膛中所导致的炸膛危险，明末军事家们认为弹径应为炮口内径的1/21方才大小合适，才能达到射程最远的目的，此最佳比例值与欧洲所用值完全一致。

此外，火药量也要配合炮弹材质、重量而定，装药过多容易炸膛，过少则推动力不足，射程不远。火炮铸造后，每炮都要加以测试，并将校准好的专用铳尺随炮配发部队使用。此铳尺一般刻于铳规上，临战时炮手利用铳尺无须复杂计算，就可以快速简便地装填正确的火药量。《火攻挈要》、波兰籍来华传教士穆尼阁所著的《西洋火器法》都介绍过铳规和药弹重量比的原理。

战争中，国姓爷炮兵的优异表现，加上上述军事著作在明末的流行，使得我们在没有直接证据的情况下，可以大胆推测国姓爷的炮手们已经利用了弹道学原理及上述辅助工具，否则他们发炮的熟练度和准确性何以不让荷兰炮手呢？

综上，中、荷双方在大炮质量和炮手素质方面应该旗鼓相当、不分伯仲。

中国VS荷兰——防御工事

实际上，国姓爷收复台湾之战就是一场大型攻城战：攻占普罗民遮城堡与热兰遮城堡。普罗民遮城堡不战而降，因此对热兰遮城堡的防御工事是我们分析的重点。

热兰遮城堡是荷兰东印度公司在台湾殖民地的总部，也是它在整个南中国海殖民与贸易的中枢，对于荷兰东印度公司来说此地是重中之重，此地设重兵把守自然天经地义，但其总兵力不过1000余人，最多时也未超2000人，与国姓爷的两三万大军比起来，简直是天壤之别。荷兰人凭借什么出色的本领坚守了近九个月呢？答案是文艺复兴城堡。

文艺复兴城堡，又称意大利式要塞。它是在欧洲中世纪长期战争中逐步发展出的一种城堡形式，它最大的特点就是在城堡各角设有菱形的棱堡（bastion）。棱堡是一种突出要塞主体或城墙的多边形堡垒，棱堡之间相互配合可以形成致命的交叉火力网，消除火力死角，让攻城的敌人无处藏身。进攻老式城堡时，即便老式城堡带有圆形或方形的堡垒突出城墙，攻城者一般都可以找到城堡的火力死角藏身，只要攻城炮火压制住守城火力，在火力死角的攻城者总是可以通过云梯或地道攻入城堡。

各类带有菱形棱堡的城堡

但对于文艺复兴城堡来说，它的炮火可以覆盖一切角度，攻城者由于找不到火力死角，时时处于城堡的交叉火力之下，必然伤亡惨重，突破城堡异常困难，对攻城者来说攻城难度陡增，而且将会旷日持久。

国姓爷收复台湾之战中，发动了四次攻城战：1661年5月25日热兰遮城堡攻击战、9月29日乌特勒支堡攻击战、10月北线尾堡垒对热兰遮城堡的封锁攻击战和1662年1月25日对乌特勒支堡的最后总攻。国姓爷在中国大陆的抗清战争中，攻陷过漳州、瓜州、镇江、芜湖等城池，它们的城墙比热兰遮城堡高得多，也厚得多，想必他认为热兰遮城堡应该一鼓而下，不会如此大费周章，万万没想到区区不到2000兵力的荷兰人竟能抵抗他的大军长达九个月的时间。

如果我们仔细分析国姓爷这四次攻城战，可以清楚地看到文艺复兴城堡在荷兰防御战中的重要作用。

1661年5月25日，国姓爷刚刚登陆不久，第一次向热兰遮城堡发动炮击，其攻击方式与在中国大陆攻击清朝城池类似，在几乎没有遮挡的野战阵地安置火炮，当热兰遮城堡还击后，中国炮手及大炮损失惨重，在热兰遮城堡南边等待出击的6000名中国攻城部队甚至没有找到机会出击，整场战役中国战死约1000人，而荷兰伤亡才30人。初到台湾的国姓爷一定是被这种文艺复兴城堡的威力打蒙了，一座小小的热兰遮城堡，竟能抵挡28门大炮如此猛烈的轰击，更不可思议的是，荷兰人还可以从各个方向开炮还击，领教此一城堡的防御力后，国姓爷直到四个月后，即9月29日才再次发动第二次攻城战，而这次的目标变为比热兰遮城堡小得多的乌特勒支堡。

在乌特勒支堡攻击战中，国姓爷吸取了上次的教训，找到一个热兰遮城堡炮火打不到的地方作为自己的炮兵阵地，虽大大减少了伤亡，但荷兰人赶筑的文艺复兴城堡再次发挥了作用，它又一次遏制了中国炮手们，挫败了国姓爷的进攻。10月，国姓爷将攻击目标再次对准热兰遮城堡，他在北线尾沙洲修建了新的堡垒，炮击热兰遮城堡，封锁北入口水道，但荷兰人在海边又一次修建了一座文艺复兴城堡，破解了国姓爷的炮击和封锁。

前三次攻城战，国姓爷的进攻方式虽有所改进，但本质上都是传统方式：在野战阵地中架炮猛攻，炮击目标是城堡的齿墙，轰掉敌方炮手藏身其后的齿墙，导致敌方炮手无法开炮，利用此一机会派重兵迅速登城。但这种传统方式是根本不可能攻陷一座文艺复兴城堡的。只有在1661年12月底，汉斯·罗迪斯投降并向国姓爷透露了对付文艺复兴城堡的正确方法后，国姓爷才最终攻陷乌特勒支堡，占据制高点，迫使热兰遮城堡投降。

按照罗迪斯的指导，国姓爷的士兵们修建了庞大的半月形炮台堡垒工事，原来攻克文艺复兴城堡的方式就是修建更为庞大的攻城工事，对文艺复兴城堡形成反包围之势，可以从各个方向压制城堡的炮火。外加最终的总攻中，国姓爷调集了四五十门巨炮，这才取得了最终胜利。

1666年5月，国姓儿对鸡笼屿荷兰人城堡的进攻，不知何故没有采取汉斯·罗迪斯传授的正确方式，所以未能攻陷城堡驱赶荷兰人。

这下大家应该看出来了吧，文艺复兴城堡确实是17世纪荷兰人高人一筹的技术，不但在中国，在全球的扩张中，它都成了荷兰人乃至欧洲人以少胜多的利器。但我们也不能过于高估欧洲这一先进的技术，因为它可以相当轻易地传播给世界其他地区。汉斯·罗迪斯于1661年12月16日投降，1662年1月25日国姓爷就发动了总攻，之间间隔仅一个多月中国人就学会了攻克文艺复兴城堡的正确作战方式。虽然国姓儿没有继承这一方式，但明末清初已经出现了一些介绍西洋筑城法的军事著作。例如，明末举人天主教徒韩霖所著的《守圉全书》《神器统谱》《炮台图说》，明末将领孙元化的《西法神机·铳台图说》，此外徐光启也多次向朝廷提出建造文艺复兴城堡的建议。韩云、韩霖兄弟及马维城等人主持建造过一些文艺复兴城堡，在中国的土地上实践了此一欧式城堡的建设蓝图。

至此我们可以得出这样的结论，17世纪的欧洲人确实拥有一项优于中国人的作战技法——文艺复兴城堡。国姓爷为了攻克此一类型的防御城堡，大费周章，历时九个月才攻陷热兰遮城堡。但在罗迪斯投降国姓爷一个月后，国姓爷军队就使用其教授的正确方式攻陷了乌特勒支堡，并迫使热兰遮城堡投降，这说明打破文艺复兴城堡的技术优势相对容易，是中国人能迅速掌握并用于实践的。因此，在防御工事方面欧洲稍稍领先中国。

中国VS荷兰——战舰

在海战中，荷兰人拥有无可争辩的一项技术优势：舷侧炮远洋大型风帆战舰。军事革命论认为，16世纪欧洲的"海战革命"是让欧洲人成功征服全球的最重要因素之一，海战革命最重要的一项成果就是舷侧炮远洋大型风帆战舰。这种战舰的特点是在每侧的船舷都布置两三排火炮，每艘船载炮至少30余门。火炮由船舷上的炮门伸出船外。作战时，战舰侧舷对准敌人，该侧多达几十门的火炮同时开炮，威力无比。开炮后，大炮被拉回船舱内，降温后重新装填炮弹，装填后再将炮口推出炮门重新开炮。为了完成炮击，除了大炮外，还需要滑动炮车、炮门、驻退索等辅助设备，舷侧炮远洋大型风帆战舰是几个世纪以来欧洲舰船技术进化发展的产物。

崇祯六年（1633）与郑芝龙联手击败荷兰舰队的福建巡抚邹维琏曾这样形容荷兰战舰的巨大威力：

> 红毛一番……其舟长五十丈，横广六七丈，名曰夹板，内有三层，皆置大铳外向，可以穿裂石城，震数十里，人船当之粉碎，是其流毒海上之长技有如此者。

荷兰舰船不但火力猛烈，风帆和缆索也非常先进复杂，可以利用各个方向的来风，甚至逆风行驶。

1646年，郑氏集团出版了由郑大郁编写的一部兵书，名为《经国雄略》，其中有一幅欧洲舰船图，向中国人展示了其复杂的缆索，并配文"上帆竿连接而上帆索勾绊结成宛如虫丝蛛网"。

生活在17世纪下半叶康熙年间的郁永河到过台湾，他在《裨海纪游》中告诉我们其见过的荷兰战舰：

为帆如蛛网盘旋，八面受风，无往不顺；较之中国帆樯，不遇顺风，则左右戗折，欹侧倾险，迂回不前之艰，不啻天壤。

欧洲帆船逆风行驶的能力也强于中国帆船。国姓爷选择1661年4月底5月初进攻台湾，其目的是为了赶在南季风期，一举拿下台湾，料定荷兰人不可能逆风南下巴达维亚请求支援。当荷兰援军抵达台湾时，国姓爷及手下均大感惊讶，军中甚至一度出现恐慌情绪。

国姓爷的舰船可分为两大类：一类是沙船，平底，是仅适航于内河及近海航区航行的木帆船；另一类是福船，为尖底有龙骨，适合于远洋航行，是不惧风浪的木帆船。跨海峡征战台湾的，应是以福船为主。

根据相关记载，较大的福船型舰船宽2寻（约5.3米），高八九寻（21米至24米），吃水1丈2尺（约4米），船上施楼橹，以铁叶包裹，外挂革帘。中凿风门，以施炮弩，各能容兵500名。较小的沙船式舰船吃水七八尺（约2.6米），各能容兵100名。每船仅配有两三门火炮，远少于欧洲舰船的火炮数量。

中国帆船是为了应对亚洲海域特点而设计的，由于亚洲海域有基本固定的季风，春夏刮南风，秋冬刮北风，只要顺风行驶就可以航行很远，因此中国船只一般采用竹席配龙骨而制成的硬帆，逆风行驶的能力较差。

欧洲的此种舷侧炮远洋大型风帆战舰虽然具备一定规模的载炮数量和灵活航行等优势，但1633年郑芝龙在料罗湾海战中战胜了荷兰舰队，1661年9月16日的海战中国姓爷的海军也战胜了荷兰舰队。为什么拥有优势战舰的荷兰人打不过中国人呢？也许有人说在以上的海战中中国人都拥有数量上的优势，但仅数量优势不能解释为什么中国能取胜，因为鸦片战争中中国船只也有同样的数量优势。

除数量优势外，国姓爷的海军实际上还具备近海作战的优势，同时荷兰人未能采用正确的海战战术也增加了国姓爷取胜的机会。

1661年9月16日，中、荷双方在大员湾内实施近海作战。高大的荷兰战舰在近岸浅水微风的情况下，几乎成了国姓爷大炮的活靶子，旗舰柯克肯号更是遭受到密集炮火的攻击。因为在近海作战，风平浪静，荷兰风帆战舰不能利用风向调整射击方位，挤成一团的战舰侧舷三排大炮没有发挥应有的威力，后排战舰由于被遮挡，根本就不能开炮。当然由于风力微弱，在形势不利时，荷兰战舰也不能迅速脱离战场。即便可以正常行驶，远洋战舰由于吃水深，在近岸遍布暗礁的水域作战，航行路线必然多受限制，使灵活性变差。而中国舰船多是吃水较浅的小型船只，暗礁对其限制相对较少，因此中国舰船可以从四面八方包围荷兰战舰。

揆一的战术失误也是国姓爷取胜的原因之一。在敌强我弱的情况下，没有十足把握一般不要发动正面进攻，这是军事常识。揆一竟没有遵守，其实"9·16大海战"前，有叛降的中国军官向揆一建议实施封锁，因为国姓爷大军缺粮，如果能切断国姓爷与大陆补给的联系，过不了多久，大军必生内乱。但揆一没有听从这个正确的建议，而是冒险出动全部兵力发动了一次自杀式的正面总攻。这本来已是先失一招了，在"9·16大海战"出击时，还采用了以己之短击敌之长的愚蠢战术。1661年5月15日的中荷海战，荷兰人成功地将中国舰船引至深海，利用其优势火力和远洋作战的灵活性，在中国船队中来回穿梭开炮，对中国舰船形成绞杀之势。选择主动出击以弱击强的揆一，不知为什么没有像"5·15大海战"那样采用诱敌入深海，最大化己方优势的战术，而是派两支舰队进入浅水作战，甚至与为数众多的中国舰船展开接舷白刃战。此一战法真是用自己的劣势对抗中国的优势，岂有不败之理？

综上，17世纪欧洲人在战舰方面具有较大的领先优势，舷侧炮远洋大型风帆战舰的技术优势绝不是中国人能很快追赶的。据笔者掌握的资料来看，鸦片战争前，中国人只建造过一次类似的舷侧炮远洋风帆战舰，即崇祯六年（1633）郑芝龙在厦门建造了一支新舰队，该舰队由30艘欧式巨型船只组成，每艘船只都有两层经过强化的大炮甲板，可以架设30门或36门大型火炮，与荷兰战舰一样多①。在此之后，包括国姓爷在内，没有任何一个中国人或中国军事集团建造或使用过舷侧炮远洋大型风帆战舰，直至1840年鸦片战争，在林则徐的倡导下，中国才购置了1艘舷侧炮远洋风帆战舰。可这个时候工业革命即将结束，蒸汽机的时代已经来临，风帆战舰就要退出历史舞台了。也就是说，中国在整个风帆时代一直未能追赶上欧洲先进的舰船技术，在国姓爷收复台湾之战中，由于数量优势、近岸作战优势和揆一错误的战术才导致中国海战的胜利。

中国VS荷兰——部队训练和单兵素质

军队训练有素、纪律严明，战场上听指挥，队伍整齐划一，是军事革命论所强调的16世纪至18世纪欧洲军队在全球能以少胜多的又一个法宝。笔者在前面提过荷兰将领莫里斯通过训练士兵开发出了火枪轮射战法，在此一战法中，平日训练形成的坚定信念与纪律观念是战时保持队形和获胜的关键。荷兰士兵在北线尾大战中，确实显示出了其平时训练的成果：敢于对战兵力庞大的中国敌人，前几排士兵也能做到沉着瞄准和准确射击。如果他们遭遇的对手是一般的士兵，也许能够取胜，但这次他们遇上的是国姓爷训练有素的士兵。

自1646年领兵以来，国姓爷一向极为重视士兵的操练。他曾在厦门鼓浪屿设立操练营地，后来又转移到金门操练，教习陆军士兵"五梅花操法"，教习水兵"水师水操法"，和莫里斯一样，他也将训练方法印刷成册发放，方便将官操练士兵。1655年3月，厦门建成"演武亭"楼台，以便受训官兵住宿，国姓爷亲自教

---

① 详见拙作《说不明道不清：你不了解的开放发达之明清两朝》第一章第二节"中国的东印度公司——郑氏集团"。

练观兵。杨英的《从征实录》记载：

> 一日，藩在楼（指演武亭）观各兵阵操有未微妙者，于是再变五梅花操法，日亲临督操，步伐止（整）齐，遂队指示。计半月，官兵方操习如法，始集各镇合操法，并设水师水操法，俱有刻版通行。

此外，为了防止士兵偷懒，国姓爷还在军中实行定期考核制度，派专人监督考察各军，每月记其功罪，保证士兵军事操练的持续性和积极性，培养士兵在军中相互依靠、彼此信任的集体精神。

北线尾战场上，中国士兵有人中枪倒下，正是凭借这种严格的训练和考核，才会不断地有士兵上前填补倒下战友的空位，没有像郭怀一的农民起义军那样一击即溃，而是保持了队形，为反击和背后奇袭荷军争取了时间。

除了北线尾沙洲上，我们在澎湖群岛上、在炮兵阵地上、在大员湾的舰船上，都可以看到中国士兵们英勇无畏、奋力拼杀的身影，在单兵对战中，中国士兵往往能战胜荷兰士兵。北线尾大战中，手持斩马刀的中国士兵冲入敌阵，大开杀戒，也许可以认为是滑膛枪在近战中不敌冷兵器。但在大员湾的海战中，双方接舷白刃战均使用冷兵器，单兵一对一对战仍能做到杀伤大量敌人有生力量，就可以得出中国单兵素质强于荷兰士兵的结论了。单兵素质高源于部队严格的日常训练和士兵在抗清战争中丰富的作战经验。

综上，国姓爷部队的训练和单兵素质应该是强于荷兰东印度公司士兵的。无论是陆战、炮战，还是攻城战和海战，最终都要有士兵去实施，只有训练有素的士兵才有可能在武器技术因素落后的情况下战胜敌人。

中国VS荷兰——将领谋略

俗话说：一将无能，累死千军。再好的士兵，没有优秀的指挥者，也不可能在战争中取得胜利。

在北线尾大战中，荷军首领拔鬼仔上尉是一位有着丰富实战经验，而且对大员一带情况非常熟悉的战地指挥官，作战也很勇猛，实战指挥也可谓沉着冷静。在面对十倍于己的敌人时，敢于迎战，毫无惧色，士兵队形被击溃的初期，尚能坐定指挥。他还调度水陆配合作战，舰船首先开火，吸引中方火力，为陆地上的荷军争取到整理队形和率先瞄准开枪的时间。

但拔鬼仔上尉致命的弱点是过于轻敌，他竟认为国姓爷身经百战的士兵与郭怀一起义的农民军的战斗力不相上下，连揆一在《被忽视的福摩萨》中也承认荷方和拔鬼仔上尉"受到了轻敌的报应"。

除了轻敌外，拔鬼仔上尉还有不少毛病。例如，脾气暴躁、不重视情报工作、有勇无谋。北线尾大战当天早上，他的儿子被中国士兵所伤，因为此事，拔鬼仔上尉火冒三丈，怒不可遏地领军出战，他根本没有收集北线尾沙洲上中国军队的人数、部署等情报，在得知热兰遮城堡命令他撤退的时候，竟不听命令，执意进兵。即便如此，他凭借先进的武器和训练有素的士兵还是有取胜的可能，但他采用中央突破的全军暴露战术，既没有侧翼支援兵力也没有预备队，连侦察人员都没有，一开战就投入全部兵力，以致陈泽成功派船绕到荷军后方投放军队，形成前后夹击之势，造成荷军溃败。

陈泽虽然新到台湾，但他充分利用了北线尾沙洲的狭长地形，能分兵奇袭荷军背后，利用了自身兵力优势，更充分利用了狭长沙洲利于背后登陆的特点。同时，避免了己方火器不如对方的劣势，做到了扬长避短，从而战胜了拔鬼仔上尉。

在此次战争中，国姓爷本人也表现出了娴熟的指挥艺术。1661年4月，国姓爷巧妙选择大军渡海时机，为的是避开荷兰人重炮把守的主水道，赶在阴历初一新月涨潮时从原本浅水的鹿耳门水道入大员湾，而且选择南季风刚刚开始的时节，也是为了防止荷兰人派船南下巴达维亚求援。抵达鹿耳门外，国姓爷亲自焚香祷告，借上天保佑实现涨潮的一幕来安定惊魂未定的军心。这一切均体现出国姓爷懂天时、明地利、识人心的高超军事指挥才能。

在大员湾海战中，陈泽使用诱敌深入之计，将荷兰战舰引入大员湾中国舰船的包围圈，予以痛歼。这都表明以陈泽为代表的国姓爷手下将领也有着丰富的指挥经验和军事谋略。

反观荷兰方面，揆一与卡乌不和，"9·16大海战"前夕还吵得面红耳赤。实际上，除了卡乌，揆一与哈瑟韦尔的关系也很紧张，与其他上级和部下失和颇多，暴躁易怒、指挥无方，在敌强我弱的情况下，贸然出动几乎全部海军船只发起正面强攻，可谓愚蠢至极。

因此，我们可以放心地下结论：国姓爷及其手下将领在谋略方面远远优于揆一等人。

中国VS荷兰——兵力

在国姓爷收复台湾之战中，中国拥有无可争辩的兵力优势，国姓爷拥有大军20000人左右，而荷兰东印度公司在台湾最多时也就部署了2000名士兵。在北线尾大战中，陈泽用2000人对战拔鬼仔的240名火枪手。1661年5月1日海战中，荷兰投入3艘战舰攻击国姓爷的60艘舰船。9月16日的海战，荷军投入6艘大型战舰和许多小型船只，中国参舰船只具体数量不详，但中荷舰船数量比也达十几比一。整场战争中，都是中国人以多击寡，取胜理由看似应当。

但笔者想提醒各位，在16世纪至18世纪的近代早期全球扩张中，欧洲人总是以少胜多。16世纪，著名的西班牙征服者科尔特斯（Hernán Cortés）和皮萨罗（Francisco Pizarro）击败了人口超2500万的阿兹特克帝国和印加帝国，他们指挥的西班牙军队最多只有几百人。大约在同一时期，葡萄牙人成功地打造出了一个殖民港口网络，控制了从东非延伸到波斯湾、东西印度、东南亚、中国和日本的关键海路，他们所动用的总兵力从未超过一万之数。16世纪早期，由阿尔伯克基（Albuqueque）率领的关键远征创建了葡萄牙的葡属印度，他带领的葡萄牙将士甚少超过1000人。规模最大的葡萄牙远征是1541年一次未能如愿的红海航行之旅，军队也只有2300人。

17世纪下半叶，整个东南亚荷兰东印度公司的军队人数汇总起来，从未超过12000人，个别军事行动聚集的荷兰军队人数也鲜少超过1000人。迟至1788年，整个印度只有8045名英国士兵，而印度人口已经上亿。

19世纪鸦片战争期间，中国军队对英军也有着类似的兵力优势，但并未取胜。所以我们说，兵力众多只有在士兵训练有素、将领谋略高超等情况下，才会成为优势，否则人数众多也只能是乌合之众，无法击败持有先进武器的少量欧洲精兵。

中国VS荷兰——国姓爷何以取胜

现在我们来总结一下中、荷双方的优劣势：

影响因素		中国		荷兰		对比结论
		描述	得分	描述	得分	
技术因素	单兵武器	以冷兵器为主的冷热兵器混合	6	以滑膛枪为主的冷热兵器混合	8	荷兰领先中国
	大炮	前装滑膛炮	6	前装滑膛炮	6	旗鼓相当
	防御工事	—	6	文艺复兴城堡	8	荷兰领先中国

续表

影响因素		中国		荷兰		对比结论
		描述	得分	描述	得分	
技术因素	战舰	近海舰船	5	舷侧炮远洋大型风帆战舰	8	荷兰较大程度领先中国
人文因素	部队训练	训练有素	9	训练有素	9	旗鼓相当
	单兵素质	素质高	9	素质较高	7	中国领先荷兰
	将领谋略	智勇双全	9	将领间关系紧张、无勇无谋	2	中国大幅度领先荷兰
	兵力	海陆总兵力两万	9	海陆总兵力一两千人	7	中国具有优势
合计		59		55		中国军事实力强于荷兰

怕大家看不懂，我来解释一下。根据中、荷双方在战争中的实际表现，以10分为满分，按各个因素给出评分。计算出中国的总得分为59分（其中技术因素汇总得分为23分，人文因素汇总得分为36分），荷兰的总得分为55分（其中技术因素汇总得分为30分，人文因素汇总得分为25分），绘制雷达图将中荷军事实力直观地呈现如下：

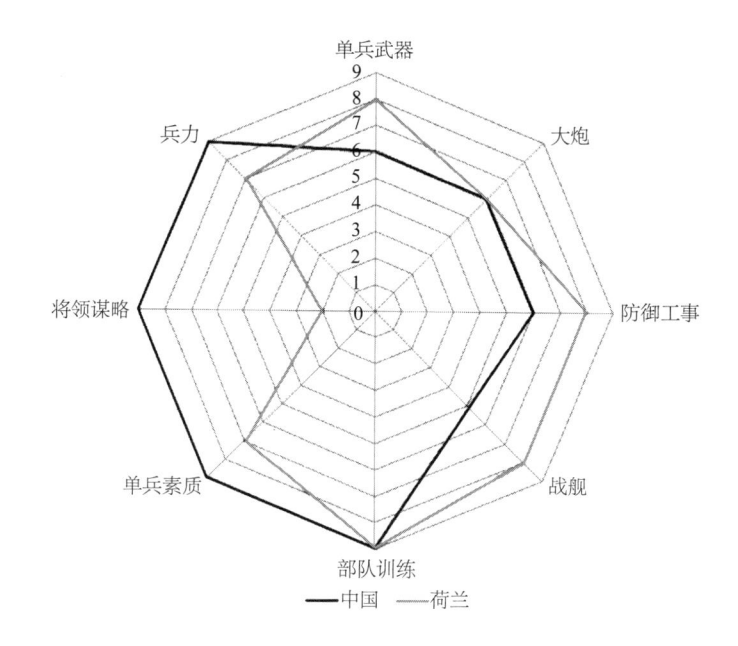

这样就一目了然，在国姓爷收复台湾之战中，国姓爷部队以较大的人文因素优势战胜了荷兰较大的技术因素优势，其整体军事实力高于荷兰东印度公司的部队。

除了以上的这些技术因素和人文因素外，天气、海浪等运气因素也多次青睐国姓爷。1661年8月12日，卡乌的救援舰队抵达台湾，但由于天气恶劣，舰队难以登陆，直至9月9日才进入热兰遮城堡，以致丧失了发动突袭的机会。1661年11月，荷兰人派卡乌率舰队去福建联系清朝当局，没想到又是一场风暴，吓得卡乌决定逃回巴达维亚。若没有这场风暴，也许荷兰殖民者可以与清朝合作，打败国姓爷，改变整个战局。当然这种运气因素存在很大的偶然性，我们的分析还是侧重于技术因素和人文因素。

综上所述，我们认为国姓爷的优势主要在于人文因素。技术因素中大炮在收复台湾之战中最为重要，好在中、荷双方在火炮技术和操炮技术方面不相上下；荷兰人的文艺复兴城堡虽较为先进，但中国人学得很快，在荷军叛降者的指导下，一个多月就学会了攻克文艺复兴城堡的方式。其余两项技术因素：单兵武器与战舰，中国则在一定程度上处于落后位置。国姓爷的胜利建立在其自身的人文因素优势超过其部分技术因素劣势的基础上。也就是说，在17世纪60年代，中国在部分军事技术方面与欧洲最先进的国家相比虽然存在一定或较大的差距，但凭借优良的部队训练传统、高素质的士兵队伍、精湛的将领谋略和巨大的兵力优势可以克服技术劣势，总体军事实力还是高于欧洲第一强国荷兰的。

工业革命对军事实力的影响

一般认为,工业革命爆发于18世纪60年代至19世纪40年代,它是一场生产技术革命,以蒸汽机作为动力机被广泛使用为标志。当然,技术进步也给社会生活的各个方面带来了革命性的变化与影响。

与工业革命相关的书籍可谓汗牛充栋,笔者在此不必多做介绍,本书着重解释工业革命如何提升了欧洲军事实力,以至于赶超了中国。鸦片战争时期,正值工业革命即将结束,它对欧洲,特别是英国军事实力的影响主要集中于技术层面,然后才逐步扩展至其他层面,但这已经是鸦片战争之后的事情了,不在本书分析范围之内。因此,我们的重点在于工业革命对英国军事实力技术层面的影响,当然也会涉及一些人文因素,最终得出结论。

中国VS英国——单兵武器

鸦片战争中,中、英步兵最重要的单兵武器都是步枪。清军所使用的步枪分为两种:鸟枪和抬枪;而英军使用的步枪主要有三种:布朗贝斯前装滑膛燧发枪、伯克前装线膛燧发枪和布伦士威克前装滑膛击发枪。双方使用的步枪,我们在前面已经介绍过,现将它们的技术指标汇总一下,由于清军所使用的鸟枪种类繁多,《皇朝礼器图式》记载了近50种鸟枪样式,各省制造的鸟枪样式也各不相同,为了统一起见,我们选择军队最普遍使用的"兵丁鸟枪"作为考察对象。

	清军		英军		
	兵丁鸟枪	抬枪	布朗贝斯前装滑膛燧发枪	伯克前装线膛燧发枪	布伦士威克前装滑膛击发枪
膛线	无膛线	无膛线	无膛线	七条膛线	一条凹陷双环槽膛线
长度	2米左右	2米至3.2米	1.49米	1.16米	1.16米
重量	约3.6千克	6千克至15千克	4.8千克	4.5千克	4.08千克
击发方式	火绳点火	火绳点火	燧石击发点火	燧石击发点火	击发式雷帽撞击点火
装填方式	前装	前装	前装	前装	前装
有效射程	≤100米	300米至400米	≤100米	约200米	270余米
射速	1至2发/分钟	1至2发/分钟	3至4发/分钟	2至3发/分钟	3至4发/分钟

上表一目了然，鸦片战争时期，中、英双方在步枪性能方面差距不大，英军装备最普遍的布朗贝斯前装滑膛燧发枪与清军的兵丁鸟枪在装填方式、射程方面几乎一样，射速方面英军略好一些。两种步枪都属于滑膛枪，都使用黑火药、装填类似的球形子弹。最大的区别在于击发方式：清军是火绳枪，要靠燃烧的火绳明火引燃火门内的火药；英军的布朗贝斯前装滑膛燧发枪是在击锤的钳口上夹一块燧石，击发时扣动扳机，利用弹簧的作用将燧石击打在火门边上，擦出火星，引燃火门内的火药完成射击。英军更为先进的布伦士威克前装滑膛击发枪的发射原理是由击锤撞击雷帽，引燃雷帽中易燃的雷汞，进而点燃火药，完成击发。击发枪更易于装填弹药，抵抗恶劣天气的能力和可靠性也更强。

英军步枪的击发方式比清军兵丁鸟枪先进：在实战中，使用燧发枪的英军不需要随身携带明火，明火引燃随身火药的风险相对较小，而且在风雨天气作战时，所受影响也比火绳枪小。

前文我们提到过，在1841年1月7日的虎门沙角、大角之战中，就有清军死于被引燃的随身火药。5月25日的广州四方炮台保卫战在大雨中展开，清军的火绳枪很难保持明火，未配有刺刀的鸟枪因无法发射变成了木棍。这都使清军在步兵对战中败下阵来。

兵丁鸟枪未配刺刀是一个致命的劣势。大家也许觉得配刺刀很简单，没有什么技术难度。其实早在明代景泰年间（1450-1457）中国就制造过配有类似刺刀装置的火铳，所以装配刺刀确实不难。笔者认为很可能是兵丁鸟枪过长的枪身（2米）导致无法配制刺刀，否则很可能造成无法一人操作开枪了。

更为严重的是，为了节省军费，兵丁鸟枪所需的火绳多由士兵自备，而不是由政府统一配发，很多士兵用树皮、纸张来充当火绳，有的虽用了麻绳或布条，但本身没有浸泡相关溶液，火绳燃烧得很快，在作战中总是需要更换或重新点燃火绳，使得兵丁鸟枪的射击效率更低了。

兵丁鸟枪还有一个弱点：夜间作战容易暴露枪手位置。在1841年5月21日夜间的广州之战中，霍尔船长的水兵们拿起步枪，瞄准清军火绳枪一闪一闪的光点，压制了清军西炮台的火力。

就是如此的兵丁鸟枪，由于承平日久与军费限制，清廷并无定期修造报废更换制度。在一般情况下，使用几十年极为平常，更有使用一百六十六年尚未更换的鸟枪。

英军使用的伯克前装线膛燧发枪和布伦士威克前装滑膛击发枪都有膛线，比兵丁鸟枪先进得多，在射程和准确性方面都远胜鸟枪。但由于装备不多，在战争中虽体现出一定威力，但作用不算太大。

步枪的命中率也是一个很关键的指标，但命中率的高低受很多因素影响，除枪械本身的性能外，火药质量和士兵素质也很重要。清军鸟枪、抬枪都是手工打造，较之英军燧发枪工艺粗糙，特别是枪膛光滑度差、游隙值较大，命中率必然不如英军工业化生产出的燧发枪。这是鸦片战争时期，清军鸟枪和抬枪最严重的问题，再加上火药和日常训练均不如英军，命中率就更低了。由于当时双方步枪命中率无明确记载，笔者在此只能做一个大胆假设了。

我们现在就双方使用最普遍的两种步枪（兵丁鸟枪和布朗贝斯前装滑膛燧发枪）做一个战场杀伤效果的总结：假定英军布朗贝斯前装滑膛燧发枪每分钟发射

3发，命中率90%；清军鸟枪每分钟发射2发，命中率70%。两军士兵各10人，同时射击同等距离的敌军目标，那么，在一分钟内，英军可以发射30发子弹，击中27个目标；而清军仅可发射20发子弹，击中14个目标。英军布朗贝斯前装滑膛燧发枪的作战效能至少为鸟枪的2倍。

其实，中国并非没有燧发枪。据清官方修订的《皇朝礼器图式》记载，仅有图可考的鸟枪就有49种之多。其中火绳枪46种、燧发枪3种，还有1种乾隆年间制造的"树鸡神花奇枪"，配备了弹匣，称为"子枪"。火药、弹丸事先装入长2寸4分（约8厘米）的管形子枪内，子枪共6个。然后开底将子枪装入枪内，与火门相连，再将子枪固定，这样可连续发射，加快射速。可惜这49种鸟枪中仅兵丁鸟枪这种是供士兵使用而装备军队的，其余48种是皇帝和王公贵族自卫队或行围打猎专用，后期可能也有一些燧发枪装备了八旗，但没有在全军中普及，鸦片战争中参战清军没有装备燧发枪。

当然，我们知道清军是一支冷热兵器混用的军队。关于清军冷热兵器配备的比例，雍正五年（1727）规定：冷兵器占十分之六七，火器占十分之三四。以后又对一部分省份的冷热兵器的比例做了调整。到雍正末年（1735年左右），大体确定下来，冷热兵器所占比例基本上是各占50%，有的省份热兵器多些。例如，广东、云南和贵州可达60%；而山西、浙江等省仅40%。

由于清军只有50%多一点的士兵装备鸟枪，而英军全部装备步枪，且英军的步枪装有刺刀，当清军与同样数量的英军对阵时，实际上是先用大约50%的鸟枪兵对抗全部英军，再用大约50%的冷兵器兵对抗全部英军。也就是说英军由1名士兵承担的战斗任务，清军要由2名士兵承担。再加上英军单兵武器作战效能是清军的2倍，清军人数要4倍于英军，才能达到同等战斗力。

中国VS英国——火炮

火炮在鸦片战争中起到了至关重要的作用，它是英国取胜的利器，鸦片战争中清军多是闻炮而散，笔者总结了有明确伤亡记录的几次战役，请看下表：

序号	战役名称	参战清军总数（人）	伤亡清军数量（人）	伤亡比例
1	第一次定海之战	1500	26	1.73%
2	沙角、大角之战	1000	757	75.7%
3	横档之战	8500	500	5.88%
4	广州之战	25000	至少2000	8%
5	厦门之战	5680	110左右	1.94%
6	浙东反攻	30000	780	2.6%
7	乍浦之战	7000	696	9.94%
8	吴淞之战	7000	88	1.25%
9	镇江之战	4300	571	13.28%

除了沙角、大角之战外，其余各次战役伤亡率不足15%，七场战役不足10%，其中竟有三场战役伤亡率不足2%。清军伤亡人数不高，说明英军实际上只是用大炮赶走而不是消灭清军。

由于承平日久，大多数清军官兵几乎没有战斗经验，更没见过英国的坚船利炮，威力巨大的英军火炮给第一次见识此种战争场面的清军官兵造成了极大的心理阴影，军中遍布失败主义倾向，军心动摇，临阵脱逃屡见不鲜。从某种程度上看，与其说英军击败了清军，不如说英军的火炮吓跑了清军。因此，火炮技术是我们分析的重点。下面我们就来仔细看看工业革命如何赋予英国火炮以压倒性优势。

中、英火炮概况

鸦片战争时期,中、英火炮都是以黑火药为发射药的前装滑膛炮。炮膛呈圆柱体,炮形呈锥形,内壁光滑无膛线,炮弹与火药均从炮口装填,点放时,火药燃烧爆炸产生的气体只能从炮身前部推出炮弹而释放,不易泄漏,但弹药从炮口装填较为困难,因为火药是稠密物质,易于黏在膛壁上。滑膛炮后坐力大、发射速度慢、射击精度低,且球形炮弹一定要能自由地从炮口放进去才行,这要求炮弹和炮膛内壁之间必须有间隙;发射时,火药产生的气体很容易从间隙中漏出来,减少了对炮弹的推动力。因此装填时炮弹常需紧裹棉布,密封炮膛,降低游隙值,以保证发射时火药燃气尽量不外泄。球形炮弹在空中飞行速度下降得很快,故射程不远。

中、英的火炮按材质可分为铁炮和铜炮,双方均是以铁炮为主,铜炮较少。按弹道特性可分为炮管较长而弹道低伸的加农炮、炮管适中而弹道较弯曲的榴弹炮、炮管较短而弹道弯曲的臼炮。

清军使用最多的红夷大炮(清朝称"红衣大炮")就属于加农炮或榴弹炮,它是明末清初从欧洲引进并经改造的,此类型的大炮凭借其猛烈的火力称霸16世纪至19世纪的东西方战场。清朝的"威远将军炮"和"冲天炮"属于臼炮类型,有大小两个炮膛,发射空心爆炸弹,以大角度发射,保证最大的曲射角度,以杀伤城堡、寨墙后面的敌军。

英军的火炮除上述三类外,还有卡龙炮和康格里夫火箭炮。卡龙炮本质上是臼炮的变种,由英国苏格兰卡龙公司为抵抗海盗、护卫商船而造,装在轨道上,比一般轮式舰炮摩擦力大。它的特点是短身管、口内径大、炮壁薄、重量轻、装药量少、初速低、射程近,由2名炮手操纵,在舰首旋转安装,可发射筒霰弹、葡萄弹和球形爆炸弹。康格里夫火箭炮我们在前面介绍过,此处不再重复了。

就火炮本身来说，19世纪中叶中、英双方的最大区别在于点火方式和瞄准装置。中国火炮跟鸟枪一样靠火绳点火，英国则是由燧石击发点火和雷汞底火击发点火；清军主导型红夷火炮的瞄准装置一般前设准星，炮腰上方装有凹型的竹片，或在底径上方套上一块有圆孔的铁皮，再利用炮身铸的范线的配合，按三点一线的原理发射火炮。英军加农炮的瞄准装置是在炮口套一铁圈的立表，炮腰上方放一正方形的立表，发射炮弹，立表可随时拆卸。英军火炮的设计原理是圆锥形炮身，其目线和轴线难以平行，炮口上方的准星装置在瞄准中不起什么作用，故采用在炮口上方立表的方式代替。鸦片战争后期，清军也开始学习英军火炮瞄准技术发射炮弹。

鸦片战争时期，中、英双方主导型火炮都是前膛装滑膛加农炮，主导型的炮弹仍然是老式的球形实心生铁或熟铁弹，火药均为传统的黑火药，双方看似差距不大，但工业革命的技术革新在火炮材质、制造技术这两方面给予英军较大优势。此外，英国在黑火药质量和炮弹技术方面也领先中国，这就使英军火炮性能整体上优于清军火炮。实战中清军火力不敌英军，经常出现被压制的被动局面，导致战役失利。

中、英火炮材质对比

炮管是火炮的主体，完成炮弹装填和发射任务，承受火药燃气压力，赋予炮弹一定的初速度和射击方向，其质量直接影响着火炮的使用安全、射程、射速、射击精准度等方面的性能。火炮的这些性能（或称质量）与它的材质有直接关系，材质决定着火炮的威力大小、安全系数和使用寿命，这取决于冶铁原料及冶炼、铸造、加工等技术。

鸦片战争时期，中、英双方均具备铜炮和铁炮，由于铁质坚硬、价格便宜，铁炮数量远大于铜炮。铁是双方主要的铸炮原材料，又分为铸铁（又称生铁）、熟铁和钢。

铸铁是含碳量大于2.11%（一般为2.5%～4%）的铁碳合金。碳在铸铁中以渗碳体或石墨形式存在，根据碳的存在形式，铸铁可分为：白口铸铁、灰口铸铁和麻口铸铁。白口铸铁所含的碳除少数熔于铁素体外，其余的都以渗碳体形式存在于铸铁中，其断口呈银白色，故称白口铸铁。白口铸铁由于以渗碳体为基本组织，性能又硬又脆，不能锻造、加工。灰口铸铁的碳全部或大部分以石墨状态存在，其断口呈暗灰色，故称灰口铸铁。和白口铸铁相比，灰口铸铁硬度低、脆性小、熔点低、流动性好、收缩率小、成分偏析少，具有良好的铸造性能。由于石墨本身的润滑作用，使其具有好切削加工与耐磨性。还由于石墨对基体的割裂作用，而使震动能不利于传递，使灰口铸铁具有减震性。麻口铸铁具有灰口铸铁和白口铸铁的混合组织，即碳一部分以渗碳体形式存在，另一部分以石墨状态存在。由于渗碳体的存在，仍有硬脆性，但性能要优于白口铸铁。

铸铁、熟铁和钢其实都是铁碳合金，以碳的含量多少来区别。一般含碳量小于0.02%的叫熟铁。熟铁最早用木炭还原铁矿石制得，后来用生铁在反射炉中高温搅炼制成。熟铁质软、韧性好、磁导率高，钢的含碳量在0.02%～2.11%，且具有生铁和熟铁两种优点。

鸦片战争前夕，中国最先进的冶铁炉仍是明末广东的瓶形高炉，这种高炉的最高产量一昼夜应是3600斤，全国的生铁产量最高时不到2.5万吨。而1839年英国生铁产量就高达170万吨。

生铁产量低，能进一步锻造炼成的熟铁和钢就更少了。因此，清军火炮的主要材质是生铁，可能很多火炮还是由质量较差的白口铸铁制成的。

同治元年（1862）由武器技术专家黄达权、王韬编撰的《火器说略》提道："（清代）历来营局所造大炮，俱用生铁，性质坚钢，铸成之后，不得打磨，不可钻锉。其炮体既已粗糙，而药膛又不光滑。……若生铁性刚，钻锉无所施，且多蜂窝，必致炸裂。"

浙江巡抚刘韵珂在上呈道光帝的《浙江巡抚刘韵珂奏报续铸大炮情形折》中说道："铸铁有紫口、青口、白口之分，铸炮以紫口铁（应为现代所称的'展性铸铁'）为上，青口铁（应为灰口铸铁）次之，白口铁则性脆质粗，易致炸裂，不适于用。"但他在奏折中也说，质量较好的紫口铁和青口铁，不容易买到，需赴湖北采购，但由于去年已派人采买一空，不知今年是否还有存货。刘韵珂暗示可能不得不用白口铁铸造新炮。

英国工业革命爆发后，冶铁技术已发生了重大革新，铁炮的主要材质为灰口铸铁，还有不少用钢或熟铁制造的火炮。

实际上，从工业革命刚刚发生的18世纪中叶起，英国就开始用反射炉或有焰炉将高炉生铁再熔化而铸成加农炮。用反射炉进行再熔化能使渣漂离，铁中杂质减少，熔化的条件是弱氧化性的，有若干碳被还原出来，从而形成质更软、断口色更灰、流动性高的灰口铸铁。

随着工业革命的发展，从18世纪后期起，英国采取了搅炼工艺生成钢或熟铁，一般称为炒钢法。其实就是用长长的钢棒将反射炉中的液态生铁加以搅拌。这样，可以让全炉的溶液都能接触空气，从而使脱碳更加彻底，得到可以进行锻造加工的铁，称之为锻铁或熟铁。1829年技术又前进了一步，应用鼓风炉本身余气进行预热鼓风，这种发明使得在消耗同等燃料的情况下，搅炼熟铁产量增加到3倍。还有一种改进是"湿"搅炼法，即在炉膛铺上含有氧化铁的小块炉渣，它与金属中的碳素相化合，在表层之下产生一氧化碳，形成加速脱碳进程的泡沸搅动。工业革命所带来的材料技术进步，不仅增加了英国的铁产量，保证了铸炮所需的原料，还提高了英军铁炮的质量。

中、英火炮制造技术对比

鸦片战争时期，中国火炮的制造从方法上讲并不比英国落后很多，个别技术甚至领先英国，但设备和工艺的落后造成火炮质量比不上英国。

清军的火炮主要采用泥模铸造技术用生铁制造，需要分别制作火炮的模、外范和芯，浇铸溶液而成火炮。简单地说，首先造一个与火炮1∶1大小的实心模型，称为"模"；其次用沙泥土敷在模外面，将模完全包裹住，用以形成炮体外廓，称为"外范"。泥制外范干燥后，要分割成数段，以便脱模，脱模后将数段外范拼接起来就可以形成一个中空泥壳，这就是火炮的外轮廓；然后还要用泥土制作一个体积与大炮内腔相等的模型，称为"芯"；将芯居中放入外范之中，芯与外范之间的空隙就是火炮炮筒的厚度；最后等泥制芯和外范彻底干透后，将熔化的铜铁溶液注入此空隙内，待铜铁溶液冷却后，敲碎泥制芯和外范即得大炮实物。最为关键的，也是十分困难的一步是要严格居中地放入芯以使炮膛与炮的外部真正的同轴，否则火炮的射击效果怎样都不会好。

取出火炮后，炮头用锯或扦子切割，炮身外部用锤子、扦子和锉刀细致地修整，内膛在镗床上用六棱形钢制旋刀垂直或水平旋铣光滑，为了保证火炮的射程、射击精准度，内膛需十分光滑，以利于炮弹和火药气体出膛迅疾。铜炮质软，可以在镗床上安置旋刀，利用人力或畜力旋镗；白口铸铁火炮，由于材质硬而脆，不可旋镗，只能粗清理。

泥模铸造的生铁炮也存在一些不足：第一，铸炮用的泥土外范、芯透气性差，干燥时间往往长达一个月，应急时只能用炭火烘烤，但经常是外干内湿。浇铸时水分蒸成潮气，所铸火炮常有蜂窝状孔穴。还有就是无论怎么旋镗，膛壁都无法达到非常光滑的程度，不但影响射程和发射的准确性，严重的还会造成炸膛。故泥模铸炮十得二者，便称国手。第二，每门火炮都需要一套新的泥制模具，这样就没有2门火炮在尺寸和性能上完全一致，重复性劳动很大。而且泥制模具一般要一个月才能干透，遇上冬雪阴雨，甚至要干燥两三个月，可一经铸造，就敲碎废弃，不能复用。第三，生铁浇注时铁液常激动炮芯，要使铸模的芯和外范呈一条直线几乎是不可能的，如此势必影响射程和射击精度。

清政府当然也了解以上这些不足，也想使用更好的材料（如熟铁、钢或铜）和更先进的技术来制造火炮。实际上，清军确实投入过一些熟铁炮和铜炮，但由于熟铁产量低、铜的价格高，熟铁炮和铜炮的数量都比较少，在实战中发挥不了太大的作用。为了解决此问题，当时的中国采用一种折中的方法：制造复合层金属炮，即一门炮用两种金属制造，一般是铜芯铁体火炮和熟铁（或钢）芯生铁体火炮。这种复合层金属火炮制造技术兼用两种金属，既利用了好材料（铜、熟铁或钢），又照顾到成本和材料产量，也算是一种创新，这种技术比欧洲国家还早了几年。这种火炮具有良好的机械性能和力学性能，要比同样壁厚的单层体金属炮坚固得多，不过由于制造技术复杂，在鸦片战争中实战应用不多。

除此之外，当时中国还有一项领先技术：铁模铸炮法，该技术是浙宁嘉兴县丞龚振麟于道光二十一年（1841）八月在浙江镇海炮局发明的，比欧洲早了三十二年。简单说来，铁模铸炮法就是将原来的泥制外范用铁来制作，一门火炮的铁范通常为五节，每节分成两瓣，连接起来即为完整的炮筒。后面将为大家展示魏源在《海国图志》中关于铁模铸炮法的说明图。

此种方法使用铁制外范，浇注铜铁溶液并待其冷却后，逐节打开，去掉铁范，即得火炮。

铁模铸炮法的优越性十分明显，以往用泥模法造炮，每铸一炮就要做一次泥范，导致所制火炮型号不一，铁模做一次就可铸炮千百次且型号大致统一；用铁模铸炮节约人力，降低铸炮成本；铁模不计阴晴，可按限完成，泥模在阴雨天就不能做了。前线军队可携带铁范，随用随铸；铁模铸成的炮可省修整工作，泥模炮炮身粗糙须细加修整，铁模铸炮不易变形，炮膛光滑。泥模铸炮，无论如何旋

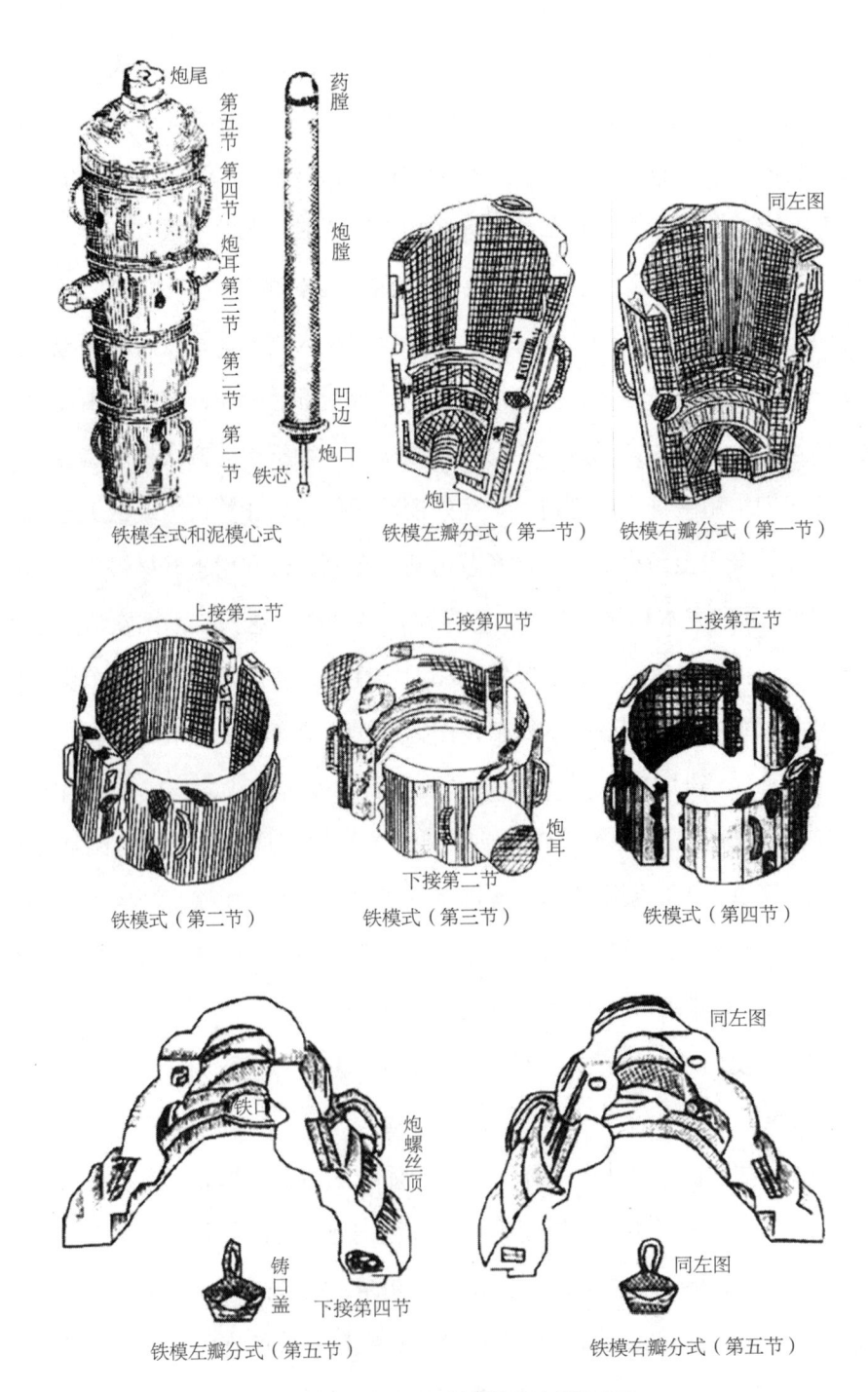

硝烟下的博弈：工业革命与中西方战争

《海国图志》中关于铁模铸炮法的说明图

铣内膛，总难保证一体光滑，发射时易炸膛，不得不加厚炮壁，可这又增加了炮体重量，降低了机动性。下面两幅图是广东新会博物馆展览的清朝鸦片战争后期造的铁模炮，该炮长150厘米，口内径16厘米，口外径21厘米，即壁厚5厘米，底径21厘米。大家可以发现，它与英军的"薄皮大馅"炮比较接近了。

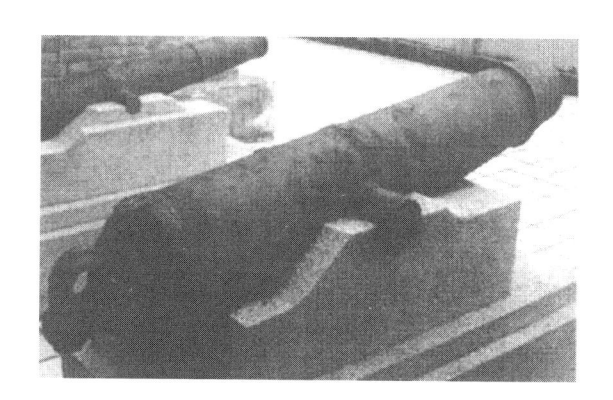

广东新会博物馆展览的清朝鸦片战争后期造的铁模炮

但铁模铸炮法也有缺点，因用铁制外范，滚烫的铁水浇注后，冷凝较快，容易得到白口铸铁，白口铸铁的脆性使得铁炮性能下降。当然，对于鸦片战争来说，铁模铸炮法发明得太晚，手工生产速度慢，装备清军的铁模炮太少，在实际战斗中并未发挥太大的作用。

16世纪中期以来，英国造炮也是使用泥模铸炮法，与中国大同小异。18世纪60年代以来，造炮技术有了两项发展：第一项是砂模铸炮法。此方法就是用泥土含量仅5%～10%的天然砂代替泥土来制作芯和外范，砂制芯和外范的透气性好，可以加快干燥速度，也可以克服泥模铸炮时产生蜂窝状孔穴的缺陷。第二项可以称为重大技术突破——蒸汽钻膛技术。

无论是泥模、砂模，还是铁模铸炮法，有一个问题无法解决：内芯放入外范时不可能完全居中，特别是浇入滚烫的金属溶液时，内芯会被溶液推动，肯定会影响内芯的位置，导致火炮内膛的中心轴与炮筒的中心轴不能完全重合，从而影响火炮的射程和射击精度。解决这个问题的办法早就有了，就是先铸造一个实心的炮体,然后再钻出一个居中的炮膛。理论上很简单,但实践很困难。实心火炮,特别是铁炮,十分坚硬,用钻刀旋铣出一个内膛需要很大的力。中、英双方都有实心钻膛技术,但动力问题一直未能得到很好的解决。中国用人力或畜力钻膛,一般只应用于制造鸟枪枪筒;而英国有水力钻膛机,但受河流位置限制,未能普遍推广。直到工业革命蒸汽机的普及,以蒸汽为动力的钻膛机给火炮制造带来了革命性的进步。18世纪70年代以后,英国的蒸汽钻膛技术是采用卧式钻孔镗床,将铸造好的实心炮体水平放置在镗床上,炮体围绕钻头旋转。此技术使炮管加工得更准确,火炮的游隙值更低,达到炮弹直径1/20,炮管更坚固。

蒸汽钻膛技术可以批量生产高质量的火炮,钻膛炮的炮膛中轴线与炮身中轴线始终准确一致,炮手们无须掌握各门炮变化莫测的特性,便可使炮弹不断地击中目标。炮膛中心定位准确,爆炸点四周的炮筒强度和厚度相同,大炮就更安全。更重要的是,大炮可以造得更轻、更容易操纵,而又不降低威力。这是因为钻膛出来的炮管能和炮弹结合得更为紧密,大大降低了游隙值;而在以前,一般认为那样很不安全,因为铸模的差异造成各门大炮的内壁不规整,这就需要在炮弹和炮管之间留出充裕空间,避免灾难性的阻塞导致炸膛。而钻膛炮由于降低了游隙值,用少量的火药就可更快地推动炮弹,而以前则有更多的膨胀气体从炮弹

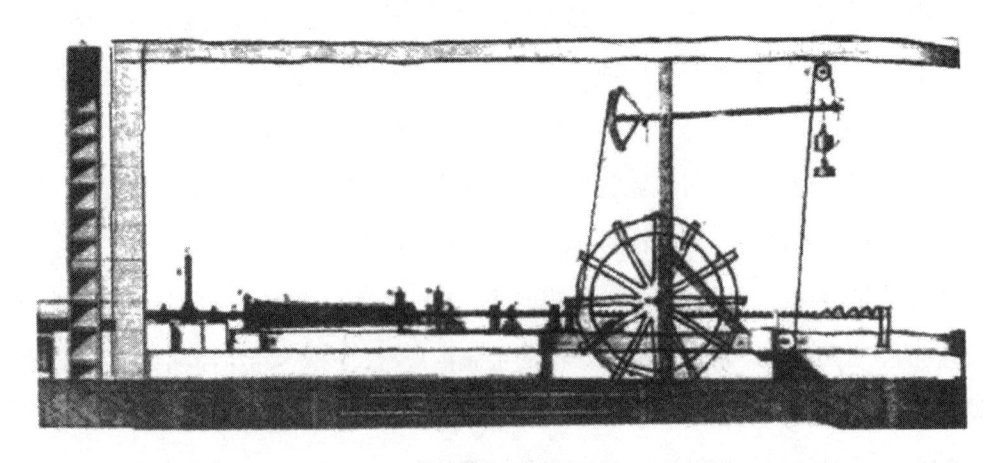

英国的蒸汽钻膛机

四周逸出。这样，即使在炮筒缩短的情况下，减量的火药仍然可以做等量的功。况且火药减量又可安全地减少爆炸发生处——弹膛周围炮体金属的厚度。炮筒缩短，炮壁厚度减少，大炮重量就会减轻，移动就更容易了。产生反冲力后恢复到射击位置也更快。总之，蒸汽钻膛技术减轻了火炮的重量，却大大提升了火炮的射速、射击精准度和机动性，这就是工业革命为英国火炮带来的革命性提升。

鸦片战争时期，中国火器界仍用手工生产方式和传统的泥模铸炮工艺制造火炮，利用人力或畜力加工，生产效率低，制作加工精度不高，火炮内外面粗糙。虽也出现了复合层金属炮和铁模铸炮技术，但在鸦片战争时期未得到广泛推行。18世纪工业革命以后，英国造炮已开始进入机器制造的时代，采用了砂模铸造实心炮体，然后用蒸汽钻孔机实心钻膛技术，不仅大大提高了生产效率，火炮的加工精度和质量也是远远超过清军，这是英国取得战争胜利的重要原因之一。

中、英火炮质量对比

中、英双方在火炮材质和制造技术上的差异，造成了双方火炮质量的差异。主要用生铁甚至是白口铸铁制造的清军火炮质量较差，经常出现炸膛事故。根据关天培的《筹海初集》记载：1835年，他督放虎门炮台的火炮，一次便炸裂了6门火炮。后来，又在佛山镇制造了59门新炮，在试放时就炸裂10门、损坏3门，能用者不足75%。当年，还有一次，关天培为改善虎门防御态势而新制大炮40门，结果在试放过程中炸裂10门，炸死兵丁1名、炸伤1名，另有5门火炮还有其他问题。关天培亲自检查炸裂的火炮，发现"碎铁渣滓过多，膛内高低不平，更多孔眼"，其中有一空洞，"内可贮水四碗！"

工业革命带给英国钢铁行业的新技术使得英国火炮材质和制造技术日益精

进,火炮质量越来越好。1839年的皇家海军的舰炮已经二十年未发生过炸膛事故了。

中、英火炮质量的差距,导致战场上双方火炮在性能和实战效果方面有着天壤之别,我们在讨论这些差异之前,还要先看一看双方的炮弹和火药,因为炮弹和火药的优良也影响到火炮在战场上的实际表现。

中、英炮弹和火药技术对比

鸦片战争时期,中、英双方使用的炮弹类型都差不多,最为普遍的都是实心弹。此外,双方都还少量地使用了链弹和爆炸弹,英军还发射过康格里夫火箭弹。

实心弹其实就是一个实心铁球或铅球。清军实心弹大多为生铁制造,由于清军火炮大多口径偏小,实心弹也都不大,多为1.5千克至15千克,冲击力不强。英军木制战舰的甲板和舷侧板一般是按照能够抵抗68磅(约30千克)实心弹的冲击力而设计制造的,故在战争中常有清军炮弹被英舰"弹回"之说。前文提到,在吴淞之战中,陈化成指挥的西炮台炮弹就被英军旗舰康华丽号弹回,反而击杀了清军炮手。清军实心弹最大的问题还不是重量过轻,而是铸造技术导致的光滑度不足,大多数实心弹的腰间有铸造时留下的缝线,这加大了与本就不光滑的火炮内膛的游隙值,更加影响射击的精确度和射程。

英军的实心弹重量大,最重的有68磅(约30.84千克)。更为重要的是,工业化的生产方式使英军炮弹表面极为光滑,近乎完美的正圆,大大降低了游隙值,使得英军火炮打得又远又准。

所谓链弹是用铁链或铁杆连在一起的两个半铁球,发射后铁链在飞行过程中会被两个半铁球拉开，专门对付敌方舰只的桅杆。战争中，清军较英军使用更多，可能是清军对付英军战舰较多的缘故。

爆炸弹，笔者在前面多次提到。国姓爷曾从荷兰人处学习吸取爆炸弹技术。清军在鸦片战争中也使用过需要两次点火的爆炸弹，第一次点燃较长的炮弹引信，第二次点燃大炮的引信，炮弹发出后落入敌阵，待炮弹引信燃尽后，炮弹爆炸，其内部的碎铁屑等物四散，大量杀伤敌方人员。不过在实战中清军很少使用爆炸弹。英军在战争中，大量使用各类爆炸弹，此时的英军三层甲板战舰均配置60%的实心弹加农炮和40%的空心爆炸弹火炮。英军的爆炸弹又分为内装黑火药的爆炸弹、内装缓燃药和信管的爆炸弹以及内装金属溶液的燃烧弹。前文我们提到英军在九龙之战、吴淞之战中都使用过爆炸弹，给清军造成一定的杀伤力和巨大的心理震撼。

火药是火器的能源，它的种类、质量、形状、尺寸及其在药室中的配置形式对火炮的内弹道性能起着决定性的作用。鸦片战争时期，中、英火药大致还处于同一发展阶段，皆为黑色有烟火药，与19世纪后期瑞典化学家诺贝尔发明的无烟火药有本质的区别。黑色有烟火药是由硝石、硫黄和木炭混合而成的。炭作为燃料，硝石中含有氧气，而硫黄是用来助燃的。此外，硫黄还是一种黏固剂，它能使炭和硝石结合在一起。平均来说，黑火药的比容是260升/千克，爆热是736千卡/千克，爆温是2300℃，火药力是2726个标准大气压/千克。

鸦片战争时期，从总体上看，清军火药纯度不高、威力不大。此时期的炮弹发射所用火药由手工业作坊或工厂生产，亦无其他先进的工艺设备进行粉碎、拌和、压制、烘干、磨光等，只靠石碾等传统设备，造出的火药中硝和硫纯度不高，颗粒粗糙，大小不一，不能充分燃烧，威力有限。清军火药中硝石、硫黄和木炭的比例不大科学，也影响了发射威力。关天培在《筹海初集》中给出了两个火药配方，第一个是枪炮用火药配方，其硝、硫和炭的比例为80%：10%：10%，第二个是火箭用火药配方，其硝、硫和炭的比例为86.5%：5.4%：8.1%。两个配方都是硝石含量过高，而木炭偏少。不过，此时中国也有一些火器家们注意到了火药的配料和比例的合理度。例如，火器专家丁拱辰和福建水师提督陈阶平都曾改良火药制作工艺，制造火药时，将硝比以往多煮一次（共三次），将硫、炭的搅拌物多舂若干杵，计30000杵，其实就是投入劳动，更加精细地制造火药，其效果就远远超过了清军原有的火药，并基本达到了英军火药的水平。但这样的生产费时、费力、费钱，手工生产产量不高，不可能在战争中推广使用。

1842年2月，江苏巡抚程矞采就武器火药等造价报销等问题向道光帝上呈过一道奏折《江苏巡抚程矞采奏报浙江后路粮台制造军械例价不敷酌请变通并缮具条款折》，在奏折后附的条款中，程矞采提到了陈阶平新法火药成本过高、工时偏长、核销困难，可能造成偷工减料，实际生产出的火药质量不稳定，发挥不了太大作用。

> 制造火药用硝为多，而加工制法尤与寻常制法迥异。叠经臣督饬营员，仿照前任福建水师提臣陈阶平奏定通行之案，认真制造备用，不特提煮硝斤折耗较大，即磺炭二项亦须拣择精良，因之物料人工均有增益。核计制药百斤较营中常用之药多用银四五两不等，若照常请销，不敷甚巨，且恐有名无实，仍不能致远有准。

这说明在未发生工业革命的手工生产条件下，中国即便提高了火药制作工艺，在实战中也很难普及。

工业革命爆发后，英国火药开始使用机器制造，其制造设备主要有混合原料的金属捣磨机、硝石单独用的碾压机、搅拌混合原料的梨形翻转器，以及将大块药粒打成小块的粗齿磨、造粒磨、抛光机等。

鸦片战争时期，英国的火药制造采用物理和化学方法，以先进的工业设备，提炼纯度较高的硝和硫；以蒸汽机带动转鼓式装置，进行药料的粉碎和药料的混合；用水压式机械将配置的火药放在碾磨上，压成坚固而均匀的颗粒，使火药具有一定的几何形状和密实性；使用机械式造粒缸，将火药块制成大小均匀的火药粒；将制成的粒状火药放在烘干室内，用蒸汽加热器烘干，使之保持良好待发的干燥状态；用石墨制成的磨光机，将药粒的表面磨光，除去气孔，降低吸湿性，以延长火药的储藏期。这些先进的工业化工艺保证了英军火药的优良品质，虽经过长途海运，到中国以后仍然能保持良好的实战效果。

此外，英军使用的火药配方也比中国的科学。黑火药燃烧时，发生如下反应：$S+2KNO_3+3C \xrightarrow{点燃} K_2S+N_2\uparrow+3CO_2\uparrow$。其实笔者也不懂，但感觉引用这个化学式可以显得本书高大上一些。换句话说就是：硝酸钾分解放出的氧气，使木炭和硫黄剧烈燃烧，瞬间产生大量的热和氮气、二氧化碳等气体，在有限的空间内体积急剧膨胀，压力猛增，于是发生了爆炸。英国正是按照这一方程式，配制出了硝、硫、炭的比例为75%∶10%∶15%的枪用发射火药，以及78%∶8%∶14%的炮用发射火药，后被西欧各国确定为标准的火药配方。

从炮弹与火药的重量比值上，我们也能看出清军火药质量之差。清军一般采用的弹药重量比为2∶1，而英军采用的弹药重量比是3∶1，可见清军用的火药量多，但射击效果却不如英军。

中、英炮弹与火药的质量差距，加剧了双方火炮在战场上作战效果的差异，也成为鸦片战争胜负的重要技术因素之一。

现在我们可以综合中、英双方火炮、炮弹和火药质量来看一看实战中双方火炮性能的对比。

中、英火炮射速对比

火炮射速是在规定的时间内，在不损坏火炮、不影响射击精度和保证安全条件下发射炮弹的能力。射速是火炮性能中很重要的一环，因为鸦片战争时期的中、英火炮都是前膛装滑膛炮，由于火炮自身技术限制，射程和射击精度都不会太好，只能凭借较快的射速在单位时间内将更多的炮弹射向敌方，以摧毁敌方的工事、战舰、人员和作战意志。

在了解火炮的射速前，我们要先清楚前装滑膛炮的装填方式，因为弹药的装填方式是制约射速的最大因素。

清军炮手在装填弹药时，要先用浸湿的棉布或海绵扫净炮膛，以清除上次发炮时残留在炮膛内的火药和残留物；然后将火药从炮口放入，用推弹竿将火药推至炮膛最深处的药膛内；放入炮弹，推至最深处；将与膛口大小相似的麻球或布球推入膛内，使火药推力不四泄，弹出有力；瞄准点燃火绳发射；发射后，由于巨大的后坐力火炮向后移位，炮手将火炮推回原位。这就是清军火炮一次发射的全过程。

英军火炮发射过程差不多，但有三个步骤比清军省时，加快了射速。

第一，装填次数的差异。清军为了降低火药推力的泄漏，需在装弹后，再装入一个麻或布的填塞物，这是因为清军火炮和炮弹均系手工铸造，炮筒内壁凹凸不平，炮弹的光滑度也不好，弹丸和炮筒内壁的空隙（即游隙值）不好掌握。炮弹过大，炮弹与内壁的空隙过小，可能造成炮弹放不进去，或者虽很费力地推进去了，但点放后，火药的推动力不能将炮弹推出炮筒，反而造成炸膛并伤及炮手；因此炮弹制造时，是宁小勿大，可炮弹过小，造成炮弹与内壁的空隙过大，射击的精准度大受影响。所以，清军炮手为了发射游隙值较大的炮弹，只能在装弹后再装入一个与炮膛直径差不多的麻球或布球，这样就能防止火药推动力泄漏浪费，但这样就会延长装填时间，影响射速。而英军部分火炮的炮膛是用蒸汽驱动的钻孔机实心钻膛而成，内壁光滑，炮弹是工业化生产，表面也是光滑的，弹径和炮筒内壁配合得好，游隙值较低，装弹后无须再装入填塞物了。当然，由于鸦片战争时期，工业革命的先进技术初步普及，英军中仍有一些游隙值较大的老式火炮在服役。对此，英军一般用软布包裹炮弹后再装入炮膛，以降低游隙值。这种方法可以在战前组织士兵将炮弹包裹软布，在战场上直接装填包裹后的炮弹即可，无须二次装填，与清军相比节省了时间。

第二，点放方式的差异。清军火炮是火绳点火，与鸟枪的火绳一样，清军火炮用的火绳一般也是用药水熏煮和晾干而成，也有用树皮制成的。朝廷为了缩减军费开支，火绳一向由兵丁自备，质量难以保证。火绳点火由炮手手工操作，本身就不会太快。再加上点放时，炮手由于害怕火炮炸膛，故离火门很远点燃引门，周围炮手为防意外，皆采取了防护措施，这就更加降低了点放速度。下图是丁拱辰所著的《演炮图说》中的"发火步伍图"，呈现了清军点放大炮时的动作，炮手们小心翼翼、担惊受怕地去点燃引信，影响大炮的发射速度。

丁拱辰所著的《演炮图说》中的"发火步伍图"

英军火炮是燧发击发点火和雷汞底火击发点火。这两种击发方式都不需要明火引燃,而是拉动拉火绳。燧发点火是燧石撞击垫铁产生火星,引燃火药;雷汞底火点火原理是将一个铜管插入炮管上的点火孔伸向火药,通过铜管的顶端穿入一根卷曲的金属线,金属线涂有含硫黄的溶液。拉火绳被连接在金属线的另一端,当炮手用力拉动拉火绳时,含有硫黄的混合物就像火柴头一样擦出火花,点燃火药。英军的点火方式没有引信燃烧的延时,拉动拉火绳后,火炮立即开火。工业革命发生后,冶铁技术已发生了重大革新,采用高炉生铁精炼技术,引入炒钢法以生产低碳钢或熟铁,鼓风设备也取得进步。英军多用钢或熟铁制造,火炮质量过关,炮手不必担心炸膛,不用像清兵那样胆战心惊地开炮,自然提高了射速。

第三,火药质量的差异。黑火药质量影响燃烧程度,质量不好的火药会产生大量黑色烟雾,影响炮手视线,耽搁下一次发射时间。比起英军火药,清军火药制作粗糙,质量不稳定,发射后产生的黑烟较多,飘散需要更长时间,造成发射延时。

除了弹药装填方式外,还有几项因素会影响火炮射速:火炮发射后调回原位,发射炮弹造成炮座后滑以吸收后坐力,为使其恢复到发射位置,炮手们必须费力地把火炮向前推回原位,重新装填弹药。火炮发射炮弹后,炮膛发热,需要冷却后才能重新装填火药,冷却速度越慢,等待的时间越长。一般来说,铜炮比铁炮更容易发热,冷却需要等待更长的时间。每次火炮发射后,都要花费时间清理炮膛,因为当时的黑色有烟火药中的硫黄是一种黏固剂,它能使炭和硝石结合在一起。黑火药在爆发时有很大一部分变成坚硬的微粒渣滓留在炮膛里,需反复擦拭才能使炮膛恢复光洁,否则会影响射击精度、降低使用寿命,甚至会发生炸膛事故。这几项影响因素比装填方式需要更长的时间,特别是等待冷却需要较长的时间,但这几项对于中、英双方来说,所需时间都差不多。

当然除了以上技术因素外,中、英火炮射速还受炮手操炮熟练程度的制约,这恐怕是中、英双方火炮射速差距的最重要因素。鸦片战争期间，清军火炮射速一般为每六分钟1发，而英军火炮射速可达每两分钟3发。如此大的射速差距，清军炮火怎么可能不被英军压制呢？

中、英火炮射程对比

在第二章中，我们可以看到在鸦片战争的很多次炮战中经常出现"敌能及我，我不能及敌"的被动局面，说明清军火炮射程普遍小于英军火炮。从现有史料上看，英军重型加农炮有效射程约1500米，最大射程不小于4500米。而清军的重型红夷大炮有效射程约1000米，最大射程不超过2000米，较为轻型的其他类火炮有效射程只有300米至400米。

造成以上差异的原因，最重要的无非也是火药质量、炮弹形状、炮弹与炮膛游隙值等因素。

炮弹离开炮口的初速度是影响火炮射程的一个重要因素，在其他条件相同的情况下，初速度越大，射程也就越远。火药质量影响炮弹的初速度，火药燃烧时产生的化学性能低，燃烧速度越快，产生的推动力就越小，初速度也就越小。清军火药质量较差，为了提高射程，只能增加火药量，可这又增加了炸膛的风险，外加清军火炮铸造技术落后，材质相对原始，炮手们不敢放入太多的火药量，因此必然制约了火炮的射程。

炮弹形状也很重要，外观粗糙的炮弹在飞行中所受空气阻力大，速度下降快，落点就比较近。清军炮弹大多是手工铸造的实心弹，两个半球之间多有缝线，光滑度较差；而英军的实心弹为工业化生产，光滑度好，致使双方火炮射程差异较大。

游隙值的大小在火炮射程上也是个重要问题。英军的蒸汽驱动钻膛机能够标准化地制造内径相等的炮筒，而且内壁相当光滑，这都减少了炮弹与炮膛的游隙值，提高了火炮射程；中国火炮主要是用泥模铸造的方式生产，火炮内膛经常出现气孔，光滑度差、游隙值高，火药爆炸产生的推动力多被浪费，射程必定不如英军。

当然，还有一个问题就是火药质量。清军的火药质量较差，硝和硫的纯度不高，颗粒粗糙，不可能充分燃烧，产生的气体少，推动力就差，火炮的射程自然也不会远。

中、英火炮射击精度对比

火炮射击精度是指平均弹着点对目标的偏离值，以平均弹着点与目标点间的直线距离衡量。19世纪中叶以前，中、西双方的滑膛火炮射击精度都很差，游隙值是火炮射击精度的决定性因素，游隙值大，意味着炮弹在炮筒内上下跳动，故射击精度必然很差。

鸦片战争时期，清军火炮和炮弹的制造技术尚无标准化，泥模炮内膛不光滑，蜂窝与气孔较多，为保证炮弹顺利发射不炸膛，只能选用尺寸小一些的炮弹，火炮的游隙值必然增大。炮弹在炮膛内跳动，准确射击难乎其难。没有工业革命赋予的机械化钻膛机是不可能大规模提升炮筒内壁光滑度的，为了避免炸膛，只能牺牲射击精确性了。

发射辅助工具也是火炮射击精确性的保证。前文我们讲过明末有很多军事著作都介绍过火炮射击的方法和辅助发射工具，但由于承平日久，鸦片战争时期的清军对测量火炮发射角的铳规，大多没有或不会使用，更没有"炮表"可供炮手参考使用。

由于红夷大炮是圆锥形炮身,所以瞄准线难以和轴线平行。因此,要能够利用这个误差计算出炮口在各种情况下的详细仰角,必须利用勾股重差术的原理算出各种大炮的射程,尔后编成炮表,供炮手实战射击时快速查阅使用。将此炮表立于炮身上是最方便的瞄准方式,但清军火炮没有此种立表。到了战争后期,清军学习英军火炮的瞄准方式后,才开始出现炮身立表。

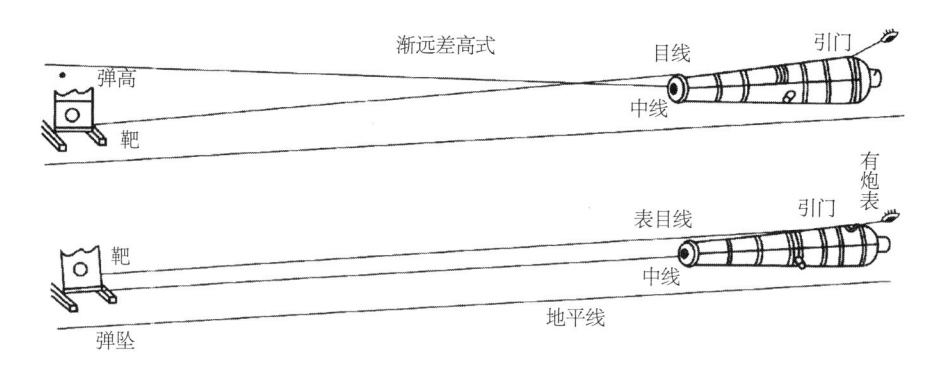

《海国图志》中的有无立表的两种射击示意图

上图没有立表,炮手用眼睛瞄准的目线沿圆锥形炮身必须有向下的误差。下图中的火炮配有立表,目线沿立表上沿精准瞄准目标。

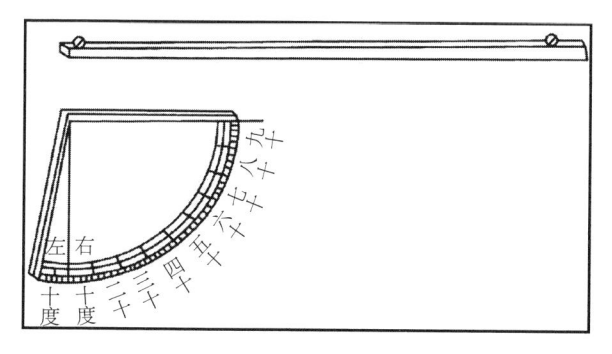

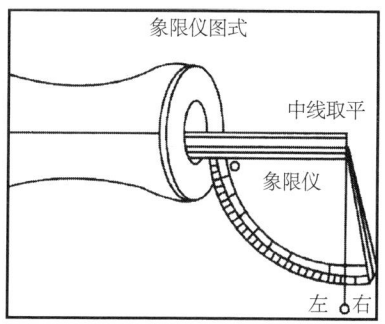

《海国图志》中描绘的清军象限仪及象限仪的使用方式

战争后期，清军也有利用象限仪和直角三角形原理测量炮口仰角的。

炮架的机动性也是影响火炮射击精确度的重要因素。我们在前文中多次提及清军炮架、炮车不灵活，有的火炮甚至没有炮架。关天培在《筹海初集》中曾讲虎门的镇远、横档两炮台砖石结构不合理，需要改进。在描述中，我们可以发现，这两个炮台的火炮好像没有炮架，是直接放置于炮台上的，转动炮口全凭士兵搬动。

一炮放出，炮与座均退后四五尺不等，以三五千斤大炮，欲推归原位，石既不平，粗尤滞墙，非十二三人不能运动，逐炮如此，难期迅速，必须以土易石，而土面又加细沙，俾挪移滑溜，四人即可撑回，此不可缓之事也。

炮架不灵活甚至没有炮架造成清军火炮不能左右转向和上下调整发射仰角，外加泥模炮炮壁厚、炮身重，动辄几千斤，清军官兵只能祈祷上苍让英军从炮口指着的方向进攻，千万不要从侧背进攻。因为这样，火炮可能连炮口都不能对准敌人，何谈射击精度！

英军铁炮膛多系蒸汽钻探机实心钻膛而成，不仅管壁造得薄，而且非常光滑，同等威力的火炮相对重量更轻，从而机动性和射击精度大为提高；英军的双轮陆军炮架和四轮滑车舰炮炮架，以及发射时众多辅助工具的配合，都有助于提高火炮机动性和射击精度。

鸦片战争前后的英国加农炮的游隙值已降低到了膛径的2%～5%。如此，只要装填较少的火药，炮弹就可得到较高的初速度，同时还提高了发射的精确性。再者，由于用药量的减少，火炮管壁即使变薄也不至于炸膛，管壁薄炮体就轻，火炮的机动性大增。真是牵一发而动全身，一处强，处处强。

此外，英军所用炮架也很先进。木质坚实，能经得起火炮发射时的剧烈震动。英军舰炮炮架由四轮小车构成，可以通过运动自行抵消火炮发射的后坐力，且不会对木质船骨造成损害，使舰炮能在有限的空间里有效使用，同时炮身与强滑车连用，可以控制炮身反弹，把炮车拉回船内重新装上弹药后再拉出发射口。在训练有素的炮手手中，完成整个过程耗时不会超过一分钟。炮手还可以通过移动炮尾下方的木楔子来提高炮口高度。

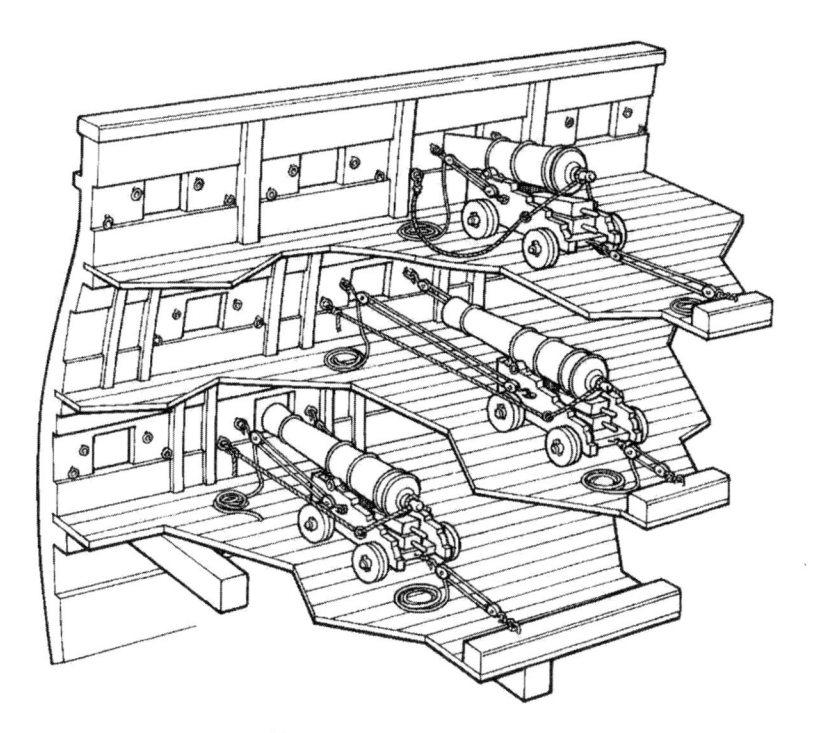

英军三层甲板战舰火炮示意图

上图中最上层的火炮已经伸出炮眼，随时可以发射了；中间层的火炮刚刚发射完毕，在后坐力的推动下，炮车已将火炮推回舱内，在相对安全的船体内，炮手们清理了火炮后可以重新装填弹药了；三层甲板的火炮可以形成火力不间断地轮流射击，给敌方阵地或船只造成持续打击。鸦片战争中，在厦门、定海和吴淞等地，英海军舰炮都用迅速持续而猛烈的炮火压制并摧毁了清军岸炮阵地。

18世纪以来，欧洲各国陆军普遍使用了金属炮架。每门火炮通常在配备1辆炮车的基础上，再加上1辆前车。当火炮要随军机动或运输时，将前车和炮车前后连接起来，使两车一前一后，成为四轮炮车，火炮便可平稳地架在车上行动，即使是起伏有坡度的地形，也能快速行进。鸦片战争中，英陆军使用统一尺寸的炮架，为了便于机动，骑兵炮队所使用的火炮，其炮身可在分解后吊离炮架，装入专用炮箱；炮架用车牵引，可以迅速转移，设置新的火炮阵地。从广州之战到镇江之战，英军多次实施两栖登陆作战，其中火炮不仅能快速上岸，还可以随时转移阵地，为英步兵攻城略地提供了有利的火力支援。

英军火炮机动性的提高保证了其射击精确性，但射击的辅助工具也是必不可少。英军火炮的辅助工具除了前文提到的炮表外，较为重要的是矩度。欧洲在16世纪以来就已经用矩度测量距离，尔后利用勾股定律计算出目标的远近距离。使用此种工具，可以先行测得敌人的目标距离，再根据远近，调整炮口仰角，射击精确度自然不会太差。

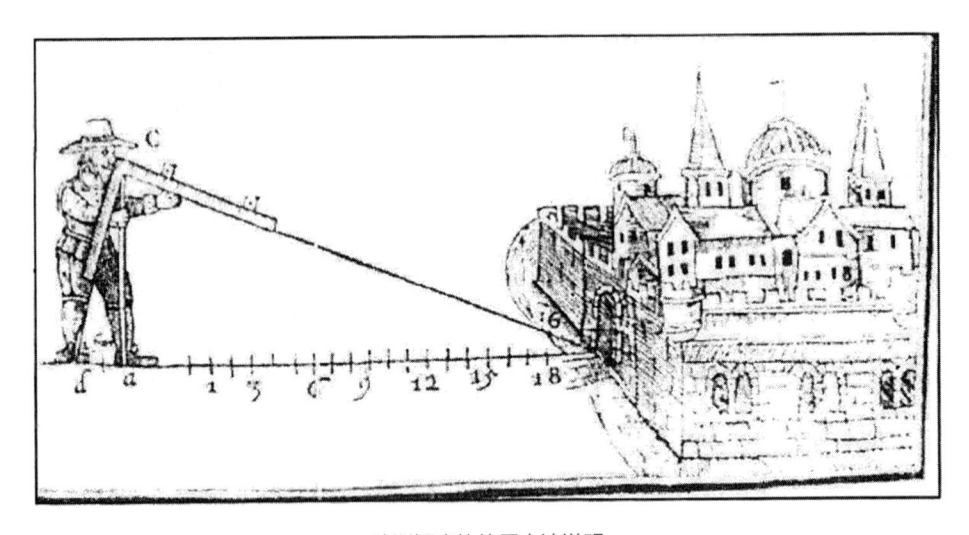

欧洲矩度的使用方法说明

英军以辅助工具为射击指导，以灵活的炮车调整仰角，光滑的内膛使炮弹能沿着炮口的方向准确地射向目标，这一切都不是未发生工业革命的中国能做到的。

中国VS英国——防御工事

鸦片战争中，清军炮台是各海口、海岸、江防最主要的防御工事，一般以炮台群的形式出现，以在沿海险要之地修造的露天式炮台为主，用以长期坚守国防要地，控制重要地区以及封锁由海岸通向内陆的交通要道。规格较小的炮台可置炮几门至十几门，多的几十门，呈圆周、半月形或一字形。

当时清军炮台的形制一般是台顶外设有挡墙，墙壁上开炮眼，顶上有垛口，安于墙后的火炮从炮眼和垛口向外发射。炮台周围大多筑有围墙，以保护炮台主体。炮台部分与营盘部分连接，营盘作长方形或梯形，此依地势而定。

《演炮图说》中描绘的鸦片战争时期清军线式炮台图

这样的炮台形制主要还是自宋代以来中国传统的城墙堡垒式，高台长墙，裸露式方形、圆形、半圆形、直线式高台建筑，既无顶盖遮蔽工事，又无交通壕。

平时易受风雨侵蚀，战时人员、火炮易受损伤。对付小股海盗也许管用，实难抵挡英国舰队。

清军坚固的炮台多为砖石结构，一经炮弹轰击，碎石横飞，反而增加敌炮的杀伤力。当然，关天培等将领也认识到，应该用三合土替代砖石，但有限的资金和庞大的工程量，战前绝大多数砖石炮台没来得及改造。

虎门的横档炮台就是无顶盖遮挡的砖石炮台，防护性能较差。一名曾参战的英国军官写道："1841年2月的中英虎门之战，都鲁壹号和哥伦拜恩号急速在萨马兰号的船尾就位，都鲁壹号的舷侧长炮集中齐发，效力惊人，整片整片的石筑工事当面倒塌。大船放的炮火这样精确，单单一炮便把炮台上的旗杆打掉，炮台的建筑物立刻轰毁，它的守兵几百几百地从我们的炮弹在墙上所打穿的洞中逃走了。"

清军炮台的设置只考虑了正面来敌，属于线式防御工事，并无纵深配备。炮台正面建有墙垛，上面和后面缺乏掩护，不利于守兵作战，炮台后面不设防，成为最薄弱环节，这正是清军炮台最明显的缺陷。厦门的石壁、定海的土城和吴淞的土塘都是这种线式防御工事，在这些战役中，英军都是使用正面舰炮轰击，陆军从侧后方登陆抄袭的战术，而且屡试不爽。

此外，清军炮台炮眼的开口不合理，不是过小，就是过大。过小，大炮的射击面太窄，大炮所覆盖的范围就小，在一定程度上限制炮台功能的发挥。过大，炮台内部很容易受到敌人炮火的攻击，易使炮台受到毁灭性的打击。我们在前文讲过，厦门石壁炮台的炮眼过小，导致清军炮口左右活动范围很小，基本上只能直击。据英军上校奥特隆尼的记述，定海炮台的炮眼前方不向两侧扩大，其炮眼开口处的宽度只能使炮的射击线往左右移动仅仅5度！1841年2月，在《钦差大臣琦善奏为义律缴还炮台船只并沥陈不堪作战情折》中，琦善讲到虎门炮台"台上炮眼，其大如门，几足以容人出入，迨被轰击，竟致无可遮蔽，故尔全不得力"。

通过以上的分析，大家可以看出19世纪中叶的中国炮台尚不及17世纪60年代国姓爷从汉斯·罗迪斯处学到的破解文艺复兴城堡的方式，说明在近两百年的时间里中国在防御工事修建方面没有太大的进步，明末清初出现的介绍西洋筑城法的军事著作基本上被人遗忘了。

19世纪，欧洲炮台在文艺复兴城堡的基础上又有所发展。鸦片战争前后的欧洲盛行两种炮台，皆用三合土筑成，一种是全封闭的圆形炮台，开三角炮眼，通常在孤悬的海岛之中，就其山麓形势，循环围筑。下图是《演炮图说辑要》中绘制的此种炮台的图片。

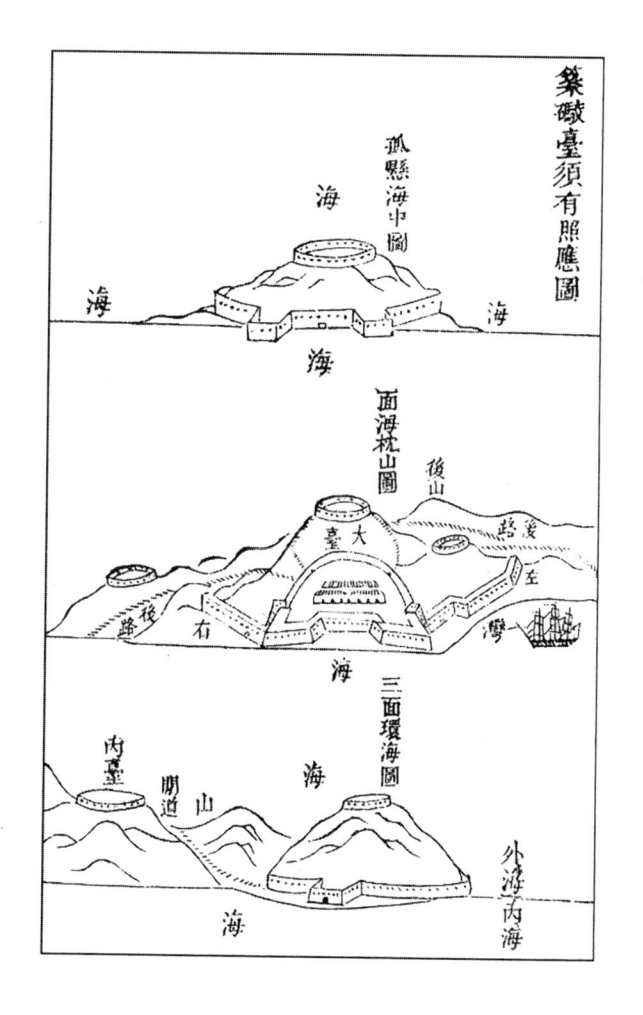

欧洲的这种炮台不仅有顶盖遮蔽，而且在后方纵深都配有小型炮台保护，比起清军炮台大大提高了防御能力。

另一种是低矮的棱堡，为不规则的五角形，有实心和空心两种，可设置数门火炮，既可射击要塞正面的敌人，也可侧射接近要塞围墙的敌人，一般建筑在内河两岸。下图是《演炮图说辑要》中收录的当时法国棱堡式样，英国堡垒应与此相同。

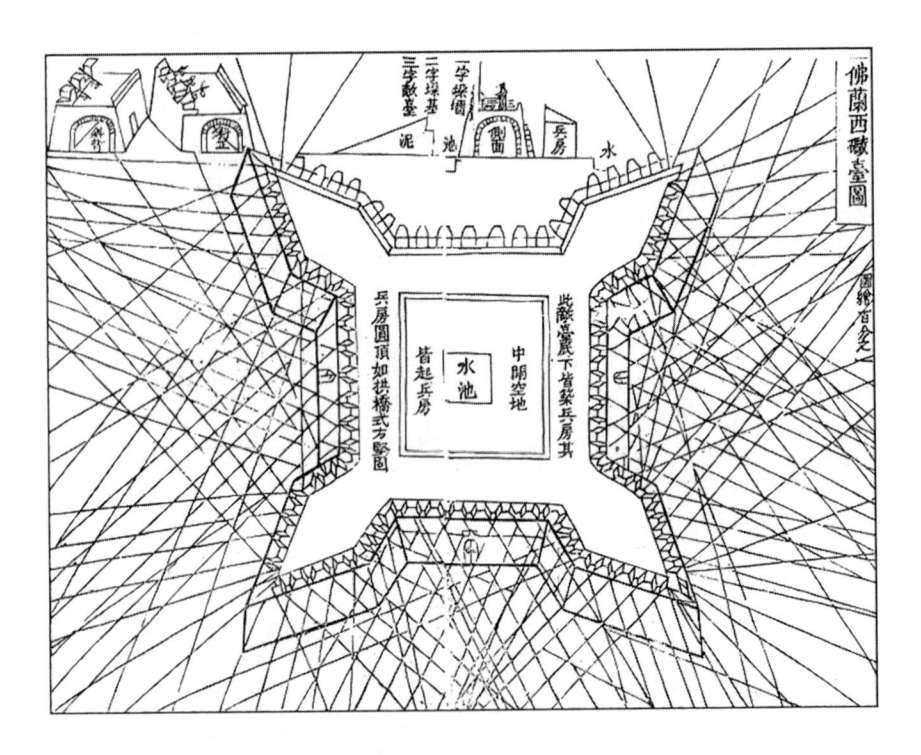

这两种炮台均是掩体性建筑，内储足够的弹药和粮食。各炮台或棱堡之间通常有掩蔽式通道联系，便于互相支持、撤退。炮台建筑充分考虑了各种火炮对守台士兵的杀伤力，不但自身有各种避弹装置，而且进攻方很难找到躲避炮台火力的射击死角。

当然，鸦片战争时期的英军主要是在中国东南沿海的海域或陆地上与清军交战，英军是进攻方，其堡垒和炮台并未参战。但19世纪中叶前，英军在欧洲长期作战，其对付的炮台都是以上这两种形式的炮台堡垒，早已积累了丰富的争夺要塞战的经验，攻取清军线式无纵深防御的炮台自然是易如反掌。

由于炮台堡垒的修筑不需要蒸汽机这样的工业革命技术基础，因此中国学习得很快，在战争后期及战后不久已经开始修造近代式的堡垒了。吴淞之战中清军就有半圆形堡垒炮台投入实战。1843年，在两广总督祁贡的主持下，清军仿照欧式炮台的建筑方式，根据攻防兼备和驻守地区的地形特点，用三合土重建了虎门炮台，此时期设计了三种新式炮台，炮台周围设置暗沟，埋设地雷，并设伏兵。

战后虎门和广东新建的近代式炮台

此时，中国重建的炮台已经是半圆形封闭式的堡垒炮台了。与国姓爷时期相似，炮台堡垒虽然落后于欧洲，但能够很快赶上欧洲先进式样。

中国VS英国——战舰

分析完中、英双方的火炮和炮台，我们再来看看双方差距更大的另一项技术，也是决定战争胜负的因素——战舰。前文我们已经讲过，在国姓爷收复台湾的17世纪60年代，中国的战舰技术和性能就落后于欧洲。鸦片战争时期，中欧战舰技术差距进一步扩大，外加清军船炮性能不佳，故战争始终，除了十几次的海陆炮战和近岸内河水战外，清军没有实施过一次大规模的抗英远洋海战。舰船技术和性能优劣的差距使清军只能株守林则徐制定的"以守为战，近岸防御"原则，最终陷入被动挨打的境地，完全失去海上战争的主动权。

清朝舰船种类繁多，有数十种之多，根据《清史稿》《清朝文献通考》和《钦定大清会典事例》等文献中记载，外海舰船主要有：赶缯船、艍船、唬船、沙船、䑸船、同安梭船等，内河舰船主要是巡船、桨船、八桨船等。闽、广、江、浙主造海船，是官方船厂的主要所在地，北方舰船也在此制造。从嘉庆初年到道光末年（约1796—1850），外海舰船共28种，内河舰船共34种。同一种船只又有不同尺寸，自然不利于管理与维修，再加上许多舰船性能较差，不利于缉捕海盗，更不要说是抵御外侮了。这些舰船大多是民间商船式样改造而来，不是为海战专门设计的。各省舰船种类与名号众多，说明手工生产方式主宰下的清朝船舶业发展的滞后、中央与地方政府管理的混乱，难以保证舰船在实战中有令人满意的表现。

正因为舰船规格变劣，以致最大的战舰吨位不超350吨，平均载量在250吨至300吨，小于英国六级舰船的水平。英国六级舰船载量为600吨，甲板长120英尺（约36.57米），载炮20门至28门。当然，中国船厂也能造出1000吨级以上的舰船，但这并不是普遍的舰船标准。

从清朝舰船的配置来看，直到鸦片战争前夕，其仍处于桨帆舰船时代，木质船型较瘦长，吃水较浅，干舷较低，主要靠人力划桨摇橹推进，顺风时辅以风帆。虽然桨帆舰船装备有冷热兵器，但只限于内河、湖泊和近海航行作战，与处于风帆时代的英国舰船不可同日而语。英舰船船体主要为木质，但它吃水较深，干舷较高，舷娓翘起，以风帆为主要动力，与桨帆舰船相比，其排水量、航海性能、远洋作战能力均有了较大的提高。

除了舰船本身落后外，清军舰船载炮数量也比不上英军。清朝水师舰船的载炮数最多不超过20门，少的只有两三门。由于清军船只不能负载过重，载炮数必然要减少。重炮的后坐力几乎与炮弹落点受到的破坏力一样大，故清军舰船一般配置数百斤至两三千斤重的舰炮10余门，火炮威力有限。鸦片战争时期，中国舰船平均载炮4门至14门，发射炮弹小于10磅（约4.5千克）重，无法与载炮74门，甚或80门的三级舰船（如麦尔威厘号、威厘士厘号、伯兰汉号和后来的康华丽号）或处于配角的武装蒸汽船（如复仇女神号）相提并论。

清军舰船都用松木、杉木、铁力木等材料作为船体，除船板铆制铁钉外，船首、船身无金属包裹，不能撞击，容易腐朽，需要经常修缮，九年以后基本不能再用。外海水师的舰船长年受海水浸泡，船底容易附着海中的寄生物，使船的行进速度降低。再加上船厂疲于修船，根本谈不上对舰船制式进行改进和更新。另外，船厂因应接不暇而造成承修舰船普遍延迟和积压现象，故在航率较低，影响水师的训练和值勤任务。前文讲过第一次定海之战时，定海清军各类舰船77艘，在修理中的竟高达30艘，在航率仅61%。

广州的英文期刊《中国文库》1836年8月号中，有一段关于中国舰队的记述。

中国的战舰庞大而笨重，像一堆木材，有着席帆、木锚、藤缆，船身的弯度颇大，船首平直，船尾没有企柱但又格外高，并用金黄色与画图装饰着，……甲板上有守望台；船平底，吃水浅，船身红色或黑色；船首有凸出的大眼睛……在风平浪静中显得迷离恍惚，庞大笨重，这便是清帝国"第一等"舰队的外貌。他们之中没有一只超过250吨至350吨,一般只有大炮两门至四门,都安装在一个固定的炮床上,使得它们像如前所述,除非在平静的海面上,否则就全无用处。不过,我们有时也看见负有特别任务的大战舰,架有六门大炮,以及在已故的律劳卑事件时,泊在澳门南湾炮台面前的两只各架有八门大小不等的大炮,其中两门是旧式的铜制的野战炮,足足占据了舱面全部的宽度;如果开起炮来,即使战舰不沉没,炮也会反撞倒向后面舰舷侧门通道跌下海去。

这就是鸦片战争前夕,清军舰船的真实写照。

舰船技术决定海战战术,落后的舰船不可能有先进的战术。清海军战术基本上还是中世纪水平,让舰船千方百计地占据上风,或用火攻之法,或攻击敌船首尾,或横向冲击敌船,当舰船接近敌船之际,士兵抛掷火球、火罐,散放火箭、喷筒以及爬桅跳船,普遍采用接舷肉搏战和横阵冲撞战术,用冷兵器与敌方短兵相接。但在实际海战中,英国战舰强大的火力让清水师舰船根本无法近身,也无法用火攻,会被击中或击沉。

反观英国海军的强大,对清海军简直是真实版的降维打击。1840年,英国战列舰总吨位达到25.7万吨,当时美国、法国、荷兰、西班牙、丹麦、瑞典六国战列舰加起来的总吨位仅16.9万吨。这样一支舰队,再加上先进的航海技术、火炮技术和丰富的海战经验,清朝海军怎么可能与之匹敌呢?

英军战列舰是一种装备强大火炮武器及装甲防护最强的大型水面战斗舰只,为木质三桅大帆船,排水量在1700吨至3000余吨,载人300人至500人。根据火炮和甲板数量,分为双层甲板战列舰和三层甲板战列舰。根据火炮数量,战列舰又分为一等、二等、三等战列舰。一等战列舰载炮100余门,发射12磅至32磅的炮弹,一次单舷齐射,便可发射出半吨重的炮弹,射程超过1英里(约1609米),32磅(约14.5千克)重的炮弹在最远射程上可击穿2英寸(约5厘米)厚的橡木板。

说实在的,英军侵华舰队等级不高,最大的战列舰仅属三等战列舰,它们是以载炮74门或80门的三等战列舰为首,以五等、六等舰为主,以各种武装蒸汽船、运输船、运兵船为辅助的混合型舰队。下图是鸦片战争时期,英军载炮74门的三等战列舰图,侵华的麦尔威厘号、威厘士厘号、伯兰汉号和康华丽号应该大致如此。

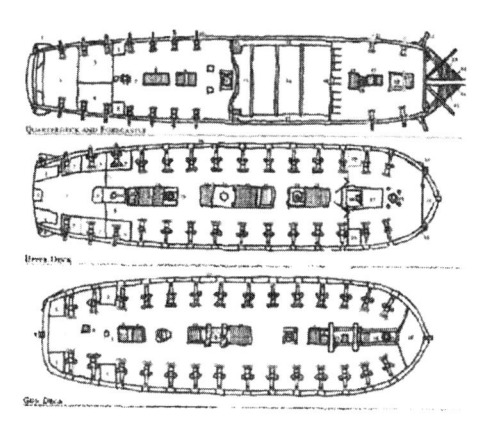

英军木质风帆舰船的船壳通常选用坚实的橡木板,双层的总厚度可以达到46厘米。造舰木材的干燥处理非常重要,战舰要想经久耐用,最关键的就是采用充分干燥的木材,木材中的水分不能超过20%。这往往需要把木材妥善存储很多年来干燥,最理想的状况就是利用干燥的木材慢慢地造船,让船的框架和外壳自然干燥,这样造好一艘船至少要三年的时间,最理想的时间是六年。还有就是前文已经提过的,英国人在舰壳外包上了一层铜皮,这样既可以防止海洋生物寄附,又能提高航速和性能。

以上强大的风帆战舰足以让清军的任何舰队闻之胆寒,但如果清海军训练有素,仍可以像国姓爷那样利用近岸浅水和数量优势,在特定情况下战胜英舰。不幸的是,工业革命给了英国人武装蒸汽船这种新型武器,使得中国在近岸浅水水域中的优势不再。

从全球范围来说,在鸦片战争中是武装蒸汽轮船第一次参与实战,便大显神威,它利用自身吃水浅、动力足、航速快、机动性强等特点,在中国沿海和内河中畅行无阻，横行肆虐。

蒸汽动力堪称19世纪的原子能，使海战的战略战术发生了彻底的变化。军舰可以直线航行，不必根据风向和水流曲折航行。蒸汽机使航行速度加快，能较为准确地计算航程所需时间，并适于近海作战。过去，风向是海战中最重要的因素，但现在速度成为更关键的因素了。

采用钢铁造船也同样意义重大。与木制舰船相比，钢铁舰船能够造得更大、更坚固，设计也更多样化，它可提供更加稳固的基础以装载巨型火炮。铁制船身比木制的更经久耐用，还可分隔成水密舱来增加抗毁能力，就初始造价和维修费用而言，钢铁也比木料更便宜。

前文我们讲到的晏臣湾海战和黄浦江海战都是在近岸或内河中，复仇女神号等一两艘铁壳蒸汽轮船完胜清军十几艘舰船，其威力不言而喻，彻底打破了中国舰船曾在近岸浅水水域保持的优势。

当然，投入鸦片战争的蒸汽轮船，不论铁壳还是木壳都是明轮驱动。巨大的明轮不仅很容易成为敌军射击的靶子，还妨碍了侧舷炮的安放，每船载炮不过几门。因此，鸦片战争时期的蒸汽轮船不作为战舰使用，由于其蒸汽动力不受风向和水流的制约，蒸汽轮船最重要的任务是将受风向和水流影响的大型风帆战舰拖拽至合适位置进行攻击，或者将登陆舢板小船送至离岸最近的地点，减少登陆小船被击沉的风险。在鸦片战争的各次战役中，都少不了复仇女神号和其他蒸汽轮船拖拽大型战舰或运送部队登陆的情景。

但上述的这一切仅仅是蒸汽轮船在战役层面的优势，其最重要的作用并不在此，而在战略层面。笔者认为，从战略上讲，英军获得鸦片战争胜利的最重要因素就是蒸汽轮船的投入使用。因为如果没有蒸汽轮船，英军虽然可以取得沿海各次战役的胜利，但很难深入内地，清政府可以采用以拖待变的战术，耗死远道而来的英国远征军，或至少将战争变成一场持久战，让后勤补给成为制约英军取胜的大难题。实际上，"扬威将军"奕经在浙东反攻前，招募了一个100余人的幕僚班子，其中有一人名叫臧纡青，他就曾提出用持久的游击战收复浙东三城的建议，"不区水陆，不合大队，不剋期日，水乘风潮，陆匿丛莽。或伺伏道路，见夷就杀，遇船即烧。重悬赏格，随报随给。人自为战，战不择地"，等到浙东三城的英军"步步疑忌惊惶"，再以大军进击，内应配合，"内外交逼而尽歼之"。奕经虽未采用他的建议，但这至少说明，当时的中国人已经认识到了以弱胜强的正确办法，如果战争僵持下去，持久战和游击战未必不会进入清廷抗英的战略考量。

关键是如何让战争僵持下去，大家不要忘记，从第一次定海之战到虎门之战、广州之战、厦门之战、第二次定海之战，再到镇海之战，甚至到了吴淞之战，清军虽一败再败，朝廷上下也一再出现"主抚"的妥协退让之声，但从未有过要签订割地赔款的不平等条约以结束战争的想法，因为无论英军如何船坚炮利，如何攻城略地，都不能伤到清朝的要害，而只是在沿海边缘地区闹闹乱子，在清朝统治者看来，英夷与当年张格尔叛乱的边患没有太大区别，远没有帝国内部传统事务重要。即便英夷占领广州，最多也就是中断了中外贸易，影响清廷的粤海关税收。可早在1839年12月，为迅速解决虎门销烟及穿鼻之战后的遗留夷务，道光帝就曾向林则徐、邓廷桢和关天培下达过一道《为英船胆敢首先开炮接仗著即停止对英贸易等事上谕》，主动表示终止中英贸易，放弃税银。

若（英夷）屡次抗拒，仍准通商，殊属不成事休！至区区税银，何足计论，我朝抚绥外夷，恩泽极厚，该夷等不知感戴，反肆鸱张，是彼曲我直，中外咸知，自外生成，尚何足惜！著林则徐等酌量情形，即将英吉利国贸易停止，所有该国船只尽行驱逐出口，不必取具甘结。

这说明，无论英军在沿海地区，甚至在广州如何逞凶，都不能触及清廷的痛处，更不可能迫使皇帝同意英国的请求签订不平等条约，战争是有可能僵持下去的，持久战也有可能成为清廷的选择。但英国政府和远征军统帅也十分清楚这一点：英国政府和巴麦尊大人多次指示，英国远征军打击和占领的重点应是长江流域的舟山群岛；英军兵临广州后，义律仅索取赎城费和赔偿，并未进入广州城。

只有北上才能制服清政府，才能实现英国发动战争的目的。但限于当时的技术水平和兵力状况，英国远征军的北上也不具备占领天津、威胁北京的能力。线膛炮、圆锥形子弹和螺旋桨而非明轮驱动的蒸汽轮船，在19世纪40年代尚未发明或尚未投入实战，而这些正是第二次鸦片战争中英法联军攻入北京的技术保证；英国远征军经增援后，兵力最多时，海陆士兵不过20000人，各类舰只不过70余艘，而第二次鸦片战争攻入北京的英法联军仅陆军部队就有28000人，还有各类舰船120余艘。

综上，鸦片战争中的英国远征军在战略选择上是既想北上进入清廷核心区域，又没有北占天津威胁北京的实力，他们只能选择在长江流域想办法打疼清廷，迫使皇帝屈服。办法就只有截断大运河的漕运，中断南北经济大动脉，才能从南方直接影响北京。这就需要英军舰队深入到大运河的枢纽——镇江，沿长江逆流而上，从入海口到镇江水路近300千米，正如我们在前文所讲到的，长江水流速很快，有些地方的流速达每小时4.8千米至5.6千米，部分水道水面下密布沙滩和暗礁，长江内河不像外洋中有如此强劲的风力。面对如此错综复杂的航道，如果没有吃水浅、自身具备动力的蒸汽轮船，英国70余艘舰只组成的大舰队怎么可能逆流航行至长江上游300千米的镇江呢？特别是像三等战舰康华丽号那样拥有74门大炮的浮动堡垒，是绝对不可能在风力小、水流急、浅滩暗礁多的航道中逆流而上300千米而不发生事故的。

我们从参加扬子江战役的英军舰队编制中也能看出蒸汽轮船的重要性：英舰队主力编成一个先遣舰队和五个纵队，先遣舰队和每个纵队都配备了蒸汽轮船，其中先遣舰队配置了多达5艘的蒸汽船。正是有自带动力的蒸汽轮船的拖拽才使整个舰队能够在风力不大的情况下逆长江激流而上，深入中国腹地达300千米，攻占镇江，兵临南京的。

曾随复仇女神号参与扬子江战役的伯纳德（W.D. Bernard）在《复仇女神号轮船航行作战记》中记录了英舰队沿长江逆流而上的情况。

> 沿江一带有许许多多的沙滩，而且由于江流湍急的缘故，有些沙滩还在随时改道。快到镇江府那一带地方，江中还有暗礁，随时可以发生危险。而在扬子江航行所遇到的最大困难，还是江水的急流，即使不受潮水的影响，有些地方水流的速度每小时达到三英里半至四英里（每小时5.63千米至6.44千米）。按理说，我们这支舰队的每只船都有陷滩搁浅的可能，如果其正碰到这种事情那一点儿也不足为奇，……我们的轮船是少不掉的，有些时候，我们还需要两三艘轮船一道来协助，将陷在滩上的舰船拖下来。

笔者说了这么多，其实就是想告诉大家：在鸦片战争的技术和兵力条件下，英国远征军让清廷屈服的唯一办法就是截断中国南北经济大动脉——京杭大运河，而这就需要深入长江上游300千米，占领镇江和南京，没有蒸汽轮船的参与是不可能完成这一任务的。完成不了此一任务，中英之战有可能僵持下去，清廷有可能改采持久战、游击战的策略，拖垮英军，或至少大大增加英军取胜的难度，可能必须牺牲全球其他地区的军事存在，再次大批增援才能战胜中国。

这就说明了，工业革命赋予英国人的蒸汽动力在战略上为保证英军取得鸦片战争的胜利起到了至关重要的决定性作用。

中国VS英国——将领谋略与部队训练

对比完了技术因素，我们再来看看鸦片战争时期，中、英双方的人文因素。首先，我们比较一下双方指挥人员的素质。

英国远征军先后几位指挥人员（义律、懿律、伯麦、布耳利、巴加和郭富），在军事指挥上的才能并不十分突出，使用的战术也很单一。鸦片战争中的历次战役，英军使用的基本上都是正面进攻加侧翼抄袭的战术，利用优势武器攻坚，战胜清军。虎门、厦门、定海、镇海、乍浦、吴淞和镇江各次战役，没有一次用奇谋取胜。虽然有可能是因为清军实在太差，英军指挥人员无须用谋，但这也未能体现出他们卓越的军事指挥才能。

反观清军一方，指挥人员素质可谓太差，知兵懂兵的人太少，了解英国和英军的几乎没有。连林则徐都认为英国军舰只适合外洋作战，步兵更是"腿足裹缠，结束紧密，屈伸皆所不便，若至岸上，更无能为"。正是基于此判断，林则徐才提出了诸如火攻、接舷战等过时的海战战术，并对陆地防御过分轻视。林则徐尚且如此，其他指挥人员，如奕山、颜伯焘、裕谦、奕经等在军事指挥才能方面只能说是更显滑稽可笑了，当然笔者并不否认裕谦、关天培等人为国尽忠的精神。

我们还可以将清军指挥人员与国姓爷及其将领比较一下，更能见其素质之差。同样是利用天意提升士气，国姓爷善用阴历初一涨潮的有利天时，将大型舰队顺利带过平日水浅的鹿耳门，同时假装不知，演出一场大摆香案、祈求上苍的戏给全军将士看，大家见大军安全渡过鹿耳门，自然感觉是老天庇佑，士气大振。而浙东反攻前的奕经却趁大年初一去西湖关帝庙占签，事关国家前途命运的反攻日期竟根据占签结果确定，非要什么四寅佳期、五虎扑羊，自以为能提振士气，最终却导致浙东大反攻成了一场大溃败。

在北线尾大战中，国姓爷手下大将宣毅前镇陈泽虽新到台湾，但能充分利用北线尾狭长沙洲地形利于背后登陆的特点，发挥了兵力优势，避免了己方火器不如对方的劣势，做到了扬长避短，在荷军背后登陆，前后夹击战胜了拔鬼仔上尉。而在反攻宁波的战役前，奕经没有掌握宁波城中的地形、街道等情况，致使攻入城内的大队清军竟涌入狭窄街道，英军利用了此种地形，爬上临街高楼，居高临下，给清军造成重大伤亡，导致反攻失败。

其次，我们还要看一下中、英双方军队的训练。

从清军入关起，清廷向来重视部队的训练。八旗部队和绿营各营标训练中操演火器，各个时期不尽相同，其有关规章制度常有变化。一般说来，操演的形式有分操、合操、大操、大阅等；操演的阵式有九进连环阵式、梅花车炮阵式、连环马枪阵式等；操演的军器，专习者为大炮、鸟枪、弓矢、藤牌等，兼习者为大刀、长枪等，水师则有火箭、火罐、铁弹、钩镰等。

由于承平日久，19世纪的清军训练已大不如前。和平年代的清军负有多重的职责，当时称这些职责为"差操"，这是清军平时最重要的任务。差就是差役，操就是训练。但在清军中"差""操"往往混为一谈，职责并不明确。差操混淆的流弊，首先使两者难以兼顾。差役为日常政务所关，一有停滞，政务便无法推行，操练则用虚文敷衍。所以绿营为应付政务起见，不得不用全力来供应差役，而置操练于不顾，士兵得不到应有的训练。

据相关史籍记载，八旗汉军火器部队每年2月和8月各操演鸟枪四十五天，每年合操两次，秋季则到卢沟桥演试火炮，每三年鸟枪营和炮营到卢沟桥合演枪炮。八旗火器营，每月逢四日、九日演放火炮，逢二日、七日演放鸟枪；每年冬季八旗合操，秋季在卢沟桥演放子母炮十日。绿营操演火器，大致与八旗火器部队相同。可见，清军虽是职业军队，但一年中进行训练的时间仅占三分之一。即使是这样的标准，清军实际上也未达到所说的训练时间。

平日训练只是为了应付差事，虚报瞒上。英国东印度公司通事郭士立曾到东北旅行，见过一场清军的"操"，即军事训练，由于太过于敷衍，连清军自己也禁不住跟着在场观看的外国人大笑起来。

清军驻防极其分散，大部分的军队是以数十名、十数名甚至数名驻守在各汛塘哨卡。此类兵丁离主管官员太远，鞭长莫及，除抽一部分参加春、秋操阅外，平日训练无人管理。第一次定海之战中，张朝发调集分散定海各地的清军抗击英军。这些清军平日里似散兵游勇般驻守在由200余个大小岛礁组成的舟山群岛上，平常根本不可能集中训练，战斗力肯定不高。

清军的家眷都随军住在营中，或另租房屋住在附近，不像今日军营森严，士兵二十四小时集中居住。当时士兵执行任务与今天的警察类似，其生活也是正常的上班下班。除出征打仗外，军营并不开伙，士兵皆回家吃饭。一旦操演值勤来不及回家，家眷们便前往送饭。操演的场地周围，常常有他们的妻儿旁观。休息时与妻儿共饭，与操演相比又是一番风光。这些分散的士兵携带家眷居于防地，除操演值勤外，平日生活与周围的普通百姓并无太大区别。

还有一点说出来可能让人难以置信：由于清廷财政困难，欠饷太多，士兵常出外谋他业为生，此类士兵久不在军营，谈何训练？训练时也许能按期归营，不过应付点名罢了。当然，吃空饷的问题也很严重，兵不足额的情况很普遍。如遇上级检查或军事出征，只能临时雇募充数派调。此类充兵者，根本就未加训练。

《瀛寰志略》的作者、鸦片战争时任福建汀漳龙道道员的徐继畬曾评论清军："我之官兵，则承平日久，人不知战，名之为兵，实则市人，无纪律、无赏罚，见贼即走，此其所以败也。"

广州出版的英文期刊《中国文库》1836年8月号中，记录一段一个外国人到官府办事的经历。

外国人到官署呈递禀帖时，就是他们（指清兵）集合兵马的信号。这时候，兵士鱼贯而入，不穿军服，不带武器，没有准备，半醒半睡，同时把一堆一堆的棕色毡帽和红色、黄色、褴褛的衫前后缝有一个"勇"字的长号衣，从闸门送进来给这群英雄们打扮。稍后，又慢吞吞地走进来一个大概是当时可能找得到的个子最大的军官来。这出武戏的行头是一些弓箭和几把生了锈的刀剑，显然都是临时找来惊动和威吓"番鬼佬"的。不过我们总觉得当这些卫兵还未从睡梦中醒过来，穿上有"勇"字的号衣壮胆子时，"番鬼"如果有意的话，已经进入总督夫人的深闺里了。

总之，鸦片战争时期清军的训练状况可用"废弛"一词概括。

大家一般认为，此时清军的对手英军是一支近代化的部队，不仅装备精良，而且训练良好，单兵素质很高。这种认识当然不错，特别是与清军相比，英军的训练和单兵素质确实不错。但我们也应该知道，19世纪英国军队中也普遍存在吸食鸦片、贪污腐败、吃空饷、依靠荫庇和裙带关系晋升等现象。因此，在军队和士兵素质方面，不是英军太强，而是清军太弱了。

实际上，中国有着优良的将领谋略和军队训练传统。中国古代杰出军事家层出不穷，军队训练也至少不落后于欧洲。前文我们讲过荷兰军事家莫里斯创建了排枪轮射法，这被军事革命论认为是欧洲殖民主义全球扩张的关键优势。

其实，中国甚至在火枪发明前就出现了弩轮射法，唐代的《通典》和《神机制敌太白阴经》中都有关于轮射技术的记载。明初就有轮射技术应用于火枪的记录，明代名将戚继光非常重视火绳枪及轮射技术，与莫里斯一样，在训练中他也分解了火绳枪的装填和射击动作，反复操练轮射技术，并在实战中大显神威。

清代也开发了自己的轮射技术，叫作"九进十连环"。在《康熙起居注》记载了一次康熙皇帝亲阅清军操练中的火枪轮射技术。

八旗排枪一时并发。发毕者，退而装药，装毕者，进而复发。进退皆有节度，故络绎相继，久之不绝。

明代毕懋康《军器图说》中的轮射图

这说明这一时期中国实际上也掌握了火枪轮射术这一欧洲扩张的关键技术。

笔者在此讲明清军部队训练中的轮射技术，是想说明虽然鸦片战争时期清军部队训练和单兵素质低于英军，但这并非不可跨越的鸿沟。只要中国能拾起练兵的传统，在这一点上赶超欧洲并不困难。

中国VS英国——兵力

19世纪40年代，全国清军包括八旗和绿营兵，总兵力达80万人！这绝对是当时世界上最庞大的一支常备军了。但清军当时的职能，除了国防外，还有警察和内卫，而且国防职能的清兵分布也很分散。鸦片战争的实际交战省份为广东、福建、浙江、江苏；实际交战地点为广东的虎门、广州，福建的厦门，浙江的定海、镇海、宁波、乍浦，江苏的吴淞和镇江。上述四省平时驻扎清军约22万人，上述交战地区清军平时守兵约30000人。然而，不用说是全省，即便是交战地区，若非全境受英军攻击（如乍浦、镇江等地），守军不可能全数参战，因为他们还要执行很多其他任务。

根据茅海建的研究，战争期间，清廷从全国除新疆和蒙古外的各个省向沿海战区抽调援军，各省援军合计约51000人，若加上沿海各省增援部队及海口原设防兵，清朝在鸦片战争中实际动员的部队约10万人，与英国远征军最高兵力时的20000人相比，处于绝对优势。

中国VS英国——英军何以取胜

现在我们来总结一下中、英双方的优劣势：

影响因素		中国		英国		对比结论
		描述	得分	描述	得分	
技术因素	单兵武器	冷、热兵器混合，火绳滑膛枪	7	带刺刀的燧发滑膛枪为主，少量线膛枪和击发枪	9	英国一定程度领先中国
	大炮	铸造生铁炮为主的前装滑膛炮	6	实心钻膛为主的前装滑膛炮	10	英国较大程度领先中国
	防御工事	线型防御工事	8	—	9	英国稍领先中国
	战舰	近海舰船	2	舷侧炮远洋大型风帆战舰+蒸汽轮船	10	英国大幅度领先中国
人文因素	部队训练	训练荒废	3	训练有素	8	英国领先中国
	单兵素质	素质低	3	整体一般	6	英国领先中国
	将领谋略	低下	3	一般	6	英国领先中国
	兵力	总兵力10万人	9	总兵力最高时20000人	5	中国具有优势
合计			41		63	英国军事实力强于中国

硝烟下的博弈：工业革命与中西方战争

我们还是按中荷比较的方法，计算出鸦片战争时期中英军事实力得分。中国总分仅为41分（其中技术因素汇总得分为23分，人文因素汇总得分为18分），英国的总分为63分（其中技术因素汇总得分为38分，人文因素汇总得分为25分），雷达图如下：

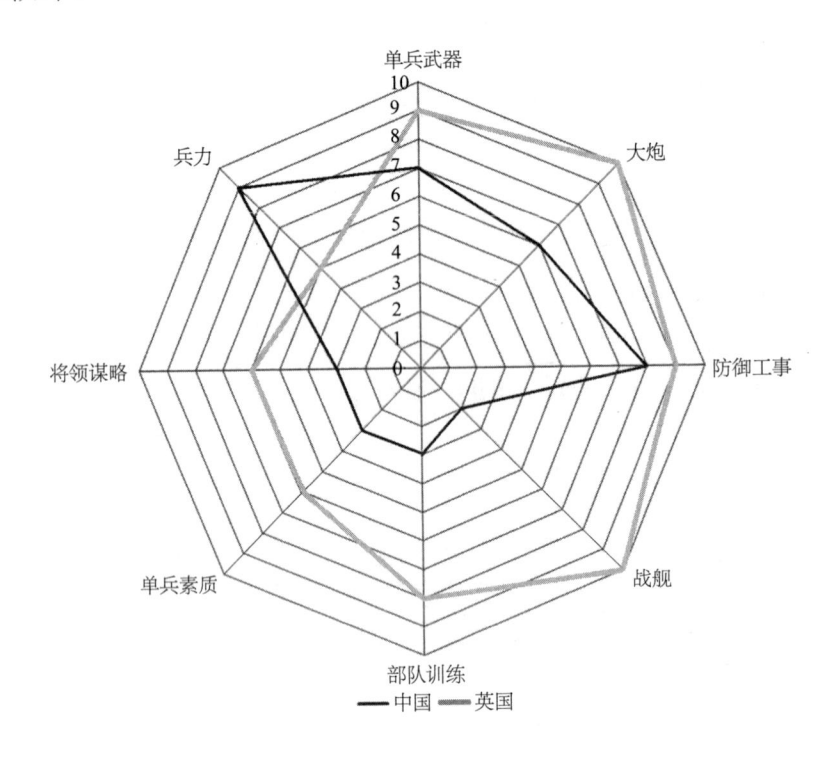

我们看到，鸦片战争时期，清军与近两百年前的国姓爷部队比起来，人文因素得分大幅度下降。人文因素优势不再，加上技术因素大幅落后，整体军事实力显著落后于英国。因此，鸦片战争中清军在技术和人文两个因素上都败于英军，但此时工业革命赋予了英国更先进的技术优势，如果清军在人文因素方面保持了国姓爷军队的得分（即36分），那清军的总得分将是59分，仍低于英国的63分，这说明工业革命给予英国的技术优势已经超越了中国军队可能具备的人文因素优势。也就是工业革命爆发后，即便中国继续保持优良的军队训练、高超的将领谋略和较高的单兵素质，也不可能弥补技术方面的劣势。如果中国不发展工业化，再怎么样，其军事实力也不可能继续强于欧洲强国。工业革命当之无愧地成为中欧军事实力大分流的标志。

工业革命：中西方军事大分流的分水岭

我们的分析到此基本结束了，为了让大家彻底明了工业革命对中西方军事实力大分流的影响，笔者再唠叨唠叨，以下是这种影响最最关键的四个方面。

首先，工业革命孕育出的钢铁业新技术和蒸汽动力的实心钻膛技术为英国生产出射速更快、射程更远、机动性更好、射击更精确、安全性更高的火炮。

工业革命以来，随着钢铁业的大发展，英国生铁产量激增，生铁是生产质量较高的灰口铸铁、熟铁和钢的原料，生铁产量高了，灰口铸铁、熟铁和钢的产量才能提高，这样才能保证火炮制造所需优质材料的供给量。实心钻膛技术在中、英两国的枪炮制造中早已有之，但动力问题一直未能得到很好的解决，人力、畜力和水力不是动力不足，就是很不方便。直到蒸汽动力用于实心钻膛，才最终解决了动力问题，实心钻膛技术才能在制造枪炮，特别是造炮业中大为推广。

熟铁和钢含碳量低，不像生铁那样脆，钻膛相对方便，实心钻膛制造的火炮炮膛轴线与炮体轴线基本重合，钻膛后的炮膛更加光滑，装填炮弹前清理炮膛的工作更加省时容易，膛弹间的游隙值也大为减少，不浪费火药推动力，钻膛炮的炮壁也可以做得更薄，在满足安全性的基础上，减轻了火炮重量，提高了机动性。

在战役层面上，英军火炮能时时处处压制清军火力也就容易理解了。

其次，工业革命的最新成果蒸汽轮船使得英军能深入中国沿河的内陆，触动中国的经济命脉，而不只是在沿海地区骚扰。

鸦片战争中，英国的入侵对于清朝统治者来说，不过是一次"区区岛夷"在沿海边疆地区闹出的乱子，与道光七年（1827）平定的新疆张格尔边乱区别不大，都是远在边疆的夷乱，只不过一个是西部内陆边疆，一个在东部沿海边疆。平定夷乱虽然要花费大量的人力、物力、财力，但只要夷乱不进入核心区域，就不会对清朝的统治构成实质性威胁，作为"天朝上国"的皇帝来说是绝对不可能同意与化外蛮夷签订割地赔款的不平等条约的，甚至连平等的外交往来都不承认。实际上，中、英平等外交正是英国挑起战争的目的之一。因此，只有深入清朝的核心统治区域，才有可能让统治者改变原有态度，让清朝屈服。当时，清廷核心统治区一个是在北方京津的政治中心，另一个就是在南方江浙的经济中心。

我们在前文也讲过了，凭当时的技术实力和兵力条件，英国远征军还不足以北上占领天津、威胁北京，只能在南方核心区域上下功夫，如果仅在江浙沿海地区打一打闹一闹，占几个小岛，打几次胜仗，也不会让清廷认输。只有大规模地深入内地，截断大运河的南北经济命脉，才能战胜中国。当然，英军不可能在江浙大规模登陆后，从陆路深入内地，那样的话，所需的兵力和物资绝不是英国远征军所能承担的。因此，沿长江逆流而上，占领镇江，截断大运河的漕运，威胁南京就成了让中国屈服的唯一办法。

长江，特别是位于江苏的下游地区，水量丰沛、流速很快，滔滔江水向东边的大海奔去。在这种水文情况下，在内陆风力较小和航道多浅滩的条件下，英军舰队逆激流而西进，没有自带动力的蒸汽轮船几乎不可能做到。英军的大型风帆战舰吃水深，行驶受制于风向和水流方向，只能由蒸汽轮船拖拽才可能从长江入海口逆流而上300千米，深入江苏省腹地，抵达镇江。大家不要忘记，甚至在英军占领镇江，截断大运河后，清政府都没有立即签约，而是在英军继续西进70千米威胁南京后，才不得不选择停战屈服的。坚船利炮固然重要，如果没有运送坚船利炮抵达清政府核心统治区域的能力，也是白搭。这370千米的溯江逆流而上，深入内地，绝不是工业革命前的风帆战舰能安全做到的。没有工业化的蒸汽力量,侵略势力不可能深入内陆腹地,制服清朝。实际上,不只在中国,在全球其他地区,诸如非洲,也是工业革命赋予的力量才使得欧洲殖民者深入内地,最终建立起庞大的殖民体系的。

在战略层面上,工业革命重要成果之一的蒸汽动力是保证英国战胜中国的必要条件。

再次,工业革命带来的生产制度的革新和量产方式给英国大规模制造更新武器装备铺平了道路,而中国则缺乏大规模更新换代武器的技术能力。

工业革命不仅是一场技术革命,也是一场生产组织方式的革命。它改变了原有的个人家庭生产和手工工厂生产方式,取而代之的是机械化的工厂制生产:陌生的工人们集中在厂房里,在工厂的组织下,利用工厂提供的原材料和机械设备,在流水线上批量地生产制造出大量标准化产品,并由工厂负责统一销售。这种工厂制的生产组织方式大大提高了生产效率,大规模的批量生产标准化产品也大大降低了产品的单价。当这种新型的工厂制和量产方式应用于武器生产时,军事装备的更新就发生了革命性的变化。

19世纪中叶起,包括英国在内的欧洲各国开始工业化的生产更新新型枪炮装备。前文提到的经典枪型:布朗贝斯前装滑膛燧发枪,从1722年开始在英军中服役一百二十年。为什么服役上百年英军也不更新步枪呢?因为在19世纪50年代工厂制和量产方式应用于武器生产之前,这是发给数十万士兵的轻武器,如果要在设计上改变一下,需要拖很长时间,其本身也是一件很不好办的工作。因此,欧洲的滑膛枪在长达一百二十年的过程中几乎没什么变化。但是,有了工业革命带来的工厂制和机器量产后,只要做出新的模型,那么几十万支全新设计的步枪在一年内就可以生产出来。等士兵熟练掌握了新武器,整个部队便可全部配备这种新武器。当然,鸦片战争时期,这种工厂制的量产方式仅用于武器生产,英国在这方面的优势还不算明显,但潜力巨大,特别是考虑到中国在此方面存在着巨大差距。

据《清会典》和《皇朝礼器图式》等史籍记载，中国早在康熙年间，就已经有了燧发枪，当时称"自来火枪"；明末清初，中国在引进西洋大炮时，同时也引进过"开花炮弹"（即爆炸弹）的技术。现存北京故宫博物院的清初炮弹，几乎全为开花炮弹。然而，这些先进的武器和炮弹都是御用的或仅装备御林军和京营八旗部队，没有普遍列装全国军队。当然，这其中的主要原因是清朝统治者为了垄断先进武器技术维护自身统治，但也有因技术手段制约无法大规模量产以列装全国部队的原因，特别是在遇有外敌入侵时，没有能力迅速量产先进武器装备前线部队。

没有工业革命带来的全新生产方式，一种新式武器想要快速普及几十万人的部队几乎是不可能的。因此，从康熙朝开始，清廷只能制定和执行株守原有型制、工艺和造价的武器装备管理体制，任何设计上的创新都不可能推广应用。鸦片战争中，清军使用的火炮很多都是清初，甚至是明末遗物。伯纳德在《复仇女神号轮船航行作战记》中提到，在吴淞之战中，英军竟缴获过1门三百年前中国铸造的铁炮。兵丁鸟枪使用几十年极为平常，有的竟使用了一百六十六年尚未更换。可见，清军是一支使用陈旧武器的军队，且武器设计创新很难推广。当然工业革命前的欧洲也是这样的。只有实现了工业化的量产，才能保证新式武器装备在短时间内迅速大规模列装部队。

在武器更新换代的后勤保障方面，工业革命催生的工厂制和量产方式是英国取胜的必要保证。

最后，工业革命是人类历史上最为深刻的一次全局性技术和制度革新，英国等率先爆发工业革命的欧洲国家首先进入工业社会，在人类社会发展阶段上领先于尚未爆发工业革命的其他农业社会国家，导致后进的农业社会国家追赶先进的工业化国家时，因存在巨大的技术和制度鸿沟而困难重重。

英国爆发工业革命后，中国学习和引进欧洲先进技术再也不像过去那样容易了，因为此时的技术都是以工业化为基础的，并且有工业社会各项制度的保障才能发挥其应有作用。

大家可能认为中国受儒家传统影响，对外来先进技术总是持排斥态度，其实史实并非如此。从学习吸收军事技术方面讲，明、清两朝都采取了积极态度。

中国发明的火器大概是14世纪传入欧洲的，此后火器在中西方战争中各自发展着。16世纪，欧洲的火器发展水平曾暂时超过中国，但中国人能很快地学习并赶上欧洲火器水平。

1521年（明正德十六年）和1522年（明嘉靖元年），中国和葡萄牙之间在广东爆发了两次规模不大的海战，史称屯门之战和西草湾之战。屯门之战中明军虽以数量惨胜，但在战争中，明将领发现葡萄牙的佛郎机火炮很是厉害。当时的中国指挥官广东提刑按察使汪鋐派东莞县白沙巡检何儒秘密地与葡萄牙舰船上的华人联系，取得了佛郎机炮的秘密。汪鋐很快下令生产佛郎机炮，在西草湾之战中用葡萄牙的火炮大胜葡萄牙的舰队。

甚至在汪鋐和何儒之前，中国就有吸收佛郎机炮的记载。1510年左右，广东和福建的私人海商就有可能使用过欧洲式的火炮。此外，著名儒家学者王阳明也是佛郎机炮的积极引入者和推广者之一。1519年，王阳明负责平定宁王朱宸濠的叛乱，军中急需各类先进武器，王阳明的好友另一位儒家学者林俊派人送来了佛郎机炮和欧洲火药配方。

佛郎机炮是一种后装滑膛炮，整炮由三部分组成：炮管、炮腹、子炮。开炮时先将火药弹丸填入子炮中，然后把子炮装入炮腹中，引燃子炮火门进行射击。装填时，将火药和炮弹装在子炮中，点燃后火药在子炮中爆炸。每门佛郎机炮可以配备多门子炮，发射时更换子炮，能让佛郎机炮连续开火，射速较快，但由于当时技术所限，子炮装入后，气密性不像一体铸成的炮管那么好，射程和射击精确度受影响。

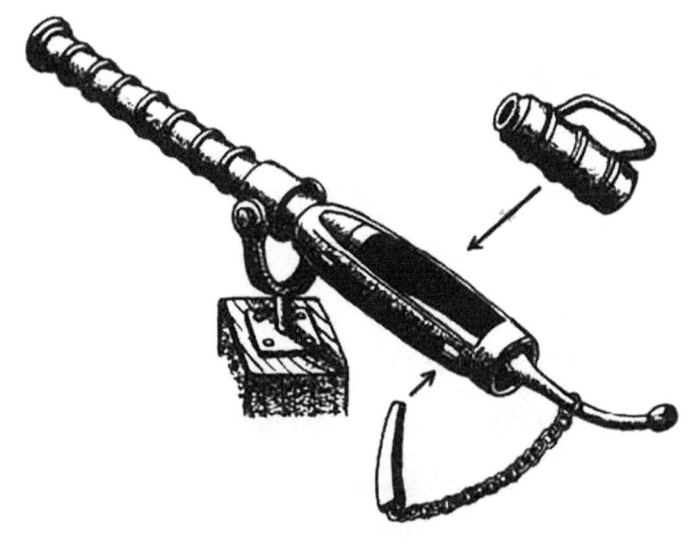

佛郎机炮示意图

    欧洲先进的佛郎机炮传入中国，中国人能迅速吸收改进，很快就装备到北方长城防线，架设于战车之上，使用于战舰之中。1523年（即西草湾之战的第二年），明朝的兵仗局就按汪鋐进献的佛郎机炮仿制了32门。很快兵仗局在此基础上，就投产了上千支型制和大小不一的佛郎机炮或佛郎机枪。1528年，兵仗局制造了4000支佛郎机铳装备全国部队。

    改进佛郎机炮一度出现了高潮：1526年进士官员翁万达在佛郎机炮的基础上，研制出了先锋炮，它比佛郎机原型炮更短，装填更快，配有火绳，是专门用来对付北方游牧民族骑兵的。著名的将领戚继光在实战中也改造了佛郎机炮，使之适应舰船水战。明中后期，中国对佛郎机炮的引进不单单是仿制，更重要的是改进，在三十年左右的时间里，大小各异的基于佛郎机炮的后膛装枪炮迅速应用于南北战场。

    除了引进改进佛郎机炮外，还有一个更重要的军事技术引进的例子：明末清初的红夷大炮。1620年，晚明名臣徐光启派人到葡萄牙占领的澳门引进欧式火炮（清朝称"红衣大炮"）、聘请葡方炮师。由于明廷内部存在很大的反对意见，此一引进反复了几次，进程不太顺利。不过，明政府从1622年开始组织人员，对红夷大炮进行批量化仿制，并训练士兵使用红夷大炮。受徐光启的影响，当时的政府官员中，如兵部尚书崔景荣、两广总督王尊德、福建巡抚熊文灿等都曾积极主张仿制红夷大炮。仿制的红夷大炮大多制于崇祯十年（1637）之后的明朝垂危时期，仿制地点多集中于东南沿海，此与闽粤地区领先全国的冶铁业密不可分。如此仿制，使得至崇祯三年（1630）八月间，仿制的大、中、小型红夷大炮有400余门，至1644年明朝灭亡时，已造出各类红夷大炮1000余门。

崇祯初年（17世纪20年代末）起，红夷大炮已不特别罕见，除安置在北京、辽东以及山海关等军事要冲外，亦分发至蓟门、宣大、山西诸镇。

1626年发生的明与后金的宁远之战，明军利用红夷大炮予后金军以重创。此战是后金发动侵明战争以来遭到的第一次重大挫折，努尔哈赤本人或受炮伤，对之郁愤成疾，含恨以终。红夷大炮从此声名鹊起，激起了中国人购买和仿制的热情。

自此，满洲人认识到红夷大炮的威力，也开始积极学习引进。1631年8月，明将孔有德在吴桥发动哗变，关外明军处境更加恶化。12月，在另一位明朝叛将耿仲明的内应配合下，攻陷登州，明军火器专家、徐光启的弟子孙元化被俘，负责教习火器的葡萄牙人中12人在登州城陷时捐躯，15人重伤。1632年8月中旬，明关宁铁骑进关平叛，1633年4月孔、耿二将率残部携十数门红夷大炮和众多火器手投降后金。满洲人开始接触到红夷大炮，技术发展很快突飞猛进，迅速赶超大明。在1640年至1642年的松锦之战中，清军大炮大显神威，重创关外明军，大明倾尽国力打造的九边精锐损失殆尽，主帅洪承畴被俘，只剩三万残兵退守宁远，之后明朝在关外的城池悉数陷落，关外铁骑被歼灭殆尽，仅剩孤城宁远。八旗进关只是时间问题罢了。

清军入关后，红夷大炮并未刀枪入库、马放南山，而是继续在对内、对外战争中大显神通。我们可以在清军统一全国、攻占台湾和平定三藩中见到它的身影。在对俄罗斯的雅克萨之战中，红夷大炮更是大放异彩，成功地赶走了雅克萨的俄军。

16世纪的佛郎机炮和17世纪的红夷大炮，中国都能迅速引进仿制，并在不到三十年的时间里吸收改进并应用于实战，取得胜利。16世纪中后期，葡萄牙的火绳滑膛枪传入中国，与欧洲火炮一样，明、清两朝都能迅速吸收改进。这一时期，中国之所以能做到这一点，是因为此时中、欧双方的基础技术水平没有太大的差异：中国的金属冶炼和铸造技术与欧洲不分伯仲，铸造的有些铁器甚至还优于欧洲。双方的火药配方也没有太大的不同。欧洲火炮能如此迅速地传播，完全是因为它们与中国现有火炮很像，铸造方式也相似，只是在细微之处有一些神来之笔，例如佛郎机炮的后膛装填，红夷大炮的长炮管、重体量、各部分合适的比例等。说白了，当时的欧洲未爆发工业革命，无论是火炮，还是滑膛枪，都是手工业生产，一些后来的关键技术（如炒钢法、蒸汽钻膛机等）当时的欧洲也没有，所以中国引进改造都相对容易。

时间到了19世纪中叶以后，英国工业革命基本结束，中、英之间有了工业革命这样的巨大技术和制度差距鸿沟，军事实力大分流已经呈现出来，中国想赶超就没有那么容易了，因为此时英国先进的枪炮、火药等都是通过工业机械化手段制造出来的。别说改进，就是仿制也要先建立近代工业体系。

1840年，清代火器专家丁拱辰就编纂完成了《演炮图说》，后经再三修订，于1843年又编成《演炮图说辑要》，全书分四卷，共五十篇，附有110余种图样，对各种西式炮、火药、炮弹、炮台、炮架、火炮辅助工具、弹道学、蒸汽轮船和战舰的制法和运用都绘图详细说明。道光帝在1840年也通过奏折获得了《演炮图说》和丁拱辰制作的象限仪。这些先进的知识，在鸦片战争期间，对于中国人来说都已经不是秘密了，而且已上达最高统治者，学习仿制工作在战争期间就已经开始了。我们在前文中提到过，部分参战的英军军官发现在战争后期有些清军火炮、炮架和炮台已经开始吸收英军的先进技术，也许炮架、炮台等不涉及工业革命的技术中国仍可以像16世纪、17世纪那样迅速吸收改进，但火炮、步枪、火药等与工业革命息息相关的技术是难以在短时间内仿制的，更不要说改进了。

19世纪40年代，以林则徐、魏源、丁拱辰和龚振麟等人为代表的第一次吸收西方技术的工业化浪潮很快就失败了，其中重要的原因之一就是他们多是主张跳过工业革命的过程，直接吸收引进欧洲的长技，提出著名的"师夷长技以制夷"口号。林则徐和魏源都提出拿出一部分银子，仿制西方的坚船利炮，即可战胜英夷。至于银子的数量，林则徐提出的是300万两，魏源提出的是250万两，银两虽不少，但对于清朝来说还是可以承担的，毕竟仅浙东反攻，道光帝就下拨军费600万两。

龚振麟曾造出了蒸汽机的原型机。丁拱辰在《演炮图说辑要》第四卷中讲到，他曾造过一个小火轮船。

> 长四尺二寸（约140厘米），阔一尺一寸（约36.67厘米），放入内河驶之，其行颇疾。惟质小气薄，不能远行。虽小大之殊观，亦效法之初基，……惜粤东匠人，无制器之器，不能制造大只。

丁拱辰说到点子上了，中国造不出火轮船是因为"无制器之器"，没有工业化的基础，没有各类机床，怎么可能直接仿制西方先进的武器装备呢？没有蒸汽钻膛机，就不可能造出光滑内膛的火炮。你不可能跳过蒸汽钻膛机，手工批量钻出光滑内膛的火炮。

19世纪50年代，太平天国运动、捻军起义和英法联合入侵，使清朝处于风雨飘摇之中。为了自身的生存和统治，此时的清朝从中央到地方对西方先进的军事技术和武器装备可以说有着一种如饥似渴的需求。曾国藩于1852年就开始购买西洋枪炮，1861年的洋务运动是清朝发起的最有名的近代化自强运动。与第一次工业化浪潮不同，洋务运动不单单关注武器和机器的直接仿制，而是在一定程度上建立近代工业化体系：军工厂、钢铁厂和学校。江南制造局和福州船政局曾取得辉煌成绩：西式枪炮、弹药、蒸汽机和铁甲舰。但清朝仍在甲午战争中败于日本，工业革命不仅需要近代技术革命，也需要近代化制度的保证，这是洋务运动所不能完成的。

大家从中可见，近代中国学习西方，追赶工业革命的难度之大，远非16世纪到17世纪学习吸收先进技术可比的。

讲了很多看似与本书主旨无关的东西，但通过以上的分析，我们可以看出从社会整体技术水平和宏观发展阶段上来说，未经工业革命洗礼的中国在鸦片战争中是不可能战胜工业化英国的，即便当时的英国也是刚刚步入工业化社会。

我们的结论

跨越三百多年的旅程快要结束了，在此次旅程中，为了分析中西方军事实力大分流，笔者与各位读者重温了国姓爷收复台湾之战气吞山河的恢宏磅礴，也回顾了鸦片战争中清朝一败涂地的无助惋惜。从中我们发现，一支军队、一个国家的军事实力不仅取决于先进的武器装备等技术因素，还取决于良好的部队训练和高超的指挥谋略等人文因素。

17世纪60年代，在技术层面上，中国与当时欧洲第一强国荷兰在火炮及操炮技术方面不相上下，在单兵武器、战舰和防御工事技术方面一定程度上落后于荷兰，但落后程度不算大。在单兵武器方面，国姓爷的步兵主要使用斩马刀、弓箭等传统冷兵器，有小炮作为火力支援；而荷兰步兵则使用没有刺刀的火绳滑膛枪。中、荷双方两次陆上对垒，国姓爷部队均是凭借良好的训练、严明的纪律和高超的谋略取得了胜利。在战舰方面，荷兰人确实拥有一项技术优势：舷侧炮远洋大型风帆战舰，比国姓爷的中式帆船配备的火炮数量多，还能利用四面八方的风，甚至可以逆风行驶，但国姓爷的父亲郑芝龙早在1633年就建造过欧式的舷侧炮风帆战舰舰队，说明荷兰人的这一技术优势也并非不可逾越，而且在"9·16大海战"中愚蠢的揆一竟然以弱击强在近岸浅水海域发动正面进攻，最终惨败于国姓爷。在防御工事方面，荷兰人的领先优势也不是很大，国姓爷的部队虽被困于文艺复兴城堡热兰遮城堡之下，多次进攻未奏效，但在叛降的汉斯·罗迪斯中士的指导下，国姓爷仅一个多月就找到了正确的方法，攻克了荷兰东印度公司在台湾的总部。

在这场战争中，中国军队凭借良好的部队训练、高超的指挥谋略和过硬的单兵素质等人文因素胜过了荷兰在军事技术方面的小幅度领先，赶走了荷兰殖民者，收复了宝岛台湾。

19世纪40年代，中国在鸦片战争中再次面对当时欧洲第一强国——英国。这次中国无论是技术因素还是人文因素均较大程度地落后于英国。在技术层面，清军使用与近两百年前荷兰士兵类似的火绳滑膛枪，而英军步兵都已经配备了燧发枪，少量部队还配有击发枪或线膛枪，并且英军步枪都装配了刺刀，从步枪作战效能上讲，4名清军的战斗力才能顶得上1名英军。清军火炮更是较大程度地落后于英军，其中最主要的原因是英国通过工业革命获得了更好、更多的造炮材料——熟铁和钢，而且利用蒸汽钻膛机实心钻膛的方法制造火炮，英军火炮在射速、射程、射击精度等方面都优于清军，还不易炸膛。战舰方面，英军传统的侧舷炮风帆战舰实力强于清军，蒸汽轮船更是清军见所未见，它吃水浅、自带动力，可以深入河流可通的中国腹地，复仇女神号等蒸汽船在近岸或内河水战中战胜数量十几倍于己的清军舰队，中国彻底丧失了近岸内河浅水水域的海战优势。蒸汽轮船拖拽大型战舰，逆长江激流而上，深入内地达300余千米，占领镇江、威胁南京，切断中国南北经济大动脉，最终迫使清政府认输，签订割地赔款的屈辱条约。鸦片战争时期，虽然英军在人文因素方面也不是很强，但中国军队的训练、将领谋略和单兵素质等方面更是差到极点。这样，中国的技术因素和人文因素均落后于英国，战争是不可能胜利的。不过，经过我们的分析和计算，即便清军能保持两百年前国姓爷部队那种训练、谋略和单兵素质，在人文因素方面胜过英军，也不能弥补技术因素方面的巨大鸿沟，仍旧难以打赢鸦片战争。因为工业革命赋予英国以近代工业化的巨大力量，远远超过人文因素所能达到的领先程度，不是简单地训练训练军队、出现几个军事谋略家就能战胜的，整个社会必须建立起近代工业体系及其与之配套的相应制度才行，也就是必须实现现代化，中国才有可能摆脱侵略者的魔掌，傲立于世界，最终实现中华民族的伟大复兴。特别是在我们实现中国式现代化的伟大征程中，自主技术创新必不可少。

当今的中国处于一个历史转变的新时代，正如本书所阐述的工业革命转变期一样。我相信在历史的启迪下，当今的中国一定能抓住机遇，实现跨越式发展，富强民主文明和谐美丽的社会主义现代化强国实现之日必将离我们越来越近。

后　记

多年来，历史一直是我的兴趣所在，辞职读研也是追逐自己的兴趣。不过从研究生时代起，我一直关注于宗教史和经济史，对近代东西方发展大分流及其原因尤其感兴趣，也出版过两本关于近代世界经济体视角下看明清经济的通俗史学作品，但基本都是围绕近代世界经济体和工业革命展开的。

2015年，我读了美国历史学家欧阳泰的《1661，决战热兰遮：中国对西方的第一次胜利》。从那时起，我逐渐意识到在经济领域中西方大分流的分水岭是工业革命，军事领域大分流的标志也有可能是工业革命。但很多军事革命论著作仍持西方中心论的观点，认为从16世纪开始，欧洲国家由于战争频发，军事实力迅速提升，超越了美洲、亚洲和非洲，凭借这种优势欧洲才建立起全球的殖民体系和霸权。我撰写本书的初衷实际上是反驳这种西方中心论的观点，但在写作过程中，通过查阅资料和相关著作，我感觉到仅仅反对这种观点远远不够，我们还应该了解中西方军事实力的差距是何时及如何形成的。最终我得出了是19世纪的工业革命让欧洲军事实力超越中国的这一结论。

本书就是对我近十年来对这一思考的概括总结。

我不是历史专业的从业者，读书写作全是凭爱好在业余时间完成的。宝贝女儿的诞生带给我巨大的欢喜，同时也大大缩减了可用于写作的惬意时光，但我仍能坚持下来，除了爱好外，离不开母亲、岳父母，特别是妻子的支持，本书的出版也是他们鼓励与支持的结果。

转眼间，那个呱呱坠地的小不点儿就快要背起书包上学了，我希望能将此书献给女儿，作为她的上学礼物吧。

当然，我要感谢团结出版社为本书付梓而付出的辛劳。

郑成功收复台湾之战、鸦片战争与工业革命等问题，涉及极其丰富的中外史料，把握难度很大，笔者又不是专业的历史学者，水平有限，书中挂一漏万在所难免，本书的观点也不一定能博得所有读者的赞同，但我愿意与读者们就书中的观点与谬误之处进一步深入交流与探讨，感兴趣的读者可以联系我（E-mail：ss27351841@126.com），让我们在网上继续这个永恒的话题吧。

杨光

2023年3月29日